NOVA LEI DE IMPROBIDADE ADMINISTRATIVA

LIMITES CONSTITUCIONAIS

FERNANDO CAPEZ

NOVA LEI DE IMPROBIDADE ADMINISTRATIVA

LIMITES CONSTITUCIONAIS

Colaboração: Luana Silva Souza

3ª edição
2023

Av. Paulista, 901, 4º andar
Bela Vista – São Paulo – SP – CEP 01310-100

SAC sac.sets@saraivaeducacao.com.br

Diretoria executiva	Flávia Alves Bravin
Diretoria editorial	Ana Paula Santos Matos
Gerência editorial e de projetos	Fernando Penteado
Gerência editorial	Thais Cassoli Reato Cézar
Novos projetos	Aline Darcy Flôr de Souza
	Dalila Costa de Oliveira
Edição	Livia Céspedes (cood.)
	Iris Ferrão
Design e produção	Jeferson Costa da Silva (coord.)
	Rosana Peroni Fazzolari
	Camilla Felix Cianelli Chaves
	Guilherme H. M. Salvador
	Tiago Dela Rosa
	Lais Soriano
Planejamento e projetos	Cintia Aparecida dos Santos
	Emily Larissa Ferreira da Silva
	Kelli Priscila Pinto
Diagramação	Mônica Landi
Revisão	Juliana Bormio
Capa	Lais Soriano
Produção gráfica	Marli Rampim
	Sergio Luiz Pereira Lopes
Impressão e acabamento	Gráfica Paym

DADOS INTERNACIONAIS DE CATALOGAÇÃO NA PUBLICAÇÃO (CIP)
VAGNER RODOLFO DA SILVA – CRB-8/9410

C241n   Capez, Fernando
         Nova Lei de Improbidade Administrativa: Limites Constitucionais / Fernando Capez ; colaboração de Luana Silva Souza. – 3. ed. – São Paulo : SaraivaJur, 2023.
         360 p.

         ISBN: 978-65-5362-393-4

         1. Direito. 2. Direito administrativo. 3. Improbidade Administrativa. I. Souza, Luana Silva. II. Título.

2023-1451   CDD 341.3
         CDU 342.9

Índices para catálogo sistemático:

1. Direito administrativo   341.3
2. Direito administrativo   342.9

Data de fechamento da edição: 14-7-2023

Dúvidas? Acesse www.saraivaeducacao.com.br

Nenhuma parte desta publicação poderá ser reproduzida por qualquer meio ou forma sem a prévia autorização da Saraiva Educação. A violação dos direitos autorais é crime estabelecido na Lei n. 9.610/98 e punido pelo art. 184 do Código Penal.

CÓD. OBRA 2685   CL 608420   CAE 835503

SOBRE O AUTOR

Fernando Capez é Procurador de Justiça do Ministério Público de São Paulo, tendo ingressado na Instituição em 08 de janeiro de 1988. Foi Promotor de Justiça de Defesa do Patrimônio Público durante 12 anos e integrou o primeiro grupo do Ministério Público a operar a Lei de Improbidade Administrativa. É Mestre pela Universidade de São Paulo (USP) e Doutor pela Pontifícia Universidade Católica de São Paulo (PUC-SP). Lecionou durante dezoito anos no Complexo Jurídico Damásio de Jesus, é Professor na Escola Superior do Ministério Público de São Paulo, Professor Concursado na Academia de Polícia do Estado de São Paulo e Professor Honorário na Universidade Presbiteriana Mackenzie, na Universidade Paulista (Unip), no Centro Universitário FAM e na Universidade Nove de Julho (Uninove). Palestrante nacional e internacional, e autor de diversos livros, principalmente nas áreas de Direito Penal e Processual Penal, publicados pela Saraiva Educação. Suas obras possuem como principais virtudes a objetividade, a linguagem direta, fácil e agradável, vasto embasamento decorrente da larga experiência teórica e prática do autor, organização lógica dos temas em tópicos e subtópicos, contribuindo para a sua rápida localização, além de jurisprudência atualizada, farta citação doutrinária e quadros sinóticos. A utilidade dos trabalhos alcança desde estudantes que se preparam para provas, exames da OAB e concursos públicos, até experientes operadores do Direito, tais como Juízes, Desembargadores e Ministros, membros do Ministério Público Estadual e Federal, procuradores e defensores públicos, delegados de polícia e advogados. Além de Procurador de Justiça, foi eleito em 2006, e reeleito em 2010 e 2014, para o cargo de Deputado Estadual em São Paulo e, por dois biênios, ocupou o cargo de Presidente da Comissão de Constituição, Justiça e Redação da Assembleia Legislativa. Em março de 2015, foi eleito Presidente da Assembleia Legislativa do Estado de São Paulo para exercer o cargo até março de 2017. Foi também Presidente do Colégio de Presidentes de todas as Assembleias Legislativas do Brasil. Em 2019 foi nomeado Diretor Executivo da Fundação PROCON-SP e em 2020 foi nomeado Secretário Estadual de Defesa do Consumidor.

Colaboradora:

Luana Silva Souza é Mestranda em "Direito Empresarial: Estruturas e Regulação", no Programa de Mestrado e Doutorado (PPGD) da Universidade Nove de Julho – Uninove, especialista em Direitos Difusos e Coletivos pela Escola Superior do Ministério Público de São Paulo, em Direito Público e Direito Penal, pela Faculdade Damásio de Jesus. É advogada, consultora jurídica, palestrante, Professora de Direito Público da Universidade Nove de Julho e Membro da Comissão Especial de Direito Administrativo da OAB/SP.

ABREVIATURAS

Adi	Ação Direta de Inconstitucionalidade
ADPF	Arguição de Descumprimento de Preceito Fundamental
AgI	Agravo de Instrumento
ANPC	Acordo de não Persecução Civil
ANPP	Acordo de não Persecução Penal
Ap.	Apelação
art.(s.)	artigo(s)
Cc	conflito de competência
c/c	combinado com
CPC	Código de Processo Civil
CF	Constituição Federal
CP	Código Penal
CPP	Código de Processo Penal
Dec.-Lei	Decreto-Lei
DJU	*Diário da Justiça da União*
ed.	Edição
IC	Inquérito Civil
LAC	Lei Anticorrupção
LACP	Lei da Ação Civil Pública
LIA	Lei de Improbidade Administrativa
LINDB	Lei de Introdução às Normas do Direito Brasileiro
Min.	Ministro
MP	Ministério Público
m. v.	maioria de votos
n.	número(s)
Obs.	Observação

p.	página(s)
Pet.	Petição
p. ex.	por exemplo
RE	Recurso Extraordinário
Rel.	Relator
REsp	Recurso Especial
RISTF:	Regimento Interno do Supremo Tribunal Federal.
s.	seguinte(s)
STF	Supremo Tribunal Federal
STJ	Superior Tribunal de Justiça
TRF	Tribunal Regional Federal
v.	*vide*
v.	volume
v. u.	votação unânime
v. v.	voto vencido

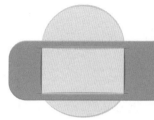

SUMÁRIO

PARTE I

1. INTRODUÇÃO 27

1.1. Evolução Legislativa 28

1.2. Conceito de Improbidade 31
    1.2.1. Afinal, moralidade e probidade são sinônimos? 34

1.3. Dos Atos de Improbidade 38
    1.3.1. Previsão constitucional 38
    1.3.2. Conceito de ato de improbidade administrativa 40
    1.3.3. Elementos configuradores do ato ímprobo 40
    1.3.4. Espécies de atos de improbidade 43
    1.3.5. Atos de improbidade administrativa previstos fora da Lei n. 8.429/92 47
    1.3.6. Lei Geral de Proteção de Dados – Lei n. 13.709/2018 (LGPD) 47
    1.3.7. Lei do Conflito de Interesses – Lei n. 12.813/2013 47
    1.3.8. Lei de Acesso à Informação – Lei n. 12.527/2011 47
    1.3.9. Estatuto da Cidade – Lei n. 10.257/2001 48
    1.3.10. Lei de Responsabilidade Fiscal – Lei Complementar n. 101/2000 49
    1.3.11. Lei das Eleições – Lei n. 9.504/97 49
    1.3.12. Lei Federal n. 8.730/93 49

1.4. Princípios da Administração Pública 50

1.4.1.	Princípio da legalidade	55
1.4.2.	Princípio da impessoalidade	59
1.4.3.	Princípio da moralidade	62
1.4.4.	Princípio da publicidade	68
1.4.5.	Princípio da eficiência	70
1.4.6.	Outros princípios previstos no texto constitucional e na legislação infraconstitucional	72

1.5. Bem Jurídico Tutelado 77

    1.5.1. A natureza difusa do bem jurídico probidade administrativa 81

PARTE II

2. A LEI N. 8.429/92 (COM ALTERAÇÕES DA LEI N. 14.230/2021)........ 87

2.1. Quadro comparativo 87

2.2. Artigo 1º 88

    2.2.1. Quadro comparativo 88

    2.2.2. Exigência do dolo e extinção da modalidade culposa (art. 1º, §§ 1º, 2º e 3º) 91

    2.2.3. Necessidade de que o dolo seja específico (art. 1º, § 2º). 100

    2.2.4. Mero exercício da função ou desempenho de competências públicas sem o dolo afasta a incidência da LIA (art. 1º, § 3º) 101

    2.2.5. Direito intertemporal e a nova Lei n. 14.230/2021 103

    2.2.6. Direito Administrativo Sancionador (art. 1º, § 4º) 106

    2.2.7. Aplicabilidade dos princípios garantistas penais aos atos de improbidade administrativa 109

    2.2.8. Sujeito passivo (art. 1º, §§ 5º, 6º e 7º) 114

        2.2.8.1. Quadro comparativo 114

    2.2.9. Interpretação jurídica não configura improbidade (art. 1º, § 8º) 117

SUMÁRIO | 11

2.2.9.1. Quadro comparativo.. 117

2.3. Artigo 2º 119

    2.3.1. Quadro comparativo 119

    2.3.2. Conceito de agente público 120

    2.3.3. Distinção entre cargo, emprego e função 122

    2.3.4. Agentes públicos por equiparação legal........... 124

    2.3.5. Conceito da agente público e estagiários 127

    2.3.6. Magistrados, membros do MP e Tribunais de Contas.. 127

    2.3.7. Agentes políticos 127

    2.3.8. Entidades do Terceiro Setor............................. 129

2.4. Artigo 3º 132

    2.4.1. Quadro comparativo 132

2.5. Arts. 4º, 5º e 6º (Revogados) 136

2.6. Artigo 7º 136

    2.6.1. Quadro comparativo 136

2.7. Artigos 8º e 8º-A 138

    2.7.1. Quadro comparativo 138

    2.7.2. Responsabilidade sucessória do agente (art. 8º, *caput*).. 138

    2.7.3. Responsabilidade sucessória das pessoas jurídicas (art. 8º-A).. 139

2.8. Artigo 9º 140

    2.8.1. Quadro comparativo:....................................... 140

    2.8.2. Atos de improbidade administrativa que importam enriquecimento ilícito.. 142

    2.8.3. Esclarecimentos acerca do crime de corrupção passiva (CP, art. 317)... 149

    2.8.4. Esclarecimentos acerca do crime de apropriação indébita (CP, art. 168) 150

12 | NOVA LEI DE IMPROBIDADE ADMINISTRATIVA | FERNANDO CAPEZ

2.8.5. Esclarecimentos acerca do crime de peculato (CP, art. 312) 150

2.9. Artigo 10 154

2.9.1. Quadro comparativo 154

2.9.2. Atos de improbidade administrativa que causam prejuízo ao erário 158

2.9.3. Necessidade de perda patrimonial efetiva para imposição do ressarcimento ao erário (art. 10, § 1º) 172

2.9.4. Não configuração de ato de improbidade administrativa por mera perda patrimonial (art. 10, § 2º) 173

2.10. Artigo 11 173

2.10.1. Quadro Comparativo 173

2.10.2. Atos de improbidade administrativa que atentam contra os princípios da Administração Pública 176

2.10.3. Positivação legal do nepotismo (comum e cruzado) 192

2.10.4. Necessidade de comprovação da finalidade de obtenção de proveito ou benefício indevido para si ou para outra pessoa ou entidade, por parte do agente público (art. 11, § 1º) 195

2.10.5. Aplicação da regra geral do art. 11, § 1º, a qualquer ato de improbidade previsto na LIA ou em outras leis (art. 11, § 2º) 196

2.10.6. Necessidade de indicação das normas constitucionais, legais ou infralegais violadas (art. 11, § 3º) 197

2.10.7. Exigência de lesividade relevante ao bem jurídico tutelado pela LIA (art. 11, § 4º) 197

2.10.8. Mera nomeação ou indicação política sem o dolo com finalidade ilícita (art. 11, § 5º) 198

2.11. Artigo 12 199

2.11.1. Quadro comparativo 199

2.11.2. Quadro ilustrativo das sanções 203

2.11.3. Ressarcimento do dano ao erário 203

SUMÁRIO | 13

2.11.4. Perda da função pública.. 204

2.11.5. Suspensão dos direitos políticos.................................... 204

2.11.6. Pena de multa... 205

2.11.7. Responsabilidade da pessoa jurídica por improbidade... 206

2.11.8. Proibição de contratar com o poder público................ 207

2.11.9. Ato de improbidade de menor potencial ofensivo......... 207

2.11.10. Detração do valor do ressarcimento a ser pago............. 207

2.11.11. Lei Anticorrupção: não cumulatividade das sanções.... 207

2.11.12. Cadastro de empresas inidôneas.................................. 208

2.11.13. Sanção por improbidade e estado de inocência............. 209

2.11.14. Termo inicial do prazo de suspensão dos direitos políticos.. 209

2.11.15. Individualização das sanções de acordo com o grau de responsabilidade... 210

2.11.16. Sanções por ato de improbidade previstas na CF.......... 211

2.11.17. Responsabilidade do herdeiro por ato de improbidade... 212

2.11.18. Independência das instâncias administrativa, civil e penal.. 212

2.11.19. Reflexos da condenação por improbidade administrativa... 215

2.12. Artigo 13... 216

2.12.1. Quadro comparativo... 216

2.12.2. Da declaração de bens (art. 13, *caput*)...................... 218

2.12.3. Periodicidade de apresentação da declaração de bens atualizada (art. 13, § 2º)....................................... 219

2.12.4. Penalidade aplicada à recusa de apresentação (art. 13, § 3º)... 220

2.13. Artigo 14... 222

2.13.1. Quadro comparativo... 222

2.13.2. Representação à autoridade administrativa competente (art. 14, *caput*).. 223

14 | NOVA LEI DE IMPROBIDADE ADMINISTRATIVA | FERNANDO CAPEZ

2.13.3. Formalidade da representação (art. 14, § 1º) 224

2.13.4. Hipótese de rejeição da representação pela autoridade administrativa (art. 14, § 2º) 226

2.13.5. Prosseguimento da representação (art. 14, § 3º) 227

2.14. Artigo 15 227

2.14.1. Quadro comparativo 227

2.15. Artigo 16 228

2.15.1. Quadro comparativo 228

2.15.2. Da indisponibilidade de bens do réu 231

2.15.3. Desnecessidade de representação prévia ao Ministério Público (art. 16, § 1º-A) 233

2.15.4. Possibilidade de inclusão de dados específicos no pedido de indisponibilidade (art. 16, § 2º) 233

2.15.5. Requisitos para o deferimento do pedido de indisponibilidade de bens (art. 16, § 3º) 234

2.15.6. Possibilidade da decretação de indisponibilidade de bens *inaudita altera pars* (art. 16, § 4º) 235

2.15.7. Limitação da indisponibilidade na ocorrência de mais de um réu (art. 16, § 5º) 236

2.15.8. Forma de cálculo e hipótese de substituição do valor da indisponibilidade (art. 16, § 6º) 237

2.15.9. Requisitos para a decretação da indisponibilidade de bens de terceiro (art. 16, § 7º) 237

2.15.10. Aplicação do regime da tutela de urgência do CPC (art. 16, § 8º) 237

2.15.11. Recurso cabível contra decisão relativa à medida de indisponibilidade de bens (art. 16, § 9º) 237

2.15.12. Alcance da medida de indisponibilidade de bens (art. 16, § 10) 238

2.15.13. Prioridade dos bens que sofrerão a indisponibilidade (art. 16, § 11) 238

SUMÁRIO | **15**

2.15.14. Vedação ao juiz de adotar determinadas medidas (art. 16, §§ 12, 13 e 14) 238

2.15.15. Vedação à decretação de indisponibilidade do bem de família (art. 16, § 14). 239

2.15.16. Enunciados 241

2.16. Artigo 17 241

2.16.1. Quadro comparativo 241

2.16.2. Da ação por improbidade administrativa 246

2.16.3. Legitimidade exclusiva do Ministério Público e procedimento aplicável (art. 17, *caput*) 246

2.16.4. Competência (art. 17, § 4º-A) 248

2.16.5. Prevenção do juízo para ações conexas (art. 17, § 5º) .. 249

2.16.6. Petição inicial e requisitos de observância obrigatória (art. 17, § 6º) 251

2.16.7. Possibilidade de requerimento da tutela de urgência pelo Ministério Público (art. 17, § 6º-A) 254

2.16.8. Hipóteses de rejeição da petição inicial (art. 17, § 6º-B).. 259

2.16.9. Prazo específico para contestação (art. 17, § 7º) 265

2.16.10. Do cabimento do agravo de instrumento (art. 17, § 9º-A) 266

2.16.11. Hipótese de solução consensual e a possibilidade de dilação do prazo para contestação (art. 17, § 10-A). 267

2.16.12. Hipóteses de atuação do juiz após a oferecimento da contestação (art. 17, § 10-B) 267

2.16.13. Decisão do juiz após a réplica do Ministério Público (art. 17, § 10-C) 268

2.16.14. Indicação única do tipo de ato de improbidade (art. 17, § 10-D) 269

2.16.15. Intimação das partes (art. 17, § 10-E) 269

2.16.16. Hipóteses de nulidade total ou parcial da decisão de mérito (art. 17, § 10-F) 270

2.16.17. Consequência da verificação de inexistência de ato de improbidade (art. 17, § 11) 270

2.16.18. Intimação da pessoa jurídica interessada (art. 17, § 14).... 270

2.16.19. Hipótese de desconsideração da personalidade jurídica (art. 17, § 15) 270

2.16.20. Possibilidade da conversão da ação por improbidade em ação civil pública e recurso cabível (art. 17, §§ 16 e 17).. 272

2.16.21. Da decisão que converter a ação de improbidade em ação civil pública caberá agravo de instrumento (art. 17, § 17) 274

2.16.22. Direito do réu em se manter em silêncio (art. 17, § 18)... 274

2.16.23. Quatro institutos processuais não aplicáveis à ação por improbidade administrativa (art. 17, § 19)......... 275

    2.16.23.1. Primeiro: presunção da verdade em caso de revelia.. 275

    2.16.23.2. Segundo: proibição de inversão do ônus da prova em prejuízo do réu.............................. 276

    2.16.23.3. Terceiro: impossibilidade de ajuizamento de mais de uma ação de improbidade administrativa pelo mesmo fato, competindo ao Conselho Nacional do Ministério Público dirimir conflitos de atribuições entre membros de Ministérios Públicos distintos........... 276

        2.16.23.3.1. Conflito entre Promotores de Justiça do mesmo Estado.......... 276

        2.16.23.3.2. Conflito entre Procuradores da República............................. 277

        2.16.23.3.3. Conflito entre integrantes de ramos diferentes do Ministério Público da União...................... 277

        2.16.23.3.4. Conflito entre Promotores de Justiça de Estados diferentes, ou conflito entre um Promotor de Justiça e um Procurador da República................................. 277

SUMÁRIO | **17**

2.16.23.3.5. Quarto: o reexame obrigatório
da sentença de improcedência
ou de extinção sem resolução
de mérito..................................... 278

2.16.24. Obrigatoriedade de defesa pela assessoria jurídica
parecerista (art. 17, § 20) 279

2.16.25. Recurso cabível das decisões interlocutórias em
sede de ações da LIA (art. 17, § 21)........................... 280

2.17. Artigo 17-B.. 283

2.17.1. Quadro comparativo 283

2.17.2. Requisitos cumulativos e obrigatórios para a celebração do ANPC (art. 17-B, § 1º).............................. 289

2.17.3. Circunstâncias judiciais (art. 17-B, § 2º) 289

2.17.4. Apuração do valor do dano a ser ressarcido (art. 17-B,
§ 3º)... 289

2.17.5. Momento de celebração do ANPC (art. 17-B, § 4º) 290

2.17.6. Partes do ANPC (art. 17-B, § 5º)................................... 290

2.17.7. Possibilidade de adoção de outros mecanismos e
medidas (art. 17-B, § 6º).. 291

2.17.8. Hipótese de descumprimento do acordo pelo investigado ou réu (art. 17-B, § 7º) 292

2.18. Artigo 17-C 292

2.18.1. Quadro comparativo 292

2.18.2. Elementos obrigatórios da sentença em ação por
improbidade (art. 17-C).. 294

2.18.3. Circunstâncias a serem consideradas na aplicação
das sanções de forma isolada ou cumulativa.............. 298

2.18.4. Ratificação da imprescindibilidade do dolo (art.
17-C, § 1º)... 299

2.18.5. Vedação à condenação solidária dos litisconsortes
(art. 17-C, § 2º) 299

2.18.6. Vedação à remessa necessária (art. 17-C, § 3º).............. 299

18 | NOVA LEI DE IMPROBIDADE ADMINISTRATIVA | FERNANDO CAPEZ

2.19. Artigo 17-D 301

    2.19.1. Quadro comparativo 301

    2.19.2. Taxatividade da ação por improbidade administrativa (art. 17-D) 302

2.20. Arts. 18 e 18-A.. 303

    2.20.1. Quadro comparativo 303

    2.20.2. A pessoa jurídica como legitimada concorrente para o procedimento de liquidação da sentença (art. 18, § 1º) 305

    2.20.3. Obrigatoriedade de atuação do MP na liquidação do dano e no cumprimento da sentença (art. 18, § 2º) 306

    2.20.4. Possibilidade de desconto no valor a ser ressarcido (art. 18, § 3º) 306

    2.20.5. Possibilidade de parcelamento do valor da condenação (art. 18, § 4º) 307

    2.20.6. Possibilidade de unificação das sanções (art. 18-A) 307

    2.20.7. Limite temporal das sanções de suspensão de direitos políticos e de proibição de contratar ou de receber incentivos fiscais ou creditícios do poder público (art. 18-A, parágrafo único) 308

2.21. Artigo 19... 308

    2.21.1. Quadro comparativo 308

2.22. Artigo 20... 310

    2.22.1. Quadro comparativo 310

    2.22.2. Hipótese de afastamento do agente público do exercício do cargo (art. 20, § 1º) 310

    2.22.3. Prazo e possibilidade de prorrogação do afastamento do agente público (art. 20, § 2º) 311

2.23. Artigo 21... 313

    2.23.1. Quadro comparativo 313

SUMÁRIO | **19**

2.23.2. Possibilidade de impedimento do trâmite da ação por improbidade (art. 21, § 4º) e decisão do Supremo Tribunal Federal 315

2.23.3. Compensação de sanções aplicadas eventualmente em outras esferas (art. 21, § 5º) 316

2.24. Artigo 22 318

2.24.1. Quadro comparativo 318

2.24.2. Hipótese de indeferimento do requerimento de instauração do inquérito civil 322

2.25. Artigo 23 322

2.25.1. Quadro comparativo 322

2.25.2. Prescrição: prazo e termo inicial (art. 23, *caput*) 324

2.25.3. Causas suspensivas da prescrição (art. 23, § 1º) 332

2.25.4. Prazo de conclusão do inquérito civil (art. 23, § 2º) 332

2.25.5. Inquérito civil e o prazo para a propositura da ação por improbidade administrativa (art. 23, § 3º) 333

2.25.6. Causas interruptivas da prescrição (art. 23, § 4º) 335

2.25.7. Contagem do prazo após a interrupção da prescrição (art. 23, § 5º) 336

2.25.8. Alcance dos efeitos da suspensão e interrupção do prazo prescricional (art. 23, §§ 6º e 7º) 336

2.25.9. Prescrição intercorrente (art. 23, § 8º) 336

2.25.10. A imprescritibilidade das ações de ressarcimento ao erário 338

2.26. Artigo 23-A 341

2.26.1. Quadro comparativo 341

2.27. Artigo 23-B 342

2.27.1. Quadro comparativo 342

2.27.2. Hipótese e momento de recolhimento das custas processuais (art. 23-B, § 1º) 343

2.27.3. Hipótese de condenação em honorários sucumbenciais (23-B, § 2º) 343

2.28. Artigo 23-C 344

    2.28.1. Quadro comparativo 344

2.29. Artigo 24 – Disposições finais 346

    2.29.1. Quadro comparativo 346

2.30. Artigo 25 347

    2.30.1. Quadro comparativo 347

2.31. Conclusão 347

Referências Bibliográficas 350

DEDICATÓRIA

Dedico esta obra a minha mãe, dona Suraia (*in memoriam*), que me educou com amor e sacrifício.

Enquanto eu viver, você viverá em meu coração.

NOTA DO AUTOR

Esta obra é uma adaptação da tese de doutorado que defendi perante a Pontifícia Universidade Católica de São Paulo, intitulada "Limites Constitucionais à Lei de Improbidade", na qual já alertava sobre os excessos da antiga Lei n. 8.429/92, muito antes da entrada em vigor da nova Lei n.14.230/2021, que a aperfeiçoou e a adequou aos ditames constitucionais. Logo que entrou em vigor, a lei de improbidade de 1992 foi interpretada como um diploma de natureza civil, dispensando, por isso, maiores indagações acerca da responsabilidade subjetiva do autor, o que permitia um encadeamento causal sem necessidade de demonstração de cooperação subjetiva dos partícipes. Por essa razão, alcançava pessoas que não haviam contribuído com dolo ou culpa, mas que acabavam sendo atingidas injustamente com a condição vexatória de réus e bloqueios de seu patrimônio, os quais perduravam (e ainda perduram) por décadas, durante as ações inadequadamente propostas. O resultado disso foram demandas intermináveis com dezenas de réus, muitos dos quais sem qualquer responsabilidade pelo ato ímprobo, sem nenhuma eficácia porque não terminam jamais. Muitas dessas ações de improbidade já contam com quase trinta anos desde sua propositura, sem nem sequer terem ingressado na fase de instrução. Da mesma forma, inquéritos civis públicos instaurados para questões de mera gestão, interferindo na esfera de discricionariedade de agentes políticos e usurpando-lhes a legitimidade outorgada pelo mandato popular. Ao contrário das críticas a ela endereçadas, a nova lei corrigiu injustiças e atendeu aos princípios da não culpabilidade, responsabilidade subjetiva, duração razoável do processo e devido processo legal. Exigir dolo, entendido como a demonstração da vontade de praticar o ato para atingir o fim ímprobo, afastar a culpa, dado que não existe desonestidade culposa, e tornar taxativas as hipóteses do art. 11, foram algumas das novas medidas trazidas pela lei, que foram de extrema oportunidade. Se, por um lado, não é necessário esgotar em rol taxativo as hipóteses dos tipos de improbidade do enriquecimento ilícito e do dano doloso ao erário, o mesmo não se pode dizer dos atos de improbidade consistentes em violação de princípios constitucionais da administração. Isso porque é perfeitamente possível identificar o que é uma ação ensejadora do enriquecimento ilícito ou que causa dano ao patrimônio público, sendo desnecessário descrever uma a uma todas as possiblidades de realização dessas condutas e esgotar o rol de hipóteses concretas, o que, aliás, seria impossível. É o que acontece com alguns crimes previstos no Código Penal. Por exemplo, os tipos penais dos arts. 157 e 121 não exigem que se descreva todas as formas pelas quais se pratica um roubo ou um homicídio, sendo suficiente a descrição genérica do que sejam tais condutas. De volta à Lei de Improbidade, no caso do art. 11, a situação é completamente diferente. Não basta ao legislador simplesmente considerar ato de improbidade qualquer violação a princípio constitucional, uma vez que o conceito de princípio é extremamente impreciso, vago e abrangente, permitindo ao acusador classificar como ato ímprobo qualquer ação que, a seu ver, viole a moralidade, a legalidade, a impessoalidade etc. Esta previsão genérica, ao contrário dos arts. 9º e 10, afronta o princípio da taxatividade e, por conseguinte, da reserva legal. A Lei de Improbidade não pertence ao campo do direito civil, nem tampouco do direito administrativo, mas do direito sancionador, que é aquele que pune, castiga, aplica pena. Sua hermenêutica se aproxima muito mais do direito penal, até porque muitas de suas penas excedem em muito a gravidade das correspondentes no âmbito criminal. Por tudo isso, foi imprescindível revisitar a obra, atualizando-a para lhe dar o respaldo legal dos novos dispositivos, coincidentes com muitas das lições que nela constavam já antes da nova lei de improbidade. Nesta edição, o trabalho passa a ter um caráter menos acadêmico e mais prático, procurando auxiliar na solução dos intricados debates que surgirão certamente ao longo de suas interpretações no tempo. Entendemos, enfim, que a descrição do dolo e da finalidade do agente de produzir um resultado administrativamente imoral é imprescindível sob pena de inépcia da inicial, como também é imprescindível a motivação judicial para seu acolhimento antes da citação do requerido. As infrações culposas não mais existem, devendo a nova lei, por implicar *reformatio in mellius*, retroagir para beneficiar o agente, inclusive na hipótese de decisão condenatória já transitada em julgado, nos mesmos moldes do análogo instituto penal da *abolitio criminis*. O prazo de duração dos inquéritos civis, fixado em 365 dias corridos, prorrogáveis uma única vez por igual período, mediante ato fundamentado e submetido à revisão da instância ministerial competente, não é prazo impróprio, mas prazo fatal, só podendo ser excepcionado esporadicamente e por motivo de comprovada força maior, do contrário, o dispositivo seria inútil. Finalmente, os novos prazos prescricionais mais benéficos devem retroagir, com base no princípio constitucional penal da retroatividade *in mellius*. Essas e outras questões são abordadas neste livro, esperando que a lei tenha vindo para trazer mais eficiência no combate à improbidade, maior agilidade na apuração dos malfeitos e prevenir abusos e injustiças.

PARTE I

1. INTRODUÇÃO

Após décadas de vigência da Lei n. 8.429/92, foi aprovada e sancionada a Lei n. 14.230/2021, que trouxe consigo quase 200 alterações no texto do diploma anterior. Como resultado, embora o *nomen iuris* permaneça o mesmo, tem-se uma Lei de Improbidade Administrativa alterada quase que por completo.

Entre as muitas inovações elencadas na Lei n. 14.230/2021, algumas delas merecem especial destaque, quais sejam:

- o Ministério Público como detentor privativo da legitimidade ativa para as ações de improbidade administrativa (v. ADI 7042 e 7043);
- taxatividade da ação de improbidade: com a designação de uma ação de improbidade típica, ilidindo a incidência do mecanismo da Ação Civil Pública (Lei n. 7.347/85);
- possibilidade de as entidades privadas que tenham recebido benefício, incentivo ou vantagem estatal, sofrerem sanções por ato de improbidade administrativa;
- necessidade de comprovação de que o terceiro tenha induzido ou concorrido dolosamente para a prática do ato de improbidade, para que ele possa sofrer a sanção cabível;
- prazo prescricional fixado em oito anos (*vide* STF/ARE 843989);
- termo inicial do prazo prescricional a ser contado a partir da data de consumação do ato de improbidade, em todas as modalidades e por quem quer que seja praticado;
- inserção do instituto da prescrição intercorrente de forma expressa, com prazo de oito anos a ser computada a partir do ajuizamento da ação de improbidade;
- extinção da penalidade da perda do cargo ou mandato nas hipóteses de prática de ilícitos que atentem contra os princípios da Administração Pública;
- proibição de julgamento antecipado da lide nos casos de condenação do réu;

- tipificação legal do nepotismo e nepotismo cruzado;
- disposições regulamentadoras específicas acerca do Acordo de Não Persecução Civil (ANPC);
- possibilidade do pedido de decretação da perda de bens sem a necessidade de prévia representação ao Ministério Público;
- extinção do procedimento para defesa prévia.

Essa obra traz uma abordagem sistematizada do novo diploma legal, comentando artigo por artigo, com as acepções doutrinárias e jurisprudenciais correspondentes, bem como a exposição dos respectivos quadros comparativos.

1.1. EVOLUÇÃO LEGISLATIVA

Objetivando pôr fim à corrupção desenfreada, a qual há vários anos vem sangrando as finanças públicas e envergonhando o país, o constituinte previu, no art. 37, § 4º, que os "atos de improbidade administrativa importarão a suspensão dos direitos políticos, a perda da função pública, a indisponibilidade dos bens e o ressarcimento ao erário, na forma e gradação", nos termos da lei. Quase quatro anos mais tarde, foi editada a Lei n. 8.429/92, chamada de Lei de Improbidade Administrativa[1].

A crise da moralidade política e administrativa é um tema que o nosso país vem enfrentando há longa data. Com efeito, nas palavras de Francisco Bilac Moreira Pinto:

> "A corrupção política e administrativa constitui um dos mais salientes vícios dos regimes políticos latino-americanos. O que torna mais grave esse fenômeno, que ocorre em todos os níveis de governo, é a apatia da opinião pública em face dele. A prática do enriquecimento ilícito dos governantes se generalizou tanto, que o povo passou a encará-lo como fatalidade, não encontrando estímulos para contra ele reagir. A opinião pública ainda não se advertiu de que o locupletamento indevido, por parte dos governantes, somente pode ser obtido mediante a violação dos deveres éticos inerentes a seus cargos e funções e que cada ato atentatório da deontologia profissional do político ou do administrador implica sempre alteração das finalidades do Estado, em fazê-lo funcio-

---

1   CAPEZ, Fernando. *Improbidade administrativa:* limites constitucionais. São Paulo: Saraiva, 2015, p. 264.

nar em benefício de grupos econômicos ou de indivíduos, e em detrimento do povo, quando o seu escopo é o de atuar sempre no exclusivo sentido da realização do bem-estar social da coletividade. Ao enriquecimento ilícito dos governantes corresponde necessariamente, como contraprestação fatal, o empobrecimento do povo, sob a forma de agravação de suas condições"[2].

A Lei Pitombo-Godói Ilha lançou as primeiras sementes no combate ao ato ímprobo, ao regular o sequestro e a perda em favor da Fazenda Pública de bens adquiridos pelo servidor público, por influência ou abuso do cargo ou função pública, ou de emprego em entidade autárquica (art. 1º). Em vista de sua incidência restrita (Administração Pública direta e autarquias), foram limitados os seus efeitos práticos. De toda sorte, não se pode ignorar sua pretensão moralizadora, prevendo, já naquela época, o registro público obrigatório dos valores e bens daqueles que exerciam funções públicas da União e entidades autárquicas (art. 3º) e outorgando a titularidade da ação ao Ministério Público e a qualquer pessoa do povo (art. 1º, § 2º).

Em complementação à Lei Pitombo-Godói Ilha, foi editada a Lei Federal n. 3.502/58, conhecida como Lei Bilac Pinto, que regulava o sequestro e a perda de bens, nos casos de enriquecimento ilícito, por influência ou abuso do cargo ou função. Em comparação ao seu antecessor (Lei Pitombo-Godói Ilha), o novo diploma era mais abrangente, porque, além de alcançar os servidores da Administração Pública direta e indireta, explicitava, em seu art. 2º, os casos de enriquecimento ilícito, tais como:

a) a incorporação ao patrimônio privado, sem as formalidades previstas em leis, regulamentos, estatutos ou normas gerais e sem a indenização correspondente, de bens ou valores do patrimônio de qualquer das entidades da Administração direta ou indireta (art. 2º, a);

b) a doação de valores ou bens do patrimônio das entidades da Administração direta ou indireta a indivíduos ou instituições privadas, mesmo de fins assistenciais ou educativos, desde que feita sem publicidade e sem autorização prévia do órgão, o qual tenha competência expressa para deliberar a esse respeito (art. 2º, b);

---

2 PINTO, Francisco Bilac Moreira. *Enriquecimento ilícito no exercício de cargos públicos.* Rio de Janeiro: Forense, 1960, p. 21-22.

c) o recebimento de dinheiro, de bem móvel ou imóvel, ou de qualquer outra vantagem econômica, a título de comissão, porcentagem, gratificação ou presente (art. 2º, c);

d) a percepção de vantagem econômica por meio de alienação de bem móvel ou imóvel, por valor sensivelmente superior ao corrente no mercado ou ao seu valor real (art. 2º, d);

e) a obtenção de vantagem econômica por meio da aquisição de bem móvel ou imóvel por preço sensivelmente inferior ao corrente ou a seu valor real (art. 2º, e);

f) a utilização, em obras ou serviços de natureza privada, de veículos, máquinas e materiais de qualquer natureza de propriedade da União, Estado, Município, entidade autárquica, sociedade de economia mista, fundação de direito público, empresa incorporada ao patrimônio da União ou entidade que receba e aplique contribuições parafiscais e, bem assim, a dos serviços de servidores públicos, ou de empregados e operários de qualquer dessas entidades (art. 2º, f).

O art. 5º outorgava às entidades prejudicadas a legitimidade ativa para o pedido de sequestro e perda de bens, remetendo ao procedimento previsto pelo Código de Processo Civil para o sequestro (§ 3º).

Essas duas legislações conviveram até meados do ano de 1992. Atendendo à determinação constitucional contida no art. 37, § 4º, foi editada a Lei Federal n. 8.429/92, como um eficaz mecanismo de combate à malversação do dinheiro público, e tendo como meta precípua que os agentes públicos de qualquer nível de hierarquia sejam obrigados a velar pela estrita observância dos princípios da legalidade, impessoalidade, moralidade e publicidade no trato dos assuntos os quais lhe são afetos (art. 4º). Essa lei acabou classificando os atos de improbidade administrativa em três modalidades distintas:

a) atos dos agentes públicos que importem em *enriquecimento ilícito*, os quais estão explicitados exemplificativamente no art. 9º e seus incisos;

b) atos dos agentes públicos que causem *dano ao erário*, arrolados não taxativamente no art. 10 e seus incisos;

c) atos dos agentes públicos os quais violem os princípios gerais da Administração Pública ainda que não acarretem dano ao erário ou não importem em enriquecimento ilícito, previstos no art. 11 e seus incisos.

Dessa feita, segundo a lei, são atos de improbidade os praticados por agente público que importem em enriquecimento ilícito, dano ao erário ou violação aos princípios da Administração Pública.

A Lei de Improbidade Administrativa completou mais de três décadas de vigência, com análises doutrinárias e jurisprudenciais referentes ao conjunto da obra, e, de forma específica, quanto aos entraves à efetividade e ao combate aos atos de improbidade[3].

1.2. CONCEITO DE IMPROBIDADE

A Lei n. 8.429/92 originariamente não descreveu o conceito de improbidade administrativa. O legislador, ao proceder à elaboração da Lei n. 14.230/2021, incorreu no mesmo erro, quedando-se inerte quanto à conceituação tão necessária.

Dito isso, necessário se faz recorrer à doutrina para extrair tal definição. O conceito de improbidade administrativa, malgrado não decorra de uma convicção unânime entre os doutrinadores, guarda certa similaridade entre uns e outros.

Acerca do referido conceito, Daniel Amorim Assumpção Neves e Rafael C. Rezende Oliveira:

> O vocábulo "probidade", do latim *probitate*, significa aquilo que é bom, relacionando-se diretamente à honradez, à honestidade e à integridade. A improbidade, ao contrário, deriva do latim *improbitate*, que significa imoralidade, desonestidade. Não é tarefa simples definir a improbidade administrativa, notadamente se a sua caracterização dependeria, necessariamente, da violação ao princípio da moralidade administrativa. Não obstante a divergência sobre o tema, entendemos que, no Direito positivo, a improbidade administrativa não se confunde com a imoralidade administrativa. O conceito normativo de improbidade administrativa é mais amplo que aquele mencionado no léxico. A imoralidade acarreta improbidade, mas a recíproca não é verdadeira. Vale dizer: nem todo ato de improbidade significa violação ao princípio da moralidade, especialmente se levarmos em consideração que o art. 11

---

3   CONSELHO NACIONAL DE JUSTIÇA. *Lei de improbidade administrativa: obstáculos à plena efetividade do combate aos atos de improbidade.* Coordenação Luiz Manoel Gomes Júnior, equipe Gregório Assagra de Almeida... [et al.]. – Brasília: 2015, p. 09.

da LIA considera improbidade a violação a qualquer princípio da Administração Pública e não apenas a contrariedade ao princípio da moralidade inserido no art. 37 da CRFB. Há, portanto, estreita relação entre a improbidade administrativa e o princípio da juridicidade, pois a violação a qualquer princípio jurídico tem o potencial de configurar a prática da improbidade, desde que presentes os requisitos previstos na Lei n. 8.429/92[4]".

Márcia Noll Barboza assim conceitua improbidade administrativa:

Improbidade administrativa é a caracterização atribuída pela Lei n. 8.429/92, conhecida como Lei de Improbidade Administrativa (LIA), a determinadas condutas praticadas por agentes públicos e, também, por particulares que nelas tomem parte. Tal caracterização, que se pode dizer "genérica", é especificada pelos arts. 9º, 10 e 11 da LIA: o art. 9º define os atos de improbidade administrativa que importam em enriquecimento ilícito; o art. 10, os atos de improbidade administrativa que causam lesão ao erário; e o art. 11, os atos de improbidade administrativa que atentam contra os princípios da administração pública. Como se vê, a noção que deriva da LIA é bastante abrangente, modificando qualquer referência legal ou teórica que, anteriormente à edição dessa lei, vinculasse o termo "improbidade" à ideia de desonestidade. A partir da LIA, pode-se entender a improbidade administrativa como aquela conduta considerada inadequada – por desonestidade, descaso ou outro comportamento impróprio – ao exercício da função pública, merecedora das sanções previstas no referido texto legal. Cuida-se, portanto, de conduta violadora da ética pública, isto é, do comportamento ético que se espera do agente público. A Lei de Improbidade Administrativa adveio como concretização do mandamento inserido no art. 37, § 4º, da Constituição Federal, que assim dispõe: "os atos de improbidade administrativa importarão a suspensão dos direitos políticos, a perda da função pública, a indisponibilidade dos bens e o ressarcimento ao erário, na forma e gradação previstas em lei[5] [...]".

---

4   NEVES, Daniel Amorim Assumpção; OLIVEIRA, Rafael Carvalho Rezende. *Comentários à reforma da Lei de Improbidade Administrativa*. Rio de Janeiro: Forense, 2022, p. 03.

5   ESMPU – Escola Superior do Ministério Público da União. *Cem perguntas e respostas sobre improbidade administrativa: incidência e aplicação da lei n. 8429/92*. Brasília: ESMPU, 2013, p. 15.

Nessa senda, Fabio Medina Osório:

> Tratar de improbidade administrativa, no Direito brasileiro, significa refletir sobre atos de corrupção *lato sensu* e, também, sobre atos de grave ineficiência funcional, ambos interconectando-se no plano da imoralidade administrativa, dentro do círculo restrito de ética institucional que domina o setor público. A improbidade é uma espécie de má gestão pública lato sensu, uma imoralidade administrativa qualificada. O ato ímprobo configura-se através de um processo de adequação típica, que carece da integração da Lei Geral de Improbidade com normativas setoriais aplicáveis à espécie, dentro de um esquema de valoração mais profunda da conduta proibida. A improbidade é uma patologia de gravidade ímpar no contexto do Direito Administrativo Sancionador, eis que suscita reações estatais bastante severas; por isso mesmo, sua punição, no devido processo legal que lhe cabe, exige obediência a regras e princípios de Direito Punitivo, marcadamente de Direito Administrativo Sancionador[6].

E Ari Timóteo dos Reis Júnior elucida:

> Etimologicamente, probidade designa retidão de conduta. As noções que se atrelam à probidade são: **honestidade, lealdade, retidão de conduta, boa-fé, princípios éticos e morais**, sendo que, no âmbito normativo, essas qualidades podem ser relacionadas ao adequado gerenciamento da coisa pública, a exigir um padrão de comportamento ético que se espera do agente público. Por sua vez, a improbidade é o inverso da probidade, designando ato contrário à honestidade. Ímprobo é aquele que não procede bem, por não ser honesto, que age indignamente, por não ter caráter, que não atua com decência. Em síntese, é o inverso da probidade, caracterizando-se diante da violação a qualquer desses parâmetros[7].

Segundo Hugo Nigro Mazzilli: "a improbidade administrativa não consiste apenas na prática do ato ilícito pelo agente público, mas sim na prática de ato cuja ilicitude decorra de desonestidade ou imoralidade do agente"[8].

---

6   OSÓRIO, Fábio Medina. *Improbidade administrativa. Observações sobre a Lei*, v. 8, p. 92, 1998.

7   DOS REIS JÚNIOR, Ari Timóteo. *Improbidade administrativa*. Viseu, 2021, p. 05.

8   Mazzilli, Hugo Nigro. *A defesa do interesses difusos em juízo*. São Paulo: Saraiva, 2017, p. 251.

1.2.1. Afinal, moralidade e probidade são sinônimos?

Questiona-se se a probidade administrativa seria um novo princípio ou uma espécie do gênero princípio da moralidade. Para Diógenes Gasparini, trata-se de particular aspecto da moralidade administrativa, a qual recebeu um tratamento próprio pela Constituição Federal, ao permitir a pena de suspensão dos direitos políticos ao ímprobo:

> Alguns autores, com base no art. 85, V, da Constituição Federal, que considera crime de responsabilidade os atos do Presidente da República que atentarem contra a probidade administrativa, veem, distinto da moralidade administrativa, um novo princípio, o da probidade administrativa. Outros indicam o princípio da probidade administrativa como uma espécie do princípio da moralidade administrativa. Não cremos que haja entre esses comportamentos da Administração Pública características que permitam tratá-los como princípios distintos. Quando muito, podemos afirmar que a probidade administrativa é apenas um particular aspecto da moralidade administrativa que recebeu da Constituição Federal um tratamento próprio, na medida em que atribuiu ao ímprobo a pena de suspensão dos direitos políticos[9].

Para José Afonso da Silva, a "improbidade administrativa é uma imoralidade qualificada pelo dano ao erário e correspondente vantagem ao ímprobo ou a outrem"[10].

Wallace Paiva Martins Júnior afirma que a noção de improbidade administrativa deflui da noção de moralidade administrativa, de forma que aquela não requer obra legislativa, porquanto deflui da noção de moralidade administrativa, na qual está contida, e da constatação da ofensa aos princípios reitores da Administração Pública ou de regra tutelar de seus bens, direitos, interesses e valores[11]. Nesse sentido observa:

> A norma constitucional criou aí um subprincípio ou uma regra derivada do princípio da moralidade administrativa: probidade administrativa, que assume paralelamente o contorno de um direito subjetivo público a uma Administração Pública proba e honesta, influenciada pela

---

9   Direito administrativo, cit., p. 10.

10 DA SILVA, José Afonso. *Curso de direito constitucional positivo*. Revista dos Tribunais, 2006, p. 669.

11 Probidade administrativa, cit., p. 102-103.

conversão instrumentalizada de outros princípios da Administração Pública (notadamente, impessoalidade, lealdade, imparcialidade, publicidade, razoabilidade) e pelo cumprimento do dever de boa administração[12].

Prossegue afirmando que a probidade visa a assegurar a eficácia social dos princípios da Administração Pública, tendo como base "a preservação dos valores éticos fundamentais inerentes à Administração Pública e seus agentes"[13]. Sob esse viés interpretativo, a improbidade deverá ser reconhecida sempre que a conduta administrativa violar um dos princípios previstos no art. 37, *caput*, da Constituição Federal; quais sejam, legalidade, moralidade, impessoalidade e publicidade, independentemente da comprovação de prejuízo ao erário.

Sob essa intelecção, a improbidade administrativa ou imoralidade administrativa qualificada "exige sanções mais compatíveis e coerentes com a tutela do bem jurídico violado e que transcendem o cunho patrimonial da lesão, nem sempre existente"[14].

Rita Maria Dias Nolasco, discordando do posicionamento acima, observa que, na Lei de Improbidade Administrativa, a lesão à moralidade administrativa é uma das hipóteses de ato de improbidade, se praticado com a intenção dolosa, violando os deveres de honestidade e de lealdade às instituições, ou seja, a probidade administrativa é mais ampla e abrange a moralidade administrativa e os demais princípios da Administração Pública[15].

Aduz Márcio Cammarosano, por sua vez, que a improbidade seria uma imoralidade administrativa qualificada, de forma que toda improbidade constituiria ofensa à moralidade administrativa, porém não bastaria a pura contrariedade a este princípio para que se tenha também como caracterizada aquela[16].

---

12 MARTINS JÚNIOR, Wallace Paiva. Probidade administrativa, cit., p. 103.

13 *Ibidem*, p. 111.

14 MARTINS JÚNIOR, Wallace Paiva. Probidade administrativa, cit., p. 115.

15 *Efeitos da sentença de procedência na ação de improbidade administrativa*. Tese (Doutorado em Direito) – Faculdade de Direito, Pontifícia Universidade Católica de São Paulo, São Paulo, 2006, p. 63.

16 CAMMAROSANO, Márcio. *O princípio constitucional da moralidade e o exercício da função administrativa*, cit., p. 149.

Com efeito, segundo o autor, da leitura dos arts. 14, § 9º; 15, V; 37, § 4º; 85, V, da Constituição Federal, verifica-se que os atos de improbidade não são apenas inválidos, ensejando a aplicação a seus autores de sanções demasiadamente severas (perda e suspensão de direitos políticos, perda da função pública, indisponibilidade dos bens, sem prejuízo de outras sanções especificadas em lei, inclusive penais)[17].

Além disso, a lei ainda conta com tipos bastante genéricos, como o previsto no art. 10, o qual prescreve constituir "ato de improbidade administrativa qualquer ação ou omissão dolosa, que enseje efetiva e comprovadamente, perda patrimonial, desvio, apropriação, malbaratamento ou dilapidação dos bens ou haveres das entidades referidas no art. 1º", bem como o previsto no art. 11, *caput*, da lei, que considera "ato de improbidade administrativa que atenta contra os princípios da administração pública a ação ou omissão dolosa que viole os deveres de honestidade, de imparcialidade e de legalidade".

Nesse contexto, conclui Márcio Cammarosano que só é possível falar em improbidade em face de imoralidade qualificada pela atuação desonesta e dolosa, sob pena de se punir o erro de fato ou de direito.

> Probo, do latim *probus*, é aquele cujo procedimento caracteriza-se pela retidão de caráter, pela honestidade. Em sentido amplo designa também aquele que se comporta de maneira justa, criteriosa no cumprimento de seus deveres. É o homem íntegro, honrado. Todavia, para efeito de sujeitar quem quer que seja às severas sanções já mencionadas, é imperioso, num Estado Democrático de Direito como o nosso, e em face mesmo do primado da segurança jurídica, e, em matéria penal, do princípio da legalidade dos delitos e das penas (Constituição da República, art. 5º, XXXIX), elencar os tipos de comportamentos que se deve qualificar como improbidade. A propósito, cabe advertir que ao legislador é dado alargar o conceito como melhor lhe aprouver, como se nada o limitasse, nem o restringir tanto a ponto de amesquinhar o preceito constitucional. (...) Para nós só se pode falar em improbidade em face de imoralidade especialmente qualificada pelo atuar de forma desonesta, corrupta, dolosamente, portanto[18].

---

17 CAMMAROSANO, Márcio. *O princípio constitucional da moralidade e o exercício da função administrativa*, cit., p. 148.

18 O princípio constitucional da moralidade e o exercício da função administrativa, cit., p. 149-161.

Marcelo Figueiredo demonstra que caberá ao julgador no caso concreto avaliar o comportamento dos órgãos administrativos, de modo a afastar os atos produtos de inabilidade ou gestão imperfeita, ante a ausência do elemento desonestidade:

> Como assevera Hernandez Gil, tentar definir a boa-fé é tão insólito como procurar a definição de boa conduta, de moral e ordem pública. Não é possível reduzir sua aplicação a casos determinados. O importante será verificar e detectar, na atuação dos órgãos administrativos, violações ao Direito. Diante de um caso concreto, deverá o juiz ou administrador sindicar exaustivamente o comportamento da Administração. Caso haja quebra de confiança, de lealdade, de ética, haverá maus-tratos à moralidade administrativa. (...) Finalmente, cumpre observar que a presente lei pretende colher em suas malhas os atos de improbidade, que comportam, como veremos ao longo dos comentários, diversos "graus", com diferentes consequências jurídicas. Nessa direção, não nos parece crível punir o agente público, ou equiparado, quando o ato acoimado de improbidade é, na verdade, fruto de inabilidade, de gestão imperfeita, ausente o elemento de "desonestidade", ou de improbidade propriamente dita[19].

Ao analisar a Lei de Improbidade Administrativa, Fábio Medina Osório conclui pela necessidade de trabalhar, dentro do conceito de improbidade, com os fenômenos mais graves, aproximando-os dos casos de desonestidades funcionais. Desse modo, devem ser afastados os atos situados no âmbito da falibilidade humana, isto é, aquilo que se pode considerar como erro juridicamente tolerável, fazendo-se necessário verificar a repercussão da falha apontada nos valores jurídico-administrativos:

> Falar que um agente obrou ineficientemente num determinado momento, sem um olhar aprofundado sobre seu agir e seus resultados, pode significar pouco. Temos que avaliar se foi respeitada a margem humana de falibilidade funcional, dentro daquilo que se pode designar como erro juridicamente tolerável. Isso porque ao sujeito é de ser outorgado um certo espaço tolerável de ineficiência, se considerarmos esse termo vinculado à ideia de metas e resultados. A frustração desses objetivos, embora possa constituir suporte de uma determinada ineficiência, certamente ficará fora do alcance de uma órbita punitiva ou

---

19 Probidade administrativa, cit., p. 42.

correcional. Fora disso, temos que analisar o grau da falha apontada, bem assim sua repercussão nos valores jurídico-administrativos, inclusive para aquilatar o tipo e o tamanho da resposta a ser dada. Falhas de conteúdos e dimensões diferentes não podem ficar agrupadas dentro da mesma categoria ético-normativa, salvo do ponto de vista meramente nominal, devendo ser reconhecidos os diversos escalões da ilicitude. Da advertência às sanções que afetam direitos fundamentais vai uma larga distância. Não obstante, normalmente estaremos sempre falando na "ineficiência", numa ótica principiológica. Daí a importância de reconhecermos as flutuações ético-normativas dessa patologia – a ineficiência –, concluindo pela necessidade de trabalhar, dentro do conceito de improbidade, com aqueles fenômenos mais graves, aproximando-os dos casos de desonestidades funcionais[20].

Nessa senda interpretativa, colaciona-se a lição de Matheus Carvalho:

> "(...) O posicionamento majoritário da Doutrina afirma que a moralidade e a probidade, enquanto princípios, são expressões sinônimas, em razão de a Constituição da República ter mencionado em seu texto a moralidade como princípio no art. 37, *caput*, e a improbidade como lesão ao mesmo princípio"[21].

1.3. DOS ATOS DE IMPROBIDADE

1.3.1. Previsão constitucional

A Constituição Federal, reconhecida como Carta Cidadã, inseriu, no âmbito constitucional, o combate à corrupção, enfrentando a complexa questão da improbidade administrativa de maneira direta e pontual na forma referida no art. 37, § 4º, que dispõe: "os atos de improbidade administrativa importarão suspensão dos direitos políticos, a perda da função pública, a indisponibilidade de bens e o ressarcimento ao erário, na forma e na gradação previstas em lei, sem prejuízo da ação penal cabível".

Reza o art. 37, § 4º, da Constituição Federal:

---

20 Teoria da improbidade administrativa, cit., p. 66-67.
21 CARVALHO, Matheus. *Lei de Improbidade comentada*. São Paulo: JusPodivm, 2022, p. 11.

> *Art. 37. A administração pública direta e indireta de qualquer dos Poderes da União, dos Estados, do Distrito Federal e dos Municípios obedecerá aos princípios de legalidade, impessoalidade, moralidade, publicidade e eficiência e, também, ao seguinte: (Redação dada pela Emenda Constitucional n. 19, de 1998)*
>
> *(...)*
>
> *§ 4º Os atos de improbidade administrativa importarão a suspensão dos direitos p,olíticos, a perda da função pública, a indisponibilidade dos bens e o ressarcimento ao erário, na forma e gradação previstas em lei, sem prejuízo da ação penal cabível.*

O texto constitucional elenca um rol mínimo de sanções (suspensão dos direitos políticos, perda da função pública, indisponibilidade dos bens e ressarcimento ao erário) aplicáveis àqueles que cometem atos de improbidade administrativa, sem prejuízo das sanções previstas na Lei de Improbidade Administrativa, bem como, na legislação extravagante (Estatuto da Cidade, por exemplo).

Conforme Rafael Oliveira Costa e Renato Kim Barbosa destacam:

> Trata-se de norma de eficácia limitada, cuja aplicabilidade ganhou alcance prático com a edição da Lei n. 8.429/92, conhecida como "Lei de Improbidade Administrativa". Tal diploma é, portanto, o responsável por definir os contornos concretos para o dispositivo constitucional em apreço. O agente público deve exercer suas atribuições orientado por padrões de comportamento que se baseiam na imparcialidade, na honestidade e na probidade. Na hipótese de inobservância desses padrões, é possível a suspensão dos direitos políticos, a perda da função pública, a indisponibilidade dos bens e o ressarcimento ao erário, sem prejuízo da ação penal cabível e da aplicação de outras sanções previstas em sede infraconstitucional[22].

Dessa maneira, o § 4º do art. 37 da CF se consubstancia num rol exemplificativo das sanções cabíveis nos casos da prática de ato de improbidade administrativa.

Nesse sentido, o Supremo Tribunal Federal – STF já decidiu que o fato de a LIA ter ampliado o rol de sanções mínimas originariamente previstas na

---

22 COSTA, Rafael de O.; BARBOSA, Renato K. *Nova Lei de Improbidade Administrativa: De Acordo com a Lei n. 14.230/2021*. Grupo Almedina (Portugal), 2022, p. 24.

40 | NOVA LEI DE IMPROBIDADE ADMINISTRATIVA | FERNANDO CAPEZ

Constituição Federal não representa inconstitucionalidade: "As sanções civis impostas pelo art. 12 da Lei n. 8.429/92 aos atos de improbidade administrativa estão em sintonia com os princípios constitucionais que regem a Administração Pública"[23].

A Lei de Improbidade Administrativa – LIA, Lei n. 8.429, de 2 de junho de 1992, regulamentou o dispositivo constitucional em pauta representando para o ordenamento jurídico pátrio e para a sociedade um inegável corpo normativo de valor e expressão singular, marco jurídico e histórico em relação ao enfrentamento e combate à corrupção no país.

1.3.2. Conceito de ato de improbidade administrativa

De acordo com o art. 1º, § 1º, da LIA, *"consideram-se atos de improbidade administrativa as condutas dolosas tipificadas nos arts. 9º, 10 e 11 desta Lei, ressalvados tipos previstos em leis especiais"*.

Nos termos do já mencionado art. 37, § 4º, da Constituição Federal, *"os atos de improbidade administrativa importarão a suspensão dos direitos políticos, a perda da função pública, a indisponibilidade dos bens e o ressarcimento ao erário, na forma e gradação previstas em lei, sem prejuízo da ação penal cabível"*.

Inseridos no capítulo da Administração Pública, os atos de improbidade administrativa foram tratados como espécie distinta dos ilícitos penais, na medida em que a CF foi expressa ao determinar sanções independentemente da futura ação penal cabível.

1.3.3. Elementos configuradores do ato ímprobo

Tal como na esfera penal, os atos de improbidade administrativa se compõem em tipos, em molduras previstas pela lei. Em face do Estado Democrático de Direito, o qual tem como primado o princípio da legalidade, tem-se que o processo de adequação típica não é fenômeno privativo do di-

---

23 STF – RE: 598588 RJ, (Rel. Min. Eros Grau, Data de Julgamento: 15/12/2009, Segunda Turma, Data de Publicação: 26-02-2010).

reito penal, mas uma conquista histórica da humanidade que perpassa o campo punitivo[24].

A Lei n. 8.429/92, como referido, reprime os atos de improbidade administrativa nas modalidades: enriquecimento ilícito, prejuízo ao erário e atentado aos princípios da Administração Pública. Os atos dos agentes públicos que importam em enriquecimento ilícito estão explicitados, exemplificativamente, no art. 9º e incisos. Os atos dos agentes públicos que causam dano ao erário estão arrolados, não taxativamente, no art. 10 e incisos. Por fim, os atos dos agentes públicos os quais violam os princípios da Administração Pública, tais como moralidade, impessoalidade, economicidade e razoabilidade, ainda que não acarretem dano ao erário ou que não importem em enriquecimento ilícito, estão previstos taxativamente no art. 11 e seus incisos.

Como no modelo penal, o enquadramento do ato ímprobo na figura típica exige o preenchimento de uma série de requisitos, sem os quais não há a esperada adequação típica e, por conseguinte, não há que se falar em imputação do ato ímprobo. Assim, Fábio Medina Osório considera possível traçar uma estrutura analítica do ato de improbidade administrativa:

> Devemos analisar os elementos configuradores do ato *improbus* e, mais ainda, de sua imputação ao sujeito ativo. Daí sintetizarmos na expressão normativa: estrutura analítica do ato de improbidade administrativa. Isso porque o sujeito ativo da improbidade só pode ser reconhecido como tal a partir de um conjunto de elementos constitutivos que integrem o sistema normativo. A visão analítica permite reconhecer tais elementos. Diga-se que esses elementos integram a estrutura tipológica do ato, já que constituem o substrato normativo e material de todo e qualquer ato de improbidade administrativa, mas também configuram os pressupostos gerais da imputação, dentro do esquema repressivo estabelecido na LGIA. Um ato ímprobo supõe a presença de sujeito ativo e de requisitos materiais e formais de imputação[25].

---

24 Nesse sentido: OSÓRIO, Fábio Medina. *Teoria da improbidade administrativa*, cit., p. 290-291.

25 Nesse sentido: OSÓRIO, Fábio Medina. *Teoria da improbidade administrativa*, cit., p. 279.

Partindo da adequação dos ensinamentos de Antonio Araldo Ferraz Dal Pozzo, ao novel diploma (Lei n. 14.230/2021), faz-se necessário elencar os elementos que devem integrar o ato de improbidade administrativa, sem os quais não há fato típico:

> Podemos dizer, de maneira sucinta, que os elementos que integram o ato de improbidade administrativa são: a) um ato antijurídico, isto é, um ato que: a.1) importe enriquecimento ilícito; a.2) provoque dano ao erário; a.3) viole os princípios da Administração Pública; b) praticados com dolo específico de praticar o ilícito descrito no tipo; c) nexo de causalidade entre o ato e o enriquecimento ilícito, entre o ato e o dano ao erário e entre o ato e a violação aos princípios da Administração Pública; d) autoria do ato de improbidade. "Sendo esses os elementos básicos do ato de improbidade, caberá ao autor da ação descrever cada um deles, com precisão e clareza, até para que o sujeito passivo possa exercer seu direito de defesa"[26].

JURISPRUDÊNCIA

"(...) A Lei n. 14.230/2021 não excluiu a natureza civil dos atos de improbidade administrativa e suas sanções, pois essa "natureza civil" retira seu substrato normativo diretamente do texto constitucional, conforme reconhecido pacificamente por essa SUPREMA CORTE (TEMA 576 de Repercussão Geral, de minha relatoria, RE n. 976.566/PA). 7. O ato de improbidade administrativa é um ato ilícito civil qualificado – "ilegalidade qualificada pela prática de corrupção" – e exige, para a sua consumação, um desvio de conduta do agente público, devidamente tipificado em lei, e que, no exercício indevido de suas funções, afaste-se dos padrões éticos e morais da sociedade, pretendendo obter vantagens materiais indevidas (art. 9º da LIA) ou gerar prejuízos ao patrimônio público (art. 10 da LIA), mesmo que não obtenha sucesso em suas intenções, apesar de ferir os princípios e preceitos básicos da administração pública". (Plenário. ARE 843989/PR, Rel. Min. Alexandre de Moraes, julgado em 18/8/2022 – Repercussão Geral – Tema 1.199).

---

26 Reflexões sobre a defesa antecipada na lei de improbidade administrativa. In: Improbidade administrativa: questões polêmicas e atuais. BUENO, Cassio Scarpinella; PORTO FILHO, Pedro Paulo de Rezende (coord.). 2. ed. São Paulo: Malheiros, 2003, p. 94.

1.3.4. Espécies de atos de improbidade

A Lei n. 8.429/92 com as alterações trazidas pela 14.230/2021, classifica os atos de improbidade administrativa em três modalidades distintas:

a) Enriquecimento ilícito auferir, mediante a prática de ato doloso, qualquer tipo de vantagem patrimonial indevida em razão do exercício de cargo, de mandato, de função, de emprego ou de atividade nas entidades referidas no art. 1º desta Lei, previstos exemplificativamente no art. 9º;

b) Causar lesão ao erário mediante qualquer ação ou omissão dolosa, que enseje, efetiva e comprovadamente, perda patrimonial, desvio, apropriação, malbaratamento ou dilapidação dos bens ou haveres das entidades referidas no art. 1º desta Lei, arrolados não taxativamente no art. 10; e

c) Atentar contra os princípios da administração pública, mediante qualquer ação ou omissão dolosa que viole os deveres de honestidade, de imparcialidade e de legalidade, ainda que não acarretem dano ao erário ou não importem em enriquecimento ilícito, previstos no rol taxativo do art. 11.

Fábio Medina Osório inadmite a violação direta de princípios sem prévia intermediação legislativa, sob pena de grave insegurança jurídica:

> Não pode existir improbidade administrativa por meio de violação direta das normas da própria LGIA. Se aceitássemos tal hipótese, estaria aberta a via de uma grave insegurança jurídica. Os princípios podem ostentar funcionalidade normativa de controle da validez dos atos administrativos, mas jamais uma função autônoma de suporte aos tipos sancionadores da Lei Federal 8.429/92. Um equívoco corrente na doutrina é precisamente o de atribuir aos princípios essa funcionalidade de integrar a tipicidade da LGIA, sem referência a uma prévia intermediação legislativa, equívoco que induz ou é induzido por argumentações judiciais precariamente compreendidas em sua essência, num contexto de deficitária visualização das funções normativas das regras e princípios[27].

No Estado Democrático de Direito, do qual decorrem a segurança jurídica, a legalidade e a tipicidade, não cabe às normas principiológicas a tarefa de tipificar os atos de improbidade e as transgressões penais.

---

27 *Teoria da improbidade administrativa*, cit., p. 275.

> A tarefa de embasar direta tipificação de improbidade ou transgressões penais não cabe às normas principiológicas. Essa é a dimensão democrática do dever de probidade, que se assenta no dever de obediência à legalidade e no respeito ao império da segurança jurídica, carecendo, como se dá no direito punitivo em geral, de um processo tipificatório complexo, que se integra por regras legais, valores e princípios jurídicos. (...) No caso em exame, a improbidade requer um processo laborioso e sofisticado, considerando a estrutura das normas que integram a LGIA. Não se pode, por razões de segurança jurídica, legalidade, tipicidade e fundamentos do Estado Democrático de Direito, imputar improbidade administrativa a alguém, formulando uma acusação de vulneração isolada dos ditames de qualquer dos textos da LGIA, porque a incidência desta depende, de modo visceral, da prévia violação de outras normas. Trata-se, aqui, de formular uma exigência de fundamentação democrática da imputação, assegurando-se o direito ao devido processo legal e, em especial, à ampla defesa[28].

Antes da alteração legislativa operada, por força de sua vagueza conceitual, estava o administrador público sujeito às severas sanções da lei pela simples inobservância de um preceito moral, por exemplo, fazendo-se tábula rasa da segurança jurídica que informa o Estado Democrático de Direito, do qual surgia a necessidade de avaliar os requisitos da Teoria Constitucional do Direito Penal como forma de excluir a tipicidade do ato de improbidade administrativa.

Em boa hora, portanto, a Lei n. 14.230/2021 trouxe um rol taxativo de condutas dolosas que configuram ato de improbidade administrativa por violação aos princípios da Administração Pública, com vistas a pôr fim à insegurança jurídica trazida pela vagueza do texto originário da LIA.

Diante disso, devem ser afastados, por exemplo, os atos decorrentes de erro juridicamente tolerável, sendo importante verificar a repercussão da falha apontada nos valores jurídico-administrativos.

Nesse sentido, faz-se necessário mencionar interessante julgado do Superior Tribunal de Justiça,[29] no qual nos idos de 2005, já se consignava

---

28 OSÓRIO, Fábio Medina. *Teoria da improbidade administrativa*, cit., p. 276-277.

29 Recurso especial. Improbidade administrativa. Aplicação do § 8º, do art. 17, da Lei n. 8.429/92. Ação de cunho civil, penal e administrativo. Tipicidade estrita. Improbidade e ilegalidade. Diferença. Ausência de interesse processual superveniente, máxime porquanto os tipos de improbidade contra os princípios da Administração reclamam resul-

tado. Inocorrência de improbidade prima facie. Indeferimento da petição inicial à semelhança do que ocorre com a rejeição da denúncia por ausência de tipicidade (art. 17, § 8º da Lei n. 8.429/92) aferida pela instância local com ratificação pelo Ministério Público Federal. Súmula 7/STJ. 1. Ação de improbidade consistente em requisição de funcionários pelo juiz diretor do foro, com autorização do Tribunal hierarquicamente superior. 2. A questão positivista resta superada pela mais odiosa das exegeses, qual, a literal, por isso que se impõe observar se realmente toda ilegalidade encerra improbidade, sob pena de, em caso positivo, em qualquer esfera dos poderes da República, ressoar inafastável a conclusão inaceitável de que o errores in judicando e in procedendo dos magistrados implicam sempre e sempre improbidade, o que sobressai irrazoável. 3. Destarte, a improbidade arrasta a noção de ato imoral com forte conteúdo de corrupção econômica, o que não se coaduna com a hipótese dos autos assim analisada, verticalmente, pela instância a quo. 4. É uníssona a doutrina no sentido de que, quanto aos aspectos sancionatórios da Lei de Improbidade, impõe-se exegese idêntica a que se empreende com relação às figuras típicas penais, quanto à necessidade de a improbidade colorir-se de atuar imoral com feição de corrupção de natureza econômica. 5. Ato ímprobo que não produziu nenhum resultado, porquanto a requisição foi revogada, mercê de legal à época originária da requisição sem prejuízo do atestado serviço prestado pelos servidores requisitados, consoante sentença, pareceres ministeriais e acórdãos acostados nos autos e sindicados na instância a quo (Súmula 7/STJ). 6. *In casu*, o Ministério Público Federal, subsidiando o Tribunal a quo, concluiu pela atipicidade da conduta. No âmbito da improbidade, a atipicidade da conduta que no processo penal conduz à rejeição da denúncia, autoriza o indeferimento da inicial por impossibilidade jurídica do pedido. 7. Revogado o ato, e considerada a improbidade ilícito de resultado, ressoa evidente a falta de interesse superveniente, sem prejuízo da atipicidade apontada. 8. Ademais, a aferição da improbidade nas hipóteses em que a conduta é inferida e não descrita, notadamente naquelas infrações contra os princípios da Administração Pública, impõe-se a análise do fato ao ângulo da razoabilidade, por isso que, não obstante a indeterminação do conceito, assentou-se, em notável sede clássica, que, se não se sabe o que é razoável, é certo o que não é razoável, o bizarro, o desproporcional. 9. Sob esse enfoque, a requisição de funcionários por necessidade de serviço confirmada pela instância a quo, sequer resvala no conceito de improbidade ou imoralidade. 10. Ausente a concretização do suposto atuar ímprobo, sobressai a falta de interesse processual superveniente. 11. Tratando-se de ação cível com cunho penal, a atipicidade da conduta assemelha-se à impossibilidade jurídica do pedido, mercê da falta notória do interesse de agir quer por repressão quer por inibição, impondo o indeferimento da inicial e a consequente extinção do processo sem análise do mérito, por isso que ausente a violação do art. 267 do CPC. 12. Deveras, o atual § 8º do art. 17 da Lei n. 8.429/92 permite ao magistrado indeferir a inicial julgando improcedente a ação se convencer da inexistência do ato de improbidade. Consequentemente, se assim o faz, não há violação da lei, senão seu cumprimento. 13. Outrossim, considerando que in casu o Tribunal local concluiu pela improcedência da ação com base na valoração dos fatos, na impossibilidade jurídica do pedido e na revogação do ato, esvaziando a suposta improbidade, tem-se que, mercê de inexistir violação do art. 267 do CPC, não é lícito ao STJ empreender a análise que engendrou o Tribunal local, sob pena de infringir a Súmula 7/STJ. 14. Recurso Especial parcialmente conhecido e desprovido (STJ, 1ª Turma, REsp 721190/CE, Rel. Min. Luiz Fux, j. 13-12-2005, *DJ* 13-2-2006, p. 696).

que nem toda ilegalidade configurava improbidade administrativa, sob pena de *errores in judicando* e *in procedendo* implicarem sempre improbidade, pois esta "arrasta a noção de ato imoral com forte conteúdo de corrupção econômica", sendo "uníssona a doutrina no sentido de que, quanto aos aspectos sancionatórios da Lei de Improbidade Administrativa, impõe-se exegese idêntica à que se empreende com relação às figuras típicas penais, quanto à necessidade de a improbidade colorir-se de atuar imoral com feição de corrupção de natureza econômica". Considerou-se também que "revogado o ato, e considerada a improbidade ilícito de resultado, ressoa evidente a falta de interesse superveniente, sem prejuízo da atipicidade apontada".

Esse mesmo julgado também destacou que, na configuração do ato de improbidade por violação dos princípios administrativos, "impõe-se a análise do fato ao ângulo da razoabilidade e por isso, não obstante a indeterminação do conceito, assentou-se em notável sede clássica que, se não se sabe o que é razoável, é certo o que não é razoável, o bizarro, o desproporcional. Sob esse enfoque, a requisição de funcionários por necessidade de serviço confirmada pela instância sequer resvala no conceito de improbidade ou imoralidade. Ausente a concretização do suposto atuar ímprobo, sobressai a falta de interesse processual superveniente".

Nesse contexto, incumbe ao intérprete e aplicador do direito a árdua tarefa de limitar o alargado tipo do ato de improbidade administrativa, trazendo limitações materiais à sua incidência, sob pena de se abarcar um infindável número de atos administrativos, engessando a engrenagem da máquina pública, pois, a todo momento, o administrador, muito embora esteja agindo dentro das expectativas sociais, dos padrões socialmente adequados, correrá o risco de ter a sua conduta enquadrada em um dos tipos da Lei n. 8.429/92, o que seria contraproducente para a boa gestão pública.

Por derradeiro, muito embora a Lei n. 8.429/92 tenha procurado delimitar em três blocos distintos os tipos de ato de improbidade administrativa, a descrição legal poderá abarcar uma imensidão de situações, dada a amplitude de seus termos, que, na realidade, não ferem a probidade, a honestidade ou a boa-fé.

PARTE I | 47

1.3.5. Atos de improbidade administrativa previstos fora da Lei n. 8.429/92

Em nosso ordenamento jurídico, temos a LIA como o principal *codex* normativo no que tange aos atos que configuram improbidade administrativa. As hipóteses configuradoras dessa espécie de ilícito, contudo, não se esgotam no referido diploma. Existem outras leis que versam sobre o tema:

1.3.6. Lei Geral de Proteção de Dados – Lei n. 13.709/2018[30] (LGPD)

Dispõe sobre o tratamento de dados pessoais, inclusive nos meios digitais, por pessoa natural ou por pessoa jurídica de direito público ou privado, com o objetivo de proteger os direitos fundamentais de liberdade e de privacidade e o livre desenvolvimento da personalidade da pessoa natural.

1.3.7. Lei do Conflito de Interesses – Lei n. 12.813/2013[31]

Dispõe sobre o conflito de interesses no exercício de cargo ou emprego do Poder Executivo federal e impedimentos posteriores ao exercício do cargo ou emprego; e revoga dispositivos da Lei n. 9.986, de 18 de julho de 2000, e das Medidas Provisórias n.º 2.216-37, de 31 de agosto de 2001, e 2.225-45, de 4 de setembro de 2001.

1.3.8. Lei de Acesso à Informação – Lei n. 12.527/2011[32]

Regula o acesso a informações previsto no inciso XXXIII do art. 5º, no inciso II do § 3º do art. 37 e no § 2º do art. 216 da Constituição Federal; al-

---

30 "Art. 55-F. Aplica-se aos membros do Conselho Diretor, após o exercício do cargo, o disposto no art. 6º da Lei n. 12.813, de 16 de maio de 2013. Parágrafo único. A infração ao disposto no *caput* deste artigo caracteriza ato de improbidade administrativa".

31 "Art. 12. O agente público que praticar os atos previstos nos arts. 5º e 6º desta Lei incorre em improbidade administrativa, na forma do art. 11 da Lei n. 8.429, de 2 de junho de 1992, quando não caracterizada qualquer das condutas descritas nos arts. 9º e 10 daquela Lei".

32 "Art. 32, § 2º. Pelas condutas descritas no *caput*, poderá o militar ou agente público responder, também, por improbidade administrativa, conforme o disposto nas Leis n.º 1.079, de 10 de abril de 1950, e 8.429, de 2 de junho de 1992".

48 | NOVA LEI DE IMPROBIDADE ADMINISTRATIVA | FERNANDO CAPEZ

tera a Lei n. 8.112, de 11 de dezembro de 1990; revoga a Lei n. 11.111, de 5 de maio de 2005, e dispositivos da Lei n. 8.159, de 8 de janeiro de 1991; e dá outras providências.

1.3.9. Estatuto da Cidade – Lei n. 10.257/2001[33]

No chamado Estatuto da Cidade – Lei n. 10.257/2001, diploma legal criado com o objetivo de estabelecer diretrizes gerais sobre a política urbana, o disposto no art. 52, traz um rol de condutas que podem configurar ato de improbidade administrativa.

O referido dispositivo, contudo, não detém por si só todos os elementos norteadores para a configuração do ilícito de improbidade. Faz-se necessário se socorrer das diretrizes estabelecidas na LIA.

Nessa esteira de entendimento, José Vicente Gonçalves de Souza e Renee do Ó Souza destacam:

> Da ausência de previsão acerca das penalidades, passando pela falta de esclarecimentos acerca do elemento volitivo, institutos imprescindíveis para um sistema sancionador minimamente eficiente, o dispositivo ressente-se de elementos descritivos centrais, que, por meio de uma

---

33 Estatuto da Cidade: Art. 52. "Sem prejuízo da punição de outros agentes públicos envolvidos e da aplicação de outras sanções cabíveis, o Prefeito incorre em improbidade administrativa, nos termos da Lei n. 8.429, de 2 de junho de 1992, quando:

II – deixar de proceder, no prazo de cinco anos, o adequado aproveitamento do imóvel incorporado ao patrimônio público, conforme o disposto no § 4º do art. 8º desta Lei;

III – utilizar áreas obtidas por meio do direito de preempção em desacordo com o disposto no art. 26 desta Lei;

IV – aplicar os recursos auferidos com a outorga onerosa do direito de construir e de alteração de uso em desacordo com o previsto no art. 31 desta Lei;

V – aplicar os recursos auferidos com operações consorciadas em desacordo com o previsto no § 1º do art. 33 desta Lei;

VI – impedir ou deixar de garantir os requisitos contidos nos incisos I a III do § 4º do art. 40 desta Lei; VII – deixar de tomar as providências necessárias para garantir a observância do disposto no § 3º do art. 40 e no art. 50 desta Lei;

VIII – adquirir imóvel objeto de direito de preempção, nos termos dos arts. 25 a 27 desta Lei, pelo valor da proposta apresentada, se este for, comprovadamente, superior ao de mercado".

PARTE I | **49**

interpretação integrativa são colocados ao seu alcance pela Lei n. 8.429/92, norma base e alicerce do referido sistema sancionador[34].

1.3.10. Lei de Responsabilidade Fiscal – Lei Complementar n. 101/2000[35]

A Lei de Responsabilidade Fiscal (LRF) estabelece um conjunto de normas de finanças públicas voltadas para a responsabilidade na gestão fiscal, mediante ações para prevenir riscos e corrigir desvios que possam afetar o equilíbrio das contas públicas.

1.3.11. Lei das Eleições – Lei n. 9.504/97[36]

Estabelece normas para as eleições.

1.3.12. Lei Federal n. 8.730/93

Estabelece a obrigatoriedade da declaração de bens e rendas para o exercício de cargos, empregos e funções nos Poderes Executivo, Legislativo e Judiciário, e dá outras providências[37].

Não obstante a existência em nosso ordenamento, de hipóteses esparsas configuradoras de improbidade administrativa, essas não podem ser consideradas de forma isolada. Todas vindicam em maior ou menor grau, uma interpretação sistemática com a 8.429/92. Temos, portanto, a LIA

---

34 SOUZA, Renee do Ó; SOUZA, José Vicente Gonçalves de. Improbidade administrativa no Estatuto da Cidade. *Revista do Ministério Público do Estado do Rio de Janeiro*, n. 81, p. 219-237, jul./set. 2021.

35 "Art. 73. As infrações dos dispositivos desta Lei Complementar serão punidas segundo o Decreto-lei no 2.848, de 7 de dezembro de 1940 (Código Penal); a Lei no 1.079, de 10 de abril de 1950; o Decreto-lei no 201, de 27 de fevereiro de 1967; a Lei no 8.429, de 2 de junho de 1992; e demais normas da legislação pertinente".

36 "Art. 73,§ 7º: As condutas enumeradas no *caput* caracterizam, ainda, atos de improbidade administrativa, a que se refere o art. 11, inciso I, da Lei n. 8.429, de 2 de junho de 1992, e sujeitam-se às disposições daquele diploma legal, em especial às cominações do art. 12, inciso III".

37 Interpretação sistemática com o art. 13 da Lei n. 8.429/92.

50 | NOVA LEI DE IMPROBIDADE ADMINISTRATIVA | FERNANDO CAPEZ

como diploma norteador de todo o sistema de responsabilização por ato de improbidade administrativa.

Tal conclusão é ratificada pela própria Lei em seu art. 11 (analisado posteriormente em tópico próprio), ao dispor que "nos termos da Convenção das Nações Unidas contra a Corrupção, promulgada pelo Decreto n. 5.687, de 31 de janeiro de 2006, somente haverá improbidade administrativa, na aplicação deste artigo, quando for comprovado na conduta funcional do agente público o fim de obter proveito ou benefício indevido para si ou para outra pessoa ou entidade; e que aplica-se o disposto no § 1º deste artigo a quaisquer atos de improbidade administrativa tipificados nesta Lei e em leis especiais e a quaisquer outros tipos especiais de improbidade administrativa instituídos por lei; parágrafos 1º e 2º respectivamente".

1.4. PRINCÍPIOS DA ADMINISTRAÇÃO PÚBLICA

O art. 37, *caput*, da Constituição Federal estabeleceu os princípios da boa gestão pública, e a Lei n. 8.429/92, por sua vez, tipificou as condutas violadoras desses princípios, congregando-as sob a denominação atos ímprobos.

No entanto, faz-se necessário conceituar o termo "princípio". Segundo José Cretella Júnior considera-se como tal:

> (...) toda proposição, pressuposto de um sistema, que lhe garante a validade, legitimando-o. O princípio é o ponto de referência de uma série de proposições, corolários da primeira proposição, premissa primeira do sistema[38].

Miguel Reale concebe os princípios como "enunciações normativas de valor genérico que condicionam e orientam a compreensão do ordenamento jurídico para sua aplicação e integração e para a elaboração de novas normas"[39].

Celso Ribeiro Bastos apresenta a seguinte definição:

---

38 CRETELLA JÚNIOR, José. *Curso de direito administrativo*. 16. ed. Rio de Janeiro: Forense, 1999, p. 6.

39 REALE, Miguel. *Lições preliminares de direito*. 22. ed. São Paulo: Saraiva, 1995, p. 300.

Os princípios constituem ideias gerais e abstratas, que expressam em maior ou menor escala todas as normas que compõem a seara do direito. Poderíamos mesmo dizer que cada área do direito não é senão a concretização de um certo número de princípios, que constituem o seu núcleo central. Eles possuem uma força que permeia todo o campo sob o seu alcance[40].

O princípio, como uma proposição básica do ordenamento jurídico que lhe confere coerência lógica é, entretanto, dotado de uma gama de significados, daí a dificuldade do intérprete e aplicador do direito.

Na realidade, conforme assinala Fábio Medina Osório, não há dúvidas de que conceitos jurídicos indeterminados, cláusulas gerais e elementos normativos semanticamente vagos ou ambíguos podem ser utilizados na tipificação de condutas proibidas, seja no direito penal, seja no direito administrativo sancionador, neste com maior frequência. Entretanto, o mencionado autor aponta para a existência de uma "zona de penumbra", em que há imprecisão do significado do termo ou enunciado.

> A vagueza semântica, traço comum a inúmeras normas jurídicas, e especialmente pertinente às cláusulas gerais, traduz a existência de "zonas de penumbra", indicando um preciso fenômeno semântico e pragmático, qual seja, a imprecisão do significado. Um termo ou enunciado é vago quando o seu uso apresenta, além de hipóteses centrais e não controversas, alguns casos-limite[41].

Prossegue o autor esclarecendo o que entende pela expressão "vagueza semântica", formulada por Cláudio Luzzati:

> (...) indica os casos de emprego legislativo de expressões programaticamente vagas, verificáveis quando "algum termo, segundo uma certa interpretação, exprime um conceito valorativo cujos critérios aplicativos não são sequer determináveis senão através da referência aos variáveis parâmetros de juízo e às mutáveis tipologias da moral social e do costume". O critério para a aplicação das normas vagas, nesta acepção, será constituído por valores objetivamente assentados pela moral social, aos quais o juiz é reenviado. Trata-se de utilizar valorações tipicizantes das regras sociais, porque o legislador renunciou a determinar direta-

---

40 BASTOS, Celso Ribeiro. *Curso de direito administrativo*. São Paulo: Saraiva, 1994, p. 23.
41 OSÓRIO, Fábio Medina. *Direito administrativo sancionador*, cit., p. 269.

mente os critérios (ainda que parciais) para a qualificação dos fatos, fazendo implícito ou explícito reenvio a parâmetros variáveis no tempo e no espaço (regras morais, sociais e de costumes)[42].

De acordo com essa doutrina, as cláusulas gerais e os conceitos jurídicos indeterminados seriam espécies do gênero vagueza semântica. Da mesma forma, aos princípios jurídicos poderia ser atribuída essa vagueza semântica[43].

Ao tratar dos princípios, Celso Ribeiro Bastos os diferencia das normas, eis que os primeiros constituem juízos extremamente abstratos, com pouca determinação semântica, de pouca significação concreta, os quais demandariam uma concreção pelo legislador ou pelo Judiciário, ao contrário da norma, que disciplinaria apenas o que foi contemplado. Seriam mais juízos de valores do que disciplinação das condutas. Nesse sentido, é o teor do texto abaixo transcrito:

> Os diversos ramos do direito são compostos de normas e princípios. Pelas primeiras, o direito trata juízos mais concretos e determinados, em condições, portanto, de serem diretamente aplicados às situações que regulam. Ao revés, quando se vale dos princípios, o direito utiliza-se de juízos extremamente abstratos, com pouca determinação semântica, isto é, com pouca significação concreta, o que impede que se extraia do próprio princípio um comando individualizado. Daí por que não serem aplicáveis diretamente, mas demandarem a intermediação de uma atividade que lhes dê a concreção necessária para poderem ser aplicados. Isto será feito, sobretudo, pelo legislador ou, mesmo, pelo Judiciário. A característica importante dos princípios é fundamentarem um sem-número de situações, ao contrário do que acontece com a norma, que só disciplina aquilo por ela contemplado. Os princípios encarnam, pois, mais valores do que a disciplinação de condutas, valores estes a serem feitos valer nas diversas situações de criação do próprio direito. São conformadores da vontade do legislador e também dos demais agentes jurídicos, na medida em que devem informar a atividade do administrador e do magistrado[44].

Celso Antônio Bandeira de Mello também aduz que:

---

42 OSÓRIO, Fábio Medina. *Direito administrativo sancionador*, cit., p. 271.

43 OSÓRIO, Fábio Medina. *Direito administrativo sancionador*, cit., p. 271.

44 *Curso de direito administrativo*, cit., p. 23-24.

PARTE I | **53**

Advirta-se, outrossim, que as normas, justamente por serem regras expressas, encontram-se à imediata disposição do intérprete e, bem por isso, não apresentam qualquer dificuldade em ser localizadas. De extrema importância, isto sim, é desvendar os princípios acolhidos no sistema, isto é, os que se encontram vazados nas diversas normas administrativas, informando as disposições, embora não se achem formal ou categoricamente expressos. Estes, genericamente acolhidos no sistema, presidem toda sua organicidade e, obviamente, podem ter generalidade maior ou menor, aplicando-se, então, à totalidade dos institutos ou apenas a alguns deles. São estes princípios que compõem o equilíbrio do sistema e determinam a unidade e racionalidade interna do regime administrativo[45].

Os princípios devem também servir como critérios orientadores de aplicação da norma ao caso concreto, uma vez que propiciam que, dentre os diversos significados de uma norma, seja escolhido aquele que mais se aproxime dos princípios orientadores do direito administrativo. Celso Ribeiro Bastos assim se manifesta:

> (...) todas as normas que compõem o direito administrativo devem ser estudadas, interpretadas, compreendidas à luz desses princípios. Se houver, portanto, uma pluralidade de significações possíveis para a norma, deve escolher-se aquela que a coloca em consonância com o princípio, porque, embora este perca em determinação, em concreção, ganha em abrangência. Os princípios são reconhecidos exatamente como critérios informadores do direito administrativo[46].

Hely Lopes Meirelles observa que os princípios fundamentam a ação administrativa e a inobservância poderá configurar atos de improbidade administrativa, sujeitando o administrador público a severas penas, conforme previsão expressa do art. 11 da Lei n. 8.429/92:

> (...) por esses padrões é que deverão se pautar todos os atos e atividades administrativas de todo aquele que exerce o poder público. Constituem, por assim dizer, os fundamentos da ação administrativa, ou, por outras palavras, os sustentáculos da atividade pública. Relegá-los é desvirtuar a gestão dos negócios públicos e olvidar o que há de mais elementar para a boa guarda e zelo dos interesses sociais. Vale notar que,

---

45   *Curso de direito administrativo.* 15. ed. São Paulo: Malheiros, 2006, p. 50.
46   *Curso de direito administrativo*, cit., p. 23.

na forma do art. 11 da Lei n. 8.429/92, constitui "ato de improbidade administrativa, que atenta contra os princípios da Administração Pública, qualquer ação ou omissão que viole os deveres de honestidade, imparcialidade, legalidade e lealdade às instituições"[47].

A aplicação dos princípios, entretanto, "não é absoluta, nem se pode afirmar que entre eles há hierarquia"[48]. Assim, "os princípios entre si se contrabalançam; devendo-se procurar o equilíbrio entre eles, já que por vezes se chocam"[49].

Nesse sentido, afirma Diogo de Figueiredo Moreira Neto que, quando houver colidência de princípios, o método aplicativo não será necessariamente de excludência de um deles para que outro se afirme, mas de harmonização e de compromisso balanceado entre eles, para que se alcance o melhor resultado possível, o que constitui o método de ponderação[50].

Importa notar que os princípios podem ser constitucionais ou infraconstitucionais; explícitos ou implícitos, não havendo na doutrina ou na jurisprudência consenso acerca do número exato de princípios que norteiam a atuação da Administração Pública. Marçal Justen Filho assim dispõe:

> É inviável indicar todos os princípios que influenciam o regime de direito administrativo. Cada situação concreta produzirá a aplicação de princípios diversos, tal como a variação do seu peso específico. Isso dificulta a indicação, de modo prévio e abstrato, de todos os princípios aplicáveis e a importância de cada princípio para fins da disciplina de certa situação. Tudo será avaliado e ponderado em face da situação concreta a ser considerada[51].

Uma vez delineado o conteúdo do termo "princípio", faz-se mister analisar os princípios constitucionais que norteiam a atuação administrativa.

A Constituição Federal preceitua, em seu art. 37, que a Administração Pública direta e indireta de qualquer dos poderes da União, dos Estados-

---

47 *Direito administrativo brasileiro.* 32. ed. atual. Eurico de Andrade Azevedo, Délcio Balestero Aleixo e José Emmanuel Burle Filho. São Paulo: Malheiros, 2006, p. 87.

48 GASPARINI, Diógenes. *Direito administrativo.* 10. ed. São Paulo: Saraiva, 2005, p. 7.

49 BASTOS, Celso Ribeiro. *Curso de direito administrativo,* cit., p. 24.

50 *Curso de direito administrativo,* parte introdutória, parte geral e parte especial, cit., p. 77.

51 *Curso de direito administrativo,* cit., p. 63.

-membros, do Distrito Federal e dos Municípios obedecerá aos princípios da legalidade, impessoalidade, eficiência (EC n. 19/98), moralidade e publicidade. Tal previsão expressa não afasta os princípios contemplados em outros dispositivos ao longo do corpo da Constituição e em outros atos normativos. Basta analisar o art. 111 da Constituição do Estado de São Paulo, que prevê diversos outros princípios: razoabilidade, finalidade, motivação e interesse público.

Celso Antônio Bandeira de Mello tem o mesmo entendimento:

> O art. 37, *caput*, reportou de modo expresso à Administração Pública (direta e indireta) apenas cinco princípios: da legalidade, da impessoalidade, da moralidade, da publicidade e da eficiência (este último acrescentado pela EC 19/98). Fácil é ver-se, entretanto, que inúmeros outros mereceram igualmente consagração constitucional: uns, por constarem expressamente da Lei Maior, conquanto não mencionados no art. 37, *caput*; outros, por nele estarem abrigados logicamente, isto é, como consequências irrefragáveis dos aludidos princípios; outros, finalmente, por serem implicações evidentes do próprio Estado de Direito e, pois, do sistema constitucional como um todo[52].

Há outros diplomas que preveem princípios norteadores da gestão pública, como o art. 2º, *caput*, da Lei n. 9.784/99; Lei n. 14.133/2021 (Nova Lei das Licitações e Contratos) e Lei n. 8.987/95 (Lei de Concessão e Permissão de Serviço Público).

Em síntese, é esse emaranhado de princípios constitucionais, com a sua ampla gama de significados e suas ramificações, que deverá nortear a atividade administrativa, sob pena de a sua transgressão caracterizar ato de improbidade administrativa, sujeitando o administrador às suas severas penas[53].

1.4.1. Princípio da legalidade

O princípio da legalidade é a pedra fundamental na qual se funda o Estado Democrático de Direito, uma vez que delimita a atuação administra-

---

52 *Curso de direito administrativo*, cit., p. 86.
53 MEIRELLES, Hely Lopes. *Direito administrativo brasileiro*, cit., p. 86.

56 | NOVA LEI DE IMPROBIDADE ADMINISTRATIVA | FERNANDO CAPEZ

tiva, limitando o seu poder, constituindo, ao mesmo tempo, uma garantia do administrado.

Sobre sua origem, expõe Odete Medauar:

> Uma das decorrências da caracterização de um Estado como Estado de Direito encontra-se no princípio da legalidade que informa as atividades da Administração Pública. Na sua concepção originária esse princípio vinculou-se à separação de poderes e ao conjunto de ideias que historicamente significaram oposição às práticas do período absolutista. No conjunto dos poderes do Estado traduzia a supremacia do poder legislativo em relação ao poder executivo; no âmbito das atuações, exprimia a supremacia da lei sobre os atos e medidas administrativas. Mediante a submissão da Administração à lei, o poder tornava-se objetivado; obedecer à Administração era o mesmo que obedecer à lei, não à vontade instável da autoridade. Daí um sentido de garantia, certeza jurídica e limitação do poder contido nessa concepção do princípio da legalidade administrativa[54].

Celso Antônio Bandeira de Mello demonstra a importância desse princípio para o regime jurídico-administrativo:

> Com efeito, enquanto o princípio da supremacia do interesse público sobre o interesse privado é da essência de qualquer Estado, de qualquer sociedade juridicamente organizada com fins políticos, o da legalidade é específico do Estado de Direito, é justamente aquele que o qualifica e que lhe dá a identidade própria. Por isso mesmo é o princípio basilar do regime jurídico-administrativo, já que o Direito Administrativo (pelo menos aquilo que como tal se concebe) nasce com o Estado de Direito: é uma consequência dele. É o fruto da submissão do Estado à lei. É, em suma: a consagração da ideia de que a Administração Pública só pode ser exercida na conformidade da lei e que, de conseguinte, a atividade administrativa é sublegal, infralegal, consistente na expedição de comandos complementares à lei[55].

Chocam-se, nesse particular, dois interesses radicalmente opostos: de um lado, a liberdade de ação, que deve caracterizar as atividades administra-

---

54 *Direito administrativo moderno*. 3. ed. São Paulo: Revista dos Tribunais, 1999, p. 137-138.

55 *Curso de direito administrativo*, cit., p. 90-91.

tivas. De outro, as maiores garantias para os administrados, que precisam proteger-se contra os possíveis abusos da Administração.

Percebe-se que a legalidade nada mais é do que a relação entre as regras limitadoras e as atividades administrativas que aquelas pretendem limitar[56].

A Administração Pública só pode atuar *secundum legem*, caracterizando-se, portanto, como atividade infralegal. Enquanto o particular pode fazer tudo que a lei não proíbe, a Administração somente pode fazer aquilo que a lei autoriza. Nesse sentido, é o entendimento de Hely Lopes Meirelles:

> Na Administração Pública não há liberdade nem vontade pessoal. Enquanto na administração particular é lícito fazer tudo que a lei não proíbe, na Administração Pública só é permitido fazer o que a lei autoriza. A lei para o particular significa "pode fazer assim" para o administrador público significa "deve fazer assim"[57].

Diógenes Gasparini demonstra que não só a Administração deve observar o princípio da legalidade, mas também o agente público:

> O princípio da legalidade significa estar a Administração Pública, em toda a sua atividade, presa aos mandamentos da lei, deles não se podendo afastar, sob pena de invalidade do ato e responsabilidade de seu autor. Qualquer ação estatal sem o correspondente calço legal, ou que exceda ao âmbito demarcado pela lei, é injurídica e expõe-se à anulação. Seu campo de ação, como se vê, é bem menor que o do particular. De fato, este pode fazer tudo que a lei permite e tudo que a lei não proíbe; aquela só pode fazer o que a lei autoriza e, ainda assim, quando e como autoriza. Vale dizer, se a lei nada dispuser, não pode a Administração Pública agir, salvo em situações excepcionais (grave perturbação da ordem e guerra quando irrompem inopinadamente). A esse princípio também se submete o agente público. Com efeito, o agente da Administração Pública está preso à lei, e qualquer desvio de sua competência pode invalidar o ato e tornar o seu autor responsável, conforme o caso, disciplinar, civil e criminalmente[58].

Ao contrário do direito penal e do direito tributário em que o princípio da legalidade foi definido de forma expressa (CF, arts. 5º, XXXIX, e 150, I),

---

56 CRETELLA JÚNIOR, José. *Curso de direito administrativo*, cit., p. 8-9.
57 *Direito administrativo brasileiro*, cit., p. 88.
58 *Direito administrativo*, cit., p. 7-8.

no direito administrativo a Carta Magna não estabeleceu um enunciado específico. No entanto, de acordo com Marcelo Alexandrino e Vicente Paulo, pode-se afirmar que neste ramo do direito público a legalidade traduz a ideia de que a Administração, no exercício de suas funções, somente poderá agir conforme o estabelecido em lei[59]. Em outras palavras, "inexistindo previsão legal para uma hipótese, não há possibilidade de atuação administrativa, pois a vontade da Administração é a vontade expressa na lei, sendo irrelevantes as opiniões ou convicções pessoais de seus agentes".

Odete Medauar, no entanto, traz a lume quatro possíveis modos de aplicação do princípio da legalidade:

> O princípio da legalidade traduz-se, de modo simples, na fórmula "A Administração deve sujeitar-se às normas legais". Essa aparente simplicidade oculta questões relevantes quanto ao modo de aplicar, na prática, esse princípio. Tornaram-se clássicos os quatro significados arrolados pelo francês Eisenmann: a) a Administração pode realizar todos os atos e medidas que não sejam contrários à lei; b) a Administração só pode editar atos ou medidas que uma norma autoriza; c) somente são permitidos atos cujo conteúdo seja conforme a um esquema abstrato fixado por norma legislativa; d) a Administração só pode realizar atos ou medidas que a lei ordena fazer[60].

A autora ainda faz uma crítica a essa tradicional e rígida concepção, demonstrando o quanto a estrita legalidade engessaria a atividade administrativa:

> O último significado – a Administração só pode realizar atos ou medidas que a lei ordena – se predominasse como significado geral do princípio da legalidade paralisaria a Administração, porque seria necessário um comando legal e específico para cada ato ou medida editados pela Administração, o que é inviável. Há casos em que a norma ordena à Administração realizar uma atividade, como, por exemplo, a lei que estabelece o prazo de sessenta dias para a Administração regulamentá-la; ao baixar o regulamento no prazo fixado, a Administração deverá editar o ato que a lei ordenou realizar[61].

---

59   *Direito administrativo.* 10. ed. Rio de Janeiro: Impetus, 2006, p. 119.

60   *Direito administrativo moderno*, cit., p. 138-139.

61   MEDAUAR, Odete. *Direito administrativo moderno*, cit., p. 139.

Celso Ribeiro Bastos, numa interpretação igualmente flexível do princípio da legalidade, em face da discricionariedade administrativa, afirma:

> (...) convém observar que em determinadas hipóteses é reconhecida à Administração a possibilidade de exercer uma apreciação subjetiva sobre certos aspectos do seu comportamento. Isto porque a lei nesses casos está a lhe deferir uma margem de atuação discricionária que exerce na determinação parcial de alguns de seus atos. Diz-se parcial porque o ato administrativo nunca pode ser integralmente discricionário, pois envolveria uma margem tão ampla de atuação subjetiva que certamente faria pôr em debandada o próprio princípio da legalidade[62].

Aliás, vale mencionar que o princípio da legalidade não tem vigência absoluta, podendo sofrer transitórias constrições quando verificadas determinadas circunstâncias excepcionais previstas pela Carta Magna. Conforme assinala Celso Antônio Bandeira de Mello, é o caso tão só das medidas provisórias (previstas no art. 62 e parágrafos), da decretação do estado de defesa (regulado no art. 136) e do estado de sítio (disciplinado nos arts. 137 a 139)[63].

Conclui-se, pois, que é dentro dessa visão mais flexível do princípio da legalidade que deverá ser analisada a imputação por atos de improbidade administrativa, posto que haverá situações em que o administrador encontrar-se-á numa zona cinzenta, num vazio legislativo, e a adoção de medidas para atender ao interesse público, ainda que venha a causar prejuízo ao erário, não configurará o ato ímprobo.

1.4.2. Princípio da impessoalidade

O princípio da impessoalidade encontra-se inserto no art. 37, *caput*, da Constituição Federal e possui um duplo aspecto, na medida em que se destina tanto aos administrados quanto aos administradores.

Em relação aos administrados, determina que a atividade administrativa seja dirigida aos cidadãos em geral, sem a determinação de pessoa ou discriminação de qualquer natureza. A atuação do poder público não se compa-

---

62 *Curso de direito administrativo*, cit., p. 25-26.
63 *Curso de direito administrativo*, cit., p. 96.

dece com privilégios a pessoas específicas. Nesse ponto, o princípio da impessoalidade confunde-se com o da isonomia, pois a Administração não pode tratar os administrados com distinções. Comentando o princípio da impessoalidade, Diógenes Gasparini assim se manifesta:

> A atividade administrativa deve ser destinada a todos os administrados, dirigida aos cidadãos em geral, sem determinação de pessoa ou discriminação de qualquer natureza. É o que impõe ao Poder Público este princípio. Com ele quer-se quebrar o velho costume do atendimento do administrado em razão de seu prestígio ou porque a ele o agente público deve alguma obrigação[64].

Em relação ao administrador, significa que os atos e provimentos administrativos são atribuídos não ao funcionário que os pratica, mas ao órgão ou à entidade administrativa em nome da qual age o funcionário. As realizações administrativo-governamentais não são do funcionário ou da autoridade, mas da entidade pública, sendo vedada qualquer forma de publicidade destinada à autopromoção do administrador, sob pena de nulidade, obrigação de devolução do dinheiro aos cofres públicos e prática de ato de improbidade. Estes são os termos expressos no art. 37, § 1º, da Constituição Federal.

A publicidade dos atos, programas, obras, serviços e campanhas dos órgãos públicos deverá ter caráter educativo, informativo ou de orientação social, dela não podendo constar nomes, símbolos ou imagens que caracterizem promoção pessoal de autoridades ou servidores públicos.

A regra garantidora do princípio da impessoalidade sob o aspecto do administrador visa impedir que a publicidade seja usada para a promoção pessoal de servidores públicos. Dessa forma, Odete Medauar salienta que há íntima relação da impessoalidade com os princípios da moralidade e da publicidade:

> Os princípios da impessoalidade, moralidade e publicidade apresentam-se intrincados de maneira profunda, havendo, mesmo, instrumentalização recíproca; assim, a impessoalidade configura-se meio para atuações dentro da moralidade; a publicidade, por sua vez, dificulta medidas contrárias à moralidade e impessoalidade; a moralidade admi-

---

64 *Direito administrativo*, cit., p. 9.

nistrativa, de seu lado, implica observância da impessoalidade e da publicidade[65].

Alguns autores, como Hely Lopes Meirelles, associaram o princípio da impessoalidade ao da finalidade, "o qual impõe ao administrador público que só pratique o ato para o seu fim legal. E o fim legal é unicamente aquele que a norma de direito indica expressa ou virtualmente como objetivo do ato, de forma impessoal"[66]. Celso Antônio Bandeira de Mello, de outro lado, considera-o corolário do princípio da igualdade ou isonomia:

> Nele se traduz a ideia de que a Administração tem que tratar a todos os administrados sem discriminações, benéficas ou detrimentosas. Nem favoritismos nem perseguições são toleráveis. Simpatias ou animosidades pessoais, políticas ou ideológicas não podem interferir na atuação administrativa e muito menos interesses sectários, de facções ou grupos de qualquer espécie. O princípio em causa não é senão o próprio princípio da igualdade ou isonomia. Além disso, assim como "todos são iguais perante a lei" (art. 5º, *caput*), *a fortiori* teriam de sê-lo perante a Administração[67].

Diogo de Figueiredo Moreira Neto manifesta-se sobre a existência de três acepções relativas ao princípio da impessoalidade:

> Na primeira, veda a Administração Pública de distinguir interesses onde a lei não o fizer. Na segunda, veda a Administração de prosseguir interesses públicos secundários próprios, desvinculados dos interesses públicos primários definidos em lei. Neste caso, enfatiza-se a natureza jurídica ficta da personalização do Estado, que, por isso, jamais deve atuar em seu exclusivo benefício, mas sempre no da sociedade. Na terceira acepção, veda, com ligeira diferença sobre a segunda, que a Administração dê precedência a quaisquer interesses outros, em detrimento dos finalísticos. Como se pode observar, as três acepções confluem para definir a correta atuação do Estado, enquanto administrador, relativamente à sua indisponível finalidade objetiva, que é aquela expressa em lei, ou seja, totalmente despido de qualquer inclinação, tendência ou preferência subjetiva, mesmo em benefício próprio, o que levou

---

65 *Direito administrativo moderno*, cit., p. 140.
66 *Direito administrativo brasileiro*, cit., p. 92.
67 *Curso de direito administrativo*, cit., p. 104.

Cirne Lima a afirmar que a boa Administração é a que prima pela ausência de subjetividade[68].

Vale mencionar que esse princípio, muito embora não conste expressamente do elenco da Lei n. 9.784/99, encontra-se nele implícito (art. 2º, parágrafo único, III e XIII).

1.4.3. Princípio da moralidade

O princípio da moralidade encontra-se explicitado no art. 37, *caput*, da Constituição Federal, e consagrado no art. 2º, *caput*, da Lei n. 9.784/99, bem como em seu parágrafo único, IV, o qual exigiu a "atuação segundo padrões éticos de probidade, decoro e boa-fé".

Além de se ater à legalidade, à justiça ou à conveniência e oportunidade do ato, o administrador deve ajustar sua conduta aos ditames da moralidade[69], pressuposto de validade do ato administrativo, cuja ausência invalida o ato.

Esse princípio deve ser observado não só pelo administrador como também pelo particular que se relaciona com a Administração Pública, pois, nos

---

68 *Curso de direito administrativo*, cit., p. 95.

69 STF: "Anotação Vinculada – art. 37 da Constituição Federal – "Princípio da moralidade. Ética da legalidade e moralidade. Confinamento do princípio da moralidade ao âmbito da ética da legalidade, que não pode ser ultrapassada, sob pena de dissolução do próprio sistema". (ADI 3.026, rel. min. Eros Grau, j. 8-6-2006, P, *DJ* de 29-9-2006);

Anotação Vinculada – art. 37 da Constituição Federal – "Administração pública. Princípios. Extensão. Surgindo, no ato normativo abstrato, a óptica, assentada em princípio básico da administração pública, de observância apenas em relação ao Executivo, tem-se a lei como a conflitar com a razoabilidade". (ADI 2.472, rel. min. Marco Aurélio, j. 1º-4-2004, P, *DJ* de 9-3-2007);

Anotação Vinculada – art. 37 da Constituição Federal – "O princípio da moralidade administrativa – enquanto valor constitucional revestido de caráter ético-jurídico – condiciona a legitimidade e a validade dos atos estatais. A atividade estatal, qualquer que seja o domínio institucional de sua incidência, está necessariamente subordinada à observância de parâmetros ético-jurídicos que se refletem na consagração constitucional do princípio da moralidade administrativa. Esse postulado fundamental, que rege a atuação do poder público, confere substância e dá expressão a uma pauta de valores éticos sobre os quais se funda a ordem positiva do Estado". (ADI 2.661 MC, rel. min. Celso de Mello, j. 5-6-2002, P, *DJ* de 23-8-2002)".

dizeres de Maria Sylvia Zanella de Pietro, "são frequentes, em matéria de licitação, os conluios entre licitantes, a caracterizar ofensa a referido princípio"[70].

Estabelecer o conteúdo e o alcance do princípio da moralidade constitui uma tarefa árdua para o intérprete e o aplicador do Direito, posto que não há um critério objetivo para traduzi-lo. Nesse sentido expõe Odete Medauar:

> O princípio da moralidade é de difícil tradução verbal talvez porque seja impossível enquadrar em um ou dois vocábulos a ampla gama de condutas e práticas desvirtuadoras das verdadeiras finalidades da Administração Pública. Em geral, a percepção da imoralidade administrativa ocorre no enfoque contextual; ou melhor, ao se considerar o contexto em que a decisão foi ou será tomada. A decisão, de regra, destoa do contexto e do conjunto de regras de conduta extraídas da disciplina geral norteadora da Administração[71].

Diogo de Figueiredo Moreira Neto, por sua vez, traz algumas hipóteses em que ocorre violação ao princípio da moralidade:

> (...) para que o administrador público vulnere esse princípio, basta que administre mal os interesses públicos, o que poderá ocorrer de três modos: 1º – através de atos com desvio de finalidade pública, para perseguir interesses que não são aqueles para os quais deve agir; 2º – através de atos sem finalidade pública; 3º –através de atos com deficiente finalidade pública, reveladores de uma ineficiência grosseira no trato dos interesses que lhe foram afetos[72].

Na realidade, segundo o entendimento doutrinário perfilhado por Edmir Netto de Araújo, o princípio da moralidade não seria propriamente jurídico, mas de cunho moral ou ético, e daí decorreria sua indevida inclusão no rol do art. 37 da Carta Magna.

> (...) a Constituição de 1988, de certa forma, o "juridicizou", tornando-o pressuposto de validade dos atos da Administração e dando realce ao dever de probidade do administrador público, cuja ação deve sempre pressupor a honestidade de propósitos, a imparcialidade e a devoção do interesse público[73].

---

70 *Direito administrativo*. 35. ed. São Paulo: Atlas, 2022, p. 122.
71 *Direito administrativo moderno*, cit., p. 142.
72 *Curso de direito administrativo: parte introdutória, parte geral e parte especial*, cit., p. 96.
73 *Curso de direito administrativo*. 3. ed. São Paulo: Saraiva, 2007, p. 56.

Edmir Netto de Araújo aduz que a moralidade a orientar o administrador não é a comum, e sim a jurídica:

> (...) podemos dizer que, quando tratamos de moralidade administrativa não nos referimos a um tipo de moral comum, mas jurídica, a que se chega pela observância de princípios até aqui focalizados, como os da supremacia do interesse público, da legalidade estrita, da igualdade, da impessoalidade, aos quais se adiciona mais um elemento que, na doutrina administrativa clássica brasileira, é o primordial nas relações dos agentes públicos com a Administração e com a população: o dever de lealdade às instituições[74].

No mesmo sentido é o entendimento de Hely Lopes Meirelles:

> Não se trata (...) da moral comum, mas sim de uma moral jurídica, entendida como "o conjunto de regras de condutas tiradas da disciplina interior da Administração". (...) o agente administrativo, como ser humano dotado da capacidade de atuar, deve, necessariamente, distinguir o Bem do Mal, o honesto do desonesto. E, ao atuar, não poderá desprezar o elemento ético de sua conduta. Assim, não terá que decidir somente entre o legal e o ilegal, o justo e o injusto, o conveniente e o inconveniente, o oportuno e o inoportuno, mas também entre o honesto e o desonesto. Por considerações de Direito e de Moral, o ato administrativo não terá que obedecer somente à lei jurídica, mas também à lei ética da própria instituição, porque nem tudo que é legal é honesto, conforme já proclamavam os romanos: "non omne quod licet honestum est". A moral comum, remata Hauriou, é imposta ao homem para sua conduta externa; a moral administrativa é imposta ao agente público para sua conduta interna, segundo as exigências da instituição a que serve e a finalidade de sua ação: o bem comum[75].

No entender de Márcio Cammarosano, o uso da moralidade comum como paradigma seria fonte de grave insegurança jurídica:

> Para comprovar que numa mesma sociedade e num mesmo momento histórico, o que é bom ou justo para uns é mau ou injusto para outros, sem que se possa de antemão precisar qual corrente de opinião prevalece a respeito deste ou daquele tema, basta elencar alguns dentre os incontáveis assuntos polêmicos: pena de morte, aborto, divórcio, euta-

---

74 *Curso de direito administrativo*, cit., p. 57.
75 *Direito administrativo brasileiro*, cit., p. 89.

násia, homossexualismo, tratamento dispensável a presidiários, funcionamento de cassinos, nudismo, redução da maioridade penal, liberação do consumo de certas drogas e tantos outros que enfadonho seria enumerar. (...) Que todos querem que seja feita justiça, dúvida não há; que todos querem boa administração, não se discute; que cumpre erradicar a miséria, parece consenso. Mas como fazer justiça, como avaliar uma administração para que se a tenha como péssima, razoável, boa ou excelente, ou como erradicar a miséria, a diversidade de juízos é muito maior do que se possa imaginar. Pode haver consenso quanto a alguns fins a serem atingidos, mas quanto aos meios, certamente não. (...) Ora, a relatividade dos juízos de valor quando se trata de qualificar dados comportamentos como bons ou maus, justos ou injustos, alimenta dúvidas, gera incertezas que, transportadas para o mundo do direito, produzem insegurança jurídica ainda maior do que aquela que em menor ou maior grau é inerente a qualquer ordem do comportamento humano que se qualifique como jurídica, e que só desaparece de todo com a decisão judicial transitada em julgado[76].

As noções, como bem e mal, justo e injusto, pertencem ao domínio da ética e da moral. Dessa forma, tanto Aristóteles como Platão buscam a definição de virtude, concluindo este último que não basta afirmar a existência de várias virtudes, pois é preciso primeiramente defini-la.

Tanto para Aristóteles quanto para Platão, que estão preocupados com a vida do cidadão na *polis*, o homem virtuoso será o bom cidadão, ou seja, aquele que vive segundo as normas da justiça. Todo o problema estará então em definir o que seja a virtude e aí começam as dificuldades. No Mênon, a discussão que Platão propõe sobre a virtude não chega a um termo. Mas, com isso, ele quer mostrar a dificuldade que envolve a questão. A preocupação inicial de Mênon, quando pergunta a Sócrates se a virtude pode ser ensinada ou adquirida pelo hábito, será convertida gradualmente numa questão central e anterior a todas aquelas apresentadas pelo Mênon, ou seja, o que é a virtude. Platão, no entanto, prefere deixar a questão em aberto, alertando para o ponto principal de qualquer investigação, isto é, é preciso antes de mais nada que se defina a coisa de que se está falando. Assim, não basta

---

76 *O princípio constitucional da moralidade e o exercício da função administrativa.* Tese (Doutorado em Direito) – Faculdade de Direito, Pontifícia Universidade Católica de São Paulo, São Paulo, 1997, p. 21-22.

dizer que há várias virtudes, mas é preciso que se encontre uma definição que valha para todas as virtudes[77].

Cabe salientar, no entanto, que vários sistemas morais afirmaram a relatividade desse conceito e a inexistência de uma moral universal:

> No século XVIII, em meio a vários sistemas morais, principalmente a moral materialista de Holbach, de um lado, segundo a qual a virtude consiste em agir segundo o que ordena a natureza e, de outro, a moral rigorosa dos jesuítas, a reflexão de Voltaire aponta para a relatividade dos sistemas morais, para a impossibilidade de uma moral universal. No entanto, para este defensor implacável dos direitos do homem, não se pode fazer o que se bem entende. Todo homem deve respeitar as leis da sociedade e o homem honesto deve ser o modelo do bom cidadão[78].

A necessidade de explicitar as normas que componham a moralidade administrativa, positivando-as, decorre da preocupação com a segurança jurídica, sem a qual não há Estado Democrático de Direito.

Segundo Márcio Cammarosano, o princípio da segurança jurídica seria a própria razão de ser do Direito, de sorte que não raras vezes sobrepõe-se ao próprio princípio da legalidade. Por essa razão, o princípio da moralidade não pode ser associado a puras concepções morais:

> Está aí, segundo entendemos, mais algumas razões pelas quais o conceito de moralidade administrativa, como condição de validade dos atos da Administração Pública, não pode ser pura e simplesmente associado a concepções morais supostamente prevalentes na sociedade, terreno minado, areia movediça, que em nada se assemelha aos preceitos de direito positivo que devem presidir um Estado democrático. Terreno minado e incompatível com as exigências de "tipicidade ou de predeterminação formal no mundo do Direito"; "corolário da bilateralidade atributiva", na lição de Miguel Reale[79].

---

77 NASCIMENTO, Milton Meira do. Ética. In: *Primeira filosofia: lições introdutórias*. 7. ed. São Paulo: Brasiliense, 1987, p. 260.

78 NASCIMENTO, Milton Meira do. Ética. In: *Primeira filosofia: lições introdutórias*, cit., p. 261.

79 *O princípio constitucional da moralidade e o exercício da função administrativa*, cit., p. 138.

Na realidade, a moralidade administrativa, segundo ele, não estaria dissociada da legalidade, integrando, portanto, o próprio Direito. Assim, não pode ser reconhecido como ofensivo à moralidade administrativa ato que não seja ilegal.

Nem todo ato ilegal é imoral. Mas não se pode reconhecer como ofensivo à moralidade administrativa ato que não seja ilegal. Não existe ato que seja legal e ofensivo à moralidade. Só é ofensivo à moralidade administrativa porque ofende certos valores juridicizados. E porque ofende valores juridicizados, é ilegal. Ofender certos valores torna o ato especialmente viciado. Não será apenas qualificado como ilegal, mas também ofensivo à moralidade administrativa[80].

Na sua concepção, a imoralidade administrativa constituiria uma qualificadora da ilegalidade, de forma que, não havendo nenhum vício quanto à legalidade, afasta-se a circunstância que a qualificaria especialmente[81].

Dessa feita, afirma-se que o tipo sancionador de condutas eticamente reprováveis não pode abarcar todo e qualquer ato imoral do agente público, sob pena de grave ofensa ao Estado Democrático de Direito e seu pilar de legalidade.

Ademais, outorgar ao princípio jurídico da moralidade administrativa ou aos tipos sancionadores de condutas eticamente reprováveis um sentido tão amplo a ponto de abarcar todo e qualquer ato imoral dos agentes públicos, com a devida vênia de entendimento diverso, equivaleria a liquidar com o Estado Democrático de Direito e seu pilar de legalidade. Se o administrador ou agente público somente pode agir fundado em lei, a mera inobservância de um preceito moral não poderia acarretar-lhe sanções. Anote-se, nesse terreno movediço, que o próprio administrado ficaria exposto a ações administrativas amparadas na moralidade e não na juridicidade, se acaso resultasse admitida a confusão progressiva entre as instâncias[82].

---

80 CAMMAROSANO, Márcio. *O princípio constitucional da moralidade e o exercício da função administrativa*, cit., p. 138-139.

81 CAMMAROSANO, Márcio. *O princípio constitucional da moralidade e o exercício da função administrativa*, cit., p. 139.

82 OSÓRIO, Fábio Medina. Direito administrativo sancionador, cit., p. 295.

O princípio da moralidade, desta forma, por constituir um conceito indeterminado, vago, impreciso, assume especial dimensão na análise da Lei n. 8.429/92, a qual em seu art. 11 prevê constituir ato de improbidade administrativa "que atenta contra os princípios da administração pública qualquer ação ou omissão que viole os deveres de honestidade, imparcialidade, legalidade e lealdade às instituições".

Por derradeiro, no que tange ao referido princípio, insta colacionar a lição de Maria Sylvia Zanella Di Pietro:

> "A improbidade administrativa, como ato ilícito, vem sendo prevista no direito positivo brasileiro desde longa data, para os agentes políticos, enquadrando-se como crime de responsabilidade. Para os servidores públicos em geral, a legislação não falava em improbidade, mas já denotava preocupação com o combate à corrupção, ao falar em enriquecimento ilícito no exercício do cargo ou função, que sujeitava o agente ao sequestro e perda de bens em favor da Fazenda Pública. O mesmo não ocorreu com a lesão à moralidade. A inclusão do princípio da moralidade administrativa entre os princípios constitucionais impostos à Administração é bem mais recente, porque ocorreu apenas com a Constituição de 1988. Vale dizer que, nessa Constituição, quando se quis mencionar o princípio, falou-se em moralidade (art. 37, *caput*) e, no mesmo dispositivo, quando se quis mencionar a lesão à moralidade administrativa, falou-se em improbidade (art. 37, § 4º); do mesmo modo a lesão à probidade administrativa aparece como ato ilícito no art. 85, V, entre os crimes de responsabilidade do Presidente da República, e como causa de perda ou suspensão dos direitos políticos no art. 15, V"[83].

1.4.4. Princípio da publicidade

Trata-se de princípio constante do art. 37, *caput*, da Constituição Federal, assim como se encontra presente na Lei n. 9.784/99 e na Constituição do Estado de São Paulo. É considerado, de um lado, dever do poder público e, de outro, garantia dos cidadãos, sendo requisito de validade do ato administrativo.

Decorre esse princípio do fato de que não pode haver num Estado Democrático de Direito, no qual o poder reside no povo, o "ocultamento aos

---

83   DI PIETRO, Maria Sylvia Zanella. *Direito Administrativo*. Grupo Gen, 2022, p. 1019.

administrados dos assuntos que a todos interessam, e muito menos em relação aos sujeitos individualmente afetados por alguma medida"[84].

O poder público deve, portanto, atuar dentro da maior transparência possível, a fim de que os administrados tenham conhecimento da atuação dos administradores.

Todos os atos administrativos, portanto, são públicos, ressalvadas as hipóteses nas quais o sigilo seja imprescindível à segurança da sociedade e do Estado e dos atos de interesse exclusivamente interno. Observa Celso Ribeiro Bastos:

> A publicidade vem a ser, pois, a divulgação que é feita das decisões administrativas, excetuadas aquelas de interesse exclusivamente interno. Embora a publicidade seja um ato material, dela defluem consequências importantes. A sua própria eficácia é normalmente condicionada ao requisito da publicação. Os mecanismos destinados a possíveis recursos, quer administrativos, quer jurisdicionais, quer se trate de insurgência do interesse individual, quer do coletivo, também são ativáveis se se tratar de decisão devidamente publicada na forma da lei[85].

Concordando com o fato de que não se trata de requisito de validade dos atos administrativos, mas sim pressuposto de sua eficácia, afirmam Marcelo Alexandrino e Vicente Paulo que, "enquanto não verificada a publicação do ato, não estará ele apto a produzir efeitos perante seus destinatários externos ou terceiros"[86].

Considere-se que não é qualquer publicação que tem o condão de irradiar os efeitos almejados. Diversamente, predomina o entendimento no sentido de que somente aquela que se dá por órgão oficial pode fazê-lo. Essas publicações devem ser feitas pelo *Diário Oficial*, onde houver, ou por órgão oficial que se destine à publicação dos atos estatais. Celso Ribeiro Bastos, no entanto, faz uma ressalva:

> É certo que há de se ter em mente também aquelas hipóteses em que as pessoas administrativas não tenham condições de custear um órgão de

---

84 BANDEIRA DE MELLO, Celso Antônio. *Curso de direito administrativo*, cit., p. 104.
85 *Curso de direito administrativo*, cit., p. 43.
86 *Direito administrativo*, cit., p. 123.

imprensa. Nesses casos, deve ser tida como satisfatória a fixação dos atos na sede do órgão que os expede[87].

Além desse aspecto, o princípio da publicidade possibilita o controle dos atos administrativos pela coletividade, propiciando o resguardo dos direitos do cidadão, pois favorece o conhecimento da conduta interna dos agentes públicos[88].

1.4.5. Princípio da eficiência

Trata-se de princípio explícito no ordenamento constitucional, o qual foi inserido no art. 37, *caput*, pela Emenda Constitucional n. 19, de 4 de junho de 1998. Também foi previsto no art. 2º, *caput*, da Lei n. 9.784/99, além do que já se encontrava inserido implicitamente no art. 74, II, da Constituição Federal.

A eficiência administrativa tem como postulado a ideia do Estado mínimo, cujo controle e modelo de gestão se pautem, de maneira próxima, pelos padrões de eficiência do setor privado, em que impera a rapidez, a ausência de desperdício, o rendimento.

Em outras palavras, afirmam Marcelo Alexandrino e Vicente Paulo:

> Conquanto perfilhem a assim chamada "doutrina do Estado mínimo", os seguidores do neoliberalismo reconhecem que a existência de uma Administração Pública é inevitável nas sociedades contemporâneas. Entendem, entretanto, que os controles a que está sujeita a Administração Pública, e os métodos de gestão que utiliza, acarretam morosidade, desperdícios, baixa produtividade, enfim, grande ineficiência, em comparação com administração de empreendimentos privados. Propugnam, dessarte, que a Administração Pública se aproxime o mais possível da administração das empresas do setor privado. Esse modelo de Administração Pública, em que se privilegia a aferição de resultados, com ampliação de autonomia dos entes administrativos e redução dos controles de atividades-meio, identifica-se com a noção de administração gerencial, e tem como postulado central exatamente o princípio da eficiência[89].

---

87   *Curso de direito administrativo*, cit., p. 43.
88   MEIRELLES, Hely Lopes. *Direito administrativo brasileiro*, cit., p. 95.
89   *Direito administrativo*, cit., p. 124.

PARTE I | 71

Dessa forma, o princípio da eficiência busca "a melhor realização possível da gestão dos interesses públicos, em termos de plena satisfação dos administrados com os menores custos para a sociedade"[90].

Celso Antônio Bandeira de Mello, em crítica a esse princípio, dada a sua fluidez e difícil controle, afirma:

> Trata-se, evidentemente, de algo mais do que desejável. Contudo, é juridicamente tão fluido e de tal difícil controle ao lume do Direito, que mais parece um simples adorno agregado ao art. 37 ou o extravasamento de uma aspiração dos que buliram no texto. De toda sorte, o fato é que tal princípio não pode ser concebido (entre nós nunca é demais fazer ressalvas óbvias) senão na intimidade do princípio da legalidade, pois jamais uma suposta busca de eficiência justificaria postergação daquele que é o dever administrativo por excelência. Finalmente, anote--se que este princípio da eficiência é uma faceta de um princípio mais amplo já superiormente tratado, de há muito, no Direito italiano: o princípio da "boa administração"[91].

Hely Lopes Meirelles, em posição discordante, sustenta que o mero atendimento da legalidade não mais se mostrava suficiente, impondo-se "resultados positivos para o serviço público e satisfatório atendimento das necessidades da comunidade e de seus membros"[92].

No mesmo sentido é o entendimento de Odete Medauar:

> Agora a eficiência é princípio que norteia toda a atuação da Administração Pública. O vocábulo liga-se à ideia de ação, para produzir resultado de modo rápido e preciso. Associado à Administração Pública, o princípio da eficiência determina que a Administração deve agir, de modo rápido e preciso, para produzir resultados que satisfaçam as necessidades da população. Eficiência contrapõe-se a lentidão, a descaso, a negligência, a omissão – características habituais da Administração Pública brasileira, com raras exceções[93].

Diógenes Gasparini, por sua vez, demonstra a aplicação desse princípio:

---

90 MOREIRA NETO, Diogo de Figueiredo. *Curso de direito administrativo*, cit., p. 107.
91 *Curso de direito administrativo*, cit., p. 111-112.
92 *Direito administrativo brasileiro*, cit., p. 96.
93 *Direito administrativo moderno*, cit., p. 145.

72 | NOVA LEI DE IMPROBIDADE ADMINISTRATIVA | FERNANDO CAPEZ

O atendimento desse princípio, cremos, vai mais além. De fato, certas situações não devem ser mantidas se o contrariarem. O agente público, em tais casos, deve tomar as medidas necessárias para pôr fim a certa situação tida, em termos de resultado, por desastrosa para o Estado. Assim, deve extinguir órgãos e entidades e remanejar servidores sempre que se verificar um descompasso entre a situação existente e o princípio da boa administração, ou, se isso não for aconselhável, deve tomar as medidas para tornar menor esse desvio ou descompasso[94].

Desse modo, o princípio da eficiência norteará a atuação do agente público no sentido de que realize as suas atribuições com maior rapidez, perfeição e rendimento.

1.4.6. Outros princípios previstos no texto constitucional e na legislação infraconstitucional

Como já mencionado, o rol de princípios constantes do art. 37, *caput*, da Constituição Federal não é exaustivo, havendo outros espalhados pelo corpo do texto constitucional e na legislação infraconstitucional.

Basta analisar o art. 93, X, da Constituição Federal, o qual reclama a motivação das decisões administrativas dos tribunais. Assim, questionam Marino Pazzaglini Filho, Márcio Fernando Elias Rosa e Waldo Fazzio Júnior se as decisões do Poder Executivo e Legislativo também não se sujeitariam ao mesmo imperativo, pois do contrário como seria possível exercer o controle jurisdicional fixado no art. 5º, XXXV: "sem o exame da congruência entre o motivo ensejador do ato administrativo e o ato efetivamente praticado que lesiona ou ameaça lesionar direito subjetivo?"[95].

Outros princípios constantes da legislação infraconstitucional também informam a atividade administrativa, como o art. 111 da Constituição Paulista que assim dispõe: "A administração pública direta, indireta ou fundacional, de qualquer dos Poderes do Estado, obedecerá aos princípios de legalidade, pessoalidade, moralidade, publicidade, razoabilidade, finalidade, motivação e interesse público".

---

94 *Direito administrativo*, cit., p. 22.
95 *Improbidade administrativa*, cit., p. 54-55.

O art. 2º, *caput*, da Lei n. 9.784/99, ao tratar do processo administrativo, da mesma forma, estatui que: "A Administração Pública obedecerá dentre outros, aos princípios da legalidade, finalidade, motivação, razoabilidade, proporcionalidade, moralidade, ampla defesa, contraditório, segurança jurídica, interesse público e eficiência". No tocante ao princípio da razoabilidade ou proporcionalidade faz-se necessário tecer algumas considerações.

A Administração, ao atuar dentro dos limites conferidos pelo legislador, no âmbito de sua discricionariedade, deve fazê-lo em sintonia com o senso comum. Nenhuma lei abarca providências insensatas do administrador, sob pena de serem sempre acoimadas de ilegais.

Deve-se, portanto, analisar o motivo que originou a prática do ato, os meios e os gastos necessários à sua implementação e o fim que foi atingido, para saber se existem proporcionalidade, bom-senso e razoabilidade. Por exemplo, se um governo destina vultosos recursos para custear mordomias, em vez de destiná-los à saúde, à habitação, à educação e à segurança, que são direitos assegurados pela Constituição a todos, fica clara a ausência de razoabilidade do ato e, consequentemente, a nulidade da despesa.

No entendimento de Celso Antônio Bandeira de Mello:

> Não se imagine que a correção judicial baseada na violação do princípio da razoabilidade invade o "mérito" do ato administrativo, isto é, o campo de "liberdade" conferido pela lei à Administração para decidir-se segundo uma estimativa da situação e critérios de conveniência e oportunidade. Tal não ocorre porque a sobredita "liberdade" é liberdade dentro da lei, vale dizer, segundo as possibilidades nela comportadas. Uma providência desarrazoada, consoante dito, não pode ser havida como comportada pela lei. Logo, é ilegal: é desbordante dos limites nela admitidos[96].

Mencionados princípios possuem grande importância no tocante aos atos discricionários, os quais acarretam restrições aos direitos dos cidadãos, uma vez que nesses casos o administrador possui um juízo de conveniência e oportunidade quanto à opção da medida administrativa a ser adotada, havendo grande margem para arbitrariedades.

---

96 *Curso de direito administrativo*, cit., p. 100.

74 | NOVA LEI DE IMPROBIDADE ADMINISTRATIVA | FERNANDO CAPEZ

Hely Lopes Meirelles faz importante ressalva no tocante aos demais atos administrativos:

> De fácil intuição, a definição da razoabilidade revela-se quase sempre incompleta ante a rotineira ligação que dela se faz com a discricionariedade. Não se nega que, em regra, sua aplicação está mais presente na discricionariedade administrativa, servindo-lhe de instrumento de limitação, ampliando o âmbito de seu controle, especialmente pelo Judiciário ou até mesmo pelos Tribunais de Contas. Todavia, nada obsta à aplicação do princípio no exame de validade de qualquer atividade administrativa[97].

Quanto ao conceito de proporcionalidade e razoabilidade, afirma Odete Medauar:

> Alguns autores pátrios separam proporcionalidade e razoabilidade. A esta atribuem o sentido de coerência lógica nas decisões e medidas administrativas, o sentido de adequação entre meios e fins. À proporcionalidade associam um sentido de amplitude ou intensidade nas medidas adotadas, sobretudo nas restritivas e sancionadoras. No direito estrangeiro, o ordenamento norte-americano e o argentino, por exemplo, operam com a razoabilidade. Os ordenamentos europeus, sobretudo alemão e francês, utilizam o princípio da proporcionalidade. A Corte de Justiça da União Europeia afirmou como princípio comunitário o da proporcionalidade[98].

Outros autores concebem o princípio da proporcionalidade como uma das vertentes da razoabilidade, como é o caso de Maria Sylvia Zanella Di Pietro:

> Isto porque o princípio da razoabilidade, entre outras coisas, exige proporcionalidade entre os meios de que se utiliza a Administração e os fins que ela tem que alcançar. E essa proporcionalidade deve ser medida não pelos critérios pessoais do administrador, mas segundo padrões comuns na sociedade em que vive; e não pode ser medida diante dos termos frios da lei, mas diante do caso concreto. Com efeito, embora a norma legal deixe um espaço livre para decisão administrativa, segundo critérios de oportunidade e conveniência, essa liberdade às vezes se

---

97 *Direito administrativo brasileiro*, cit., p. 93.
98 *Direito administrativo moderno*, cit., p. 124.

reduz no caso concreto, onde os fatos podem apontar para o administrador a melhor solução[99].

Para Odete Medauar, a proporcionalidade envolve a razoabilidade:

> Parece melhor englobar no princípio da proporcionalidade o sentido da razoabilidade. O princípio da proporcionalidade consiste, principalmente, no dever de não serem impostas, aos indivíduos em geral, obrigações, restrições ou sanções em medida superior àquela estritamente necessária ao atendimento do interesse público, segundo critério de razoável adequação dos meios aos fins. Aplica-se a todas as atuações administrativas para que sejam tomadas decisões equilibradas, refletidas, com avaliação adequada da relação custo-benefício, aí incluído o custo social[100].

Edmir Netto de Araújo questiona se realmente existiria o princípio da razoabilidade, dado que o conceito envolveria uma grande dose de subjetividade:

> Existe, mesmo, um princípio da "razoabilidade"? O que é ser "razoável", em termos de Administração e Direito Administrativo? Etimologicamente, a palavra significa conforme a razão, racionável, moderado, comedido, acima de medíocre, aceitável, regular, justo, legítimo, ponderado, sensato. Qualquer que sejam os sentidos adotados (parecem-nos adequados os de moderado, comedido, aceitável, ponderado, sensato), o conceito envolverá uma grande dose de subjetividade, pois o que é razoável para um, pode não o ser para outro, e mesmo considerando-se algo que seja, com bom-senso, razoável para o homem médio, ainda assim a objetividade desejável para instituí-la como um princípio não acontece[101].

Celso Antônio Bandeira de Mello, por sua vez, afirma:

> Em rigor, o princípio da proporcionalidade não é senão faceta do princípio da razoabilidade. Merece um destaque próprio, uma referência especial, para ter-se maior visibilidade da fisionomia específica de um vício que pode surgir e entremostrar-se sob esta feição de desproporcionalidade do ato, salientando-se, destarte, a possibilidade de corre-

---

99 *Direito administrativo*, cit., p. 124.
100 *Direito administrativo moderno*, cit., p. 146.
101 *Curso de direito administrativo*, cit., p. 59.

ção judicial arrimada neste fundamento. Posto que se trata de um aspecto específico do princípio da razoabilidade, compreende-se que sua matriz constitucional seja a mesma. Isto é, assiste nos próprios dispositivos que consagram a submissão da Administração ao cânone da legalidade. O conteúdo substancial desta, como visto, não predica a mera coincidência da conduta administrativa com a letra da lei, mas reclama adesão ao espírito dela, à finalidade que a anima. Assim, o respaldo do princípio da proporcionalidade não é outro senão o art. 37 da Lei Magna, conjuntamente com os arts. 5º, II, e 84, IV. O fato de se ter que buscá-lo pela trilha assinalada não o faz menos amparado, nem menos certo ou verdadeiro, pois tudo aquilo que se encontra implicado em um princípio é tão certo e verdadeiro quanto ele[102].

Diogo de Figueiredo Moreira Neto assevera que o princípio da proporcionalidade prescreve "o justo equilíbrio entre os sacrifícios e os benefícios resultantes da ação do Estado":

Quando esta relação for desequilibrada, seja na própria formulação da lei (desproporcionalidade legislativa), seja na sua aplicação concreta (desproporcionalidade administrativa), a ponto de tornar-se demasiadamente onerosa a prestação do administrado, seja ela positiva ou negativa, em confronto com o reduzido ou nenhum proveito para a sociedade, fica caracterizada a agressão ao princípio, que se apresenta[103].

Enfim, esses princípios devem pautar a atuação administrativa, impedindo-se as condutas desarrazoadas, em desconformidade com os critérios aceitáveis do ponto de vista racional, exigindo-se que ela se realize "em sintonia com o senso normal de pessoas equilibradas e respeitosas das finalidades que presidiram a outorga de competência exercida"[104], sob pena de serem consideradas ilegítimas.

Se o respeito a essa ampla gama de princípios significa de um lado proteção ao direito do administrado a uma gestão proba, de outro lado, acarreta grave insegurança jurídica ao agente público no atuar administrativo.

---

102 *Curso de direito administrativo, cit.*, p. 101-102.
103 *Curso de direito administrativo: parte introdutória, parte geral e parte especial, cit.*, p. 101-102.
104 BANDEIRA DE MELLO, Celso Antônio. *Curso de direito administrativo, cit.*, p. 99.

Com efeito, dada a grande zona de instabilidade na qual transita o agente público, por força da vagueza conceitual dos princípios, os quais podem possuir diversos significados, distintas podem ser as interpretações e, por conseguinte, a sua aplicação no plano prático, daí por que exsurge a importância em limitar o conteúdo material do ato de improbidade administrativa, não bastando apenas a tipicidade formal, isto é, a mera adequação típica.

1.5. BEM JURÍDICO TUTELADO

Os valores fundamentais para a subsistência do corpo social, tais como vida, saúde, liberdade, propriedade, moralidade administrativa etc., podem ser denominados bens jurídicos.

Jorge Figueiredo Dias tece algumas considerações acerca de bem jurídico, assim o conceituando: "a expressão de um interesse, da pessoa ou da comunidade, na manutenção ou integridade de um certo estado, objeto ou bem em si mesmo socialmente relevante e por isso juridicamente reconhecido como valioso"[105].

A Carta Magna de 1988, no art. 37, *caput*, plasmou os princípios vetores de uma boa gestão pública, criando instrumentos para garantir a sua proteção, como a ação popular prevista nos arts. 5º, LXXIII, e 85, V, segundo os quais constitui crime de responsabilidade os atos do Presidente da República que atentem contra a probidade na Administração.

A Lei n. 8.429/92, nessa esteira, procurou tipificar as condutas violadoras desse plexo de princípios, congregando-os sob a denominação atos de improbidade administrativa.

O cometimento do ato de improbidade administrativa enseja a aplicação de gravíssimas sanções aos agentes públicos, pois de acordo com o disposto no art. 37, § 4º, da Constituição Federal, "os atos de improbidade administrativa importarão a suspensão dos direitos políticos, a perda da função pública, a indisponibilidade dos bens e o ressarcimento ao erário, na forma e gradação previstas em lei, sem prejuízo da ação penal cabível".

---

105 DIAS, Jorge Figueiredo. *Direito penal*: parte geral. 2. ed. portuguesa. Coimbra: Editora Revista dos Tribunais, 2007. p. 114.

Muito embora a Lei n. 8.429/92 tenha procurado delimitar em três blocos distintos os tipos de ato de improbidade administrativa, todavia, a descrição legal poderá abarcar uma enorme gama de situações que, na realidade, não atingem o objeto jurídico protegido pela norma, isto é, a probidade na organização do Estado e no exercício de suas funções e a integridade do patrimônio público e social dos Poderes Executivo, Legislativo e Judiciário, bem como da administração direta e indireta, no âmbito da União, dos Estados, dos Municípios e do Distrito Federal, a honestidade, a boa-fé, de forma que caberá ao intérprete e aplicador do direito a árdua tarefa de trazer limitações à incidência da lei, sob pena de se abarcar um "universo infinito" de atos administrativos, engessando a engrenagem da máquina pública, pois, a todo momento, o administrador, muito embora esteja agindo dentro das expectativas sociais, dos padrões socialmente adequados, correrá o risco de ter a sua conduta enquadrada em um dos tipos da Lei n. 8.429/92.

Vera Scarpinella Bueno demonstra a imensidão de situações que podem ser abarcadas pela Lei de Improbidade Administrativa, dada a amplitude de seus termos, de forma que caberá ao julgador, na análise do caso concreto, verificar se a conduta fere o dever de probidade:

> Ocorre que os problemas que chegam ao Judiciário são de uma variedade enorme: prefeito que veicula sua foto em panfleto informativo de obras sociais ou em caderno a ser entregue aos alunos da rede municipal; administrador público que gasta em publicidade para fazer pesquisa de opinião pública para saber se manda ou não projeto de lei para o Legislativo; o uso de símbolos partidários ou pessoais em impressos oficiais; e assim por diante. A questão é saber quando estas condutas, em tese violadoras do dever de probidade administrativa, passam a ser enquadradas na Lei de Improbidade. Dizer que a propaganda deve ser objetiva, promover o interesse público, ser econômica para os cofres públicos, observar a moralidade e a impessoalidade, diz muito em tese e ao mesmo tempo diz muito pouco em concreto. Estes termos são conceitos vagos, que dependem de concreção. Dependem da análise, no caso concreto, da conduta do administrador. Somente se deve cogitar da aplicação das penas previstas na Lei de Improbidade se não há um mínimo de razoabilidade na conduta do agente. Somente no caso concreto será possível aferir se agiu em desacordo com a regra consti-

tucional, e, mais ainda, se tal agir se constituiu em ato de improbidade administrativa[106].

Percebe-se, portanto, que o delineamento dos contornos que assume o bem jurídico da Lei n. 8.429/92 é de extrema importância para a configuração ou não de seus tipos legais.

Importante dizer que, na delimitação do bem jurídico, é preciso que a Lei de Improbidade Administrativa concilie a obrigação de exercer o controle do atuar administrativo com a obediência a certos princípios limitadores, que imponham restrições a uma atividade invasiva na esfera individual do agente público ou particular.

A Lei de Improbidade Administrativa passa a ter como fundamento nuclear a dignidade da pessoa humana, considerada o valor máximo de nosso Estado de Direito, de forma que caberá a ela selecionar as condutas mais importantes para a proteção do bem jurídico em consonância com esse valor que se irradia por todo o sistema punitivo.

Assim, no Estado Democrático de Direito impõe-se que os dispositivos legais se adequem aos princípios constitucionais sensíveis que os regem, vedando a descrição como infrações de condutas inofensivas, mediante rígido controle de compatibilidade vertical entre a norma punitiva e os princípios constitucionais que os regem, tais como o da dignidade humana.

A criação de tipos que imponham severas sanções e que afrontem a dignidade da pessoa humana colidiria frontalmente com um dos fundamentos do Estado Democrático de Direito, em que se constitui a República Federativa do Brasil, previsto no art. 1º, III, da Constituição Federal. Por esse motivo, similarmente ao direito penal, a moderna concepção do ato de improbidade administrativa não deve ser dissociada de uma visão social, que busque justificativa na legitimidade da norma legal.

De pouco adiantaria a construção de um sistema liberal de garantias, se o legislador tivesse condições de eleger de modo autoritário e livre de balizas

---

106 *O art. 37, § 1º, da Constituição Federal e a lei de improbidade administrativa.* In: BUENO, Cassio Scarpinella; PORTO FILHO, Pedro Paulo de Rezende (coord.). Improbidade administrativa: questões polêmicas e atuais. 2. ed. São Paulo: Malheiros, 2003, p. 434-435.

quais os bens jurídicos a merecer proteção. Importa, portanto, definir, mediante critérios precisos, quais são esses bens jurídicos.

A tarefa de definir qual o conceito material do ato de improbidade administrativa e, portanto, quais as únicas condutas capazes de ser erigidas à categoria típica nada mais é do que fixar o exato conceito de bem jurídico da Lei n. 8.429/92.

A partir daí, não se admitirá como ato de improbidade administrativa nenhum comportamento senão o que concreta e efetivamente lesar ou colocar em perigo os interesses que se enquadrarem nesse conceito.

Tomando a dignidade humana como base, bem como o compromisso ético e moral que deve ser assumido entre sociedade e Estado, a Lei de Improbidade Administrativa deverá intervir somente em casos de fundamental importância para a sociedade, ou seja, quando houver violação de interesses de relevância coletiva.

Para tanto, o melhor é construir um conceito de bem jurídico, a partir de um enfoque constitucional que tenha a dignidade humana como fundamento de validade de todo o sistema.

Ante a impossibilidade de se enumerarem todos os interesses merecedores da tutela, em vista da constante mutação dos valores sociais relevantes, o método mais eficaz não é o da afirmação positiva do conceito de bem jurídico, mas o método negativo, isto é, por exclusão.

Desse modo, exclui-se da incidência típica todo e qualquer enquadramento que, a despeito de formalmente compatível, afronte os princípios constitucionais derivados da dignidade humana.

Opera-se um controle de qualidade do tipo sobre seu conteúdo, que orienta o legislador em sua elaboração e permite um controle judicial de constitucionalidade *a posteriori*.

Estabelece-se uma limitação à eleição de bens jurídicos por parte do legislador, partindo sempre da premissa de que não se trata de um bem criado pelo direito, mas imanente às relações humanas, reconhecido e valorado pelo direito, de acordo com princípios reitores.

Para se imputar um ato ilícito ao administrador ímprobo, deve o intérprete e julgador realizar a seguinte indagação: O ato praticado pelo administrador público gerou um risco juridicamente relevante para o bem protegido pela norma? Ora, "se o direito penal proíbe condutas para proteger bens jurídicos, é obvio que só fará sentido proibir condutas que, de alguma forma, os ameacem, noutras palavras: condutas perigosas"[107].

Ao tratar do bem jurídico na Lei de Improbidade Administrativa, assinala Fábio Medina Osório:

> Pode-se dizer que o bem jurídico é o conceito central do tipo, conforme o qual há que se determinar todos os elementos objetivos e subjetivos, constituindo, além disso, um importante instrumento da interpretação. O bem jurídico é a pedra de toque da estrutura dos tipos e, nesse sentido, é o decisivo critério de classificação no agrupamento dos tipos, ainda que se possa controverter sobre o conceito e o conteúdo do que se convencionou denominar "bem jurídico", deslocando-o à normativo-funcionalista[108].

Dessa forma, se a Lei n. 8.429/92 proíbe condutas para proteger a probidade administrativa, somente fará sentido proibir condutas que de alguma forma a ameacem. Diante disso, não basta a finalidade de lesionar o bem jurídico, pois, dentro de um Estado Social de Direito, o Direito, para proteger bens jurídicos e exercer a prevenção geral, somente pode proibir condutas *ex ante* perigosas, que gerem um risco juridicamente relevante.

A LIA, no § 5º do art. 1º, elenca de forma clara os bens jurídicos tutelados pela norma, ao dispor que "os atos de improbidade violam a probidade na organização do Estado e no exercício de suas funções e a integridade do patrimônio público e social dos Poderes Executivo, Legislativo e Judiciário, bem como da administração direta e indireta, no âmbito da União, dos Estados, dos Municípios e do Distrito Federal".

1.5.1. A natureza difusa do bem jurídico probidade administrativa

A Constituição Federal criou forte aparato protetor da sociedade contra a atividade administrativa ilegal e imoral. Estabeleceu não apenas os prin-

---

107 GRECO, Luís. In: ROXIN, Claus. *Funcionalismo e imputação objetiva no direito penal*, cit., p. 80.

108 *Teoria da improbidade administrativa*, cit., p. 305.

cípios básicos norteadores da Administração Pública, mas também o novo perfil do Estado brasileiro, iniludivelmente atrelado ao ideal democrático.

Nesse sentido, seria natural que a Constituição Federal equipasse e legitimasse algum órgão para a defesa dos direitos nela explicitados. Foi assim que, no seu art. 129, II e III, incumbiu o Ministério Público da importante tarefa de "zelar pelo efetivo respeito dos Poderes Públicos e dos serviços de relevância pública aos direitos assegurados nesta Constituição, promovendo as medidas necessárias à sua garantia" e de "promover o inquérito civil e a ação civil pública, para a proteção do patrimônio público e social, do meio ambiente e de outros interesses difusos e coletivos".

Sob esse enfoque, não restam dúvidas de que a Lei de Improbidade Administrativa legitima o Ministério Público a tutelar a probidade na organização do Estado e no exercício de suas funções e a integridade do patrimônio público e social dos Poderes Executivo, Legislativo e Judiciário, bem como da administração direta e indireta, no âmbito da União, dos Estados, dos Municípios e do Distrito Federal.

A Constituição Federal estabelece a proteção ao patrimônio público como função institucional do Ministério Público, ao passo que a Lei n. 8.429/92 regulamenta e disciplina as ações por improbidade administrativa, de legitimidade do *Parquet*.

Há que se louvar a existência de órgão de combate à corrupção, descrita, na hipótese *sub examine,* no comportamento, com aparência penal, do réu no seu atuar fraudulento e lesivo do patrimônio público da municipalidade. Diante da inércia da Administração Pública interessada, surge o interesse público legitimador da atuação do Ministério Público para promover a ação relativa ao ressarcimento de dano causado ao patrimônio público. A legitimação prevista na Constituição Federal, entrega ao Ministério Público o dever de proteção ao patrimônio público, através da ação correspondente.

O direito à administração proba, correta, impessoal e voltada ao bem comum é um interesse afeto a toda a coletividade e, portanto, difundido entre um número indeterminado de pessoas. Desse modo, ganha a conotação de interesses difusos. Wallace Paiva Martins Júnior, por sua vez, destaca a moralidade administrativa como um bem jurídico difuso por excelência:

> Por dimensão estrutural. A moralidade administrativa é um valor socialmente difundido e, por isso, pertence a toda a coletividade, indivi-

sível e indeterminada, integrando o patrimônio social, como pondera Lúcia Valle Figueiredo, garantindo o direito subjetivo público a uma Administração Pública honesta, pois, na medida em que se estabelece e se desenvolve, impõe limites e apresenta redutores à discricionariedade administrativa, ao desvio de poder, à desonestidade, à deslealdade, implantando uma rede de proteção ética destinada à sublimação das regras de boa administração[109].

Fábio Medina Osório traz a lume a concepção da probidade administrativa como um bem jurídico difuso e universal, estreitamente ligado à proteção dos direitos humanos:

> No universo de proteção do dever de probidade administrativa estamos diante de um exemplar extraído dos típicos bens jurídicos da coletividade, bens jurídicos universais e difusos. Esses bens são valores ideais da ordem social, entre os quais repousam a segurança, o bem-estar e a dignidade da coletividade, como muitos outros. O bem jurídico expresso na "probidade administrativa" é um valor ideal da ordem jurídico-administrativa, considerando os valores que lhe são inerentes, na perspectiva dos deveres públicos subjacentes. A probidade vem configurada por meio dos valores e normas fundamentais que presidem a Administração Pública, é dizer, o setor público como um todo, dominado pela normativa fragmentada e espalhada pelos entes federados. Pode-se dizer que a improbidade administrativa é uma enfermidade social que ofende os valores e normas fundamentais que presidem a Administração Pública e orientam seu bom funcionamento, a chamada boa gestão pública. A importância dessas normas será reconhecível no sistema jurídico, cujo ápice se encontra na Constituição da República. (...) Toda improbidade administrativa tem que ser uma conduta transgressora das normas jurídicas valorizadas positivamente pela sociedade, a tal ponto que o intérprete se veja ante um comportamento ofensivo da ética institucionalizada no setor público, a partir da normativa incidente[110].

Ao tratar dos interesses difusos, Sergio Shimura considera que a defesa do patrimônio público, por envolver a higidez do erário, é o exemplo mais puro de interesse difuso.

---

109 *Probidade administrativa*, cit., p. 90.
110 *Teoria da improbidade administrativa*, cit., p. 306.

A defesa do patrimônio público é a defesa de um interesse difuso, por envolver a higidez do erário. Talvez seja o exemplo mais puro de interesse difuso, na medida em que diz respeito a um número indeterminado de pessoas, ou seja, todos aqueles que habitam o município, o Estado ou o próprio País a cujos governos cabe gerir o lesado patrimônio, e mais todas as pessoas que venham ou possam vir, ainda que transitoriamente, a desfrutar do conforto de uma perfeita aplicação ou sofrer os dissabores da má gestão do dinheiro público. E, quanto à legitimidade do Ministério Público (art. 129, III, CF), corrigiu-se um erro histórico. Não teria sentido mesmo o Ministério Público ficar na posição de espectador passivo à espera do ajuizamento de ação popular defensora do patrimônio público e da moralidade administrativa pelo cidadão, reservando a opção de assunção do polo ativo da demanda somente nas hipóteses de desistência ou abandono (sucessão processual)[111].

Desse entendimento compartilha Consuelo Yatsuda Morozimato Yoshida, ao fazer a diferenciação entre bem e interesse público de um lado, e bem e interesse difuso de outro:

> (...) um mesmo bem jurídico pode ser considerado sob prismas diversos, de modo a ensejar simultaneamente sua tutela como objeto de interesse difuso, coletivo ou individual. É o que denominamos visão poliédrica dos bens e respectivos valores e interesses. O patrimônio público, tomado como exemplo, pode ser considerado bem da entidade estatal respectiva (bem público estatal), e, quando lesado ou ameaçado de lesão, pode também ser considerado bem difuso, ou seja, bem de interesse da coletividade em geral, contribuinte dos tributos que o alimentam. Daí frutificar e ter relevância e utilidade, entre outros aspectos, a distinção entre bem e interesse público, de um lado, e bem e interesse difuso, de outro, comportando o patrimônio público a classificação em ambas as categorias. Com efeito, sendo o patrimônio público constituído, em grande parte, pelos recursos oriundos dos tributos pagos pelos contribuintes, ele não pode ser visto apenas sob o prisma de bem estatal, de interesse exclusivo das entidades públicas respectivas. Na verdade, elas são meras gestoras desses recursos, devendo bem administrá-los em nome da coletividade e no interesse dessa mesma coletividade. Em qualquer situação em que o patrimônio público venha a sofrer a lesão ou ameaça serão consequentemente atingidos os interesses da coletividade, extrapolando-se a esfera de interesses da Administração Pública. É o critério da lesividade, abrangente não ape-

---

111 SHIMURA, Sérgio. *Tutela coletiva e sua efetividade*. São Paulo: Método, 2006, p. 71.

nas da lesão ocorrida, mas também da ameaça, que torna o patrimônio público objeto de interesse difuso, tutelável pelos legitimados para as ações coletivas e pela intervenção obrigatória do Ministério Público nas hipóteses legalmente previstas[112].

Diante do exposto, é possível asseverar que a Lei de Improbidade Administrativa tutela um bem jurídico difuso por excelência, isto é, transindividual, de natureza indivisível, de que são titulares pessoas indeterminadas e ligadas por circunstâncias de fato, legitimando-se o Ministério Público a servir-se da ação cabível para a sua tutela.

---

112 Ação civil pública: judicialização e redução da litigiosidade. In: *A ação civil pública após 20 anos:* efetividade e desafios. MILARÉ, Edis (coord.). São Paulo: Revista dos Tribunais, 2005, p. 118-119.

PARTE II

2. A LEI N. 8.429/92 (COM AS ALTERAÇÕES DA LEI N. 14.230/2021)

2.1. QUADRO COMPARATIVO

REDAÇÃO ANTERIOR	LEI N. 14.230/2021
Dispõe sobre as sanções aplicáveis aos agentes públicos nos casos de enriquecimento ilícito no exercício de mandato, cargo, emprego ou função na administração pública direta, indireta ou fundacional e dá outras providências.	Dispõe sobre as sanções aplicáveis em virtude da prática de atos de improbidade administrativa, de que trata o § 4º do art. 37 da Constituição Federal; e dá outras providências.

Com as alterações trazidas pela Lei n. 14.230/2021, foi feito oportuno reparo na ementa desse dispositivo. No texto anterior, verificava-se tão somente a menção aos atos de enriquecimento ilícito, sem referência às outras espécies, dano ao erário e violação de princípios, como se os atos de improbidade se limitassem a casos de enriquecimento por desvio de conduta. Com as alterações trazidas pela nova lei, corrigiu-se o equívoco.

Nesse sentido, Marçal Justen Filho:

> "A ementa ou sumário de uma lei não apresenta cunho vinculante e sua eficácia normativa é reduzida. Portanto, a alteração ora examinada não produz inovação significativa no tocante ao regime da LIA. Tratou-se muito mais de aproveitar a oportunidade para corrigir um evidente equívoco cometido por ocasião da elaboração da Lia"[113].

Adicionalmente, Matheus Carvalho:

> A nova redação da ementa é mais abrangente, tornando legítima a punição de particulares que concorram para a prática do ato de improbi-

---

113 JUSTEN FILHO, Marçal. *Reforma da lei de improbidade administrativa comentada e comparada*: Lei n. 14.230, de 25 de outubro de 2021. Rio de Janeiro: Forense, 2022, p. 01.

dade além de permitir a configuração de infração de improbidade sem que haja o necessário enriquecimento ilícito do agente[114].

Operou-se com a reforma legislativa, quase que a revogação por completo da redação originária. Malgrado formalmente preservada a numeração da Lei n. 8.429/92, seu conteúdo material foi amplamente alterado. Tem-se, portanto, uma nova Lei de Improbidade Administrativa, contudo, com a manutenção do número antigo.

2.2. ARTIGO 1º

2.2.1. Quadro comparativo

REDAÇÃO ANTERIOR	LEI N. 14.230/2021
Art. 1º Os atos de improbidade praticados por qualquer agente público, servidor ou não, contra a administração direta, indireta ou fundacional de qualquer dos Poderes da União, dos Estados, do Distrito Federal, dos Municípios, de Território, de empresa incorporada ao patrimônio público ou de entidade para cuja criação ou custeio o erário haja concorrido ou concorra com mais de cinquenta por cento do patrimônio ou da receita anual, serão punidos na forma desta lei.	**"Art. 1º** O sistema de responsabilização por atos de improbidade administrativa tutelará a probidade na organização do Estado e no exercício de suas funções, como forma de assegurar a integridade do patrimônio público e social, nos termos desta Lei" ("L8429 – Planalto").
Parágrafo único. Estão também sujeitos às penalidades desta lei os atos de improbidade praticados contra o patrimônio de entidade que receba subvenção, benefício ou incentivo, fiscal ou creditício, de órgão público bem como daquelas para cuja criação ou custeio o erário haja concorrido ou concorra com menos de cinquenta por cento do patrimônio ou da receita anual, limitando-se, nestes casos, a sanção patrimonial à repercussão do ilícito sobre a contribuição dos cofres públicos.	**Parágrafo único.** *(Revogado).*

---

114 CARVALHO, Matheus. *Lei de improbidade comentada.* São Paulo: JusPodivm, 2022, p. 13.

Sem correspondência.	**§ 1º** Consideram-se atos de improbidade administrativa as condutas dolosas tipificadas nos arts. 9º, 10 e 11 desta Lei, ressalvados tipos previstos em leis especiais.
Sem correspondência.	**§ 2º** Considera-se dolo a vontade livre e consciente de alcançar o resultado ilícito tipificado nos arts. 9º, 10 e 11 desta Lei, não bastando a voluntariedade do agente.
Sem correspondência.	**§ 3º** O mero exercício da função ou desempenho de competências públicas, sem comprovação de ato doloso com fim ilícito, afasta a responsabilidade por ato de improbidade administrativa.
Sem correspondência.	**§ 4º** Aplicam-se ao sistema da improbidade disciplinado nesta Lei os princípios constitucionais do direito administrativo sancionador.
Sem correspondência.	**§ 5º** Os atos de improbidade violam a probidade na organização do Estado e no exercício de suas funções e a integridade do patrimônio público e social dos Poderes Executivo, Legislativo e Judiciário, bem como da administração direta e indireta, no âmbito da União, dos Estados, dos Municípios e do Distrito Federal.
Sem correspondência.	**§ 6º** Estão sujeitos às sanções desta Lei os atos de improbidade praticados contra o patrimônio de entidade privada que receba subvenção, benefício ou incentivo, fiscal ou creditício, de entes públicos ou governamentais, previstos no § 5º deste artigo.
Sem correspondência.	**§ 7º** Independentemente de integrar a administração indireta, estão sujeitos às sanções desta Lei os atos de improbidade praticados contra o patrimônio de entidade privada para cuja criação ou custeio o erário haja concorrido ou concorra no seu patrimônio ou receita atual, limitado o ressarcimento de prejuízos, nesse caso, à repercussão do ilícito sobre a contribuição dos cofres públicos.

Sem correspondência.	§ 8º Não configura improbidade a ação ou omissão decorrente de divergência interpretativa da lei, baseada em jurisprudência, ainda que não pacificada, mesmo que não venha a ser posteriormente prevalecente nas decisões dos órgãos de controle ou dos tribunais do Poder Judiciário.

De acordo com o art. 1º da Lei n. 14.230/2021, a responsabilização por atos de improbidade administrativa visa a tutela da probidade na organização do Estado e no exercício de suas funções, como forma de assegurar a integridade do patrimônio público e social.

Marçal Justen Filho assevera:

> "A nova redação do art. 1º concentra e sintetiza as finalidades buscadas pelo reforma promovida pela Lei n. 14.230/2021. Sob esse ângulo, o art. 1º passa a desempenhar uma função jurídico-hermenêutica específica, eis que, todos os demais dispositivos legais devem ser interpretados tomando em vista esses postulados fundamentais. (...) A tutela à probidade administrativa é promovida por um conjunto de diplomas legislativos diversos, que compreendem uma pluralidade de normas jurídicas. A Lei n. 8.429 é um dos veículos legislativos que promovem a proteção à probidade administrativa. Esse sistema deve ser interpretado em seu conjunto tomando em vista a inter-relação entre as diversas disposições"[115].

E acrescenta:

> "A definição das hipóteses de incidência da improbidade administrativa encontram-se disciplinadas na LIA e em outros diplomas. Mas a sua aplicação exige uma interpretação sistemática. É necessário tomar em vista a disciplina constitucional sobre o tema, o conjunto de disposições constantes da LIA (coma a nova redação adotada pela 14.230/2021) e outros diplomas legais, com a observância de uma abordagem sistêmica"[116].

---

115 JUSTEN FILHO, Marçal. *Reforma da Lei de Improbidade Administrativa comentada e comparada*: Lei n. 14.230, de 25 de outubro de 2021. 1. ed. Rio de Janeiro: Forense, 2022, p. 07.

116 Ibidem, p. 07-08.

2.2.2. Exigência do dolo e extinção da modalidade culposa (art. 1º, §§ 1º,2º e 3º)

A ponderação acerca da existência ou não do elemento subjetivo como requisito do ato de improbidade administrativa era um tema que gerava bastante controvérsia na doutrina e na jurisprudência.

Como já oportunamente analisado, antes do advento da 14.230/2021, havia na Lei de Improbidade Administrativa uma zona de penumbra, na qual os direitos e garantias do cidadão podiam ser simplesmente proscritos pelo simples fato de que não havia consenso acerca de sua natureza jurídica, e, cumpria ao intérprete e aplicador do direito a árdua tarefa de buscar limitações ao *jus puniendi* estatal, em consonância com os princípios baluartes do Estado Democrático de Direito.

A tendência na doutrina foi de considerar referida lei de natureza cível, o que vinha permitindo a responsabilização dos agentes públicos, de forma bastante ampla, com a simples caracterização do dolo civil.

Sucede que, nos últimos anos, percebeu-se a existência de diplomas não formalmente penais que punem os ilícitos de forma tão ou mais drástica que a própria seara penal, tal como ocorre com os atos de improbidade administrativa.

Tal punição era estabelecida mediante um alargamento extremamente perigoso para o Estado Democrático de Direito, uma vez que sanções de extrema gravidade, tão infamantes quanto as de natureza formalmente penal, eram impostas, como já dito, com a simples caracterização do dolo civil, menoscabando-se o principal instrumento contendor do *jus puniendi* estatal: o estabelecimento do nexo causal.

Muitas vezes, sequer o elemento subjetivo era utilizado como critério limitador do nexo causal, e as gravosas penas eram impostas, sem ao menos se analisar o dolo ou a culpa, e, portanto, apenas com base na mera causalidade física.

A ânsia desmesurada em punir o administrador público com uma pena exemplar foi resultado da pressão da mídia ou da opinião pública, o que tornou a Lei de Improbidade Administrativa um perigoso instrumento de vingança, cuja incidência, com menoscabo a garantias individuais, produtos de uma árdua e longa conquista histórica, constitui por longos 29 anos, um grave retrocesso ao Estado Democrático de Direito.

Com isso a aplicação da Lei de Improbidade Administrativa era realizada com a proscrição de inúmeros direitos e garantias individuais erigidos após uma longa e árdua luta histórica contra o arbítrio estatal que impunha penas desumanas, sem a análise do dolo ou da culpa.

No período primitivo, desconhecia-se a responsabilidade subjetiva, sendo suficiente para a punição a mera existência do nexo causal entre conduta e resultado. A responsabilidade era puramente objetiva e confundida com vingança.

Uma das maiores conquistas da humanidade residiu justamente na exigência do dolo ou da culpa para responsabilizar alguém penalmente por um ato ilícito.

Assim, no Estado Democrático de Direito, sem culpabilidade não pode haver pena (*nulla poena sine culpa*), e sem dolo ou culpa não existe crime (*nullum crimen sine culpa*). Por essas razões, a responsabilidade objetiva (calcada exclusivamente na relação natural de causa e efeito) passou a ser insustentável no sistema penal vigente. Ela ocorria: a) quando alguém era punido sem ter agido com dolo ou culpa; b) quando alguém era punido sem culpabilidade.

No primeiro caso, a responsabilidade penal objetiva violaria o próprio princípio da tipicidade, pois o dolo e a culpa integram o fato típico. No segundo caso, estar-se-ia afrontando o princípio constitucional sensível, consistente na garantia da presunção de inocência (art. 5º, LVII), porque, se todos se presumem inocentes, cabe ao Estado provar a sua culpa primeiro e só então exercer seu *jus puniendi*. Não é demais lembrar que o ônus da prova compete a quem acusa (CPP, art. 156).

Sucede, no entanto, que a doutrina costuma dispensar especial tratamento para o estudo do elemento subjetivo e do nexo causal no âmbito da dogmática penal, relegando a um segundo plano essa importante análise nos demais ramos jurídicos, como ocorreu com a Lei de Improbidade Administrativa. Tal situação se deve fatalmente à ideia de que ao direito penal incumbiria, em regra, a tarefa de sancionar mais gravosamente as condutas violadoras da ordem jurídica, constituindo a *ultima ratio* na repressão do crime. Isso ocorre porque, ao menos em tese, o direito penal seria a medida mais drástica no combate ao ato ilícito, haveria maior preocupação doutrinária em se aprofundar no estudo do elemento subjetivo e do dogma causal, pois estes constituiriam importante barreira na contenção do *jus puniendi*.

Tal situação decorreu, como já analisado, do fato de que a Lei de Improbidade Administrativa se encontrava numa zona cinzenta, nebulosa, o que provocava interpretações em diversos sentidos: ora exigia-se o elemento subjetivo para a sua configuração, ora o afastava, ficando o agente público ao bel-prazer das interpretações doutrinárias e jurisprudenciais num ou noutro sentido. Imperava o obscurantismo, com a proscrição de direitos e garantias do cidadão e tratamento distinto para situações semelhantes.

Fábio Medina Osório já sustentava que os tipos configuradores da improbidade administrativa exigiam o elemento subjetivo, inadmitindo-se a responsabilidade objetiva:

> Não se pode dissociar o ato ímprobo do processo de adequação típica e do reconhecimento da culpabilidade constitucional, aquela da qual dolo e culpa derivam diretamente. A responsabilidade subjetiva, no bojo do tipo proibitivo, é inerente à improbidade administrativa, sendo exigíveis o dolo ou a culpa grave, embora haja silêncio da LGIA sobre o assunto. Isso se dá, como já dissemos à exaustão, por força dos textos constitucionais que consagram responsabilidades subjetivas dos agentes públicos em geral, nas ações regressivas, e que contemplam o devido processo legal, a proporcionalidade, a legalidade e a interdição à arbitrariedade dos Poderes Públicos no desempenho de suas funções sancionatórias. Portanto, a improbidade administrativa envolve, modo necessário, a prática de condutas gravemente culposas ou dolosas, inadmitindo responsabilidade objetiva. Sem tais peculiaridades, a conduta não pode se enquadrar na enfermidade que se pretende diagnosticar[117].

Vera Scarpinella Bueno, por sua vez, estabelecia que o ato de improbidade devia ser ilegal para se enquadrar em uma das modalidades dos arts. 9º, 10 e 11; além disso, deveria ser feita a análise do elemento subjetivo:

> (...) deve ser analisada a conduta do agente tendo em vista cada uma das modalidades da lei. Isto porque nosso ordenamento jurídico não

---

117 Nesse sentido: OSÓRIO, Fábio Medina. *Teoria da improbidade administrativa*, cit., p. 291.

94 | NOVA LEI DE IMPROBIDADE ADMINISTRATIVA | FERNANDO CAPEZ

admite a "responsabilização objetiva" dos agentes públicos. Não apenas porque a Lei n. 8.429, de 1992, refere-se em vários momentos à conduta dos sujeitos envolvidos, valorando negativamente as que estão impregnadas pela má-fé, pela deslealdade e pela desonestidade, contrapondo estes atos à presunção de legalidade dos atos estatais. Mas também porque a regra no direito público brasileiro com relação à responsabilidade dos agentes públicos é a de que ela deve ser apurada subjetivamente, impondo-se a análise do comportamento do agente responsável. Há um caso onde a regra é diversa porque há previsão expressa: quando se tratar de responsabilidade do Estado. Neste caso aplica-se a responsabilidade objetiva do art. 37, § 6º, da Constituição Federal. (...) O objetivo da Lei de Improbidade é a responsabilização do agente público. Por isso é que, para a aplicação das sanções da lei, passa a ser relevante um estudo sobre a teoria dos vícios da vontade, pois a violação do ordenamento que a Lei de Improbidade visa reprimir deve ser apurada de forma subjetiva. O fator diferenciador entre um ato ilegal e um ato de improbidade está, pois, na conduta do agente, e não na ilegalidade objetiva do ato[118].

No mesmo sentido, há uma decisão do Superior Tribunal de Justiça na qual se entendia que o objetivo da lei era o de punir o administrador público desonesto, não o inábil, de forma que se fazia presente a necessidade do dolo ou culpa. Assim, afastou-se a tipicidade do ato de improbidade administrativa na hipótese em que o agente sancionou lei aprovada pela Câmara Municipal que denominou prédio público com nome de pessoas vivas[119].

---

118 *O art. 37, § 1º, da Constituição Federal e a lei de improbidade administrativa*, cit., p. 432-433.

119 Administrativo. Recurso especial. Improbidade administrativa. Art. 11, i, da Lei n. 8.429/92. Ausência de dano ao erário público. Improcedência da ação. 1. "O objetivo da Lei de Improbidade é punir o administrador público desonesto, não o inábil. Ou, em outras palavras, para que se enquadre o agente público na Lei de Improbidade é necessário que haja o dolo, a culpa e o prejuízo ao ente público, caracterizado pela ação ou omissão do administrador público" (Mauro Roberto Gomes de Mattos, em O Limite da Improbidade Administrativa, Edit. América Jurídica, 2. ed. p. 7 e 8). 2. A finalidade da lei de improbidade administrativa é punir o administrador desonesto (Alexandre de Moraes, in Constituição do Brasil interpretada e legislação constitucional, Atlas, 2002, p. 2611). 3. "De fato, a lei alcança o administrador desonesto, não o inábil, despreparado, incompetente e desastrado" (REsp 213.994-0/MG, 1ª Turma, Rel. Min. Garcia Vieira, *DOU* de 27-9-1999). 4. "A Lei n. 8.429/92 da Ação de Improbidade Administrativa, que explicitou o cânone do art. 37, § 4º, da Constituição Federal, teve como escopo impor sanções aos agentes públicos incursos em atos de improbidade nos casos em que: a)

PARTE II | **95**

Da mesma forma, considerou-se inexistir improbidade administrativa na hipótese em que foi feita contratação sem licitação, sem a justificativa de preço, por se entender inexistente o dolo, não se admitindo a responsabilidade objetiva[120].

Desse posicionamento compactuam Marino Pazzaglini Filho, Márcio Fernando Elias Rosa e Waldo Fazzio Junior:

> Nenhuma das modalidades admite a forma culposa; todas são dolosas. É que todas as espécies de atuação suscetíveis de gerar enriquecimento ilícito pressupõem a consciência da antijuridicidade do resultado pretendido. Nenhum agente desconhece a proibição de se enriquecer às expensas do exercício de atividade pública ou de permitir que, por ilegalidade de sua conduta, outro o faça. Não há, pois, enriquecimento ilícito imprudente ou negligente. De culpa é que não se trata[121].

A controvérsia acerca do elemento subjetivo, isto é, se as condutas eram punidas a título de dolo e culpa, ou somente culpa, ou se seria admissível a responsabilidade sem dolo ou culpa, decorriam da ausência de consenso acerca da natureza jurídica do ato de improbidade administrativa, uma vez que na seara penal a ausência de previsão da forma culposa impede o agente de ser responsabilizado pelo ilícito.

---

importem em enriquecimento ilícito (art. 9); b) em que causem prejuízo ao erário público (art. 10); c) que atentem contra os princípios da Administração Pública (art. 11), aqui também compreendida a lesão à moralidade pública" (REsp n. 480.387/SP, Rel. Min. Luiz Fux, 1ª T., *DJU* de 24-5-2004, p. 162). 5. O recorrente sancionou lei aprovada pela Câmara Municipal que denominou prédio público com nome de pessoas vivas. 6. Inexistência de qualquer acusação de que o recorrente tenha enriquecido ilicitamente em decorrência do ato administrativo que lhe é apontado como praticado. 7. Ausência de comprovação de lesão ao patrimônio público. 8. Não configuração do tipo definido no art. 11, I, da Lei n. 8.429/92. 9. Pena de suspensão de direitos políticos por quatro anos, sem nenhuma fundamentação. 10. Ilegalidade que, se existir, não configura ato de improbidade administrativa. 11. Recurso especial provido (STJ, 1ª Turma, REsp 758639/ PB, Rel. Min. José Delgado, j. 28-3-2006, *DJ* 15-5-2006, p. 171).

120 Administrativo – Ação civil pública – Ato de improbidade – Contratação sem licitação – Ausência de justificativa de preço. 1. O tipo do art. 11 da Lei n. 8.429/92, para configurar-se como ato de improbidade, exige conduta comissiva ou omissiva dolosa, não havendo espaço para a responsabilidade objetiva. 2. Atipicidade de conduta por ausência de dolo. 3. Recurso especial improvido (STJ, 2ª Turma, REsp 658415/RS, Rel. Min. Eliana Calmon, j. 27-6-2006, *DJ* 3-8-2006, p. 253).

121 *Improbidade administrativa*, cit., p. 58.

Tal vácuo legislativo quanto à definição da natureza jurídica dos atos de improbidade administrativa levava os tribunais a condenar administradores públicos nas pesadas sanções da lei por incorrerem em mera desídia ou irregularidade, ou ainda por violação culposa a princípios da Administração Pública.

Com efeito, não atentava contra os pilares do Estado Democrático de Direito punir um agente público que, por mera desídia, erro de avaliação, praticasse alguma conduta que violasse de modo genérico o princípio da legalidade ou moralidade administrativa? Não constituía um perigoso alargamento do *jus puniendi* estatal a consideração, em face do disposto no art. 11, *caput*, como ato de improbidade administrativa de qualquer comportamento ou ato ofensivo à lei, decorrente de mero erro de fato ou de direito?

A discussão acima travada conduzia o intérprete e aplicador do Direito ao seguinte questionamento: depender apenas do dolo ou da culpa seria um critério seguro para a imputação dos atos de improbidade administrativa?

Pior: caso se entendesse prescindível o dolo e a culpa para a configuração dos atos de improbidade administrativa, como já visto em alguns pronunciamentos do Superior Tribunal de Justiça, qual seria o instrumento limitador ao *jus puniendi* estatal?

Seria consentâneo com o Estado Democrático de Direito a imposição de tão drásticas sanções sem um justo critério restritivo da intervenção punitiva estatal?

No complexo universo de normas e princípios explícitos e implícitos da Administração Pública, fez-se necessária a análise da Teoria Constitucional do Direito Penal como importante instrumento limitador do conteúdo material do ato ímprobo, não se conformando com a mera correspondência formal entre o que está previsto em lei e o que foi praticado.

Procurou-se definir a conduta típica não só por intermédio de elementos fático-naturais, isto é, objetivos, mas, acima de tudo, buscando o seu significado no mundo dos valores. A análise se operou por meio de princípios constitucionais derivados da dignidade humana e assentados no Estado Democrático de Direito, se determinada ação ou omissão, prevista como ato de improbidade administrativa, revestia-se, no caso concreto, de conteúdo ontológico que a pudesse caracterizar como tal, além disso, nos crimes materiais, trazia critérios limitadores ao nexo causal aliado às concepções valorativas. Além de um corretivo à relação causal, trata-se de uma exigência para a configuração do tipo.

Diante de toda discussão já exposta, resta-nos claro que uma das mais importantes modificações introduzidas pela Lei n. 14.230/2021 foi a exclusão da modalidade de conduta culposa na prática de improbidade administrativa. O novel diploma suprimiu, portanto, a palavra "culposa" do art. 10 da LIA.

Nessa senda interpretativa, o STJ já havia firmado o seguinte precedente:

> "Processual civil e administrativo. Agravo regimental no recurso especial. Imputação da prática de ato de improbidade administrativa por descumprimento de decisão judicial. Alegação de ausência de intimação para cumprimento. Prova diabólica: exigência de fato negativo, por ilógico que pareça. Cerceamento de defesa. Requisito da má-fé. Acórdão em confronto com a jurisprudência do STJ por entender indispensável a demonstração do dolo. Violação ao art. 11, da Lei n. 8.429/92 reconhecida. 1. O Tribunal a quo não demonstrou a presença do indispensável elemento subjetivo do agente; pelo contrário, assentou, expressamente, que a existência de má-fé na negativa do fornecimento das informações não é relevante, importando, apenas, que não foi cumprida uma decisão judicial transitada em julgado; essa orientação não tem o abono jurisprudencial do STJ, que exige o dolo como elemento da conduta, para submeter legitimamente o infrator às iras do art. 11 da Lei n. 8.429/92. 2. Caso entenda-se que o dolo está no resultado, pode-se dizer que todo resultado lesivo será automaticamente doloso; no entanto, certo é que o dolo está na conduta, na maquinação, na maldade, na malícia do agente, sendo isso o que deve ser demonstrado e o que não foi, no caso em apreço. 3. O ato havido por ímprobo deve ser administrativamente relevante, sendo de se aplicar, na sua compreensão, o conhecido princípio da insignificância, de notável préstimo no Direito Penal moderno, a indicar a inaplicação de sanção criminal punitiva ao agente, quando o efeito do ato agressor é de importância mínima ou irrelevante, constituindo a chamada bagatela penal: de minimis non curat Praetor. 4. Agravo Regimental a que se nega provimento" (AgRg no REsp 968.447 PR 2007/0164169-0, rel. Min. Napoleão Nunes Maia Filho, 1ª T., *DJe* 18.05.2015)".

Diante do exposto, vale evidenciar que o posicionamento da jurisprudência já apontava para a necessidade de ao menos dolo genérico para a configuração do ato de improbidade, mesmo ausente a intenção específica da prática de um dos ilícitos previstos na norma. Analisemos a decisão do STJ, nesse sentido:

> ADMINISTRATIVO. AÇÃO CIVIL PÚBLICA. AGRAVO INTERNO NO AGRAVO EM RECURSO ESPECIAL. IMPROBIDADE ADMINISTRATIVA. ALEGADA VIOLAÇÃO DE PRINCÍPIOS DA ADMINISTRAÇÃO PÚBLICA (LEGALIDADE, IMPESSOALIDADE E MORALIDADE). PARTICIPAÇÃO DO RECORRENTE EM REUNIÃO PRESIDIDA PELO MINISTÉRIO PÚBLICO FEDERAL E ESTADUAL SOBRE CONDICIONANTES AMBIENTAIS DE UMA OBRA. CONDIÇÃO DO AGENTE DE CONSELHEIRO DO TRIBUNAL DE CONTAS DO ESTADO DE SERGIPE. PARTICIPAÇÃO NA REUNIÃO COMO DE INTEGRANTE DE UMA COMISSÃO INSTITUÍDA PELO MUNICÍPIO DE PIRAMBU/SE. PEDIDO INICIAL QUE SEQUER APONTA A OCORRÊNCIA DE DANO AO ERÁRIO E NEM ENRIQUECIMENTO ILÍCITO DO AGENTE. CAPITULAÇÃO DO FATO EXCLUSIVAMENTE NA REGRA DO ART. 11 DA LEI N. 8.429/92. ACÓRDÃO RECORRIDO QUE SEQUER ADUZ A OCORRÊNCIA DA NOTA ESPECIAL DA MÁ-FÉ NA CONDUTA. REVALORAÇÃO JURÍDICA DAS PREMISSAS ADOTADAS NO ARESTO. MERO DESATENDIMENTO A UM PRINCÍPIO (NO CASO, O DA LEGALIDADE), SEM QUALQUER NOTA ESPECÍFICA DE MÁ-FÉ. AGRAVO INTERNO CONHECIDO E PROVIDO, EM PARTE, PARA CONHECER DO RECURSO ESPECIAL E DAR-LHE PROVIMENTO. I. DO AGRAVO INTERNO: 1. Descabe prover o agravo interno, no tocante à alegada violação do art. 535 do CPC/1973, porquanto o acórdão recorrido fundamentou, claramente, o posicionamento por ele assumido, de modo a prestar a jurisdição que lhe foi postulada. Sendo assim, não há que se falar em omissão do aresto pelo fato de o Tribunal a quo haver decidido a lide de forma contrária à defendida pelo recorrente, elegendo fundamentos diversos daqueles por ele propostos, não configura omissão ou qualquer outra causa passível de exame mediante a oposição de embargos de declaração. 2. Comprovado que não se trata de reexame de fatos, eis que incontroversos no feito, mas de revaloração jurídica, é imperioso anotar que se deve conhecer do recurso especial interposto. 3. Agravo interno conhecido e provido, em parte, para conhecer, integralmente, do recurso especial. II. DO RECURSO ESPECIAL: 4. A orientação jurisprudencial sedimentada no Superior Tribunal de Justiça estabelece que a configuração do ato de improbidade por ofensa a princípio da administração depende da demonstração do chamado dolo genérico. 5. O acórdão combatido, embora repita que houve o cometimento de ato de impro-

bidade, não consigna a ocorrência de má-fé e nem dano ao erário (até porque esse não foi fundamento do pedido inicial). E, para concluir pelo alegado cometimento da improbidade administrativa, apenas assenta que tal ocorre pela mera afronta aos princípios da Administração Pública decorrente do fato de o recorrente haver participado de uma reunião, presidida pelo Ministério Público Federal e Estadual acerca de condicionantes de uma obra, na condição de cidadão do Município de Pirambu/SE, mesmo ocupando, concomitantemente, o cargo de conselheiro do Tribunal de Contas do Estado de Sergipe. 6. Na esteira da lição deixada pelo eminente e saudoso Min. Teori Albino Zavascki, "não se pode confundir improbidade com simples ilegalidade. A improbidade é ilegalidade tipificada e qualificada pelo elemento subjetivo da conduta do agente. Por isso mesmo, a jurisprudência do STJ considera indispensável, para a caracterização de improbidade, que a conduta do agente seja dolosa, para a tipificação das condutas descritas nos arts. 9º e 11 da Lei n. 8. 429/92, ou pelo menos eivada de culpa grave, nas do art. 10" (AIA 30/AM, Rel. Ministro Teori Albino Zavascki, Corte Especial, *DJe* 28/9/2011). 7. Ora, a se admitir a conclusão do aresto impugnado, somente não seria improbidade administrativa um mero fato descumpridor de determinado princípio constitucional, quando a conduta do agente estivesse acobertada por alguma excludente típica do direito penal. Dito de outro modo: somente a atuação inconsciente e involuntária (hipótese mesmo de um não ato), em uma típica expressão do direito penal pátrio (tomada de empréstimo para o direito administrativo), é que não configuraria um ato de improbidade. Expandindo-se o argumento, poder-se-ia dizer que qualquer nomeação feita por determinado agente público que viesse a ser invalidada, no futuro, por descumprimento de um requisito legal, seria ipso facto, conforme o aresto recorrido, um ato de improbidade, eis que a nomeação somente poderia ter-se dado por um ato consciente e voluntário (embora sem qualquer nota de má-fé). 8. Demais disso, é sabido que meras irregularidades não sujeitam o agente às sanções da Lei n. 8.429/92. Precedente: REsp 1.512.831/MG, Rel. Ministro Herman Benjamin, Segunda Turma, julgado em 13/12/2016, *DJe* 19/12/2016). 9. "Assim, para a correta fundamentação da condenação por improbidade administrativa, é imprescindível, além da subsunção do fato à norma, estar caracterizada a presença do elemento subjetivo. A razão para tanto é que a Lei de Improbidade Administrativa não visa punir o inábil, mas sim o desonesto, o corrupto, aquele desprovido de lealdade e boa-fé. [...] Precedentes: AgRg no REsp 1.500.812/SE, Rel. Ministro Mauro Campbell Marques, Segunda Turma, *DJe* 28/5/2015; REsp 1.512.047/PE, Rel. Ministro Herman Benjamin, Segunda Turma, *DJe* 30/6/2015; AgRg no REsp 1.397.590/CE, Rel. Ministra Assusete Magalhães, Segunda Turma, *DJe* 5/3/2015; AgRg no AREsp 532.421/PE, Rel. Ministro Humberto Martins, Segunda Turma, *DJe* 28/8/2014" (REsp 1.508.169/PR, Rel. Ministro Herman Benjamin, Segunda Turma, julgado em 13/12/2016, *DJe* 19/12/2016). 10. Recurso especial provido para reformar o acórdão recorrido e restabelecer a sentença de primeiro grau.

Dessa forma, o § 1º do art. 1º trouxe a consolidação da regra de que somente serão considerados atos de improbidade administrativa as condutas **dolosas (dotadas da vontade livre e consciente de alcançar o resultado ilícito)** tipificadas nos arts. 9º, 10 e 11 da Lei, ressalvados outros tipos previstos em leis especiais.

2.2.3. Necessidade de que o dolo seja específico (art. 1º, § 2º)

Dolo é a vontade e a consciência de realizar os elementos constantes do tipo legal. Mais amplamente, é a vontade manifestada pela pessoa humana de realizar a conduta. Dolo é o elemento psicológico da conduta[122].

Tomando por empréstimo o conceito de dolo do direito penal, quanto à exigência de um fim especial do agente, há duas espécies de dolo: genérico e específico.

- *Dolo genérico: é a vontade de realizar a conduta sem um fim especial, ou seja, a mera vontade de praticar o núcleo da ação típica (o verbo do tipo), sem qualquer finalidade específica;*
- *Dolo específico: é a vontade de realizar a conduta visando um fim específico previsto no tipo.*

Nos moldes da nova Lei, quanto ao dolo exigido, tal elemento subjetivo deve ser específico.

Nesse sentido, Rafael de Oliveira Costa e Renato Kim Barbosa:

> A caracterização do ato de improbidade administrativa depende, a partir do advento da Lei n. 14.230/2021, da presença do elemento subjetivo dolo na conduta perpetrada pelo sujeito ativo. Dolo é a vontade livre e consciente de alcançar o resultado ilícito tipificado nos arts. 9o, 10 e 11 da Lei. Não basta, portanto, a voluntariedade do agente. É ne-

---

122 CAPEZ, Fernando. *Curso de direito penal:* parte geral. São Paulo: SaraivaJur, 2022, p. 111.

cessário que o agente público deseje praticar a conduta e alcançar determinado resultado, sendo insuficiente, por exemplo, assinar um documento sem realmente conhecer seu teor. Será doloso o ato de improbidade quando o agente quis o resultado (dolo direto) ou assumiu o risco de produzi-lo (dolo eventual). Dolo, portanto, pode ser conceituado como a vontade consciente dirigida a realizar (ou aceitar realizar) a conduta prevista no tipo administrativo sancionador. Com efeito, o dolo é componente subjetivo da conduta, composto por dois elementos: o volitivo, ou seja, a vontade de praticar a conduta prevista na norma, e o intelectivo, traduzido na consciência da conduta e do resultado. Não se admite, diferentemente do que ocorre na Lei Anticorrupção, a responsabilidade objetiva no âmbito da Lei n. 8.429/92. Nem se admite, ainda, a prática do ato a título de culpa, como permitido no art. 186 do Código Civil. Por derradeiro, o mero exercício da função ou desempenho de competências públicas, sem comprovação de ato doloso com fim ilícito, afasta a responsabilidade por ato de improbidade administrativa. Do mesmo modo, reforça-se a necessidade de haver dolo e não apenas uma mera voluntariedade[123].

Como já explicitado, no passado o STJ havia firmado posicionamento, a partir da interpretação da redação originária da LIA – 8.429/82, de que o dolo genérico era suficiente para caracterização do ato de improbidade[124].

O § 2º do art. 1º da LIA, introduzido pela Lei n. 14.230/2021 superando a jurisprudência de outrora, traz expressa em seu texto, a necessidade de o dolo ser específico para a causação do ilícito: "considera-se dolo a vontade livre e consciente de alcançar o resultado ilícito tipificado nos arts. 9º, 10 e 11 desta Lei, não bastando a voluntariedade do agente".

2.2.4. Mero exercício da função ou desempenho de competências públicas sem o dolo afasta a incidência da LIA (art. 1º, § 3º)

Nessa senda, a nova disposição prevista no § 3º do art. 1º da LIA prevê: "o mero exercício da função ou desempenho de competências públicas, sem

---

123 COSTA, Rafael de O.; BARBOSA, Renato K. *Nova Lei de Improbidade Administrativa: De Acordo com a Lei n. 14.230/2021*. Grupo Almedina (Portugal), 2022, p. 69-70.

124 (STJ – REsp: 951389 SC 2007/0068020-6, Rel. Ministro HERMAN BENJAMIN, Data de Julgamento: 09/06/2010, S1 – PRIMEIRA SEÇÃO, Data de Publicação: *DJe* 04/05/2011).

comprovação de ato doloso com fim ilícito, afasta a responsabilidade por ato de improbidade administrativa".

Foram incluídos vários dispositivos que estabeleceram o dolo como elementar do tipo de improbidade, como também previram prescrições com o objetivo de afastar, primordialmente, sua caracterização. Vejamos, a seguir, alguns desses dispositivos: (grifos nossos).

> "Art. 1º (...)
>
> § 1º Consideram-se atos de improbidade administrativa as condutas **dolosas** tipificadas nos arts. 9º, 10 e 11 desta Lei, ressalvados tipos previstos em leis especiais.
>
> § 2º Considera-se **dolo a vontade livre e consciente** de alcançar o resultado ilícito tipificado nos arts. 9º, 10 e 11 desta Lei, não bastando a voluntariedade do agente.
>
> § 3º O mero exercício da função ou desempenho de competências públicas, **sem comprovação de ato doloso** com fim ilícito, afasta a responsabilidade por ato de improbidade administrativa.
>
> Art. 3º. As disposições desta Lei são aplicáveis, no que couber, àquele que, mesmo não sendo agente público, induza ou concorra **dolosamente para a prática** do ato de improbidade.
>
> Art. 10. (...)
>
> § 2º A mera perda patrimonial decorrente da atividade econômica não acarretará improbidade administrativa, salvo se comprovado ato **doloso praticado** com essa **finalidade.**
>
> Art. 11. Constitui ato de improbidade administrativa que atenta contra os princípios da administração pública **a ação ou omissão dolosa** que viole os deveres de honestidade, de imparcialidade e de legalidade, caracterizada por uma das seguintes condutas: (...)
>
> § 17-C, § 1º A ilegalidade **sem a presença de dolo** que a qualifique não configura ato de improbidade.
>
> Art. 21, § 2º As provas produzidas perante os órgãos de controle e as correspondentes decisões deverão ser consideradas na formação da convicção do juiz, sem prejuízo da análise **acerca do dolo na conduta** do agente".

Em síntese, após o advento da Lei n. 14.230/2, o ato de improbidade administrativa somente restará caracterizado, independentemente da modalidade praticada, se comprovado o dolo específico do agente público ou terceiro. Dessa forma, resta excluída por completo, a modalidade culposa de improbidade, ainda que se trate de culpa seja grave ou erro grosseiro[125].

 JURISPRUDÊNCIA

A Lei n. 14.230/2021 reiterou, expressamente, a regra geral de necessidade de comprovação de responsabilidade subjetiva para a tipificação do ato de improbidade administrativa, exigindo – em todas as hipóteses – a presença do elemento subjetivo do tipo – DOLO, conforme se verifica nas novas redações dos arts. 1º, §§ 1º e 2º; 9º, 10, 11; bem como na revogação do art. 5º. 9. Não se admite responsabilidade objetiva no âmbito de aplicação da lei de improbidade administrativa desde a edição da Lei n. 8.429/92 e, a partir da Lei n. 14.230/2021, foi revogada a modalidade culposa prevista no art. 10 da LIA. 10. A opção do legislador em alterar a lei de improbidade administrativa com a supressão da modalidade culposa do ato de improbidade administrativa foi clara e plenamente válida, uma vez que é a própria Constituição Federal que delega à legislação ordinária a forma e tipificação dos atos de improbidade administrativa e a gradação das sanções constitucionalmente estabelecidas (CF, art. 37, § 4º). STF. Plenário. ARE 843989/PR, Rel. Min. Alexandre de Moraes, julgado em 18/8/2022 (Repercussão Geral – Tema 1.199).

2.2.5. Direito intertemporal e a nova Lei n. 14.230/2021

O Supremo Tribunal Federal (STF) decidiu que o novo texto da Lei de Improbidade Administrativa (LIA – Lei n. 8.429/92), com as alterações inseridas pela Lei n. 14.230/2021, não pode ser aplicado a casos não intencionais (culposos) nos quais houve condenações definitivas e processos em fase de execução das penas.

O STF também entendeu que o novo regime prescricional previsto na lei não é retroativo e que os prazos passam a contar a partir de 26/10/2021, data de publicação da norma.

---

125 NEVES, Daniel Amorim A.; OLIVEIRA, Rafael Carvalho Rezende. *Comentários à reforma da Lei de Improbidade Administrativa.* Rio de Janeiro: Forense, 2022, p. 05.

Prevaleceu o entendimento do relator de que a LIA está no âmbito do direito administrativo sancionador, e não do direito penal. Portanto, a nova norma, mesmo sendo mais benéfica para o réu, não retroage nesses casos. Os ministros entenderam que a nova lei somente se aplica a atos culposos praticados na vigência da norma anterior se a ação ainda não tiver decisão definitiva.

Segundo a decisão, tomada no julgamento do Recurso Extraordinário[126] com Agravo (ARE) 843989[127], como o texto anterior que não considerava a vontade do agente para os atos de improbidade foi expressamente revogado, não é possível a continuidade da ação em andamento por esses atos. A maioria destacou, porém, que o juiz deve analisar caso a caso se houve dolo (intenção) do agente antes de encerrar o processo.

As teses fixadas em sede de repercussão geral[128] foram as seguintes[129]:

> 1) É necessária a comprovação de responsabilidade subjetiva para a tipificação dos atos de improbidade administrativa, exigindo-se nos arts. 9º, 10 e 11 da LIA a presença do elemento subjetivo dolo;
> 2) A norma benéfica da Lei n. 14.230/2021 revogação da modalidade culposa do ato de improbidade administrativa, é irretroativa, em virtude do art. 5º, inciso XXXVI, da Constituição Federal, não tendo incidência em relação à eficácia da coisa julgada; nem tampouco durante o processo de execução das penas e seus incidentes;
> 3) A nova Lei n. 14.230/2021 aplica-se aos atos de improbidade administrativa culposos praticados na vigência do texto anterior, porém sem condenação transitada em julgado, em virtude da revogação expressa do tipo culposo, devendo o juízo competente analisar eventual dolo por parte do agente;
> 4) O novo regime prescricional previsto na Lei n. 14.230/2021 é irretroativo, aplicando-se os novos marcos temporais a partir da publicação da lei.

---

126 **Recurso especial** – Recurso ao Superior Tribunal de Justiça, de caráter excepcional, contra decisões de outros tribunais, em única ou última instância, quando houver ofensa à lei federal. Também é usado para pacificar a jurisprudência, ou seja, para unificar interpretações divergentes feitas por diferentes tribunais sobre o mesmo assunto. Uma decisão judicial poderá ser objeto de recurso especial quando: contrariar tratado ou lei federal, ou negar-lhes vigência; julgar válida lei ou ato de governo local contestado em face de lei federal; der a lei federal interpretação divergente da que lhe haja atribuído outro tribunal. Fonte: **MPF. Glossário de termos jurídicos.**

127 ARE 843989 – Repercussão Geral – Admissibilidade: Tribunal Pleno/ Rel.(a): Min. Alexandre de Moraes.

128 "**Repercussão geral:** criação do requisito da repercussão geral das questões constitucionais discutidas no caso para o conhecimento do recurso extraordinário (requisito de admissibilidade do RE). Nesse sentido, "no recurso extraordinário o recorrente deverá demonstrar a repercussão geral das questões constitucionais discutidas no caso, nos ter-

(...) "O princípio da retroatividade da lei penal, consagrado no inciso XL do art. 5º da Constituição Federal ("a lei penal não retroagirá, salvo para beneficiar o réu") não tem aplicação automática para a responsabilidade por atos ilícitos civis de improbidade administrativa, por ausência de expressa previsão legal e sob pena de desrespeito à constitucionalização das regras rígidas de regência da Administração Pública e responsabilização dos agentes públicos corruptos com flagrante desrespeito e enfraquecimento do Direito Administrativo Sancionador. 12. Ao revogar a modalidade culposa do ato de improbidade administrativa, entretanto, a Lei n. 14.230/2021, não trouxe qualquer previsão de "anistia" geral para todos aqueles que, nesses mais de 30 anos de aplicação da LIA, foram condenados pela forma culposa de art. 10; nem tampouco determinou, expressamente, sua retroatividade ou mesmo estabeleceu uma regra de transição que pudesse auxiliar o intérprete na aplicação dessa norma – revogação do ato de improbidade administrativa culposo – em situações diversas como ações em andamento, condenações não transitadas em julgado e condenações transitadas em julgado. 13. A norma mais benéfica prevista pela Lei n. 14.230/2021 – revogação da modalidade culposa do ato de improbidade administrativa –, portanto, não é retroativa e, consequentemente, não tem incidência em relação à eficácia da coisa julgada; nem tampouco durante o processo de execução das penas e seus incidentes. Observância do art. 5º, inciso XXXVI da Constituição Federal". (STF. Plenário. ARE 843989/PR, Rel. Min. Alexandre de Moraes, julgado em 18/8/2022 (Repercussão Geral – Tema 1.199).

---

mos da lei, a fim de que o Tribunal examine a admissão do recurso, somente podendo recusá-lo pela manifestação de 2/3 de seus membros" (art. 102, § 3.º). (...) Trata-se de importante instituto, no sentido de se ter o STF como verdadeira Corte Constitucional e, também, mais uma das técnicas trazidas pela Reforma do Judiciário na tentativa de solucionar a denominada "Crise do STF e da Justiça". A técnica funciona como verdadeiro "filtro constitucional", permitindo que o STF não julgue processos destituídos de repercussão geral, limitando, dessa forma, o acesso ao Tribunal". LENZA, Pedro. *Esquematizado – Direito Constitucional*. São Paulo: Editora Saraiva, 2022, p. 798.

129 CAVALCANTE, Márcio André Lopes. *As mudanças promovidas pela Lei n. 14.230/2021 no elemento subjetivo e na prescrição da improbidade administrativa retroagem?* Buscador Dizer o Direito, Manaus. Disponível em: <https://www.buscadordizerodireito.com.br/jurisprudencia/detalhes/38840678620308eadd98d8632df3d6d4>. Acesso em: 15 nov. 2022.

2.2.6. Direito Administrativo Sancionador (art. 1º, § 4º)

A inovação legislativa acrescentou o § 4º ao art. 1º, determinando a aplicação "ao sistema da improbidade disciplinado nesta Lei os princípios constitucionais do direito administrativo sancionador".

Anteriormente à Lei n. 14.230/2021, o legislador havia se esquivado de aclarar a natureza jurídica do ato de improbidade administrativa. Diante dessa indefinição, havia a dúvida: se as sanções por improbidade não são penais, civis, nem administrativas, qual a sua natureza jurídica?

Durante muito tempo, a lei foi tratada como de natureza meramente civil, com as ações por improbidade sendo propostas perante o juízo cível e seguindo o rito estabelecido pela lei e pelo Código de Processo Civil, o que persiste até hoje.

Disso, no entanto, resultaram distorções na hora da imposição das pesadas sanções previstas na Lei de Improbidade, a qual não tem natureza penal, mas comina penas tão ou mais graves que as de caráter criminal. Dessa contradição resultava um regime jurídico de incertezas quanto à sua aplicação, com a consequente restrição de direitos do acusado, cuja punição normalmente dispensava a verificação dos mesmos aspectos subjetivos imprescindíveis à existência da infração penal, tais como comprovação do elemento subjetivo, análise de causas dirimentes como inexigibilidade de conduta diversa e ausência de potencial consciência da ilicitude (teses que poderiam se tornar frequentes em administrações municipais rudimentares, como as encontradas na maioria dos municípios brasileiros) e assim por diante.

O ato de improbidade administrativa, por constar em um diploma extrapenal, não era cercado por toda uma construção doutrinária e legal capaz de evitar a responsabilidade objetiva, refugindo ao âmbito protetivo dos princípios constitucionais penais.

Independentemente de sua natureza jurídica, questão de menor relevância, a gravidade de suas sanções impunha que a Lei de Improbidade Administrativa tivesse que se submeter aos mesmos princípios constitucionais garantidores da dignidade humana que os da esfera penal.

Malgrado não fossem reconhecidos como de natureza penal, os atos de improbidade estavam a vindicar respeito aos direitos e garantias individuais de maneira semelhante.

Nesse ponto, andou bem o legislador ao definir os atos de improbidade como aos administrativos de natureza híbrida, os quais pertencem ao campo do direito administrativo sancionador, área do direito administrativo responsável pela imposição de medidas de caráter punitivo mais severas, equiparadas às do direito penal.

Trata-se de um ramo do direito administrativo encarregado da fixação de princípios e regras para imposição de penas, possuindo natureza administrativa, cível e penal, derivada esta última da necessidade de se assegurar ao agente o mesmo plexo de garantias exigido para as punições de âmbito criminal[130].

Importa notar que as sanções da Lei de Improbidade, em muitos casos, são tão ou mais gravosas do que as da esfera penal, devendo ser assegurada ao indivíduo a mesma rede protetiva prevista na Constituição Federal para sanções com a mesma carga repressiva de crimes.

O direito administrativo sancionador pode, assim, ser tradicionalmente definido como "a expressão do efetivo poder de punir estatal, que se direciona a movimentar a prerrogativa punitiva do Estado, efetivada por meio da Administração Pública e em face do particular ou administrado".

O Estado é o detentor do *jus puniendi*, sendo prerrogativa sua prever, normativamente, os casos nos quais alguém será sancionado pela sua conduta ilícita. Por adequação ou intensidade, algumas penas são de natureza penal; outras penas serão administrativas"[131].

Ainda que a Lei de Improbidade Administrativa não detenha conteúdo penal, as esferas jurídicas poderão interagir, em especial quando o instrumento para o resguardo da ordem jurídica seja a imposição de medidas tão drásticas quanto as da esfera penal. Nesse ponto é que surge o direito administrativo sancionador. Não é direito penal, mas assegura as mesmas garantias.

Tem-se, portanto, que a "conceituação da improbidade administrativa passa pelo influxo dos princípios constitucionais do direito administrativo

---

130 CONJUR. Fernando Capez. "Retroatividade *in mellius* da prescrição intercorrente na Lei de Improbidade". Disponível em: https://www.conjur.com.br/2021-dez-02/controversias-juridicas-retroatividade-in-mellius-prescricao-intercorrente-lei-improbidade.

131 GONÇALVES, B.; GRILO, R. C. G. *Os Princípios Constitucionais do Direito Administrativo Sancionador no Regime Democrático da Constituição de 1988*. REI – Revista Estudos Institucionais, *[S. l.]*, v. 7, n. 2, p. 468, 2021. DOI: 10.21783/rei. v7i2.636. Disponível em: https://www.estudosinstitucionais.com/REI/article/view/636.

sancionador, de modo que a imputação como ímproba de determinada conduta precisa ser antecedida de um exame de: (a) legalidade formal ou tipicidade, (b) legalidade material ou lesividade, (c) antijuridicidade e (d) culpabilidade. O conceito de improbidade administrativa no regime de princípios e regras da Constituição Federal de 1988 necessariamente passa por um rigoroso exame de princípios constitucionais do direito sancionador"[132].

Nessa mesma esteira interpretativa Oliveira e Grotti:

> A consolidação do Direito Administrativo Sancionador reputa-se reflexo claro e direto da crescente expansão do próprio Direito Administrativo, entendido no Brasil como conjunto de normas jurídicas disciplinadoras da organização, do funcionamento, da estruturação, do exercício, dos resultados e consequências, e do controle da produção jurídica a cargo das Administrações Públicas nos diversos órgãos e Poderes da União, dos Estados, dos Municípios e do Distrito Federal. O Direito Administrativo governa as relações e normas jurídicas relacionadas à tutela, densificação e concretização de interesses públicos em contexto de irreprimível garantia de direitos individuais, sociais, difusos e coletivos, amparados na Constituição Federal, como projeção da cidadania e da dignidade humana na condição de fundamentos da República. O ordenamento administrativo, para plenitude de sua efetividade na defesa de interesses públicos, necessita lançar mão de sanções jurídicas, no regramento das condutas intersubjetivas de agentes públicos e de administrados (pessoas físicas e jurídicas). A institucionalização de modelos sancionatórios é condição indispensável para resguardar os bens e interesses valiosos à forma de organização política do Estado. Nestes modelos, as sanções decorrem do processo de imputação de responsabilidade em razão da prática de ilícitos"[133].

Por derradeiro, insta salientar que se encontra no direito sancionador, seja administrativo ou penal, um núcleo comum de garantias que é extraído diretamente da própria Constituição Federal. Conforme leciona Medina Osório, "há núcleos estruturantes dos direitos fundamentais dos acusados

---

132 *Revista Estudos Institucionais*, v. 7, n. 2, p. 467-478, maio/ago. 2021.

133 OLIVEIRA, José Roberto Pimenta; GROTTI, Dinorá Adelaide Musetti. Direito administrativo sancionador brasileiro: breve evolução, identidade, abrangência e funcionalidades. *Interesse Público – IP*, Belo Horizonte, ano 22, n. 120, p. 83-126, mar./abr. 2020. p. 84.

em geral, na perspectiva da submissão às cláusulas do devido processo legal e do Estado de Direito".

2.2.7. Aplicabilidade dos princípios garantistas penais aos atos de improbidade administrativa

Nos tópicos anteriores, ficou assentado que a Constituição Federal, em seu art. 1º, *caput*, definiu o perfil político-constitucional do Estado brasileiro como o de um Estado Democrático de Direito e, em seu art. 1º, III, estabeleceu como critério hermenêutico o princípio dignidade humana.

O princípio da dignidade humana atua como mecanismo de contenção do arbítrio do poder estatal e seu *jus puniendi*. A dignidade humana pressupõe mais do que o mero enquadramento formal da conduta ao tipo para a existência do crime e a imposição da pena. É necessário conteúdo material. O fato deve configurar crime ou improbidade administrativa na forma (tem de estar previsto em lei) e no conteúdo (deve ter lesividade suficiente para colocar em perigo o bem jurídico protegido). A isso denomina-se tipicidade formal e material.

Da dignidade humana partem princípios constitucionais de contenção do alcance da norma, todos eles já estudados, valendo recordar os da ofensividade, insignificância, alteridade, intervenção mínima, subsidiariedade, proporcionalidade, humanidade e da exclusiva proteção da norma, como imprescindíveis.

Tais princípios constitucionais, justamente por derivarem do princípio reitor, que é o da dignidade humana, encontram-se todos arrimados no Estado Democrático de Direito. Atuam no âmbito do direito penal e do direito administrativo sancionador, ramo do ordenamento jurídico que prevê punições de caráter não penal.

Não pode, por exemplo, ser considerado crime um fato cuja prática corresponda integralmente ao modelo descritivo do tipo penal, mas que se considere insignificante ou sem risco ao bem jurídico tutelado. Há tipicidade formal, mas a ausência de conteúdo macula a conformação material ao tipo.

Na Lei de Improbidade Administrativa não pode ser diferente, já que ela prevê penas de igual severidade aos agentes públicos e os faz padecer de semelhante constrangimento e castigo.

O ato de improbidade possui hoje a mesma carga sancionadora, impondo ao agente público idêntica nódoa à da imputação penal, infligindo os mesmos constrangimentos e trazendo equivalente aflição. O agente público ímprobo carrega um fardo de infâmia que o acompanhará por toda a vida, sem contar a privação muitas vezes completa de seu patrimônio e perda de seu trabalho, no caso a função pública.

Pelo fato de não ser considerado formalmente crime, não pode o ato de improbidade ser subtraído da proteção de alguns institutos solidamente edificados no bojo do direito penal, portanto, de toda uma ordem protetiva dos direitos e garantias individuais, que fornecem o conteúdo material do Estado Democrático de Direito.

Nesse aspecto, a exigência de conteúdo material para a existência do ato de improbidade torna-se imperiosa para evitar uma resposta punitiva desproporcional por parte do Estado, conforme se trate de penalidade criminal ou pena por improbidade.

Para que exista infração penal, conforme já visto, em primeiro lugar há que se caracterizar o fato típico. Este, por sua vez, possui requisitos de natureza objetiva (aferição de seu conteúdo objetivo, ou seja, sua capacidade de colocar em risco o bem jurídico tutelado) e subjetiva (consciência e vontade de realizar a ação). Há, portanto, pressupostos para a tipificação objetiva do fato e pressupostos para a imputação subjetiva (dolo ou culpa).

Somente aí poder-se-á falar em fato típico, seja tipicidade penal, seja tipicidade administrativa. Sendo o fato considerado típico, seguem-se as subsequentes etapas da ilicitude, configurando-se o crime, e da culpabilidade, da qual decorre a possibilidade de imposição de pena ao autor.

Deste modo, tratando agora especificamente da caracterização do ato de improbidade, tem-se que, ocorrido o fato suspeito, devem também ser consideradas as seguintes etapas de raciocínio:

a) O fato deve estar definido no art. 9º, 10 ou 11, a fim de aferir sua tipicidade formal (se não houver previsão legal, por óbvio, já se exclui qualquer outra verificação, pois não existirá, de antemão, nenhum ato de improbidade);

b) Uma vez tipificado formalmente, isto é, previsto em lei, o ato de improbidade necessita possuir, no caso concreto, conteúdo material de improbidade, ou seja, ofensividade (se o bem jurídico tutelado pela norma protetiva foi violado ou exposto a um perigo efetivo), significância da lesão, desconformidade social da conduta (é necessário que o autor do fato desatenda às expectativas sociais e deixe de desempenhar o papel desejado e esperado pela coletividade), alteridade ou transcendentalidade do comportamento, proporcionalidade entre fato e resposta punitiva estatal e assim por diante;

c) Finalmente, é imprescindível que tenha sido praticado dolosamente, isto é, com a consciência e a vontade de produzir o resultado ímprobo, e a finalidade de prejudicar o erário, enriquecer-se ilicitamente ou violar princípio da administração pública (a LIA exigiu dolo específico).

O ato de improbidade exige, portanto, três requisitos, sem os quais não haverá fato típico e, por conseguinte, sequer início de apuração de responsabilidade:

TIPICIDADE FORMAL (o ato de improbidade e o crime devem estar formalmente definidos em lei) + TIPICIDADE MATERIAL (trata-se da verificação do conteúdo material do crime ou ato de improbidade, por meio dos princípios da ofensividade, insignificância, alteridade, intervenção mínima etc.) + DOLO ESPECÍFICO.

Somente se preenchidos todos esses três requisitos, será possível falar em fato típico penal ou ato de improbidade.

É interessante constatar que um indivíduo que comete o delito de prevaricação (CP, art. 319) receberá uma pena de detenção, de 3 (três) meses a 1 (um) ano, e multa, considerado crime de menor potencial ofensivo, podendo ser beneficiado pelos institutos da transação penal e da suspensão condicional do processo. Além disso, estará cercado por todo o círculo protetivo do direito penal e processual penal, como a proscrição da responsabilidade objetiva, bem como a busca pelo teor ontológico do tipo, consectário do conteúdo material do Estado Democrático de Direito.

De outro lado e pelo mesmo fato, esse agente poderá ser processado pelo ato de improbidade previsto no art. 11, VI, da Lei n. 8.429/92, na hipótese em que deixar simplesmente de prestar contas quando esteja obrigado a fazê-lo desde que disponha das condições para isso, com vistas a ocultar irregularidades, por exemplo.

Ocorre que, em tal hipótese, incidirão sanções tão graves quanto as penais: "pagamento de multa civil de até 24 (vinte e quatro) vezes o valor da remuneração percebida pelo agente e proibição de contratar com o poder público ou de receber benefícios ou incentivos fiscais ou creditícios, direta ou indiretamente, ainda que por intermédio de pessoa jurídica da qual seja sócio majoritário, pelo prazo não superior a 4 (quatro) anos".

De tudo isso resulta a imprescindibilidade de conteúdo material, revelado pela necessidade de a conduta criar uma situação de risco proibido, para todo e qualquer ato de improbidade administrativa.

Fábio Medina Osório, ao citar Jescheck, afirma que o resultado somente poderá ser objetivamente imputado quando a ação humana criou para o objeto protegido uma situação de perigo juridicamente proibida, de forma que também deverá ser negada a imputação "quando faltar um risco juridicamente reprovável ou quando o resultado ficar fora do âmbito protetor da norma violada"[134]. E, continua o autor:

> A relação causal não pode ser reconhecida dentro de parâmetros e pressupostos puramente objetivos, despidos de valoração e de inserção no universo da responsabilidade subjetiva do infrator. Ampliam-se, crescentemente, os mecanismos de valoração e julgamento dos fatores causais relevantes e adequados. Se a conduta não se revela substancial e potencialmente lesiva ao bem jurídico tutelado, ainda que dela decorra um resultado reprovável, não haverá vínculo suficientemente sólido entre o comportamento e o resultado a respaldar a responsabilidade. Em verdade, a relação causal já não pode ser vista, por qualquer ângulo que seja, como fenômeno puramente mecânico e automático. Um complexo processo valorativo conduz ao reconhecimento do vínculo causal, desde os paradigmas de um direito sancionador garantista e protetor de direitos fundamentais. Há várias espécies de atos que podem ensejar responsabilização, encadeando-se em correntes causais adequadas cujos conteúdos somente se tornam passíveis de apreensão a partir da normativa setorial aplicável à matéria[135].

Pode-se afirmar, portanto, ser necessário considerar relevantes apenas as condutas que se desviam do papel social que se espera de determinado agente.

Com efeito, esse é o entendimento adotado por Fábio Medina Osório, para quem a importância e funcionalidade das normas da cultura político-

---

134 *Teoria da improbidade administrativa*, cit., p. 300.
135 OSÓRIO, Fábio Medina. *Teoria da improbidade administrativa*, cit., p. 300-301.

PARTE II | **113**

-administrativa dizem respeito ao próprio processo hermenêutico de adequação típica, envolvendo juízos valorativos imprescindíveis à implementação das normas sancionadoras:

> As normas culturais que compõem o quadro político-administrativo integram o substrato axiológico protegido pela LGIA e suas normas tipificatórias da improbidade administrativa. Não se trata apenas de avaliar os direitos fundamentais atacados pelo ato ímprobo, mas de relacionar tal ato ao contexto cultural do setor público onde inserido. Essa percepção em torno da importância e funcionalidade das normas da cultura político-administrativa, no aperfeiçoamento do suporte para incidência da LGIA, é tarefa sutil que diz respeito ao próprio processo hermenêutico de adequação típica, envolvendo juízos valorativos imprescindíveis à implementação das normas sancionadoras[136].

Como se percebe, a referencialidade social aparece como instrumento hermenêutico para a formação normativa e a definição do risco proibido.

Celso Ribeiro Bastos, numa interpretação igualmente mais flexível do princípio da legalidade, em face da discricionariedade administrativa, afirma:

> (...) convém observar que em determinadas hipóteses é reconhecida à Administração a possibilidade de exercer uma apreciação subjetiva sobre certos aspectos do seu comportamento. Isto porque a lei nesses casos está a lhe deferir uma margem de atuação discricionária que exerce na determinação parcial de alguns de seus atos. Diz-se parcial porque o ato administrativo nunca pode ser integralmente discricionário, pois envolveria uma margem tão ampla de atuação subjetiva que certamente faria pôr em debandada o próprio princípio da legalidade[137].

Em tais hipóteses, na análise do caso concreto, pode-se considerar que a tomada de decisão pelo administrador, que se encontre nesse vazio legislativo ou dentro de critérios discricionários autorizados pela lei, desde que informado pela razoabilidade, é socialmente adequada, constituindo um risco juridicamente tolerável.

Assim, o direito administrativo só deve cuidar daquelas condutas voluntárias que produzam resultados típicos de relevância social. A partir da

---

136 *Teoria da improbidade administrativa*, cit., p. 312.
137 *Curso de direito administrativo*, cit., p. 25-26.

ideia de que o tipo legal abarca sempre uma ação ou omissão antissocial, decorre uma importante consequência: se o aspecto social integra o fato típico, para que o agente pratique uma infração de improbidade administrativa é preciso que, além da vontade de realizar todos os elementos contidos na norma, a conduta seja criadora de um risco proibido, isto é, tenha conteúdo material de ato de improbidade, e, nos atos materiais, o resultado naturalístico se encontre dentro do âmbito normal de risco derivado da conduta. A exigência de conteúdo material relevante para a configuração do ato ímprobo cumpre esse papel na Lei de Improbidade Administrativa e encontra sua fonte primária de validade na própria Constituição Federal, na medida em que se assenta diretamente no Estado Democrático de Direito, no princípio da dignidade humana e em todos os princípios constitucionais dela resultantes.

Independentemente da natureza das sanções previstas na Lei de Improbidade Administrativa, o fato é que referido diploma legal traz uma forte carga intimidatória na previsão de suas sanções, não havendo como afastar certas garantias individuais, certos princípios que informam o direito punitivo, de modo a impedir as imputações arbitrárias, bem como as penas excessivas.

2.2.8. Sujeito passivo (art. 1º, §§ 5º, 6º e 7º)

2.2.8.1 Quadro comparativo

REDAÇÃO ANTERIOR	LEI N. 14.230/2021
Art. 1º Os atos de improbidade praticados por qualquer agente público, servidor ou não, contra a administração direta, indireta ou fundacional de qualquer dos Poderes da União, dos Estados, do Distrito Federal, dos Municípios, de Território, de empresa incorporada ao patrimônio público ou de entidade para cuja criação ou custeio o erário haja concorrido ou concorra com mais de cinquenta por cento do patrimônio ou da receita anual, serão punidos na forma desta lei.	"**Art. 1º** O sistema de responsabilização por atos de improbidade administrativa tutelará a probidade na organização do Estado e no exercício de suas funções, como forma de assegurar a integridade do patrimônio público e social, nos termos desta Lei" ("L8429 – Planalto")

Sem correspondência.	**§ 5º** Os atos de improbidade violam a probidade na organização do Estado e no exercício de suas funções e a integridade do patrimônio público e social dos Poderes Executivo, Legislativo e Judiciário, bem como da administração direta e indireta, no âmbito da União, dos Estados, dos Municípios e do Distrito Federal.
Sem correspondência.	**§ 6º** Estão sujeitos às sanções desta Lei os atos de improbidade praticados contra o patrimônio de entidade privada que receba subvenção, benefício ou incentivo, fiscal ou creditício, de entes públicos ou governamentais, previstos no § 5º deste artigo.
Sem correspondência.	**§ 7º** Independentemente de integrar a administração indireta, estão sujeitos às sanções desta Lei os atos de improbidade praticados contra o patrimônio de entidade privada para cuja criação ou custeio o erário haja concorrido ou concorra no seu patrimônio ou receita atual, limitado o ressarcimento de prejuízos, nesse caso, à repercussão do ilícito sobre a contribuição dos cofres públicos.
Sem correspondência.	**§ 8º** Não configura improbidade a ação ou omissão decorrente de divergência interpretativa da lei, baseada em jurisprudência, ainda que não pacificada, mesmo que não venha a ser posteriormente prevalecente nas decisões dos órgãos de controle ou dos tribunais do Poder Judiciário.

O sujeito passivo é o titular do bem jurídico lesado ou ameaçado pela conduta ilícita, ou seja, aquele que sofre com a infração cometida pelo sujeito ativo.

Estão sujeitos às sanções desta Lei os atos de improbidade praticados **contra** o patrimônio de entes públicos ou governamentais, quais sejam:

✓ Poder Executivo;

✓ Poder Legislativo;

✓ Poder Judiciário;

✓ Administração Direta (União, Estados, Distrito Federal e Municípios);

✓ Administração Indireta (autarquias, fundações públicas, sociedades de economia mista e empresas públicas) no âmbito da União, dos Estados, dos Municípios e do Distrito Federal.

Independentemente de integrar a administração indireta, também poderão sofrer com a prática de um ato de improbidade: o patrimônio de entidade privada que receba subvenção, benefício ou incentivo, fiscal ou creditício, de entes públicos ou governamentais (*vide* § 5º deste artigo), e o patrimônio de entidade privada para cuja criação ou custeio o erário haja concorrido ou concorra no seu patrimônio ou receita atual, limitado o ressarcimento de prejuízos, nesse caso, à repercussão do ilícito sobre a contribuição dos cofres públicos, de acordo com o §§ 6º e 7º do art. 1º.

Tem-se, portanto, acima elencados os sujeito passivos dos atos de improbidade administrativa.

A Lei de Improbidade Administrativa tem como critério norteador de sua proteção a existência de recursos públicos na formação do capital ou no custeio da empresa, e não a natureza da atividade desenvolvida. Em outras palavras, a lei terá incidência onde houver dinheiro público envolvido, independentemente de a entidade exercer atividade de natureza pública ou privada.

Convém repisar que a defesa do patrimônio público, por envolver a higidez do erário, é considerada o exemplo mais puro de interesse difuso, isto é, transindividual, de natureza indivisível, de que são titulares pessoas indeterminadas e ligadas por circunstâncias de fato, pois, consoante Sergio Shimura, diz respeito a "todos aqueles que habitam o município, o Estado ou o próprio País a cujos governos cabe gerir o lesado patrimônio, e mais todas as pessoas que venham ou possam vir, ainda que transitoriamente, a desfrutar do conforto de uma perfeita aplicação ou sofrer os dissabores da má gestão do dinheiro público"[138].

Nessa seara de entendimento Adriano Andrade, Cleber Masson e Landolfo Andrade lecionam:

---

138 *Tutela coletiva e sua efetividade*, cit., p. 71.

Em verdade, a Lia elegeu como critério norteador de seu alcance a existência de recursos públicos na formação do capital ou no custeio da empresa e não na natureza da atividade envolvida. Em outras palavras, onde houver um único centavo de dinheiro público, a Lei terá incidência, independentemente de a entidade exercer atividade de natureza pública[139].

2.2.9. Interpretação jurídica não configura improbidade (art. 1º, § 8º)

2.2.9.1 Quadro comparativo:

REDAÇÃO ANTERIOR	LEI N. 14.230/2021
Art. 1º Os atos de improbidade praticados por qualquer agente público, servidor ou não, contra a administração direta, indireta ou fundacional de qualquer dos Poderes da União, dos Estados, do Distrito Federal, dos Municípios, de Território, de empresa incorporada ao patrimônio público ou de entidade para cuja criação ou custeio o erário haja concorrido ou concorra com mais de cinquenta por cento do patrimônio ou da receita anual, serão punidos na forma desta lei.	"**Art. 1º** O sistema de responsabilização por atos de improbidade administrativa tutelará a probidade na organização do Estado e no exercício de suas funções, como forma de assegurar a integridade do patrimônio público e social, nos termos desta Lei" ("L8429 – Planalto")
	(...)
Sem correspondência.	**§ 8º** Não configura improbidade a ação ou omissão decorrente de divergência interpretativa da lei, baseada em jurisprudência, ainda que não pacificada, mesmo que não venha a ser posteriormente prevalecente nas decisões dos órgãos de controle ou dos tribunais do Poder Judiciário.

Na derradeira alteração no primeiro artigo da LIA, verificou-se no § 8º a inserção da vedação expressa à configuração da chamada "improbidade hermenêutica": "não configura improbidade a ação ou omissão decorrente de divergência interpretativa da lei, baseada em jurisprudência, ainda que

---

139 ANDRADE, Adriano; MASSON, Cleber; ANDRADE, Landolfo. *Interesses difusos e coletivos.* Rio de Janeiro: Forense; São Paulo: Método, 2020, p. 805.

não pacificada, mesmo que não venha a ser posteriormente prevalecente nas decisões dos órgãos de controle ou dos tribunais do Poder Judiciário".

Acerca da referida vedação, Daniel Amorim Assumpção Neves e Rafael C. Rezende Oliveira ensinam:

> Realmente, não parece razoável admitir a imputação de ato de improbidade ao agente público simplesmente pelo fato de que a sua interpretação do ordenamento jurídico, ainda que razoável e apoiada em argumentos técnico-científicos, é diversa daquela apresentada pelo membro do Ministério Público, legitimado ativo para propositura da ação de improbidade. A propositura de ações de improbidade, nessas situações, acarretaria, ao menos, uma externalidade negativa: a paralisia administrativa gerada pelo medo do agente público decidir em uma sociedade cada vez mais marcada por complexidades, riscos e incertezas. De fato, os agentes públicos têm se esquivado de prolatar decisões administrativas em situações que não se amoldam à literalidade do dispositivo normativo ou que apresentam dúvidas interpretativas, notadamente em hipóteses que envolvam a definição do alcance dos princípios jurídicos e dos conceitos jurídicos indeterminados, mesmo nos casos que são precedidos de posicionamentos da Advocacia Pública favoráveis à tomada da decisão ou apoiada em jurisprudência não pacificada. A "Administração Pública do medo" é pautada pela aversão à inovação e pelos incentivos aos comportamentos conservadores e formalistas, ainda que não coincidam com o melhor atendimento do interesse público na perspectiva do gestor público. É preciso lutar contra isso, criando incentivos para gestão pública se tornar mais eficiente e menos formalista. Nesse sentido, revela-se importante descaracterizar a improbidade administrativa fundada em divergência de interpretação entre os agentes públicos e o Ministério Público, afastando a aplicação da LIA nos casos em que a referida dissonância interpretativa é apoiada em jurisprudência, ainda que não pacificada, na forma do art. 1º, § 8º, da LIA, incluído pela Lei n. 14.230/2021[140].

O STF, contudo, ao deferir parcialmente a liminar *ad referendum*[141] em sede de ADIn[142] decidiu pela suspensão da eficácia do art. 1º, § 8º, por enten-

---

140 NEVES, Daniel Amorim Assumpção; OLIVEIRA, Rafael Carvalho Rezende. *Comentários à reforma da Lei de Improbidade Administrativa*. Rio de Janeiro: Forense, 2022, p. 11.

141 *Ad referendum*: Para aprovação.

142 STF – ADI: 7236 DF, Rel. Alexandre de Moraes, Data de Julgamento: 27/12/2022, Data de Publicação: 10/01/2023.

der "que embora a intenção tenha sido proteger a boa-fé do gestor público, o critério é excessivamente amplo e gera insegurança jurídica". Dessa maneira, a vedação expressa à configuração da chamada "improbidade hermenêutica", teve sua eficácia suspensa.

Traçadas as considerações iniciais, segue a análise dos demais elementos fundamentais da LIA.

2.3. ARTIGO 2º

2.3.1. Quadro comparativo

REDAÇÃO ANTERIOR	LEI N. 14.230/2021
Art. 2º Reputa-se agente público, para os efeitos desta lei, todo aquele que exerce, ainda que transitoriamente ou sem remuneração, por eleição, nomeação, designação, contratação ou qualquer outra forma de investidura ou vínculo, mandato, cargo, emprego ou função nas entidades mencionadas no artigo anterior.	**Art. 2º** Para os efeitos desta Lei, consideram-se agente público o agente político, o servidor público e todo aquele que exerce, ainda que transitoriamente ou sem remuneração, por eleição, nomeação, designação, contratação ou qualquer outra forma de investidura ou vínculo, mandato, cargo, emprego ou função nas entidades referidas no art. 1º desta Lei.
Sem correspondência.	**Parágrafo único.** No que se refere a recursos de origem pública, sujeita-se às sanções previstas nesta Lei o particular, pessoa física ou jurídica, que celebra com a administração pública convênio, contrato de repasse, contrato de gestão, termo de parceria, termo de cooperação ou ajuste administrativo equivalente.

O sujeito ativo de uma infração é aquele que comete a conduta ilícita. A pessoa natural ou jurídica, de forma isolada ou associada a outros (coautoria ou participação), pode ser o sujeito ativo de uma conduta ilícita prevista na norma.

No que toca à improbidade administrativa, o agente público, precipuamente, será o sujeito ativo da prática dos atos previstos na LIA, e, no que couber, aquele que, mesmo não sendo agente público, induza ou concorra dolosamente para a prática do ato de improbidade (a figura do terceiro particular).

Conforme dispõe o art. 2º, considera-se agente público o agente político, o servidor público e todo aquele que exerce, ainda que transitoriamente ou sem remuneração, por eleição, nomeação, designação, contratação ou qualquer outra forma de investidura ou vínculo, mandato, cargo, emprego ou função nas entidades elencadas no tópico anterior.

2.3.2. Conceito de agente público

No âmbito administrativo, é bastante restrito o conceito de funcionário público, consistindo em mera espécie de agente administrativo, o qual, por sua vez, também pertence a um gênero mais amplo, denominado agente público. Desse modo, o conceito mais amplo é o de agente público, entendendo-se como tal qualquer pessoa que exerça, a qualquer título, ainda que transitoriamente e sem remuneração, função pública. Os agentes públicos subdividem-se em:

(i) **agentes políticos:** são aqueles dotados de ampla discricionariedade funcional e que detêm o exercício de parcela do poder soberano do Estado, integrando os primeiros escalões do Poder Executivo e compreendendo ainda os parlamentares, magistrados e membros do Ministério Público;

(ii) **agentes administrativos:** são os servidores públicos em seu sentido mais amplo, os quais desempenham funções que, a despeito de relevantes, não representam exercício de soberania, uma vez que não prestam jurisdição, não legislam, não exercitam o *jus puniendi* do Estado nem estabelecem as diretrizes administrativas governamentais. São os chamados servidores públicos em sentido amplo. Congregam as seguintes subespécies: empregados celetistas, contratados como se fossem empregados privados, pelo regime da CLT, tendo seus conflitos trabalhistas dirimidos pela Justiça do Trabalho; servidores autárquicos, os quais trabalham em autarquias sob regime jurídico de direito público e estatutário; servidores temporários, contratados para o desempenho de funções específicas, em caráter emergencial e transitório; e os funcionários públicos propriamente ditos, que são aqueles servidores investidos em cargos públicos da Administração direta, mediante concurso;

(iii) **agentes delegados:** são aqueles que recebem, por delegação do Poder Público, consubstanciada em concessões ou permissões, a função de realizar obras e serviços públicos, originariamente atribuídos ao concedente, sob sua fiscalização. São os agentes de concessionárias e permissionárias de serviços públicos, bem como os titulares de cartórios extrajudiciais;

(iv) **agentes honoríficos:** trata-se de particulares que colaboram com a Administração, mediante convocação ou nomeação para prestar, transitoriamente e sem remuneração, serviços em favor do Estado, sem vínculo empregatício ou estatutário.

Conforme se percebe, funcionário público é apenas uma das espécies de agente administrativo, inserida no amplo rol de servidores pertencentes ao gênero "agente público". Para efeitos penais, no entanto, o conceito foi ampliado.

Assim dispõe o art. 327 do CP: "Considera-se funcionário público, para os efeitos penais, quem, embora transitoriamente ou sem remuneração, exerce cargo, emprego ou função pública". Alcança, assim, todas as espécies de agentes públicos, pois o que importa para o Código Penal é o exercício, pela pessoa, de uma função de natureza e interesse público. Não importa se o servidor é ocupante de cargo ou se foi apenas investido no exercício de uma função. Do mesmo modo, é irrelevante se seu vínculo com a Administração é remunerado ou não, definitivo ou transitório. São denominados funcionários públicos todos os que desempenham, de algum modo, função na Administração direta ou indireta do Estado.

A Administração indireta faz com que sejam compreendidos todos os agentes que desempenhem funções em autarquias, empresas públicas, sociedades de economia mista, fundações e agências reguladoras.

Autarquias são pessoas jurídicas com personalidade de direito público, as quais desempenham funções típicas da Administração direta e possuem as seguintes características: são criadas por lei específica de iniciativa do Chefe do Executivo (CF, art. 61, § 1º), detêm patrimônio próprio, estão sujeitas ao dever de licitar para poderem contratar (CF, art. 37, XXI) e detêm os mesmos privilégios do Estado. Empresas públicas são entidades dotadas de personalidade de direito privado, com patrimônio próprio e capital exclusivo do Estado, criadas por lei para a exploração de atividade econômica, podendo assumir qualquer das formas admitidas em direito (Decreto-lei n. 200/67). Sociedade de economia mista é a entidade de direito privado, criada por lei para a exploração de atividade econômica, sob a forma de sociedade anônima (Decreto-lei n. 200/67, art. 6º, II e III), sempre em caráter suplementar à iniciativa privada. Fundações são entidades dotadas também de personalidade de direito privado, mas sem fins lucrativos, criadas por autorização legislativa, para o desenvolvimento de atividades que exijam execução por órgãos ou entidades de direito público, com autonomia administrativa, patrimônio gerido pelos respectivos órgãos de direção e funcionamento custeado por recursos da União e outras fontes (Decreto-lei n. 200/67). Agên-

122 | NOVA LEI DE IMPROBIDADE ADMINISTRATIVA | FERNANDO CAPEZ

cias reguladoras nada mais são do que autarquias em regime especial, tais como a ANATEL. Todos aqueles que exercem atividades nessas entidades são equiparados a funcionários públicos.

São também atingidas pela extensão conceitual feita pelo Código Penal, as pessoas que trabalham em entidades paraestatais, atualmente denominadas entidades do terceiro setor, e que se situam, portanto, fora da Administração indireta (compreendem os serviços sociais autônomos, entidades de apoio e organizações não governamentais, as chamadas ONGs).

Como se não bastasse, estão também compreendidos no amplo conceito penal até os que prestam serviços para empresas privadas contratadas ou conveniadas, para o fim de execução de atividade típica da Administração (CP, art. 327, § 1º).

Adotou, portanto, o Código Penal um conceito bastante extensivo de funcionário público, assinalando Nélson Hungria que

> não é propriamente a qualidade de funcionário que caracteriza o *crime funcional*, mas o fato de que é praticado por quem se acha no exercício de função pública, seja esta permanente ou temporária, remunerada ou gratuita, exercida profissionalmente ou não, efetiva ou interinamente, ou *per accidens* (ex.: o jurado, a cujo respeito achou de ser expresso o art. 438 do Cód. de Processo Penal; o depositário nomeado pelo juiz, etc.)[143].

O conceito ora exarado é aplicável a todos os crimes previstos no Código Penal envolvendo funcionário público, e não somente aos delitos que integram o Título XI do mesmo diploma legal.

2.3.3. Distinção entre cargo, emprego e função

Denomina-se provimento ou investidura a vinculação do agente público à administração para o exercício de seu cargo, função, mandato ou emprego. A investidura pode ser originária, quando se refere ao primeiro vínculo estabelecido com o Poder Público (CF, art. 37, II), ou derivada ou decorrente, quando pressupõe anterior vinculação (promoção, remoção, reversão, reintegração etc.). Classifica-se ainda como: política, quando resultante de eleição para cargo do Legislativo ou chefia do Executivo, ou designação me-

---

143 HUNGRIA, Nélson. *Comentários*, cit., v. 9, p. 401.

diante livre escolha de Chefe de Poder; ou administrativa, a qual consiste na contratação mediante prévio concurso ou processo seletivo.

Quanto à distinção entre cargo, emprego e função, temos os seguintes conceitos:

(i) Cargo: de acordo com Celso Antônio Bandeira de Mello,

> cargos são as mais simples e indivisíveis unidades de competência a serem expressadas por um agente, previstas em número certo, com denominação própria, retribuídas por pessoas jurídicas de direito público e criadas por lei, salvo quando concernentes aos serviços auxiliares do Legislativo, caso em que se criam por Resolução, da Câmara ou do Senado, conforme se trate de serviços de uma ou de outra destas Casas[144]. Tais servidores sujeitam-se ao regime estatutário (*vide* art. 3º, parágrafo único, da Lei n. 8.112/90).

(ii) Emprego: segundo Maria Sylvia Zanella Di Pietro,

> quando se passou a aceitar a possibilidade de contratação de servidores sob o regime da legislação trabalhista, a expressão 'emprego público' passou a ser utilizada, paralelamente a cargo público, também para designar uma unidade de atribuições, distinguindo-as uma da outra pelo tipo de vínculo que liga o servidor ao Estado; o ocupante de emprego público tem um vínculo contratual, sob a regência da CLT, enquanto o ocupante de cargo público tem um vínculo estatutário, regido pelo Estatuto dos Funcionários Públicos que, na União, está contido na lei que instituiu o regime jurídico único (Lei n. 8.112/90)[145].

(iii) Função pública: é a atividade correspondente ao cargo ou emprego, mas que pode ser exercitada sem um ou outro. Com efeito, conforme ensina Noronha: "Não é mister, assim, que a pessoa seja funcionário público; o que é indispensável é que exerça função pública, que, no dizer de Maggiore é 'qualquer atividade que realiza fins próprios do Estado, ainda que exercida por pessoas estranhas à administração pública'"[146]. No mesmo sentido é a lição de Delmanto, para quem a lei

---

144 BANDEIRA DE MELLO, Celso Antonio. *Curso de direito administrativo*. 5. ed. São Paulo: Malheiros, 1994, p. 126-7.

145 DI PIETRO, Maria Sylvia Zanella. *Direito administrativo*. Rio de Janeiro: Forense, 2022, p. 721.

146 NORONHA, Edgard Magalhães. *Direito penal*, cit., v. 4, p. 206.

124 | NOVA LEI DE IMPROBIDADE ADMINISTRATIVA | FERNANDO CAPEZ

quis deixar claro que basta o simples exercício de uma função pública para caracterizar, para os efeitos penais, o funcionário público' (H. Fragoso, *Jurisprudência Criminal*, 1979, v. II, n. 250). Assim, ainda que a pessoa não seja empregada nem tenha cargo no Estado, ela estará incluída no conceito penal de funcionário público, desde que exerça, de algum modo, função pública. Para fins penais, *são funcionários públicos*: o Presidente da República, os do Congresso e os dos Tribunais; os senadores, deputados e vereadores; os jurados (CPP, art. 438); os serventuários da justiça; as pessoas contratadas, diaristas ou extranumerárias, etc.[147].

Não exercem função pública os tutores, os curadores, os inventariantes judiciais. Estes, na realidade, exercem *múnus público*, o qual não se confunde com função pública[148]. De acordo com o art. 327, § 1º, considera-se funcionário público por equiparação "quem exerce cargo, emprego ou função em entidade paraestatal, e quem trabalha para empresa prestadora de serviço contratada ou conveniada para execução de atividade típica da Administração Pública".

2.3.4. Agentes públicos por equiparação legal

Consideram-se agentes públicos por equiparação legal os agentes públicos que:

(i) Exercem cargo, emprego ou função pública em entidade paraestatal (ou terceiro setor): paraestatal é a entidade que se posta paralelamente ao Estado, com a finalidade de prestar serviços de relevância pública. São pessoas jurídicas de direito privado, sem fins lucrativos, que integram o chamado terceiro setor (o primeiro é o Estado, detentor do Poder Público, e o segundo as empresas que estão no mercado, visando lucro). Não pertencem à administração indireta, pois não integram a estrutura do Estado, como seu próprio nome já sugere ("para", isto é, ao lado – estatal). Como exemplos, podem ser citados o SESC, o SENAI e o SESI. Para Maria Sylvia Zanella Di Pietro, a equiparação determinada pelo Código Penal, destinada a al-

---

147 DELMANTO, Celso. *Código Penal comentado*, cit., p. 577.
148 Nesse sentido: NORONHA, E. Magalhães. *Direito penal*, cit., v. 4, p. 206; HUNGRIA, Nélson. *Comentários*, cit., v. 9, p. 402-403.

cançar, como se fossem funcionários públicos, aqueles que trabalham em entidade paraestatal tem o sentido de alcançar as pessoas que exercem função pública, mesmo que o façam em entidades paralelas do Estado. No tocante às sociedades de economia mista, o STJ já se manifestou no sentido de que se equipara a funcionário público para efeitos penais quem exerce cargo, emprego ou função em sociedade de economia mista, *ex vi* o art. 327, § 1º, do Código Penal[149].

(ii) **Trabalham para empresa prestadora de serviço contratada ou conveniada para a execução de atividade típica da Administração Pública:** a lei primeiramente se refere àqueles que trabalham em empresa prestadora de serviço contratada para a execução de atividade típica da Administração Pública (por exemplo: serviço de iluminação, hospitalar, segurança, coleta de lixo etc.). Cuida-se aqui de empresas privadas que executam serviços de natureza pública por delegação estatal, o que pode se dar mediante concessão, permissão ou autorização. Assim, por exemplo, o engenheiro contratado por empresa privada, concessionária de serviço público, que desvia o dinheiro destinado à consecução de obras públicas pratica o crime de peculato e não delito contra o patrimônio (furto ou apropriação indébita), pois, para efeitos penais, é considerado funcionário público por equiparação. A lei também se refere àqueles que trabalham em empresa prestadora de serviço conveniada para a execução de atividade típica da Administração Pública. Segundo definição de Hely Lopes Meirelles, "convênios administrativos são acordos firmados por entidades públicas de qualquer espécie, ou entre estas e organizações particulares, para realização de objetivos de interesse comum dos partícipes"[150]. O convênio difere do contrato de prestação de serviço público. Com efeito, ressalva o mesmo doutrinador:

> Convênio é acordo, mas não é contrato. No contrato as partes têm interesses diversos e opostos; no convênio os partícipes têm interesses comuns e coincidentes. Por outras palavras: no *contrato* há sempre duas partes (podendo ter mais de dois signatários), uma que pretende o objeto do ajuste (a obra, o serviço etc.), outra que pretende a contraprestação correspondente (o preço, ou qualquer outra vantagem), di-

---

149 *Direito administrativo*, cit., p. 308.
150 MEIRELLES, Hely Lopes. *Direito administrativo brasileiro*, cit., p. 354.

versamente do que ocorre no *convênio*, em que não há partes, mas unicamente *partícipes* com as mesmas pretensões[151].

Assim, por exemplo, em um convênio firmado pela Faculdade de Arquitetura da Universidade de São Paulo (FAU), que é uma entidade pública, e determinados órgãos particulares integrados por paisagistas ou restauradores renomados, que visem à recuperação do centro histórico de São Paulo, a eventual apropriação de verba pública destinada a esse projeto por qualquer de seus conveniados, ainda que particulares, configurará o crime de peculato.

Importante mencionar aqui a ressalva trazida por Damásio E. de Jesus:

> A norma faz referência a contratos e convênios administrativos firmados ou celebrados com o fim de execução de atividades *da* Administração e não com a finalidade de exercício de atividades *para* a Administração (consumo interno da Administração). Com isso, exclui os funcionários de empresas contratadas para a execução de obras ou serviços de interesse da própria Administração Pública, como a construção ou reforma de um edifício público. Ex.: o pedreiro ou pintor de empresa contratada para a reforma de um edifício público não é equiparado a funcionário público. Resulta, assim, que os executores de obra *para* a Administração não são equiparados aos funcionários de empresa concessionária ou permissionária de serviços públicos (como as que exploram as rodovias, telefonia, energia elétrica etc.)[152].

Em caso de concomitância de processos nas três esferas (civil, administrativa e penal), o art. 21, § 3º, da Lei n. 8.429/92, incluído pela Lei n. 14.230/2021, determina que as sentenças civis e penais produzirão efeitos em relação à ação de improbidade quando concluírem pela inexistência da conduta ou pela negativa da autoria[153].

Por seu turno, o § 5º dispõe que "sanções eventualmente aplicadas em outras esferas deverão ser compensadas com as sanções aplicadas nos termos desta Lei", seguindo a mesma linha do art. 22, § 3º, da LINDB, acrescentado pela Lei n. 13.655, de 25-4-18, segundo o qual "as sanções aplicadas ao agente serão levadas em conta na dosimetria das demais sanções de mesma natureza e relativas ao mesmo fato".

---

151 MEIRELLES, Hely Lopes. *Direito administrativo brasileiro*, cit., p. 354.
152 JESUS, Damásio E. de. *Direito penal*, cit., v. 4, p. 121.
153 *Vide* tópico "Art. 21".

2.3.5. Conceito da agente público e estagiários

Vale ressaltar que o estagiário que atua no serviço público, ainda que transitoriamente, remunerado ou não, também está sujeito a responsabilização pela prática do ato de improbidade administrativa[154].

2.3.6. Magistrados, membros do MP e Tribunais de Contas

Os membros da Magistratura, do Ministério Público e do Tribunal de Contas se sujeitam ao rigores da LIA. Conforme leciona Maria Sylvia Zanella Di Pietro:

> "Os membros da Magistratura, do Ministério Público e do Tribunal de Contas incluem-se também como sujeitos ativos, sejam eles considerados servidores públicos, como querem alguns, ou agentes políticos, como preferem outros. De uma forma ou de outra, podem ser sujeitos ativos de atos de improbidade, consoante conceito amplo que decorre do art. 2º da lei. O fato de gozarem de vitaliciedade não impede a aplicação das sanções previstas na lei, inclusive a de perda do cargo, já que uma das hipóteses de perda do cargo, para os servidores vitalícios, é a que decorre de sentença transitada em julgado (arts. 95, I, e 128, § 5º, II, d, da Constituição). E as sanções por improbidade administrativa, com fundamento no art. 37, § 4º, da Constituição, só podem ser impostas por sentença judicial"[155].

2.3.7. Agentes políticos

Ainda no que concerne ao *caput*, ressalta-se a abrangência da expressão "agente político". O pleno do STF entendeu que os agentes políticos estão sujeitos a um duplo regime sancionatório, dessa maneira, com exceção do Presidente da República[156], se submetem tanto à responsabilização político-

---

154 STJ. 2ª Turma. REsp 1352035-RS, Rel. Min. Herman Benjamin, julgado em 18/8/2015 – Info 568.

155 DI PIETRO, Maria Sylvia Zanella. *Direito administrativo*. 35. ed. São Paulo: Atlas, 2022. p. 1028.

156 Constituição Federal de 1988: "Art. 85. São crimes de responsabilidade os atos do Presidente da República que atentem contra a Constituição Federal e, especialmente, contra: (...) V – a probidade na administração (...)".

128 | NOVA LEI DE IMPROBIDADE ADMINISTRATIVA | FERNANDO CAPEZ

-administrativa[157] por crime de responsabilidade[158] quanto à responsabilização pela prática dos atos de improbidade administrativa. Na mesma oportunidade, a Corte Constitucional repetiu o entendimento de que a previsão Constitucional do foro por prerrogativa de função[159] não se aplica às ações de improbidade administrativa[160].

---

157 Lei n. 1.079/50: Define os crimes de responsabilidade e regula o respectivo processo de julgamento.

158 Ministério Público Federal – Glossário. "Crime de responsabilidade – A rigor, não é crime, mas conduta ou comportamento de inteiro conteúdo político, apenas tipificado e nomeado como crime, sem que tenha essa natureza. Nem lhe corresponde, exatamente, penas (de natureza criminal), ou sanções, do tipo das que caracterizam as infrações criminais propriamente ditas, em geral restritivas da liberdade (reclusão ou detenção). A sanção aqui é substancialmente política: a perda do cargo pelo infringente (eventualmente, a inabilitação para exercício de cargo público, a inelegibilidade para cargo político, efeitos não-penais, igualmente, dessas infrações). A Lei n. 1.079/50 regula o crime de responsabilidade cometido por presidente da República, ministros de Estado e do STF, governadores e secretários de Estado. O crime de responsabilidade dos prefeitos e vereadores tem sua base legal no Decreto-lei n. 201/67. Segundo a Constituição Federal de 1988, art. 85, são crimes de responsabilidade os atos do presidente da República que atentam contra a Constituição e especialmente contra: a existência da União; o livre exercício dos Poderes Legislativo e Judiciário, do Ministério Público e dos poderes constitucionais das unidades da federação; o exercício dos direitos políticos, individuais e sociais; a segurança interna do país; a probidade na administração; a lei orçamentária; o cumprimento da lei e das decisões judiciais. MPF. Glossário de termos Jurídicos. Disponível em: https://www.mpf.mp. br/es/sala-de-imprensa/glossario-de-termos-juridicos.

159 Constituição Federal de 1988: "Art. 53. Os Deputados e Senadores são invioláveis, civil e penalmente, por quaisquer de suas opiniões, palavras e votos.

§ 1º Os Deputados e Senadores, desde a expedição do diploma, serão submetidos a julgamento perante o Supremo Tribunal Federal.

§ 2º Desde a expedição do diploma, os membros do Congresso Nacional não poderão ser presos, salvo em flagrante de crime inafiançável. Nesse caso, os autos serão remetidos dentro de vinte e quatro horas à Casa respectiva, para que, pelo voto da maioria de seus membros, resolva sobre a prisão.

§ 3º Recebida a denúncia contra o Senador ou Deputado, por crime ocorrido após a diplomação, o Supremo Tribunal Federal dará ciência à Casa respectiva, que, por iniciativa de partido político nela representado e pelo voto da maioria de seus membros, poderá, até a decisão final, sustar o andamento da ação.

§ 4º O pedido de sustação será apreciado pela Casa respectiva no prazo improrrogável de quarenta e cinco dias do seu recebimento pela Mesa Diretora.

§ 5º A sustação do processo suspende a prescrição, enquanto durar o mandato (...)".

160 STF: Pet. 3.240 AgR/DF, Rel. p/ acórdão Min. Roberto Barroso, Tribunal Pleno, *DJe* – 171, 22-08-2018.

Acerca da temática, José Roberto Pimenta Oliveira destaca:

> Não haveria fundamento jurídico suficiente para retirar da incidência do regime sancionatório autônomo, derivado da prática de atos de improbidade, certo agente público tão somente por se verificar que o ato foi praticado no exercício da função legislativa (ex.: venda de voto), jurisdicional (ex.: venda de sentença), ministerial ou de controle de regularidade de contas. Somente a Constituição poderia fazer tal distinção e não o fez. A situação funcional de qualquer agente público coloca no centro da sua atribuição o dever de moralidade, revelando-se sem qualquer fundamento admitir zonas de isenção no regime da Lei n. 8.429/92, em desprestígio cabal à plena e máxima efetividade do princípio constitucional da moralidade estampado no *caput* do art. 37[161].

José Roberto Pimenta Oliveira elucida:

> É preciso visualizar a sanção por improbidade administrativa como esfera autônoma de responsabilização de qualquer agente público, ou seja, uma nova esfera que se soma, de forma independente, às esferas tradicionais de responsabilização (civil, criminal e administrativa). Daí que está plenamente em consonância com a Constituição Federal negar validade à extensão de qualquer foro por prerrogativa de função, de índole criminal, em matéria de improbidade administrativa[162].

2.3.8. Entidades do Terceiro Setor

A lei prevê de forma clara, que todo aquele envolvido em ajuste que contiver recursos de origem pública, sujeita-se às sanções previstas nesta Lei. Dessa maneira, tem-se também o particular, pessoa física ou jurídica, que celebra com a administração pública convênio, contrato de repasse, contrato de gestão, termo de parceria, termo de cooperação ou ajuste administrativo equivalente, como sujeitos aos rigores da 8.429/92 caso pratiquem ato doloso de improbidade.

Acerca dessas entidades, Maria Sylvia Zanella Di Pietro leciona:

---

161 ESMPU: *"Cem perguntas e respostas sobre improbidade administrativa: incidência e aplicação da lei n. 8429/92"*. Brasília: ESMPU, 2013, p. 34.

162 *Ibidem*, p. 35.

No mesmo sentido de entidades paralelas ao Estado, adotado por Celso Antônio Bandeira de Mello para definir os entes paraestatais, podem ser consideradas, hoje, além dos serviços sociais autônomos, também as entidades de apoio (em especial fundações, associações e cooperativas), as chamadas Organizações Sociais (OS), as Organizações da Sociedade Civil de Interesse Público (Oscips) e as organizações da sociedade civil. (...) Os teóricos da Reforma do Estado incluíram essas entidades no que denominaram de terceiro setor, assim entendido aquele que é composto por entidades da sociedade civil de fins públicos e não lucrativos; esse terceiro setor coexiste com o primeiro setor, que é o Estado, e o segundo setor, que é o mercado. Na realidade, ele caracteriza-se por prestar atividade de interesse público, por iniciativa privada, sem fins lucrativos; precisamente pelo interesse público da atividade, recebe proteção e, em muitos casos, ajuda por parte do Estado, dentro da atividade de fomento; para receber essa ajuda tem que atender a determinados requisitos impostos por lei que variam de um caso para outro; uma vez preenchidos os requisitos, a entidade recebe um título, como o de utilidade pública, o certificado de fins filantrópicos, a qualificação de organização social[163].

São as entidades que integram o chamado Terceiro Setor ou Paraestatais. São, portanto, pessoas jurídicas de direito privado, sem finalidade lucrativa, formadas por particulares que atuam juntamente com o Estado, na prestação dos serviços públicos com vistas à satisfação do interesse público primário[164].

JURISPRUDÊNCIA

INEXISTÊNCIA DE FORO POR PRERROGATIVA DE FUNÇÃO – AÇÃO DE IMPROBIDADE ADMINISTRATIVA "[...] Esta Suprema Corte tem advertido que, tratando-se de ação civil por improbidade administrativa (Lei n. 8.429/92), mostra-se irrelevante, para efeito de definição da competência originária dos Tribunais, que se cuide de ocupante de cargo público ou de titular de

---

163 DI PIETRO, Maria Sylvia Zanella. *Direito administrativo*. 35. ed. São Paulo: Atlas, 2022, p. 667.
164 Segundo Renato Alessi "oportuno distinguir o interesse público primário (o bem geral) do interesse público secundário (o modo pelo qual os órgãos da Administração veem o interesses público); com efeito, em suas decisões, nem sempre os governantes atendem ao real interesse da comunidade". MAZZILLI, Hugo Nigro. *A defesa dos interesses difusos em juízo*. São Paulo: Saraiva, 2017, p. 51.

PARTE II | **131**

mandato eletivo ainda no exercício das respectivas funções, pois a ação civil em questão deverá ser ajuizada perante magistrado de primeiro grau. Precedentes". (STF – AI 506323 AgR/PR – Celso de Mello – T2 – Julg. 2.6.2009 – Unanimidade).

AGENTES POLÍTICOS E DUPLO REGIME SANCIONATÓRIO (LIA E CRIME DE RESPONSABILIDADE – "A norma constitucional prevista no § 4º do art. 37 exigiu tratamentos sancionatórios diferenciados entre os atos ilícitos em geral (civis, penais e político-administrativos) e os atos de improbidade administrativa, com determinação expressa ao Congresso Nacional para edição de lei específica (Lei n. 8.429/92), que não punisse a mera ilegalidade, mas sim a conduta ilegal ou imoral do agente público voltada para a corrupção, e a de todo aquele que o auxilie, no intuito de prevenir a corrosão da máquina burocrática do Estado e de evitar o perigo de uma administração corrupta caracterizada pelo descrédito e pela ineficiência. A Constituição Federal inovou no campo civil para punir mais severamente o agente público corrupto, que se utiliza do cargo ou de funções públicas para enriquecer ou causar prejuízo ao erário, desrespeitando a legalidade e moralidade administrativas, independentemente das já existentes responsabilidades penal e político-administrativa de Prefeitos e Vereadores. Consagração da autonomia de instâncias. Independentemente de as condutas dos Prefeitos e Vereadores serem tipificadas como infração penal (art. 1º) ou infração político-administrativa (art. 4º), previstas no DL 201/67, a responsabilidade civil por ato de improbidade administrativa é autônoma e deve ser apurada em instância diversa. (...) Tese de Repercussão Geral: 'O processo e julgamento de prefeito municipal por crime de responsabilidade (Decreto-lei n. 201/67) não impede sua responsabilização por atos de improbidade administrativa previstos na Lei n. 8.429/92, em virtude da autonomia das instâncias". (RE 976.566, rel. min. Alexandre de Moraes, j. 13-9-2019, publicação, *DJE* de 26-9-2019).

DIREITO CONSTITUCIONAL. AGRAVO REGIMENTAL EM PETIÇÃO. SUJEIÇÃO DOS AGENTES POLÍTICOS A DUPLO REGIME SANCIONATÓRIO EM MATÉRIA DE IMPROBIDADE. IMPOSSIBILIDADE DE EXTENSÃO DO FORO POR PRERROGATIVA DE FUNÇÃO À AÇÃO DE IMPROBIDADE ADMINISTRATIVA. 1. Os agentes políticos, com exceção do Presidente da República, encontram-se sujeitos a um duplo regime sancionatório, de modo que se submetem tanto à responsabilização civil pelos atos de improbidade administrativa, quanto à responsabilização político-administrativa por crimes de responsabilidade. Não há qualquer impedimento à concorrência de esferas de responsabilização distintas, de modo que carece de fundamento constitucional a tentativa de imunizar os agentes políticos das sanções da ação de improbidade administrativa, a pretexto de que estas seriam absorvidas pelo crime de responsabilidade. A única exceção ao duplo regime sancionatório em matéria de improbidade se refere aos atos praticados pelo Presidente da República, conforme previsão do art. 85, V, da Constituição. 2. O foro especial por prerrogativa de função previsto na Constituição Federal em relação às infrações penais comuns não é extensível às ações de improbidade administrativa, de natureza civil. Em primeiro lugar, o foro privilegiado é destinado a abarcar apenas as infrações penais. A suposta gravidade das sanções previstas no art. 37, § 4º, da Constituição, não reveste a ação de improbidade administrativa de natureza penal. Em segundo lugar, o foro privilegiado submete-se a regime de direito estrito, já que representa exceção aos princípios estruturantes da igualdade e da república. Não comporta, portanto, ampliação a hipóteses não expressamente previstas no texto constitucional. E isso especialmente porque, na hipótese, não há lacuna constitucional, mas legítima opção do poder constituinte originário em não instituir foro privilegiado para o processo e julgamento de agentes políticos pela prática de atos de improbidade na esfera civil. Por fim, a fixação de competência para julgar a ação de improbidade no 1o grau de jurisdição, além de constituir fórmula mais republicana, é atenta às capacidades institucionais dos diferentes graus de jurisdição para a realização da instrução processual, de modo a promover maior eficiência no combate à corrupção e na proteção à moralidade administrativa. 3. Agravo regimental a que se nega provimento. (STF – AgR Pet: 3240 DF – DISTRITO FEDERAL 0004163-95.2004.1.00.0000, Rel. Min. TEORI ZAVASCKI, Data de Julgamento: 10/05/2018, Tribunal Pleno).

Não há usurpação de competência do Tribunal de Justiça local quanto à supervisão de investigação contra detentor de prerrogativa de foro no âmbito de inquéritos civis e ações de improbidade administrativa. (STJ – AgRg nos EDcl nos EDcl nos EDcl no RHC 171.760/GO, Rel. Min. Ribeiro Dantas, julg. em 24/4/2023, 5ª Turma – *Info* 774).

2.4. ARTIGO 3º

2.4.1. Quadro comparativo

REDAÇÃO ANTERIOR	LEI N. 14.230/2021
Art. 3º As disposições desta lei são aplicáveis, no que couber, àquele que, mesmo não sendo agente público, induza ou concorra para a prática do ato de improbidade ou dele se beneficie sob qualquer forma direta ou indireta.	**Art. 3º** As disposições desta Lei são aplicáveis, no que couber, àquele que, mesmo não sendo agente público, induza ou concorra dolosamente para a prática do ato de improbidade.

Sem correspondência.	§ 1º Os sócios, os cotistas, os diretores e os colaboradores de pessoa jurídica de direito privado não respondem pelo ato de improbidade que venha a ser imputado à pessoa jurídica, salvo se, comprovadamente, houver participação e benefícios diretos, caso em que responderão nos limites da sua participação.
Sem correspondência.	§ 2º As sanções desta Lei não se aplicarão à pessoa jurídica, caso o ato de improbidade administrativa seja também sancionado como ato lesivo à administração pública de que trata a Lei n. 12.846, de 1º de agosto de 2013.

Para além dos agentes públicos, o particular também poderá ser sujeito ativo de um ato de improbidade administrativa. Nos moldes do que determina o art. 3º da LIA, as disposições da norma são aplicáveis, no que couber, àquele que, mesmo não sendo agente público, induza ou concorra **dolosamente** para a prática do ato de improbidade.

Desta feita, o particular que induza ou concorra dolosamente para a prática do ato de improbidade administrativa, poderá sofrer os rigores e as sanções previstas no diploma regente.

No que concerne às condutas de induzir ou concorrer, Daniel Amorim Assumpção Neves e Rafael C. Rezende Oliveira esclarecem:

> A indução significa que o particular vai introduzir a ideia da prática da improbidade administrativa no estado psíquico do agente público. Não basta, portanto, a instigação, ou seja, o estímulo ou reforço da intenção de praticar a improbidade, já existente no estado psíquico do agente público. A concorrência para o ato de improbidade, por sua vez, pressupõe o auxílio material prestado ao agente público[165].

Preceitua o art. 3º, § 1º, que os sócios, os cotistas, os diretores e os colaboradores de pessoa jurídica de direito privado não respondem pelo ato de improbidade que venha a ser imputado à pessoa jurídica, salvo se, compro-

---

165 NEVES, Daniel Amorim Assumpção; OLIVEIRA, Rafael Carvalho Rezende. *Comentários à reforma da Lei de Improbidade Administrativa*. Rio de Janeiro: Forense, 2022, p. 17.

vadamente, houver participação e benefícios diretos. Nesse caso, a responsabilização se dará nos limites da sua participação.

Por conseguinte, o art. 3º, § 2º, determina que as sanções da LIA não se aplicarão à pessoa jurídica, caso o ato de improbidade administrativa seja também sancionado como ato lesivo à administração pública de que trata a Lei Anticorrupção Empresarial (Lei n. 12.846/2013).

O referido parágrafo 2º "deve ser compreendido como responsável apenas pelo afastamento das hipóteses de *bis in idem* na aplicação de sanções, permitindo que as pessoas jurídicas se submetam tanto à Lei Anticorrupção quanto à Lei de Improbidade Administrativa"[166].

Daniel Amorim Assumpção Neves e Rafael C. Rezende Oliveira ponderam:

> É preciso notar, contudo, que a reforma da LIA, ao mesmo tempo que permite a incidência de suas sanções às pessoas jurídicas, afasta essa possibilidade nas hipóteses em que os atos de improbidade administrativa também configurarem atos lesivos à Administração Pública previstos na Lei n. 12.846/2013 (Lei Anticorrupção), na forma do art. 3º, § 2º, da LIA. A opção do legislador foi justificada, provavelmente, pelo fato de que a Lei Anticorrupção é voltada justamente para responsabilização (objetiva, ao contrário da LIA) das pessoas jurídicas. Ademais, as sanções previstas no art. 12 da LIA – e que seriam compatíveis com a punição das pessoas jurídicas – encontram-se previstas, em grande medida, na Lei Anticorrupção (ex.: perda dos bens, multa, proibição de contratar com o Poder Público ou de receber benefícios ou incentivos fiscais ou creditícios) que prevê, ainda, outras sanções específicas (ex.: publicação extraordinária da decisão condenatória; suspensão ou interdição parcial de suas atividades; dissolução compulsória da pessoa jurídica). Em segundo lugar, o § 1º do art. 3º da LIA dispõe que a imputação de improbidade administrativa à pessoa jurídica de direito privado não acarreta, automaticamente, a responsabilização dos respectivos sócios, cotistas, diretores e colaboradores da pessoa jurídica de direito privado, salvo se, comprovadamente, houver participação e benefícios diretos, caso em que responderão nos limites da sua participação. A previsão normativa parte da distinção de personalidades das

---

166 COSTA, Rafael de O.; BARBOSA, Renato K. *Nova Lei de Improbidade Administrativa*: de acordo com a Lei n. 14.230/2021. São Paulo: Almedina, 2022, p. 58.

pessoas jurídicas e das pessoas físicas que atuam em seu nome, com o objetivo de evitar a responsabilização, em cadeia, de todos os sócios, cotistas, diretores e colaboradores, mesmo que não haja participação direta na prática da improbidade. Não nos parece que a redação originária do art. 3º da LIA fosse capaz de gerar essa consequência, mas o legislador entendeu melhor evidenciar isso na atual redação do dispositivo. Revela-se natural supor, portanto, tal como evidenciado no § 1º do art. 3º da LIA, que apenas as pessoas físicas que tenham "participação e benefícios diretos" serão responsabilizadas ao lado da pessoa jurídica. Aliás, é preciso lembrar que a atuação de toda e qualquer pessoa jurídica pressupõe a manifestação de vontade da pessoa física que a representa, o que justifica a inserção no polo passivo da improbidade da pessoa jurídica e do respectivo representante que efetivamente participou ou se beneficiou diretamente do ato[167].

A inserção dos §§ 1º e 2º no art. 3º da LIA, pela Lei n. 14.230/2021, representa grande avanço ao prever a aplicação das sanções de improbidade às pessoas jurídicas.

Impossibilidade de propositura da ação de improbidade administrativa exclusivamente em face de particular:

"Para que o terceiro seja responsabilizado pelas sanções da Lei n. 8.429/92 é indispensável que seja identificado algum agente público como autor da prática do ato de improbidade. Assim, não é possível a propositura de ação de improbidade exclusivamente contra o particular, sem a concomitante presença de agente público no polo passivo da demanda". (STJ. 1ª Turma. REsp 1.171.017-PA, Rel. Min. Sérgio Kukina, julgado em 25/2/2014).

"Esta Corte Superior tem o firme entendimento segundo o qual se mostra inviável o manejo da ação civil de improbidade exclusivamente e apenas contra o particular, sem a concomitante presença de agente público no polo passivo da demanda". (STJ. 1ª Turma. AgInt. nos EDcl. no AREsp 817.063/PR, Rel. Min. Napoleão Nunes Maia Filho, julgado em 21/09/2020).

---

167 NEVES, Daniel Amorim Assumpção; OLIVEIRA, Rafael Carvalho Rezende. *Comentários à reforma da Lei de Improbidade Administrativa*. Rio de Janeiro: Forense, 2022, p. 18.

• **Exceção**

"É viável o prosseguimento de ação de improbidade administrativa exclusivamente contra particular quando há pretensão de responsabilizar agentes públicos pelos mesmos fatos em outra demanda conexa". (STJ. 1ª Turma. AREsp 1.402.806-TO, Rel. Min. Manoel Erhardt (Desembargador convocado do TRF da 5ª Região), julgado em 19/10/2021).

2.5. ARTS. 4º, 5º E 6º (REVOGADOS)

REDAÇÃO ANTERIOR	LEI N. 14.230/2021
Art. 4º Os agentes públicos de qualquer nível ou hierarquia são obrigados a velar pela estrita observância dos princípios de legalidade, impessoalidade, moralidade e publicidade no trato dos assuntos que lhe são afetos.	*(Revogado).*
Art. 5º Ocorrendo lesão ao patrimônio público por ação ou omissão, dolosa ou culposa, do agente ou de terceiro, dar-se-á o integral ressarcimento do dano.	*(Revogado).*
Art. 6º No caso de enriquecimento ilícito, perderá o agente público ou terceiro beneficiário os bens ou valores acrescidos ao seu patrimônio.	*(Revogado).*

2.6. ARTIGO 7º

2.6.1. Quadro comparativo

REDAÇÃO ANTERIOR	LEI N. 14.230/2021
Art. 7º Quando o ato de improbidade causar lesão ao patrimônio público ou ensejar enriquecimento ilícito, caberá a autoridade administrativa responsável pelo inquérito representar ao Ministério Público, para a indisponibilidade dos bens do indiciado.	**Art. 7º** Se houver indícios de ato de improbidade, a autoridade que conhecer dos fatos representará ao Ministério Público competente, para as providências necessárias.

Parágrafo único. A indisponibilidade a que se refere o *caput* deste artigo recairá sobre bens que assegurem o integral ressarcimento do dano, ou sobre o acréscimo patrimonial resultante do enriquecimento ilícito.	**Parágrafo único.** *(Revogado).*

A Lei n. 14.230/2021 suprimiu o texto do parágrafo único do art. 7º, mas não promoveu alterações significativas no dispositivo em comento. Daniel Amorim Assumpção Neves e Rafael C. Rezende Oliveira explicam:

> Não obstante as diferenças entre as redações originária e atual do art. 7º da LIA, não vislumbramos maiores consequências quanto ao dever, já existente, de representação ao Parquet para adoção das medidas necessárias de apuração e, eventualmente, propositura da ação de improbidade administrativa. A exigência, a partir da reforma implementada pela Lei n. 14.230/2021, faz mais sentido na atualidade, especialmente pela restrição da legitimidade para propositura da ação de improbidade. Ao contrário da redação originária, que permitia a propositura da ação pelo MP e pela pessoa jurídica interessada, a atual redação do art. 17 da LIA somente reconhece a legitimidade ativa para o MP[168].

Em conformidade com a redação do art. 7º, presentes indícios da prática de ato de improbidade, a autoridade que conhecer dos fatos deverá representar ao Ministério Público competente, para as providências necessárias.

A representação ao Ministério Público, trata-se, portanto, de um poder-dever vinculado[169] imposto à autoridade, e não mera faculdade.

---

168 NEVES, Daniel Amorim Assumpção; OLIVEIRA, Rafael Carvalho Rezende. *Comentários à reforma da Lei de Improbidade Administrativa*. Rio de Janeiro: Forense, 2022, p. 20.

169 Ato administrativo Vinculado: "Em determinadas situações, a lei cria um ato administrativo, estabelecendo todos os elementos do mesmo de forma objetiva, sem que a autoridade pública possa valorar acerca da conduta exigida legalmente. Com efeito, a lei já preestabelece a única conduta a ser tomada, a regra do Direito já define a atuação e o administrador está limitado a essas regras, porquanto a lei não dá margem de escolha em sua conduta". CARVALHO, *Matheus. Manual de direito administrativo*. Salvador: JusPodivm, 2019, p. 119.

2.7. ARTIGOS 8º E 8º-A

2.7.1. Quadro comparativo

REDAÇÃO ANTERIOR	LEI N. 14.230/2021
Art. 8º O sucessor daquele que causar lesão ao patrimônio público ou se enriquecer ilicitamente está sujeito às cominações desta lei até o limite do valor da herança.	**Art. 8º** O sucessor ou o herdeiro daquele que causar dano ao erário ou que se enriquecer ilicitamente estão sujeitos apenas à obrigação de repará-lo até o limite do valor da herança ou do patrimônio transferido.
	Art. 8º-A A responsabilidade sucessória de que trata o art. 8º desta Lei aplica-se também na hipótese de alteração contratual, de transformação, de incorporação, de fusão ou de cisão societária.
	Parágrafo único. Nas hipóteses de fusão e de incorporação, a responsabilidade da sucessora será restrita à obrigação de reparação integral do dano causado, até o limite do patrimônio transferido, não lhe sendo aplicáveis as demais sanções previstas nesta Lei decorrentes de atos e de fatos ocorridos antes da data da fusão ou da incorporação, exceto no caso de simulação ou de evidente intuito de fraude, devidamente comprovados.

2.7.2. Responsabilidade sucessória do agente (art. 8º, *caput*)

Nota-se, claramente, que a Lei n. 8.429/92 traz um cunho muito restritivo aos direitos do cidadão. Muito embora não preveja pena que cerceie a liberdade de locomoção, o que traria um explícito conteúdo penal, ela traz em seu bojo densas restrições e pesados ônus ao cidadão, cerceando direitos civis, eleitorais, patrimoniais do jurisdicionado.

No tocante à responsabilidade do herdeiro do agente ímprobo, se este causou lesão ao patrimônio público ou se enriqueceu ilicitamente, seus sucessores estarão sujeitos ao ressarcimento do dano e à perda dos bens, até o limite do valor da herança.

A Constituição Federal estabelece que a obrigação de reparar o dano e a perda dos bens podem estender-se aos sucessores, até o limite da herança. É o que se extrai do seu art. 5º, XLV.

Contudo, com a vigência do novel diploma, o art. 8º foi reformulado e passou a prever que "o sucessor ou herdeiro daquele que causar dano ao erário ou se enriquecer ilicitamente está sujeito **apenas** à obrigação de repará--lo, até o limite do valor da herança ou do patrimônio transferido".

2.7.3. Responsabilidade sucessória das pessoas jurídicas (art. 8º-A)

O novo art. 8º-A, *caput*, da LIA, dispõe acerca da incidência da responsabilidade sucessória no contexto da sucessão empresarial "a responsabilidade sucessória de que trata o art. 8º desta Lei aplica-se também na hipótese de alteração contratual, de transformação, de incorporação, de fusão ou de cisão societária".

Consequentemente, o parágrafo único desse artigo determina o limite da responsabilização, ao dispor que "nas hipóteses de fusão e de incorporação, a responsabilidade da sucessora será restrita à obrigação de reparação integral do dano causado, até o limite do patrimônio transferido, não lhe sendo aplicáveis as demais sanções previstas nesta Lei decorrentes de atos e de fatos ocorridos antes da data da fusão ou da incorporação, exceto no caso de simulação ou de evidente intuito de fraude, devidamente comprovados".

Matheus Carvalho corrobora:

> O parágrafo único do dispositivo, todavia, detalha que, nos casos de fusão e de incorporação, a responsabilidade da sucessora será restrita à obrigação de reparação integral do dano, devendo essa responsabilização ficar limitada ao valor do patrimônio transferido. Deve-se ressaltar, ainda que serão aplicadas todas as sanções à empresa sucessora sempre que se verificar a ocorrência de simulação ou de evidente intuito de fraude, devidamente comprovados. Com efeito, não raro se verifica a sucessão de pessoas jurídicas com o intuito de fraudar sanções administrativas e civis. Assim, caso uma empresa seja incorporada por uma outra somente com o intuito de se livrar, por exemplo, do impedimento de receber incentivo fiscal ou creditício para determinada atividade e essa situação puder ser comprovada, deverá ser estendida essa sanção à sucessora[170].

---

170 CARVALHO, Matheus. *Lei de improbidade comentada*. São Paulo: JusPodivm, 2022, p. 40-41.

2.8. ARTIGO 9º

2.8.1. Quadro comparativo:

REDAÇÃO ANTERIOR	LEI N. 14.230/2021
Art. 9º Constitui ato de improbidade administrativa importando enriquecimento ilícito auferir qualquer tipo de vantagem patrimonial indevida em razão do exercício de cargo, mandato, função, emprego ou atividade nas entidades mencionadas no art. 1º desta lei, e notadamente:	**Art. 9º** Constitui ato de improbidade administrativa importando em enriquecimento ilícito auferir, mediante a prática de ato doloso, qualquer tipo de vantagem patrimonial indevida em razão do exercício de cargo, de mandato, de função, de emprego ou de atividade nas entidades referidas no art. 1º desta Lei, e notadamente:
I – receber, para si ou para outrem, dinheiro, bem móvel ou imóvel, ou qualquer outra vantagem econômica, direta ou indireta, a título de comissão, percentagem, gratificação ou presente de quem tenha interesse, direto ou indireto, que possa ser atingido ou amparado por ação ou omissão decorrente das atribuições do agente público;	
II – perceber vantagem econômica, direta ou indireta, para facilitar a aquisição, permuta ou locação de bem móvel ou imóvel, ou a contratação de serviços pelas entidades referidas no art. 1º por preço superior ao valor de mercado;	
III – perceber vantagem econômica, direta ou indireta, para facilitar a alienação, permuta ou locação de bem público ou o fornecimento de serviço por ente estatal por preço inferior ao valor de mercado;	
IV – utilizar, em obra ou serviço particular, veículos, máquinas, equipamentos ou material de qualquer natureza, de propriedade ou à disposição de qualquer das entidades mencionadas no art. 1º desta lei, bem como o trabalho de servidores públicos, empregados ou terceiros contratados por essas entidades;	IV – utilizar, em obra ou serviço particular, qualquer bem móvel, de propriedade ou à disposição de qualquer das entidades referidas no art. 1º desta Lei, bem como o trabalho de servidores, de empregados ou de terceiros contratados por essas entidades;

V – receber vantagem econômica de qualquer natureza, direta ou indireta, para tolerar a exploração ou a prática de jogos de azar, de lenocínio, de narcotráfico, de contrabando, de usura ou de qualquer outra atividade ilícita, ou aceitar promessa de tal vantagem;	
~~**VI** – receber vantagem econômica de qualquer natureza, direta ou indireta, para fazer declaração falsa sobre medição ou avaliação em obras públicas ou qualquer outro serviço, ou sobre quantidade, peso, medida, qualidade ou característica de mercadorias ou bens fornecidos a qualquer das entidades mencionadas no art. 1º desta lei;~~	**VI** – receber vantagem econômica de qualquer natureza, direta ou indireta, para fazer declaração falsa sobre qualquer dado técnico que envolva obras públicas ou qualquer outro serviço ou sobre quantidade, peso, medida, qualidade ou característica de mercadorias ou bens fornecidos a qualquer das entidades referidas no art. 1º desta Lei;
~~**VII** – adquirir, para si ou para outrem, no exercício de mandato, cargo, emprego ou função pública, bens de qualquer natureza cujo valor seja desproporcional à evolução do patrimônio ou à renda do agente público;~~	**VII** – adquirir, para si ou para outrem, no exercício de mandato, de cargo, de emprego ou de função pública, e em razão deles, bens de qualquer natureza, decorrentes dos atos descritos no *caput* deste artigo, cujo valor seja desproporcional à evolução do patrimônio ou à renda do agente público, assegurada a demonstração pelo agente da licitude da origem dessa evolução;
VIII – aceitar emprego, comissão ou exercer atividade de consultoria ou assessoramento para pessoa física ou jurídica que tenha interesse suscetível de ser atingido ou amparado por ação ou omissão decorrente das atribuições do agente público, durante a atividade;	
IX – perceber vantagem econômica para intermediar a liberação ou aplicação de verba pública de qualquer natureza;	
X – receber vantagem econômica de qualquer natureza, direta ou indiretamente, para omitir ato de ofício, providência ou declaração a que esteja obrigado;	

XI – incorporar, por qualquer forma, ao seu patrimônio bens, rendas, verbas ou valores integrantes do acervo patrimonial das entidades mencionadas no art. 1º desta lei;	
XII – usar, em proveito próprio, bens, rendas, verbas ou valores integrantes do acervo patrimonial das entidades mencionadas no art. 1º desta lei.	

2.8.2. Atos de improbidade administrativa que importam enriquecimento ilícito

De acordo com a inteligência do art. 9º da LIA, "constitui ato de improbidade administrativa importando em enriquecimento ilícito auferir, mediante a prática de ato doloso, qualquer tipo de vantagem patrimonial indevida em razão do exercício de cargo, de mandato, de função, de emprego ou de atividade nas entidades referidas no art. 1º desta Lei, e notadamente".

Destaca-se que a prática de ato de improbidade administrativa que importa em enriquecimento ilícito **somente** se dá mediante a prática de **ato** doloso. Significa dizer que deve se **tratar de uma conduta comissiva do agente**, inadmissível, portanto, falar-se em enriquecimento ilícito por omissão.

A expressão "notadamente" numa interpretação hermenêutica, denota a ideia de um rol exemplificativo de atos descritos nos incisos que compõem o tipo ora estudado.

Matheus Carvalho evidencia:

> Esse dispositivo retrata a espécie de ato de improbidade administrativa mais grave, já que o sujeito ativo do ato o pratica com o intuito de enriquecer ilicitamente em detrimento da função pública. Trata-se da situação mais clara de violação à moralidade pública e está diretamente ligada ao conceito de corrupção e utilização indevida do cargo público [171].

---

171 CARVALHO, Matheus. *Lei de improbidade comentada*. São Paulo: JusPodivm, 2022, p. 42.

PARTE II | **143**

Traçadas as considerações iniciais, passemos à análise do rol exemplificativo de atos que podem configurar improbidade administrativa que importa enriquecimento ilícito.

- *Receber, para si ou para outrem, dinheiro, bem móvel ou imóvel, ou qualquer outra vantagem econômica, direta ou indireta, a título de comissão, percentagem, gratificação ou presente de quem tenha interesse, direto ou indireto, que possa ser atingido ou amparado por ação ou omissão decorrente das atribuições do agente público (art. 9º, inciso I);*

O tipo retrata a figura do agente público que valendo-se do cargo que ocupa, recebe vantagem indevida – popularmente conhecida como propina – e age contrariamente ao interesse público para beneficiar um terceiro. O agente também pratica o crime de corrupção passiva.

- *Perceber vantagem econômica, direta ou indireta, para facilitar a aquisição, permuta ou locação de bem móvel ou imóvel, ou a contratação de serviços pelas entidades que integram patrimônio público e social dos Poderes Executivo, Legislativo e Judiciário, bem como da administração direta e indireta, no âmbito da União, dos Estados, dos Municípios e do Distrito Federal; entidade privada que receba subvenção, benefício ou incentivo, fiscal ou creditício, de entes públicos ou governamentais; e entidade privada para cuja criação ou custeio o erário haja concorrido ou concorra no seu patrimônio ou receita atual; por preço superior ao valor de mercado (art. 9º, inciso II);*

Aqui também se verifica a figura do agente público que, valendo-se do cargo/emprego/função que ocupa, recebe vantagem indevida – popularmente conhecida como propina – e age contrariamente ao interesse público, contudo, nesse caso, a ação se dá com a finalidade específica de facilitar a aquisição, permuta ou locação de bem móvel ou imóvel, ou a contratação de serviços pelas entidades descritas no art. 1º, por preço superior ao valor de mercado.

Trata-se o recebimento de vantagem econômica para facilitar transação superfaturada. O agente também pratica o crime de corrupção passiva.

- *Perceber vantagem econômica, direta ou indireta, para facilitar a alienação, permuta ou locação de bem público ou o fornecimento de serviço por ente estatal por preço inferior ao valor de mercado (art. 9º, inciso III);*

O agente público, valendo-se do cargo/emprego/função que ocupa, recebe vantagem indevida – popularmente conhecida como propina – e age contrariamente ao interesse público. Inversamente ao inciso anterior, neste caso, a ação é realizada com a finalidade específica de facilitar a alienação, permuta ou locação de bem público ou o fornecimento de serviço por ente estatal por **preço inferior ao** valor de mercado.

Há recebimento de vantagem econômica para facilitar transação subfaturada. O agente também pratica o crime de corrupção passiva.

- *Utilizar, em obra ou serviço particular, qualquer bem móvel, de propriedade ou à disposição de qualquer das entidades que integram patrimônio público e social dos Poderes Executivo, Legislativo e Judiciário, bem como da administração direta e indireta, no âmbito da União, dos Estados, dos Municípios e do Distrito Federal; de entidade privada que receba subvenção, benefício ou incentivo, fiscal ou creditício, de entes públicos ou governamentais; e de entidade privada para cuja criação ou custeio o erário haja concorrido ou concorra no seu patrimônio ou receita atual, bem como o trabalho de servidores, de empregados ou de terceiros contratados por essas entidades (**art. 9º, inciso IV**);*

A conduta comissiva descrita nesse inciso, lamentavelmente, é verificada cotidianamente. Acerca desse dispositivo, Rafael de Oliveira Costa e Renato Kim Barbosa pontuam:

> A redação do inciso IV do art. 9º sofreu pequena alteração empreendida pela Lei n. 14.230/2021. Segundo a atual disposição, pratica tal ato de improbidade administrativa quem utilizar, em obra ou serviço particular, qualquer bem móvel, de propriedade ou à disposição de qualquer das entidades referidas no art. 1o da lei, bem como o trabalho de servidores, de empregados ou de terceiros contratados por essas entidades. A mudança legislativa colocou fim em uma celeuma referente a quais bens poderiam caracterizar tal subespécie de improbidade administrativa, pois a redação anterior dispunha o seguinte: "veículos, máquinas, equipamentos ou material de qualquer natureza". Assim, hoje, incide em tal dispositivo a utilização indevida em atividade particular de qualquer bem móvel pertencente ou à disposição de entes públicos ou outros órgãos mencionados pela lei – e não apenas aqueles descritos na redação originária do inciso IV. "Utilizar" significa "fazer uso de", "empregar", "aplicar". Além dos bens, também se amolda à referida norma a utilização, em atividade privada, de colaboradores – servidores,

empregados ou terceiros contratados – da Administração Pública direta ou indireta[172].

O STJ ao enfrentar o tema em sede de Recurso Especial, trouxe importante decisão:

> ADMINISTRATIVO E PROCESSUAL CIVIL. RECURSO ESPECIAL. AÇÃO CIVIL PÚBLICA. IMPROBIDADE ADMINISTRATIVA. UTILIZAÇÃO DE VEÍCULO OFICIAL PARA FINS PARTICULARES. DOLO GENÉRICO. PRETENSÃO DE REVISÃO DO ACÓRDÃO A QUO QUE DEPENDE DO REEXAME FÁTICO-PROBATÓRIO. SÚMULA N. 7 DO STJ. RECURSO ESPECIAL A QUE SE NEGA SEGUIMENTO. DECISÃO. Trata-se de recurso especial interposto por Ronaldo Marcelino dos Santos contra acórdão do TJ/MG, cuja ementa é a seguinte: EMBARGOS INFRINGENTES – AÇÃO CIVIL PÚBLICA – IMPROBIDADE ADMINISTRATIVA – UTILIZAÇÃO DE BEM PÚBLICO EM PROVEITO PARTICULAR – DOLO GENÉRICO – ATO ÍMPROBO CONFIGURADO – AUSÊNCIA DE REITERAÇÃO DA CONDUTA – DOSAGEM DAS PENALIDADES. 1. A utilização de bem público em proveito particular é prática caracterizada como ato de improbidade, expressamente vedada em nosso ordenamento jurídico, assim como contrária aos princípios constitucionais básicos que regem o setor público, notadamente os princípios da legalidade, da impessoalidade e da moralidade administrativa, expressos no art. 37, *caput*, da Constituição da República. 2. Demonstrado e incontroverso, nos autos, que o réu, quando no exercício do cargo de Gerente de Obras da Prefeitura de Pedro Leopoldo, fez uso de veículo oficial da Secretaria de Obras para o transporte de materiais para a construção de sua casa particular. 3. Dolo genérico configurado. Conduta tipificada no art. 9º, inciso IV, e 11, inciso I, ambos da Lei n. 8.429, de 1992. 4. Mesmo que não haja prova da reiteração da conduta ímproba, a sua ocorrência, ainda que uma única vez, enseja as penalidades previstas na Lei de Improbidade Administrativa, devendo tal circunstância ser considerada na dosagem das sanções aplicadas (...). (STJ – REsp: 1395980 MG 2013/0249326-5, Rel. Ministro BENEDITO GONÇALVES, Data de Publicação: *DJ* 09/10/2013).

---

172 COSTA, Rafael de O.; BARBOSA, Renato K. *Nova Lei de Improbidade Administrativa*: de acordo com a Lei n. 14.230/2021. Grupo Almedina (Portugal), 2022, p. 78.

- *Receber vantagem econômica de qualquer natureza, direta ou indireta, para tolerar a exploração ou a prática de jogos de azar, de lenocínio, de narcotráfico, de contrabando, de usura ou de qualquer outra atividade ilícita, ou aceitar promessa de tal vantagem (art. 9º, inciso V);*

O agente público, valendo-se do cargo/emprego/função que ocupa, recebe vantagem indevida – popularmente conhecida como propina – e age contrariamente ao interesse público, com a finalidade específica de tolerar a exploração ou a prática de jogos de azar, de lenocínio, de narcotráfico, de contrabando, de usura ou de qualquer outra atividade ilícita, ou aceitar promessa de tal vantagem.

O agente também pratica o crime de corrupção passiva.

- *Receber vantagem econômica de qualquer natureza, direta ou indireta, para fazer declaração falsa sobre qualquer dado técnico que envolva obras públicas ou qualquer outro serviço ou sobre quantidade, peso, medida, qualidade ou característica de mercadorias ou bens fornecidos a qualquer das entidades que integram patrimônio público e social dos Poderes Executivo, Legislativo e Judiciário, bem como da administração direta e indireta, no âmbito da União, dos Estados, dos Municípios e do Distrito Federal; de entidade privada que receba subvenção, benefício ou incentivo, fiscal ou creditício, de entes públicos ou governamentais; e de entidade privada para cuja criação ou custeio o erário haja concorrido ou concorra no seu patrimônio ou receita atual (art. 9º, inciso VI);*

O agente público, valendo-se do cargo/emprego/função que ocupa, recebe vantagem indevida – popularmente conhecida como propina – e age contrariamente ao interesse público, com a finalidade específica de realizar contratação com superfaturamento dos serviços e/ou produtos. O agente incorre na prática do crime de corrupção passiva.

A nova Lei de Licitações e Contratos Públicos – Lei n. 14.133/2, descreve em seu texto o conceito de superfaturamento[173].

---

173 "Art. 6º Para os fins desta Lei, consideram-se: (...) LVII – superfaturamento: dano provocado ao patrimônio da Administração, caracterizado, entre outras situações, por: a) medição de quantidades superiores às efetivamente executadas ou fornecidas; b) deficiência na execução de obras e de serviços de engenharia que resulte em diminuição da sua qualidade, vida útil ou segurança; c) alterações no orçamento de obras e de serviços de

- *Adquirir, para si ou para outrem, no exercício de mandato, de cargo, de emprego ou de função pública, e em razão deles, bens de qualquer natureza, decorrentes dos atos descritos no caput do art. 9º, cujo valor seja desproporcional à evolução do patrimônio ou à renda do agente público, assegurada a demonstração pelo agente da licitude da origem dessa evolução (**art. 9º, inciso VII**);*

A apresentação da declaração de bens prevista no art. 13 da LIA, visa exercer o controle acerca da evolução patrimonial do agente público.

Na hipótese narrada, o legislador possibilitou demonstração pelo agente da licitude da origem dessa evolução.

- *Aceitar emprego, comissão ou exercer atividade de consultoria ou assessoramento para pessoa física ou jurídica que tenha interesse suscetível de ser atingido ou amparado por ação ou omissão decorrente das atribuições do agente público, durante a atividade (**art. 9º, inciso VIII**);*

No que concerne ao referido ato, Matheus Carvalho leciona:

> Trata-se de situação caracterizada como "tráfico de influência", quando o agente presta consultoria a uma empresa que pode ser beneficiada pela atuação do agente no exercício da função administrativa. Assim, imagine que se trate de um auditor fiscal que atua ao lado da empresa que ele fiscaliza, prestando consultoria financeira e tributária, em claro conflito de interesse. Além da utilização da função pública em benefício próprio, fica claro o risco de dano a ser causado à Administração Pública[174].

- *Perceber vantagem econômica para intermediar a liberação ou aplicação de verba pública de qualquer natureza (**art. 9º, inciso IX**);*

O agente público, valendo-se do cargo/emprego/função que ocupa, percebe vantagem indevida e age contrariamente ao interesse público, com a

---

engenharia que causem desequilíbrio econômico-financeiro do contrato em favor do contratado; d) outras alterações de cláusulas financeiras que gerem recebimentos contratuais antecipados, distorção do cronograma físico-financeiro, prorrogação injustificada do prazo contratual com custos adicionais para a Administração ou reajuste irregular de preços"(...).

174 CARVALHO, Matheus. *Lei de improbidade comentada*. São Paulo: JusPodivm, 2022, p. 49.

148 | NOVA LEI DE IMPROBIDADE ADMINISTRATIVA | FERNANDO CAPEZ

finalidade específica de intermediar a liberação ou aplicação de verba pública de qualquer natureza. O agente pratica o crime de corrupção passiva.

- *Receber vantagem econômica de qualquer natureza, direta ou indiretamente, para omitir ato de ofício, providência ou declaração a que esteja obrigado (art. 9º, inciso X);*

O agente público, valendo-se do cargo/emprego/função que ocupa, recebe vantagem indevida – popularmente conhecida como propina – e age contrariamente ao interesse público, se omitindo dolosamente em exercer seu dever funcional/legal. Há crime de corrupção passiva.

- *Incorporar, por qualquer forma, ao seu patrimônio bens, rendas, verbas ou valores integrantes do acervo patrimonial das entidades que integram patrimônio público e social dos Poderes Executivo, Legislativo e Judiciário, bem como da administração direta e indireta, no âmbito da União, dos Estados, dos Municípios e do Distrito Federal; de entidade privada que receba subvenção, benefício ou incentivo, fiscal ou creditício, de entes públicos ou governamentais; e de entidade privada para cuja criação ou custeio o erário haja concorrido ou concorra no seu patrimônio ou receita atual (art. 9º, inciso XI);*

A incorporação, por qualquer forma, ao patrimônio do agente público de bens, rendas, verbas ou valores integrantes do acervo patrimonial das entidades mencionadas no art. 1º da LIA, configura ato de enriquecimento ilícito. Trata-se de malversação[175] dos recursos públicos.

A ação prevista no inciso XI, a depender dos elementos presentes no caso concreto, pode configurar tanto o crime de peculato, quanto o de apropriação indébita, ambos do Código Penal. *A posteriori,* serão tecidas as considerações mais relevantes acerca dos referidos tipos penais.

---

175 CNMP, glossário: "Toda administração que é má, que é ruinosa, que é abusiva, onde se desperdiçam seus valores ou se dilapidam bens. É ainda a administração em que o administrador, conscientemente, desvia valores ou subtrai bens em seu benefício, locupletando-se abusivamente à custa do dono do negócio administrado. Na administração pública em que bens são furtados ou desviados há ocorrência de peculato". CNMP, glossário. Disponível em: https://www.cnmp. mp. br/portal/institucional/476-glossario/7915-malversacao.

- *Usar, em proveito próprio, bens, rendas, verbas ou valores integrantes do acervo patrimonial das entidades que integram patrimônio público e social dos Poderes Executivo, Legislativo e Judiciário, bem como da administração direta e indireta, no âmbito da União, dos Estados, dos Municípios e do Distrito Federal; de entidade privada que receba subvenção, benefício ou incentivo, fiscal ou creditício, de entes públicos ou governamentais; e de entidade privada para cuja criação ou custeio o erário haja concorrido ou concorra no seu patrimônio ou receita atual (art. 9º, inciso XII).*

A utilização em proveito do agente público, de bens, rendas, verbas ou valores integrantes do acervo patrimonial das entidades mencionadas no art. 1º da LIA, também configura ato de enriquecimento ilícito. Trata-se da hipótese do crime de apropriação indébita, estudado mais adiante.

Em qualquer caso, em se tratando de suposta elevação patrimonial desproporcional aos rendimentos do agente público, caberá ao órgão responsável (via de regra o Ministério Público), comprovar a ilicitude dessa evolução. Isso se depreende da regra prevista no art. 17, § 19, que não admite a inversão do ônus da prova no âmbito da ação por improbidade administrativa.

2.8.3. Esclarecimentos acerca do crime de corrupção passiva (CP, art. 317)

Prevê o art. 317, *caput*, do CP: "Solicitar ou receber, para si ou para outrem, direta ou indiretamente, ainda que fora da função ou antes de assumi-la, mas em razão dela, vantagem indevida, ou aceitar promessa de tal vantagem. Pena – reclusão, de 2 (dois) a 12 (doze) anos, e multa".

Procura-se com o dispositivo penal impedir que os funcionários públicos passem, no desempenho de sua função, a receber vantagens indevidas para praticar ou deixar de praticar atos de ofício. A corrupção afeta o correto desempenho da função pública e, por conseguinte, o desenvolvimento regular da atividade administrativa. Busca, portanto, o dispositivo proteger o "funcionamento normal da Administração Pública, de acordo com os princípios de probidade e moralidade"[176].

---

176 NORONHA, E. Magalhães. *Direito penal*, cit., v. 4, p. 246.

Nesse contexto, convém mencionar documentos internacionais celebrados pelo nosso país com o objetivo de combater a corrupção: (i) Convenção Interamericana contra a Corrupção (OEA), ratificada pelo Decreto Legislativo n. 152/2002, e aprovada pelo Decreto Presidencial n. 4.410/2002; (ii) Convenção das Nações Unidas contra a Corrupção, ratificada pelo Decreto Legislativo n. 348/2005 e aprovada pelo Decreto Presidencial n. 5.687/2006.

2.8.4. Esclarecimentos acerca do crime de apropriação indébita (CP, art. 168)

A conduta que configura o crime de apropriação indébita se consubstancia em apropriar-se, que significa fazer sua a coisa de outrem; mudar o título da posse ou detenção desvigiada, comportando-se como se dono fosse. O agente tem legitimamente a posse ou a detenção da coisa, a qual é transferida pelo proprietário, de forma livre e consciente, mas, em momento posterior, inverte esse título, passando a agir como se dono fosse. Nesse momento se configura a apropriação indébita. Veja-se: há a lícita transferência da posse ou detenção do bem para o agente pelo proprietário. O agente, por sua vez, estando de boa-fé, recebe o bem sem a intenção de apoderar-se dele. Até aqui nenhum crime ocorre. A conduta passa a ter conotação criminosa no momento em que o agente passa a dispor da coisa como se dono fosse.

Não pode haver o emprego de violência ou fraude por parte do agente para conseguir a posse ou detenção do objeto, pois sua obtenção contra a vontade do dono caracterizará outras figuras criminosas (estelionato, roubo, furto etc.). Assim, se o agente aluga uma joia para utilizá-la em uma festa e depois resolve dela apoderar-se, comete o crime de apropriação indébita. Se, por outro lado, o agente aluga o bem com a intenção de apropriar-se dele, utilizando o contrato como artifício para induzir a vítima em erro, haverá o crime de estelionato, pois a obtenção da posse se deu mediante o emprego de fraude iludente da vontade da vítima.

2.8.5. Esclarecimentos acerca do crime de peculato (CP, art. 312)

O crime de peculato "tem a sua nítida gênese histórica no direito romano. À subtração de coisas pertencentes ao Estado chamava-se *peculatus* ou *depeculatus*, sendo este *nomen juris* oriundo do tempo anterior à introdução da moeda, quando os bois e carneiros (*pecus*), destinados aos sacrifícios, constituíam a riqueza pública por excelência"[177]. Nosso ordenamento jurídico prevê o delito de peculato no art. 312, *caput*, do CP: "Apropriar-se o funcionário público de dinheiro, valor ou qualquer outro bem móvel, público ou particular, de que tem a posse em razão do cargo, ou desviá-lo, em proveito próprio ou alheio: Pena – reclusão, de 2 (dois) a 12 (doze) anos, e multa".

O Código Penal, além do chamado peculato próprio (*caput*), prevê outras modalidades de peculato: (i) peculato-apropriação: previsto na primeira parte do *caput* do art. 312, denominado peculato próprio; (ii) peculato--desvio: previsto na segunda parte do *caput* do art. 312, também chamado de peculato próprio; (iii) peculato-furto: previsto no § 1º do art. 312, chamado de peculato impróprio; e (iv) peculato culposo: § 2º do art. 312:

> (i) **Peculato-apropriação:** é o denominado peculato próprio. Está previsto na primeira parte do *caput* do art. 312: "Apropriar-se o funcionário público de dinheiro, valor ou qualquer outro bem móvel, público ou particular, de que tem a posse em razão do cargo". A ação nuclear típica consubstancia-se no verbo *apropriar*. Assim como no crime de apropriação indébita (CP, art. 168), o agente tem a posse (ou detenção) lícita do bem móvel, público ou particular, e inverte esse título, pois passa a comportar-se como se dono fosse, isto é, consome-o, aliena-o etc. No entanto, o que diferencia o crime de peculato do crime contra o patrimônio é o fato de que o agente tem a posse do bem em razão do cargo (*ratione officii*), isto é, o agente é funcionário público, e em razão do ofício exerce a posse sobre bens públicos ou particulares que lhe são confiados. Pode suceder que o agente, funcionário público, não tenha a posse do bem em razão do ofício. Por exemplo, José entrega a João, seu amigo e funcionário do Detran, uma quantia em dinheiro para que este último pague uma multa naquele órgão público. João, no entanto, apropria-se do dinheiro. Nesse caso, João não teve a posse do bem em razão do cargo, devendo, portanto, responder pelo delito de apropriação indébita[178]. Não se pode, aliás, dizer, no caso, que o bem particular (dinheiro) estava sob a guarda ou custódia da Administração.

---

177 HUNGRIA, Nélson. *Comentários*, cit., v. 9, p. 332.
178 HUNGRIA, Nélson. *Comentários*, cit., v. 9, p. 340, dá um exemplo nesse sentido.

ATENÇÃO:

se o agente atuar com violência ou grave ameaça contra a pessoa e, em razão disso, conseguir o domínio sob a *res*, responderá por roubo ou extorsão (CP, arts. 157 e 158, respectivamente).

– **"Peculato de uso"**: o funcionário público que recebe a posse de um bem em razão do cargo, dele se utiliza temporariamente, sem autorização, mas o restitui, não comete peculato, em razão da ausência do elemento subjetivo do tipo (dolo de apropriar-se definitivamente do bem). Contudo, o agente responderá por improbidade administrativa (art. 9º, IV, da Lei n. 8.429/92). Exceção: se o bem era fungível, por exemplo, emprego de dinheiro do Estado para fins particulares, o agente incorrerá em peculato-desvio, ainda que posteriormente os valores sejam devolvidos.

– **"Peculato de uso de serviço público"**: de acordo com a jurisprudência majoritária, o funcionário público que se utiliza de serviço público em proveito próprio ou alheio não comete o crime de peculato. Por exemplo, o funcionário público faz uso de secretário parlamentar para lhe prestar serviços de natureza privada. Há, contudo, uma exceção: se o agente for Prefeito Municipal e utilizar-se, indevidamente, em proveito próprio ou alheio, de bens, rendas ou serviços públicos, responderá pelo art. 1º, II, do Decreto-lei n. 201/67.

JURISPRUDÊNCIA

"Se o servidor merecia perceber a remuneração, à luz da ausência da contraprestação respectiva, é questão a ser discutida na esfera administrativo-sancionadora, mas não na instância penal, por falta de tipicidade". (STJ. 5ª Turma. AgRg no AREsp 2073825-RS, Rel. Min. Ribeiro Dantas, julgado em 16/08/2022).

HABEAS CORPUS. ORGANIZAÇÃO CRIMINOSA. CORRUPÇÃO PASSIVA E APROPRIAÇÃO INDÉBITA. PRISÃO PREVENTIVA. MEDIDA EXTREMA. FUNDAMENTAÇÃO ADEQUADA E SUFICIENTE. RESGUARDO DOS BENS JURÍDICOS TUTELADOS. GARANTIA DA APLICAÇÃO DA LEI PENAL. LOCALIZAÇÃO DOS ATIVOS E/OU INIBIÇÃO DE PULVERIZAÇÃO DO CAPITAL. CONTEMPORANEIDADE. ORDEM DENEGADA. 1. A jurisprudência desta Corte Superior

PARTE II | **153**

e do Supremo Tribunal Federal é firme em assinalar que, para submeter alguém à prisão cautelar, é cogente a fundamentação concreta, sob as balizas do art. 312 do Código de Processo Penal, e somente quando providências, tais como as elencadas no art. 319 do mesmo diploma processual, se mostrarem insuficientes ou mesmo impertinentes. 2. A decretação de prisão de membros de associação ou organização criminosa – sobretudo quando se tratar de pessoa que tenha posição de destaque no grupo – justifica-se como forma de diminuir ou interromper suas atividades. Precedentes. 3. A anterior denegação de pedido de prisão temporária não tem o poder de macular a ordem de prisão preventiva, pois, malgrado ambas sejam dotadas de provisoriedade, têm requisitos e escopos diversos mais ainda se demonstrada a persistência da prática dos atos criminosos, a vindicar a adoção da medida extrema, anteriormente rejeitada. 4. Na espécie, o juízo de origem, com amparo em delação efetuada por corréu e em outros elementos de informação colhidos na fase pré-processual, acolheu pleito de prisão preventiva da paciente com arrimo na existência de prova da materialidade e de veementes indícios de relevante atuação em organização criminosa que, desde o início de seu mandato de Prefeita, em 2008, até 2016, **seria responsável pela prática de 43 crimes de corrupção passiva e apropriação indébita de vultosa e imprescindível quantia de bens ou rendas desviados dos cofres públicos daquele Município – no mínimo, R$ 45 milhões –**, destinada à administração dos serviços públicos demandados pela população daquela Comarca, diretamente para o desfrute e o acréscimo patrimonial do grupo criminoso (*fumus comissi delicti*). 5. O mesmo se diga quanto à demonstração do *periculum libertatis*, a impedir ou revelar ser insuficiente a imposição de medidas cautelares diversas da prisão, além das que já foram determinadas, para salvaguardar os bens jurídicos atingidos pela organização criminosa, bem como para evitar a pulverização do capital e da interferência na instrução criminal, pois, apesar de a paciente já haver sido destituída de seu mandato e da notícia de que vem cumprindo regularmente as restrições à sua liberdade, foi claramente evidenciado pela instância de origem o seu relevante papel no grupo, o *modus operandi* supostamente perpetrado em ao menos um dos crimes que lhe são imputados e o milionário valor amealhado ilicitamente e ainda não localizado. 6. O Superior Tribunal de Justiça, na trilha do entendimento do Supremo Tribunal Federal, tem acatado a imposição da prisão como medida cautelar adequada para, com o escopo de garantir a aplicação da lei penal, evitar a dissipação de bens ou resguardar a recuperação dos ativos oriundos da prática delitiva, especialmente em casos que envolvem crimes do jaez dos que são imputados à paciente e à organização criminosa, em tese, por ela coliderada. 7. Os novos meios de comunicação disponibilizados pela tecnologia francamente acessível, afora ainda conter dispositivos a inviabilizar o seu rastreio e o acesso ao seu conteúdo, dispensam deslocamento físico, comprovação de identidade e etc., de forma a permitir tanto a qualquer pessoa estar fisicamente em um lugar e presente em outros tantos como se passar por outra pessoa para realizar movimentação bancária e etc., e são, por isso mesmo, de dificílimo controle. Assim, do âmbito de sua residência ou de outro local que lhe for permitido frequentar ou mesmo por interposta pessoa, sobre a qual não recai qualquer medida restritiva, são possíveis a movimentação, a dissimulação ou a dissipação dos ativos que se busca resgatar. 8. Conquanto os fatos criminosos atribuídos à organização criminosa tenham se iniciado com a assunção da paciente em seu primeiro mandato de Prefeita, a cautelaridade da prisão preventiva encontra arrimo na persistência da conduta delituosa; havendo menção, inclusive, a fatos contemporâneos ao decreto prisional, com a extensão dos efeitos do crime até 2018. De toda sorte, é entendimento assente nesta Corte Superior que, "Se não houve prisão em flagrante e somente após as investigações realizadas [...] foram colhidos elementos indiciários suficientes para embasar o pedido de prisão preventiva pelo Parquet local, não há se falar em ausência de contemporaneidade entre o fato delituoso [...] e a prisão preventiva [...]" (RHC n. 79.041/MG, Rel. Ministro Nefi Cordeiro, 6ª T., *DJe* 4/4/2017).

2.9. ARTIGO 10

2.9.1. Quadro comparativo

REDAÇÃO ANTERIOR	LEI N. 14.230/2021
Art. 10. Constitui ato de improbidade administrativa que causa lesão ao erário qualquer ação ou omissão, dolosa ou culposa, que enseje perda patrimonial, desvio, apropriação, malbaratamento ou dilapidação dos bens ou haveres das entidades referidas no art. 1º desta lei, e notadamente:	**Art. 10.** Constitui ato de improbidade administrativa que causa lesão ao erário qualquer ação ou omissão dolosa, que enseje, efetiva e comprovadamente, perda patrimonial, desvio, apropriação, malbaratamento ou dilapidação dos bens ou haveres das entidades referidas no art. 1º desta Lei, e notadamente:
I – facilitar ou concorrer por qualquer forma para a incorporação ao patrimônio particular, de pessoa física ou jurídica, de bens, rendas, verbas ou valores integrantes do acervo patrimonial das entidades mencionadas no art. 1º desta lei;	I – facilitar ou concorrer, por qualquer forma, para a indevida incorporação ao patrimônio particular, de pessoa física ou jurídica, de bens, de rendas, de verbas ou de valores integrantes do acervo patrimonial das entidades referidas no art. 1º desta Lei;

II – permitir ou concorrer para que pessoa física ou jurídica privada utilize bens, rendas, verbas ou valores integrantes do acervo patrimonial das entidades mencionadas no art. 1º desta lei, sem a observância das formalidades legais ou regulamentares aplicáveis à espécie;	*Sem alterações.*
III – doar à pessoa física ou jurídica bem como ao ente despersonalizado, ainda que de fins educativos ou assistências, bens, rendas, verbas ou valores do patrimônio de qualquer das entidades mencionadas no art. 1º desta lei, sem observância das formalidades legais e regulamentares aplicáveis à espécie;	*Sem alterações.*
IV – permitir ou facilitar a alienação, permuta ou locação de bem integrante do patrimônio de qualquer das entidades referidas no art. 1º desta lei, ou ainda a prestação de serviço por parte delas, por preço inferior ao de mercado;	*Sem alterações.*
V – permitir ou facilitar a aquisição, permuta ou locação de bem ou serviço por preço superior ao de mercado;	*Sem alterações.*
VI – realizar operação financeira sem observância das normas legais e regulamentares ou aceitar garantia insuficiente ou inidônea;	*Sem alterações.*
VII – conceder benefício administrativo ou fiscal sem a observância das formalidades legais ou regulamentares aplicáveis à espécie;	*Sem alterações.*
VIII – frustrar a licitude de processo licitatório ou dispensá-lo indevidamente **VIII** – frustrar a licitude de processo licitatório ou de processo seletivo para celebração de parcerias com entidades sem fins lucrativos, ou dispensá-los indevidamente;	VIII – frustrar a licitude de processo licitatório ou de processo seletivo para celebração de parcerias com entidades sem fins lucrativos, ou dispensá-los indevidamente, acarretando perda patrimonial efetiva;
IX – ordenar ou permitir a realização de despesas não autorizadas em lei ou regulamento;	*Sem alterações.*
X – agir negligentemente na arrecadação de tributo ou renda, bem como no que diz respeito à conservação do patrimônio público;	**X** – agir ilicitamente na arrecadação de tributo ou de renda, bem como no que diz respeito à conservação do patrimônio público;

XI – liberar verba pública sem a estrita observância das normas pertinentes ou influir de qualquer forma para a sua aplicação irregular;	*Sem alterações.*
XII – permitir, facilitar ou concorrer para que terceiro se enriqueça ilicitamente;	*Sem alterações.*
XIII – permitir que se utilize, em obra ou serviço particular, veículos, máquinas, equipamentos ou material de qualquer natureza, de propriedade ou à disposição de qualquer das entidades mencionadas no art. 1º desta lei, bem como o trabalho de servidor público, empregados ou terceiros contratados por essas entidades.	*Sem alterações.*
XIV – celebrar contrato ou outro instrumento que tenha por objeto a prestação de serviços públicos por meio da gestão associada sem observar as formalidades previstas na lei;	*Sem alterações.*
XV – celebrar contrato de rateio de consórcio público sem suficiente e prévia dotação orçamentária, ou sem observar as formalidades previstas na lei.	*Sem alterações.*
XVI – facilitar ou concorrer, por qualquer forma, para a incorporação, ao patrimônio particular de pessoa física ou jurídica, de bens, rendas, verbas ou valores públicos transferidos pela administração pública a entidades privadas mediante celebração de parcerias, sem a observância das formalidades legais ou regulamentares aplicáveis à espécie;	*Sem alterações.*
XVII – permitir ou concorrer para que pessoa física ou jurídica privada utilize bens, rendas, verbas ou valores públicos transferidos pela administração pública a entidade privada mediante celebração de parcerias, sem a observância das formalidades legais ou regulamentares aplicáveis à espécie;	*Sem alterações.*
XVIII – celebrar parcerias da administração pública com entidades privadas sem a observância das formalidades legais ou regulamentares aplicáveis à espécie;	*Sem alterações.*

~~XIX – frustrar a licitude de processo seletivo para celebração de parcerias da administração pública com entidades privadas ou dispensá-lo indevidamente;~~ **XIX** – agir negligentemente na celebração, fiscalização e análise das prestações de contas de parcerias firmadas pela administração pública com entidades privadas;	**XIX** – agir para a configuração de ilícito na celebração, na fiscalização e na análise das prestações de contas de parcerias firmadas pela administração pública com entidades privadas;
~~XX – agir negligentemente na celebração, fiscalização e análise das prestações de contas de parcerias firmadas pela administração pública com entidades privadas;~~ **XX** – liberar recursos de parcerias firmadas pela administração pública com entidades privadas sem a estrita observância das normas pertinentes ou influir de qualquer forma para a sua aplicação irregular.	
XXI – liberar recursos de parcerias firmadas pela administração pública com entidades privadas sem a estrita observância das normas pertinentes ou influir de qualquer forma para a sua aplicação irregular.	**XXI** – *(Revogado).*
Sem correspondência.	**XXII** – conceder, aplicar ou manter benefício financeiro ou tributário contrário ao que dispõem o *caput* e o § 1º do art. 8º-A da Lei Complementar n. 116, de 31 de julho de 2003.
Sem correspondência.	**§ 1º** Nos casos em que a inobservância de formalidades legais ou regulamentares não implicar perda patrimonial efetiva, não ocorrerá imposição de ressarcimento, vedado o enriquecimento sem causa das entidades referidas no art. 1º desta Lei.
Sem correspondência.	**§ 2º** A mera perda patrimonial decorrente da atividade econômica não acarretará improbidade administrativa, salvo se comprovado ato doloso praticado com essa finalidade.

2.9.2. Atos de improbidade administrativa que causam prejuízo ao erário

> *Art. 10. "Constitui ato de improbidade administrativa que causa lesão ao erário qualquer ação ou omissão dolosa, que enseje, efetiva e comprovadamente, perda patrimonial, desvio, apropriação, malbaratamento ou dilapidação dos bens ou haveres das entidades que integram patrimônio público e social dos Poderes Executivo, Legislativo e Judiciário, bem como da administração direta e indireta, no âmbito da União, dos Estados, dos Municípios e do Distrito Federal; de entidade privada que receba subvenção, benefício ou incentivo, fiscal ou creditício, de entes públicos ou governamentais; e de entidade privada para cuja criação ou custeio o erário haja concorrido ou concorra no seu patrimônio ou receita atual, e notadamente".*

A expressão "notadamente" prevista na parte final do *caput,* revela tratar-se de um rol exemplificativo de condutas dolosas que configuram lesão ao erário, a seguir analisadas.

Vale apontar que o dispositivo demonstra de forma clara que a conduta descrita poderá ser praticada **por ação ou omissão.** Nesse sentido, assevera Celso Spitzcovsky (2022, p. 71) que a "a lesão ao erário poderá se caracterizar tanto como resultado de um ato praticado pelo administrador como por uma omissão, quando deixa de fazer o que deveria, resultando em prejuízo para os cofres públicos". E aduz que "o dispositivo reproduzido demonstra, de forma inequívoca, os requisitos necessários para a configuração de ato de improbidade dessa natureza, a começar pela necessidade de caracterização de lesão ao erário"[179].

Do dispositivo em estudo, faz-se imperioso trazer à baila conceitos importantes, mormente a diferença tênue, mas presente, entre erário e patrimônio público.

Conceitua-se erário como o conjunto de bens e interesses de natureza econômico-financeira pertencentes aos entes da administração pública: União, estados, Distrito Federal, municípios, fundações públicas e autar-

---

179 SPITZCOVSKY, Celso. *Direito Administrativo* – coleção Esquematizado. São Paulo: Saraiva, 2022, p. 71.

quias. Por seu turno, o conceito de patrimônio público é mais amplo, já que, além dos bens e interesses de natureza econômico-financeira, acaba por abranger também os bens e interesses de natureza moral, econômica, estética, artística, histórica, ambiental e turística que pertencem aos entes da administração pública (art. 1º, § 1º, da Lei n. 4.717/65 – Lei da Ação Popular).

Traçadas as considerações iniciais, passemos à análise do rol exemplificativo de condutas que podem configurar ato de improbidade que causa lesão ao erário

- *Facilitar ou concorrer, por qualquer forma, para a indevida incorporação ao patrimônio particular, de pessoa física ou jurídica, de bens, de rendas, de verbas ou de valores integrantes do acervo patrimonial das entidades que integram patrimônio público e social dos Poderes Executivo, Legislativo e Judiciário, bem como da administração direta e indireta, no âmbito da União, dos Estados, dos Municípios e do Distrito Federal; de entidade privada que receba subvenção, benefício ou incentivo, fiscal ou creditício, de entes públicos ou governamentais; e de entidade privada para cuja criação ou custeio o erário haja concorrido ou concorra no seu patrimônio ou receita atual* (**art. 10, inciso I**)

O agente público, valendo-se do cargo/emprego/função que ocupa, facilita ou concorre, por qualquer forma, para a indevida incorporação ao patrimônio particular de terceiro, seja pessoa física ou jurídica, de bens, de rendas, de verbas ou de valores integrantes do acervo patrimonial das entidades previstas no art. 1º da LIA.

Rafael de Oliveira Costa e Renato Kim Barbosa destacam:

> A Lei n. 14.230/2021 alterou esse inciso para incluir a palavra "indevida" antes de "incorporação", atribuindo caráter de ilicitude a tal conduta. O primeiro requisito traduz-se na facilitação ou concorrência exercida por agente público, o qual, então, atua como auxiliar de uma conduta de terceira pessoa. E tal assistência pode ser realizada de qualquer forma, inexistindo restrição. "Facilitar" significa tornar ou fazer exequível. "Concorrer", neste dispositivo, consiste em cooperar, contribuir, unir-se visando a uma ação ou a um objetivo comum[180].

---

180 COSTA, Rafael de O.; BARBOSA, Renato K. *Nova Lei de Improbidade Administrativa*: de acordo com a Lei n. 14.230/2021. Grupo Almedina (Portugal), 2022, p. 91.

- *Permitir ou concorrer para que pessoa física ou jurídica privada utilize bens, rendas, verbas ou valores integrantes do acervo patrimonial das entidades que integram patrimônio público e social dos Poderes Executivo, Legislativo e Judiciário, bem como da administração direta e indireta, no âmbito da União, dos Estados, dos Municípios e do Distrito Federal; de entidade privada que receba subvenção, benefício ou incentivo, fiscal ou creditício, de entes públicos ou governamentais; e de entidade privada para cuja criação ou custeio o erário haja concorrido ou concorra no seu patrimônio ou receita atual, sem a observância das formalidades legais ou regulamentares aplicáveis à espécie (art. 10, inciso II);*

O agente público, valendo-se do cargo/emprego/função que ocupa, agindo contrariamente ao interesse público, permite ou concorre, para que terceiro pessoa física ou jurídica, utilize de bens, de rendas, de verbas ou de valores integrantes do acervo patrimonial das entidades previstas no art. 1º da LIA, sem a observância das formalidades legais ou regulamentares aplicáveis à espécie. Aqui o terceiro é pessoa beneficiada e o prejuízo recai sobre o erário.

- *Doar à pessoa física ou jurídica bem como ao ente despersonalizado, ainda que de fins educativos ou assistências, bens, rendas, verbas ou valores do patrimônio de qualquer das entidades que integram patrimônio público e social dos Poderes Executivo, Legislativo e Judiciário, bem como da administração direta e indireta, no âmbito da União, dos Estados, dos Municípios e do Distrito Federal; de entidade privada que receba subvenção, benefício ou incentivo, fiscal ou creditício, de entes públicos ou governamentais; e de entidade privada para cuja criação ou custeio o erário haja concorrido ou concorra no seu patrimônio ou receita atual, sem observância das formalidades legais e regulamentares aplicáveis à espécie (art. 10, inciso III);*

Nessa hipótese, o agente público, valendo-se do cargo/emprego/função que ocupa, agindo contrariamente ao interesse público, faz doação à pessoa física ou jurídica bem como ao ente despersonalizado bens, de rendas, de verbas ou de valores integrantes do acervo patrimonial das entidades previstas no art. 1º da LIA, sem a observância das formalidades legais ou regulamentares aplicáveis à espécie. Aqui a figura beneficiada é o terceiro e o prejuízo recai sobre o erário.

A nova Lei de Licitações e Contratos Públicos – Lei n. 14.133/2021, regulamenta a doação e outras formas de alienação dos bens públicos[181]:

> *"Art. 76. A alienação de bens da Administração Pública, subordinada à existência de interesse público devidamente justificado, será precedida de avaliação e obedecerá às seguintes normas:*
>
> *I – tratando-se de bens imóveis, inclusive os pertencentes às autarquias e às fundações, exigirá autorização legislativa e dependerá de licitação na modalidade leilão, dispensada a realização de licitação nos casos de:*
>
> *a) dação em pagamento;*
>
> *b) doação, permitida exclusivamente para outro órgão ou entidade da Administração Pública, de qualquer esfera de governo, ressalvado o disposto nas alíneas "f", "g" e "h" deste inciso;*
>
> *c) permuta por outros imóveis que atendam aos requisitos relacionados às finalidades precípuas da Administração, desde que a diferença apurada não ultrapasse a metade do valor do imóvel que será ofertado pela União, segundo avaliação prévia, e ocorra a torna de valores, sempre que for o caso;*
>
> *d) investidura;*
>
> *e) venda a outro órgão ou entidade da Administração Pública de qualquer esfera de governo;*
>
> *f) alienação gratuita ou onerosa, aforamento, concessão de direito real de uso, locação e permissão de uso de bens imóveis residenciais construídos, destinados ou efetivamente usados em programas de habitação ou de regularização fundiária de interesse social desenvolvidos por órgão ou entidade da Administração Pública;*
>
> *g) alienação gratuita ou onerosa, aforamento, concessão de direito real de uso, locação e permissão de uso de bens imóveis comerciais de âmbito local, com área de até 250 m² (duzentos e cinquenta metros quadrados) e destinados a programas de regularização fundiária de interesse social desenvolvidos por órgão ou entidade da Administração Pública;*

---

181 Correspondência no Diploma anterior: Lei n. 8.666/93, art. 17.

h) alienação e concessão de direito real de uso, gratuita ou onerosa, de terras públicas rurais da União e do Instituto Nacional de Colonização e Reforma Agrária (Incra) onde incidam ocupações até o limite de que trata o § 1º do art. 6º da Lei n. 11.952, de 25 de junho de 2009, para fins de regularização fundiária, atendidos os requisitos legais;

i) legitimação de posse de que trata o art. 29 da Lei n. 6.383, de 7 de dezembro de 1976, mediante iniciativa e deliberação dos órgãos da Administração Pública competentes;

j) legitimação fundiária e legitimação de posse de que trata a Lei n. 13.465, de 11 de julho de 2017;

II – tratando-se de bens móveis, dependerá de licitação na modalidade leilão, dispensada a realização de licitação nos casos de:

a) doação, permitida exclusivamente para fins e uso de interesse social, após avaliação de oportunidade e conveniência socioeconômica em relação à escolha de outra forma de alienação;

b) permuta, permitida exclusivamente entre órgãos ou entidades da Administração Pública;

c) venda de ações, que poderão ser negociadas em bolsa, observada a legislação específica;

d) venda de títulos, observada a legislação pertinente;

e) venda de bens produzidos ou comercializados por entidades da Administração Pública, em virtude de suas finalidades;

f) venda de materiais e equipamentos sem utilização previsível por quem deles dispõe para outros órgãos ou entidades da Administração Pública.

§ 1º A alienação de bens imóveis da Administração Pública cuja aquisição tenha sido derivada de procedimentos judiciais ou de dação em pagamento dispensará autorização legislativa e exigirá apenas avaliação prévia e licitação na modalidade leilão.

§ 2º Os imóveis doados com base na alínea b do inciso I do caput deste artigo, cessadas as razões que justificaram sua doação, serão revertidos ao patrimônio da pessoa jurídica doadora, vedada sua alienação pelo beneficiário.

§ 3º A Administração poderá conceder título de propriedade ou de direito real de uso de imóvel, admitida a dispensa de licitação, quando o uso destinar-se a:

I – outro órgão ou entidade da Administração Pública, qualquer que seja a localização do imóvel;

II – pessoa natural que, nos termos de lei, regulamento ou ato normativo do órgão competente, haja implementado os requisitos mínimos de cultura, de ocupação mansa e pacífica e de exploração direta sobre área rural, observado o limite de que trata o § 1º do art. 6º da Lei n. 11.952, de 25 de junho de 2009.

§ 4º A aplicação do disposto no inciso II do § 3º deste artigo será dispensada de autorização legislativa e submeter-se-á aos seguintes condicionamentos:

I – aplicação exclusiva às áreas em que a detenção por particular seja comprovadamente anterior a 1º de dezembro de 2004;

II – submissão aos demais requisitos e impedimentos do regime legal e administrativo de destinação e de regularização fundiária de terras públicas;

III – vedação de concessão para exploração não contemplada na lei agrária, nas leis de destinação de terras públicas ou nas normas legais ou administrativas de zoneamento ecológico-econômico;

IV – previsão de extinção automática da concessão, dispensada notificação, em caso de declaração de utilidade pública, de necessidade pública ou de interesse social;

V – aplicação exclusiva a imóvel situado em zona rural e não sujeito a vedação, impedimento ou inconveniente à exploração mediante atividade agropecuária;

VI – limitação a áreas de que trata o § 1º do art. 6º da Lei n. 11.952, de 25 de junho de 2009, vedada a dispensa de licitação para áreas superiores;

VII – acúmulo com o quantitativo de área decorrente do caso previsto na alínea "i" do inciso I do caput *deste artigo até o limite previsto no inciso VI deste parágrafo.*

§ 5º Entende-se por investidura, para os fins desta Lei, a:

I – alienação, ao proprietário de imóvel lindeiro, de área remanescente ou resultante de obra pública que se tornar inaproveitável isoladamente, por preço que não seja inferior ao da avaliação nem superior a 50% (cinquenta por cento) do valor máximo permitido para dispensa de licitação de bens e serviços previsto nesta Lei;

II – alienação, ao legítimo possuidor direto ou, na falta dele, ao poder público, de imóvel para fins residenciais construído em núcleo urbano anexo a usina hidrelétrica, desde que considerado dispensável na fase de operação da usina e que não integre a categoria de bens reversíveis ao final da concessão.

164 | NOVA LEI DE IMPROBIDADE ADMINISTRATIVA | FERNANDO CAPEZ

> § 6º A doação com encargo será licitada e de seu instrumento constarão, obrigatoriamente, os encargos, o prazo de seu cumprimento e a cláusula de reversão, sob pena de nulidade do ato, dispensada a licitação em caso de interesse público devidamente justificado.
>
> § 7º Na hipótese do § 6º deste artigo, caso o donatário necessite oferecer o imóvel em garantia de financiamento, a cláusula de reversão e as demais obrigações serão garantidas por hipoteca em segundo grau em favor do doador".

Essas regras são de observância obrigatória em virtude dos princípios da indisponibilidade do interesse público[182] e da legalidade estrita ou restrita, no qual a Administração Pública somente poderá agir de acordo com o estritamente previsto na lei, e seu descumprimento acarretará a prática de ato de improbidade administrativa que resulta em lesão ao erário.

O inciso trata da doação ilegal/irregular de bens públicos realizada por agente público terceiros. O terceiro pode ser pessoa física, pessoa jurídica ou ente **despersonalizado**.

Flávio Tartuce ministra o conceito de ente despersonalizado:

> (...) entes ou grupos despersonalizados. Esses são meros conjuntos de pessoas e de bens que não possuem personalidade própria ou distinta, não constituindo pessoas jurídicas, a saber: a) Família – pode ter origem no casamento, união estável, entidade monoparental, nos termos do art. 226 da CF/1988; ou mesmo outra origem, já que o rol previsto na Constituição é exemplificativo (numerus apertus). A família, base da sociedade, é mero conjunto de pessoas não possuindo sequer legitimidade ativa ou passiva, no campo processual. b) Espólio – é o conjunto de bens formado com a morte de alguém, em decorrência da aplicação do princípio saisine (art. 1.784 do CC). Possui legitimidade, devendo ser representado pelo inventariante. Entretanto, não deve ser considerado uma pessoa jurídica. c)Herança jacente e vacante – nos termos dos arts. 1.819 a 1.823 do CC/2002, não deixando a pessoa sucessores, os seus bens devem ser destinados ao Poder Público, sendo certo que a massa formada pela morte do de cujus em casos tais também não pode ser tida como pessoa jurídica. d)Massa falida – é o conjunto de bens formado com a decretação de falência de uma pessoa jurídica. Não constitui pessoa jurídica, mas mera arrecadação de coisas e direitos. e) Sociedade de fato – são os grupos despersonalizados presentes nos casos envol-

---

182 Interesse Público Primário.

vendo empresas que não possuem sequer constituição (estatuto ou contrato social), bem como a união de pessoas impedidas de se casar, nos casos de concubinato, nos termos do art. 1.727 do CC. f) Sociedade irregular – é o ente despersonalizado constituído por empresas que possuem estatuto ou contrato social que não foi registrado, caso, por exemplo, de uma sociedade anônima não registrada na Junta Comercial estadual. É denominada pelo Código Civil "sociedade em comum". Enuncia o art. 986 do CC que "Enquanto não inscritos os atos constitutivos, reger-se-á a sociedade, exceto por ações em organização, pelo disposto neste Capítulo, observadas, subsidiariamente e no que com ele forem compatíveis, as normas da sociedade simples". g) Condomínio – é o conjunto de bens em copropriedade, com tratamento específico no livro que trata do Direito das Coisas. Para muitos doutrinadores, constitui uma pessoa jurídica o condomínio edilício, o que justifica a sua inscrição no CNPJ (Cadastro Nacional das Pessoas Jurídicas). Essa a conclusão a que chegaram os juristas participantes da I e III Jornada de Direito Civil, promovida pelo CJF e pelo STJ, com grande atuação dos professores Gustavo Tepedino, da UERJ, e Frederico Viegas de Lima, da UNB (Enunciados doutrinários 90 e 246). Entretanto, a questão não é pacífica. Na opinião deste autor, o condomínio edilício deve ser considerado pessoa jurídica, pois o rol do art. 44 do CC, que elenca as pessoas jurídicas de Direito Privado, é exemplificativo (numerus apertus), e não taxativo (numerus clausus). Na verdade, como o atual Código Civil adota um sistema aberto, baseado em cláusulas gerais e inspirado na teoria de Miguel Reale, não há como defender que essa relação é fechada. De qualquer modo, a questão é por demais controvertida, implicando, por exemplo, a possibilidade de o condomínio edilício adjudicar unidades nos casos de não pagamento das cotas devidas. Cabe pontuar que a adjudicação pelo condomínio passou a ser expressamente admitida pela Lei n. 13.777/2018 quanto às unidades que estão em multipropriedade, em havendo débitos condominiais, nos termos do que consta do novo art. 1.358-S do Código Civil, tema que ainda será devidamente aprofundado no Capítulo 7 deste livro. Isso acaba por reforçar a afirmação da personalidade jurídica do condomínio edilício, no nosso entender. Anote-se, de todo modo, que alguns doutrinadores ainda preferem definir o condomínio edilício como uma quase pessoa jurídica, uma quase fundação ou uma pessoa jurídica especial[183].

- *Permitir ou facilitar a alienação, permuta ou locação de bem integrante do patrimônio de qualquer das entidades que integram patrimônio público e social dos Poderes Executivo, Legislativo e Judiciário, bem como*

---

183 TARTUCE, Flávio. *Manual de direito civil:* volume único. São Paulo: Método, 2022, p. 174.

da administração direta e indireta, no âmbito da União, dos Estados, dos Municípios e do Distrito Federal; de entidade privada que receba subvenção, benefício ou incentivo, fiscal ou creditício, de entes públicos ou governamentais; e de entidade privada para cuja criação ou custeio o erário haja concorrido ou concorra no seu patrimônio ou receita atual, ou ainda a prestação de serviço por parte delas, por preço inferior ao de mercado (**art. 10, inciso IV**);

O agente público, valendo-se do cargo/emprego/função que ocupa e agindo contrariamente ao interesse público, permite ou facilita a alienação, permuta ou locação de bem integrante do patrimônio de qualquer das de bens, de rendas, de verbas ou de valores integrantes do acervo patrimonial das entidades previstas no art. 1º da LIA, por preço inferior ao de mercado. Aqui também se nota um terceiro sendo beneficiado em detrimento de um prejuízo causado à Administração Pública.

- *Permitir ou facilitar a aquisição, permuta ou locação de bem ou serviço por preço superior ao de mercado* (**art. 10, inciso V**);

Nesse caso, o agente público, valendo-se do cargo/emprego/função que ocupa e agindo contrariamente ao interesse público, permite ou facilita a aquisição, permuta ou locação de bem ou serviço superfaturado. Aqui também se verifica o prejuízo causado à Administração Pública.

- *Realizar operação financeira sem observância das normas legais e regulamentares ou aceitar garantia insuficiente ou inidônea* (**art. 10, inciso VI**).

Nos casos em que a lei exige garantia, esta não poderá ser afastada, ou aceita se insuficiente ou idônea, de forma dolosa pelo gestor público, sob pena, de incorrer na prática de ato de improbidade administrativa que importa em dano ao erário.

Por força do Princípio da Legalidade Estrita ou Restrita, que norteia o Regime Jurídico Administrativo, a observância de regras e diretrizes para a realização de operações financeiras é obrigatória.

- *Conceder benefício administrativo ou fiscal sem a observância das formalidades legais ou regulamentares aplicáveis à espécie* (**art. 10, inciso VII**);

Aqui, o agente público, valendo-se do cargo/emprego/função que ocupa e agindo contrariamente ao interesse público, concede benefício administrativo ou fiscal sem a observância das formalidades legais ou regulamentares aplicáveis à espécie, o que resulta em dano ao patrimônio público. Acerca dessa espécie de ato de improbidade, Matheus Carvalho objetiva:

> *A lei regulamenta qualquer espécie de benefício fiscal, administrativo ou creditício que pode ser concedido a particulares e se essas medidas são tomadas fora dos limites da lei com o intuito de beneficiar terceiros, estará caracterizada a infração de improbidade*[184].

- *Frustrar a licitude de processo licitatório ou de processo seletivo para celebração de parcerias com entidades sem fins lucrativos, ou dispensá-los indevidamente, acarretando perda patrimonial efetiva* **(art. 10, inciso VIII)**;

Esse mesmo autor elucida:

> *O art.* 37, XXI da Constituição Federal determina que os contratos da Administração Pública Direta e Indireta de todos os poderes devem ser precedidos de licitação. Por sua vez o art. 11 da Lei n. 14.133/2021 dispõe que a existência de procedimento licitatório se dá com vistas a garantir a seleção da proposta apta a gerar o resultado de contratação mais vantajoso para a Administração Pública, assegurar tratamento isonômico entre os licitantes, bem como a justa competição, evitar contratações com sobrepreço ou com preços manifestamente inexequíveis e superfaturamento na execução dos contratos e incentivar a inovação e o desenvolvimento nacional sustentável[185].

O agente público, aproveitando-se do cargo/emprego/função que ocupa e agindo contrariamente ao interesse público, frustra a licitude de processo licitatório ou de processo seletivo para celebração de parcerias com entidades sem fins lucrativos, ou dispensá-los indevidamente, acarretando perda patrimonial efetiva e consequente dano ao patrimônio público. Em nosso ordenamento, não se inclui em nenhuma circunstância, um permissivo legal para que o agente público adote tal conduta.

---

184 CARVALHO, Matheus. *Lei de improbidade comentada*. São Paulo: JusPodivm, 2022, p. 57.

185 *Ibidem.*

Importante notar que o procedimento de licitação é a regra, e as hipóteses excepcionais de contratação direta (inexigibilidade e dispensa) estão previstas na lei correspondente (Lei n. 14.133/2021).

- *Ordenar ou permitir a realização de despesas não autorizadas em lei ou regulamento (**art. 10, inciso IX**);*

Nessa situação, o agente público, valendo-se do cargo/emprego/função que ocupa e agindo contrariamente ao interesse público, ordena ou permite a realização de despesas não autorizadas em lei ou regulamento, acarretando direta ou indiretamente lesão ao erário.

- *Agir ilicitamente na arrecadação de tributo ou de renda, bem como no que diz respeito à conservação do patrimônio público (**art. 10, inciso X**);*

O agente público, em razão do cargo/emprego/função que ocupa e contrariamente ao interesse público, pode agir de duas formas diversas. A conduta do agente público pode se dar pela arrecadação de forma ilícita de tributo ou de renda, bem como pela conservação inadequada do patrimônio público.

- *Liberar verba pública sem a estrita observância das normas pertinentes ou influir de qualquer forma para a sua aplicação irregular (**art. 10, inciso XI**);*

O agente público, tirando proveito do cargo/emprego/função que ocupa e contrariamente ao interesse público, pode agir de duas formas diversas: ao liberar verba pública sem a estrita observância das normas pertinentes ou influir de qualquer forma para a sua aplicação irregular.

Vale repetir: toda e qualquer conduta do agente público deve se pautar nos ditames legais (princípio da legalidade estrita). Uma vez que a conduta esteja em desconformidade ou até mesmo não prevista em lei ou ato normativo, será ilegal.

- *Permitir, facilitar ou concorrer para que terceiro se enriqueça ilicitamente (**art. 10, inciso XII**);*

Trata-se de tipo aberto que abarca aquelas condutas que importem em permitir, facilitar ou concorrer para que um terceiro enriqueça de maneira ilícita.

- *Permitir que se utilize, em obra ou serviço particular, veículos, máquinas, equipamentos ou material de qualquer natureza, de propriedade ou à disposição de qualquer das entidades que integram patrimônio público e social dos Poderes Executivo, Legislativo e Judiciário, bem como da administração direta e indireta, no âmbito da União, dos Estados, dos Municípios e do Distrito Federal; de entidade privada que receba subvenção, benefício ou incentivo, fiscal ou creditício, de entes públicos ou governamentais; e de entidade privada para cuja criação ou custeio o erário haja concorrido ou concorra no seu patrimônio ou receita atual, bem como o trabalho de servidor público, empregados ou terceiros contratados por essas entidades (art. 10, inciso XIII);*

Esse dispositivo alcança todas as condutas que se amoldam ao verbos descritos, com vistas a beneficiar um terceiro particular e que resulte em prejuízo ao erário.

- *Celebrar contrato ou outro instrumento que tenha por objeto a prestação de serviços públicos por meio da gestão associada sem observar as formalidades previstas na lei (art. 10, inciso XIV);*

Nessa situação, o agente público, valendo-se do cargo/emprego/função que ocupa e contrariamente ao interesse público, celebra contrato ou outro instrumento que tenha por objeto a prestação de serviços públicos por meio da gestão associada sem observar as formalidades previstas na lei.

- *Celebrar contrato de rateio de consórcio público sem suficiente e prévia dotação orçamentária, ou sem observar as formalidades previstas na lei (art. 10, inciso XV).*

Situação semelhante à anterior, na qual o agente público, celebrar contrato de rateio de consórcio público sem suficiente e prévia dotação orçamentária, ou sem observar as formalidades previstas na lei.

Da conjunção dos incisos XIV e XV, podem extrair duas espécies de prestação de serviços públicos que merecem destaque: gestão associada e consórcio público.

A Constituição Federal expressa um mandado legislativo acerca dos referidos institutos:

> **Art. 241.** A União, os Estados, o Distrito Federal e os Municípios disciplinarão por **meio de lei os consórcios públicos e os convê-**

nios de cooperação entre os entes federados, autorizando a gestão associada de serviços públicos, bem como a transferência total ou parcial de encargos, serviços, pessoal e bens essenciais à continuidade dos serviços transferidos. (grifo nosso)

Em obediência ao Texto Maior, o legislador criou a Lei dos Consórcios Públicos – Lei n. 11.107/2005, que dispõe sobre normas gerais de contratação de consórcios públicos em todo território nacional e dá outras providências. A gestão associada e o consórcio público estão regulamentados nessa Lei.

- *Facilitar ou concorrer, por qualquer forma, para a incorporação, ao patrimônio particular de pessoa física ou jurídica, de bens, rendas, verbas ou valores públicos transferidos pela administração pública a entidades privadas mediante celebração de parcerias, sem a observância das formalidades legais ou regulamentares aplicáveis à espécie (art. 10, inciso XVI)*

Novamente, estamos diante da hipótese em que um agente público, valendo-se do cargo/emprego/função que ocupa e contrariamente ao interesse público, age em benefício de terceiro acarretando lesão ao erário.

- *Permitir ou concorrer para que pessoa física ou jurídica privada utilize bens, rendas, verbas ou valores públicos transferidos pela administração pública a entidade privada mediante celebração de parcerias, sem a observância das formalidades legais ou regulamentares aplicáveis à espécie (art. 10, inciso XVII);*

Vide anterior.

- *Celebrar parcerias da administração pública com entidades privadas sem a observância das formalidades legais ou regulamentares aplicáveis à espécie (art. 10, inciso XVIII);*

Trata-se da hipótese em que um agente público, valendo-se do cargo/emprego/função que ocupa e contrariamente ao interesse público, celebra parcerias da administração pública com entidades privadas sem a observância das formalidades legais ou regulamentares aplicáveis à espécie.

O dispositivo trata das chamadas paraestatais ou entidades que integram o Terceiro Setor. Importante pontuar que NÃO INTEGRAM A ADMINISTRAÇÃO PÚBLICA, são entidades filantrópicas, ou seja, pessoas jurídicas de direito privado sem finalidade lucrativa, formadas por particulares, para prestação de serviços em colaboração com a Administração Pública.

- *Agir para a configuração de ilícito na celebração, na fiscalização e na análise das prestações de contas de parcerias firmadas pela administração pública com entidades privadas* (**art. 10, inciso XIX**)

O agente público, em razão do cargo/emprego/função que ocupa e contrariamente ao interesse público, age de forma ilícita na celebração, na fiscalização e na análise das prestações de contas de parcerias firmadas pela administração pública com as entidades que integram o Terceiro Setor.

- *Liberar recursos de parcerias firmadas pela administração pública com entidades privadas sem a estrita observância das normas pertinentes ou influir de qualquer forma para a sua aplicação irregular* (**art. 10, inciso XX**).

Toda e qualquer parceria firmada entre a Administração Pública e as entidades do Terceiro Setor, observará as normas pertinentes e as regras previstas no instrumento de formalização. O agente público que liberar recursos de parcerias firmadas pela administração pública com entidades privadas sem a estrita observância das normas pertinentes ou influir de qualquer forma para a sua aplicação irregular, causando dano ao erário, incorrerá em ato de improbidade administrativa.

- *Conceder, aplicar ou manter benefício financeiro ou tributário contrário ao que dispõem o caput e o § 1º do art. 8º-A da LC n. 116/2003 (ISS)*[186] *(**art. 10, inciso XXI**).

Vale apontar que o texto do inciso XXI, corresponde ao art. 10-A, revogado pela Lei n. 14.230/2021.

Nesse caso, o agente público, valendo-se do cargo/emprego/função que ocupa e contrariamente ao interesse público, concede, aplica ou man-

---

186 Art. 8º-A. "A alíquota mínima do Imposto sobre Serviços de Qualquer Natureza é de 2% (dois por cento). § 1º O imposto não será objeto de concessão de isenções, incentivos ou benefícios tributários ou financeiros, inclusive de redução de base de cálculo ou de crédito presumido ou outorgado, ou sob qualquer outra forma que resulte, direta ou indiretamente, em carga tributária menor que a decorrente da aplicação da alíquota mínima estabelecida no **caput**, exceto para os serviços a que se referem os subitens 7.02, 7.05 e 16.01 da lista anexa a esta Lei Complementar".

tem benefício financeiro ou tributário de forma contrária ao que dispõe a Lei que rege o ISS – Imposto Sobre Serviços.

No que concerne à referida alteração, importante mencionar a lição de Matheus Carvalho:

> A alteração da Lei n. 8429/92, ocorrida em 2021 inseriu esse dispositivo nas hipóteses de dano atos que causam dano ao erário, de forma acertada. Entenda-se como indevida a concessão de isenções, incentivos ou benefícios tributários ou financeiros, inclusive redução de base de cálculo ou de crédito presumido ou outorgado, ou sob qualquer outra forma que resulte, direta ou indiretamente, em carga tributária menor que a decorrente da aplicação da alíquota mínima de 2%, salvo disposições legais em contrário. Saliente-se que esse ato de improbidade não se estende a qualquer tributo, mas tão somente ao ISS que foi objeto de tratamento da LC 157/16. Com efeito, a concessão indevida de isenções tributárias continua sendo considerada ato de improbidade que causa dano ao erário, nos moldes do art. 10 da Lei n. 8.429/92, não estando abarcada, no entanto, neste inciso[187].

2.9.3. Necessidade de perda patrimonial efetiva para imposição do ressarcimento ao erário (art. 10, § 1º)

Nos casos em que a inobservância de formalidades legais ou regulamentares não implicar perda patrimonial efetiva, não ocorrerá imposição de ressarcimento, vedado o enriquecimento sem causa das entidades que integram patrimônio público e social dos Poderes Executivo, Legislativo e Judiciário, bem como da administração direta e indireta, no âmbito da União, dos Estados, dos Municípios e do Distrito Federal; de entidade privada que receba subvenção, benefício ou incentivo, fiscal ou creditício, de entes públicos ou governamentais; e de entidade privada para cuja criação ou custeio o erário haja concorrido ou concorra no seu patrimônio ou receita atual.

Saliente-se que o legislador foi muito claro ao dispor que somente a efetiva comprovação do prejuízo ensejará o ressarcimento dos valores aos cofres públicos.

A respeito da efetiva comprovação do prejuízo para o ressarcimento dos valores aos cofres públicos, Rafael de Oliveira Costa e Renato Kim Barbosa salientam:

---

187 CARVALHO, Matheus. *Lei de improbidade comentada*. São Paulo: JusPodivm, 2022, p. 67-68.

Com efeito, agora a lei dispõe expressamente que não ocorrerá a imposição de ressarcimento nos casos em que a inobservância de formalidades legais ou regulamentares não implicar perda patrimonial efetiva. Em outras palavras, é indispensável a ocorrência de perda patrimonial para que seja cabível o ressarcimento do dano. A disposição veda, assim, o enriquecimento sem causa das entidades públicas e demais pessoas jurídicas elencadas no art. 1o da Lei de Improbidade Administrativa[188].

2.9.4. Não configuração de ato de improbidade administrativa por mera perda patrimonial (art. 10, § 2º).

A mera perda patrimonial decorrente da atividade econômica não acarretará improbidade administrativa, salvo se comprovado ato doloso praticado com essa finalidade.

Nessa toada, Rafael de Oliveira Costa e Renato Kim Barbosa pontuam:

> Outrossim, salienta-se que, salvo se comprovado ato doloso praticado com essa finalidade, a mera perda patrimonial decorrente da atividade econômica não acarretará improbidade administrativa. A título de exemplo: se o agente público optar, dentro de sua esfera de discricionariedade, pela prestação de serviço postal e, dessa atividade, sobrevier perda patrimonial controlada e que atenda ao interesse público, não será possível a sua responsabilização a título de improbidade administrativa[189].

2.10. ARTIGO 11

2.10.1. Quadro comparativo

REDAÇÃO ANTERIOR	LEI N. 14.230/2021
Art. 11. Constitui ato de improbidade administrativa que atenta contra os princípios da administração pública qualquer ação ou omissão que viole os deveres de honestidade, imparcialidade, legalidade, e lealdade às instituições, e notadamente:	**Art. 11.** Constitui ato de improbidade administrativa que atenta contra os princípios da administração pública a ação ou omissão dolosa que viole os deveres de honestidade, de imparcialidade e de legalidade, caracterizada por uma das seguintes condutas:
I – praticar ato visando fim proibido em lei ou regulamento ou diverso daquele previsto, na regra de competência;	**I** – *(Revogado);*

---

188 COSTA, Rafael de O.; BARBOSA, Renato K. *Nova Lei de Improbidade Administrativa:* de acordo com a Lei n. 14.230/2021. Grupo Almedina (Portugal), 2022, p. 119.

189 *Ibidem.*

II – retardar ou deixar de praticar, indevidamente, ato de ofício;	II – *(Revogado)*;
III – revelar fato ou circunstância de que tem ciência em razão das atribuições e que deva permanecer em segredo;	III – revelar fato ou circunstância de que tem ciência em razão das atribuições e que deva permanecer em segredo, propiciando beneficiamento por informação privilegiada ou colocando em risco a segurança da sociedade e do Estado;
IV – negar publicidade aos atos oficiais;	IV – negar publicidade aos atos oficiais, exceto em razão de sua imprescindibilidade para a segurança da sociedade e do Estado ou de outras hipóteses instituídas em lei;
V – frustrar a licitude de concurso público;	V – frustrar, em ofensa à imparcialidade, o caráter concorrencial de concurso público, de chamamento ou de procedimento licitatório, com vistas à obtenção de benefício próprio, direto ou indireto, ou de terceiros;
VI – deixar de prestar contas quando esteja obrigado a fazê-lo;	VI – deixar de prestar contas quando esteja obrigado a fazê-lo, desde que disponha das condições para isso, com vistas a ocultar irregularidades;
VII – revelar ou permitir que chegue ao conhecimento de terceiro, antes da respectiva divulgação oficial, teor de medida política ou econômica capaz de afetar o preço de mercadoria, bem ou serviço.	*Sem alteração.*
VIII – descumprir as normas relativas à celebração, fiscalização e aprovação de contas de parcerias firmadas pela administração pública com entidades privadas.	*Sem alteração.*
IX – deixar de cumprir a exigência de requisitos de acessibilidade previstos na legislação.	IX – *(Revogado)*;
X – transferir recurso a entidade privada, em razão da prestação de serviços na área de saúde sem a prévia celebração de contrato, convênio ou instrumento congênere, nos termos do parágrafo único do art. 24 da Lei n. 8.080, de 19 de setembro de 1990.	X – *(Revogado)*;

Sem correspondência.	**XI** – nomear cônjuge, companheiro ou parente em linha reta, colateral ou por afinidade, até o terceiro grau, inclusive, da autoridade nomeante ou de servidor da mesma pessoa jurídica investido em cargo de direção, chefia ou assessoramento, para o exercício de cargo em comissão ou de confiança ou, ainda, de função gratificada na administração pública direta e indireta em qualquer dos Poderes da União, dos Estados, do Distrito Federal e dos Municípios, compreendido o ajuste mediante designações recíprocas; (NEPOTISMO grifo nosso)
Sem correspondência	**XII** – praticar, no âmbito da administração pública e com recursos do erário, ato de publicidade que contrarie o disposto no § 1º do art. 37 da Constituição Federal, de forma a promover inequívoco enaltecimento do agente público e personalização de atos, de programas, de obras, de serviços ou de campanhas dos órgãos públicos.
Sem correspondência	**§ 1º** Nos termos da Convenção das Nações Unidas contra a Corrupção, promulgada pelo Decreto n. 5.687, de 31 de janeiro de 2006, somente haverá improbidade administrativa, na aplicação deste artigo, quando for comprovado na conduta funcional do agente público o fim de obter proveito ou benefício indevido para si ou para outra pessoa ou entidade.
Sem correspondência	**§ 2º** Aplica-se o disposto no § 1º deste artigo a quaisquer atos de improbidade administrativa tipificados nesta Lei e em leis especiais e a quaisquer outros tipos especiais de improbidade administrativa instituídos por lei.
Sem correspondência	**§ 3º** O enquadramento de conduta funcional na categoria de que trata este artigo pressupõe a demonstração objetiva da prática de ilegalidade no exercício da função pública, com a indicação das normas constitucionais, legais ou infralegais violadas.

Sem correspondência	§ 4º Os atos de improbidade de que trata este artigo exigem lesividade relevante ao bem jurídico tutelado para serem passíveis de sancionamento e independem do reconhecimento da produção de danos ao erário e de enriquecimento ilícito dos agentes públicos.
Sem correspondência	§ 5º Não se configurará improbidade a mera nomeação ou indicação política por parte dos detentores de mandatos eletivos, sendo necessária a aferição de dolo com finalidade ilícita por parte do agente.

2.10.2. Atos de improbidade administrativa que atentam contra os princípios da Administração Pública

Ao contrário dos enunciados dos arts. 9º e 10 da LIA, os quais elencam extensa relação de condutas ilícitas de forma meramente exemplificativa, inserindo, ao final, a fórmula genérica "notadamente", permitindo deste modo, a interpretação analógica (o rol não esgota todas as possibilidades de ações ímprobas, mas apenas destaca as mais importantes), o art. 11 é taxativo e não admite interpretação extensiva, nem tampouco analogia, somente podendo ser consideradas as condutas expressamente nele enumeradas.

A razão para isso reside no fato de que os tipos de improbidade dos arts. 9º e 10 referem-se a atos perfeitamente identificáveis, ainda que mediante comparação com as condutas descritas exemplificativamente nos seus incisos. Ações que importam em enriquecimento ilícito doloso ou dano doloso ao erário não possuem abstração capaz de excluir-lhes a taxatividade ou impedir sua identificação. Em outras palavras, o fato de o legislador considerar ato de improbidade administrativa qualquer conduta que leve ao enriquecimento ilícito ou provoque dano doloso ao patrimônio público, mesmo que não descrita em lei em todos os detalhes, não impede o agente de saber que realiza uma ação passível de punição. Do mesmo modo que o Código Penal não exige sejam descritas todas as maneiras pelas quais o furto, o roubo e o homicídio, por exemplo, são cometidos, tarefa, aliás, impossível de ser esgotada, o legislador da LIA também não necessita detalhar as inúmeras maneiras pelas quais um agente pode produzir dolosamente prejuízo ao patrimônio público ou enriquecer-se ilicitamente.

Diferentemente, o art. 11 trata de considerar ato de improbidade administrativa a violação a princípios, cuja vagueza e abstração torna demasiadamente perigosa a abertura interpretativa do tipo em comento. Dizer que configura ato de improbidade "qualquer violação a princípio da Administração Pública" implica em criar fórmula tão abrangente, que retiraria qualquer segurança jurídica o jurisdicionado.

Bastaria, por exemplo, o autor da ação interpretar diferentemente a incidência de um princípio para já ter como configurada infração merecedora de repressão com base na LIA.

Assim, por exemplo, um prefeito que deseje, com base em previsão orçamentária, destinar verba para incentivar o artesanato local em vez de aplicar toda a verba na área da saúde, poderia incorrer em ato de improbidade com base na subjetiva e personalista aplicação do princípio da moralidade ao caso concreto.

Do mesmo modo, a interpretação de uma lei específica em desacordo com o entendimento do Ministério Público poderia caracterizar ofensa ao princípio da legalidade.

A construção de um canil público insuficiente para abrigar todos os cães abandonados em um Município, poderia atentar contra o princípio da eficiência.

Conforme adiante se verá, haveria e, aliás, havia uma enorme insegurança jurídica na forma da redação anterior, em boa hora alterada.

Em conformidade com o que dispõe o art. 11, *caput,* da LIA, constitui ato de improbidade administrativa que atenta contra os princípios da administração pública a ação ou omissão dolosa que viole os deveres de honestidade, de imparcialidade e de legalidade, caracterizada por uma das condutas previstas taxativamente nos incisos.

De acordo com os ensinamentos da Professora Maria Sylvia Zannella Di Pietro:

> O objetivo é que nenhum ato de improbidade administrativa escape da Lei n. 8.429/92. Por isso, esses atos são classificados em ordem decrescente de gravidade. Os mais graves estão no grupo do art. 9º, quando alguém (o próprio servidor público ou terceiro) enriquece ilicitamente, ou seja, beneficia-se economicamente com a improbidade. A seguir, vêm os atos do grupo do art. 10, quando há prejuízo ao

erário, ou seja, é provocado um dano econômico ao patrimônio público, ainda que ninguém tenha sido beneficiado. Finalmente, estão previstos os atos de improbidade administrativa do grupo do art. 11, que são contrários aos princípios que regem a administração pública, mesmo que não tenham proporcionado enriquecimento ilícito nem provocado prejuízo econômico ao patrimônio público. Muitas vezes, há dificuldade em provar o enriquecimento ilícito de alguém ou a lesão econômica ao patrimônio público, embora esteja demonstrada a violação a princípios da administração pública. Nesses casos, ainda é possível condenar o responsável por improbidade administrativa. Essa possibilidade de responsabilização "residual" justifica que a lei tenha previsto atos de improbidade administrativa que atentam contra os princípios da administração pública[190].

O *caput* do art. 11 deixa claro que o ato restará configurado mediante conduta dolosa. Tal conduta pode se dar tanto de forma comissiva quanto omissiva.

Antes do novel diploma, a natureza do rol de condutas previstos no art. 11, gerava grande divergência doutrinária. A nova lei trouxe pacificação à questão ao elencar um rol taxativo de condutas dolosas que podem configuram ato de improbidade administrativa por violação ao princípios da Administração Pública. Com o novel diploma, o legislador agiu em obediência ao princípio da legalidade.

Os princípios são mandamentos abstratos de otimização e devem ser observados na elaboração, interpretação e aplicação das leis. Nessa esteira, insta colacionar o ensinamento de Luiz Regis Prado:

> Os princípios podem ser considerados como pautas ou modelos normativos, dotados de grande abstração e generalidade (normas altamente indeterminadas), formuláveis como princípios *stricto sensu* ou normas programáticas. (...) Por sua vez, manifesta-se Alexy no sentido de que "os princípios são normas que ordenam que algo seja realizado na maior medida possível, dentro das possibilidades jurídicas e reais existentes. Portanto, são mandamentos de otimização, caracterizados pelo fato de que podem ser cumpridos em diferente grau e que a medida devida de seu cumprimento não só depende das possibilidades reais como também das jurídicas. O âmbito das possibilidades jurídicas é determinado pelos princípios e regras opostos. Contrariamente, as re-

---

190 *Direito administrativo*, op. cit.

gras são normas que tão somente podem ser cumpridas ou não. Se uma regra é válida, então deve se fazer exatamente o que ela exige, nem mais nem menos. Portanto, as regras contêm determinações no âmbito do fático e juridicamente possível. Isso significa que a diferença entre regras e princípios é qualitativa e não de grau. Toda norma é uma regra ou um princípio". E bem arremata o autor ao destacar que: "as regras e os princípios podem ser resumidos sob o conceito de norma. Tanto as regras como os princípios são normas porque ambos dizem o que deve ser. Ambos podem ser formulados com auxílio das expressões deônticas básicas do mandamento, da permissão e da proibição. Os princípios como as regras são razões para juízos concretos de dever ser, ainda quando sejam razões de um tipo muito diferente. A distinção entre regras e princípios é, pois, uma distinção entre dois tipos de normas"[191].

Um dos princípios norteadores do Direito Penal que, de maneira geral, se aplica no âmbito da improbidade administrativa, por seu caráter repressivo/sancionador, é o da legalidade, segundo o qual "não há crime sem lei anterior que o defina, nem pena sem prévia cominação legal". Ora, dado o caráter repressor de direitos oriundo das sanções de improbidade administrativa, nada mais justo que estas se imponham à luz do princípio da legalidade.

Acerca do princípio da legalidade, José Afonso da Silva assevera:

> O princípio da legalidade é nota essencial do Estado de Direito. É, também, por conseguinte, um princípio basilar do Estado Democrático de Direito, porquanto é da essência do seu conceito subordina-se à Constituição e fundar-se na legalidade democrática. Sujeita-se ao império da lei, mas da lei que realize o princípio da igualdade e da justiça não pela sua generalidade, mas pela busca da igualização das condições dos socialmente desiguais. Toda a sua atividade fica sujeita à lei, entendida como expressão da vontade geral, que só se materializa num regime de divisão de poderes em que ela seja o ato formalmente criado pelos órgãos de representação popular, de acordo com o processo legislativo estabelecido na Constituição. É nesse sentido que se deve entender a assertiva de que o Estado, ou o Poder Público, ou os administradores não podem exigir qualquer ação, nem impor qualquer abstenção, nem mandar tampouco proibir nada aos administrados, senão em virtude de lei[192].

---

191 PRADO, Luiz Regis. *Norma, princípio e regra*. Gen Jurídico, 2019. Disponível em: http://genjuridico.com.br/2019/11/22/norma-principio-regra/.

192 *Curso de direito constitucional positivo*, p. 420.

Assim, mister elencar elementos e características desse princípio – primordialmente de Direito Penal – que deve ser observado quando se tratar da faceta repressiva/sancionadora da Lei de Improbidade Administrativa.

O princípio da legalidade se subdivide em princípio da reserva legal e anterioridade. O Princípio da reserva legal preconiza que somente a lei, em seu sentido mais estrito, pode definir crimes e cominar penalidades, pois "a matéria penal deve ser expressamente disciplinada por uma manifestação de vontade daquele poder estatal a que, por força da Constituição, compete a faculdade de legislar, isto é, o poder legislativo. Por conseguinte, o princípio da anterioridade determina ser necessário que a lei já esteja em vigor na data em que o fato ilícito é praticado, pois, a relação jurídica é definida pela lei vigente à data do fato (*Tempus regit actum*). Portanto, m dos efeitos decorrentes da anterioridade da lei penal é a irretroatividade, pela qual a lei penal é editada para o futuro e não para o passado[193].

A reserva legal impõe também que a descrição da conduta ilícita seja detalhada e específica, não se coadunando com tipos genéricos, demasiadamente abrangentes. O deletério processo de generalização estabelece-se com a utilização de expressões vagas e sentido equívoco, capazes de alcançar qualquer comportamento humano e, por conseguinte, aptas a promover a mais completa subversão no sistema de garantias da legalidade.

De nada adiantaria exigir a prévia definição da conduta na lei se fosse permitida a utilização de termos muito amplos, tais como: "qualquer conduta contrária aos interesses nacionais", "qualquer vilipêndio à honra alheia" etc. A garantia, nesses casos, seria meramente formal, pois, como tudo pode ser enquadrado na definição legal, a insegurança jurídica e social seria tão grande como se lei nenhuma existisse.

Tal abstração se verificava no art. 11, já revogado da LIA: "Constitui ato de improbidade administrativa que atenta contra os princípios da administração pública **qualquer ação ou omissão** que viole os deveres de honestidade, imparcialidade, legalidade, e lealdade às instituições" (grifo nosso). Repare que a expressão "qualquer ação ou omissão" era demasiadamente genérica e abstrata, comportando inúmeras interpretações, muitas vezes em

---

193 CAPEZ, Fernando. *Curso de direito penal:* parte geral – arts. 1º a 120. v. 1. São Paulo: SaraivaJur, 2022, p. 41.

prejuízo ao réu, e resultando em desmedida insegurança jurídica. Verificava-se grave violação à taxatividade do princípio da legalidade, bem como afronta direta aos pilares do Estado Democrático de Direito.

A respeito desse tema, invoca-se também a sábia lição de Cernicchiaro: "A descrição genérica é mais perigosa que a analogia. Nesta há um parâmetro objetivo – a semelhança de uma conduta com outra, certa, definida, embora não haja identidade, como acontece com o furto e o furto de uso. Naquele, há subtração de coisa alheia móvel, para si ou para outrem. No segundo, o objeto material é a coisa móvel alheia. O objeto jurídico, o patrimônio. Deslocamento da coisa. A distinção é restrita ao elemento subjetivo. No furto, há a vontade de ter a coisa para si ou para outrem. No furto de uso, *animus* de restituí-la ou abandoná-la após a utilização momentânea. A descrição genérica enseja, ao intérprete, liberdade ainda maior. Consequentemente, perigosa. Flagrantemente oposta ao mandamento constitucional. O crime não é ação, mas ação determinada. E determinada pela lei"[194].

Tecidas as considerações iniciais acerca dessa modalidade de improbidade, passemos à análise dos incisos que descrevem, de maneira taxativa, as condutas que importam em violação aos princípios da Administração Pública.

- *Revelar fato ou circunstância de que tem ciência em razão das atribuições e que deva permanecer em segredo, propiciando beneficiamento por informação privilegiada ou colocando em risco a segurança da sociedade e do Estado (***art. 11, inciso III***).*

O agente público, aproveitando-se do cargo/emprego/função que ocupa, pratica conduta violadora dos princípios da Administração Pública, consistente em revelar fato ou circunstância de que tem ciência em razão das atribuições e que deva permanecer em segredo, propiciando beneficiamento por informação privilegiada ou colocando em risco a segurança da sociedade e do Estado, incorrendo em violação ao dever de sigilo.

Importante pontuar, que tal conduta também poderá configurar o crime de violação de sigilo profissional, previsto no art. 325, do Código Penal[195].

---

194 *Ibidem*, p. 42.

195 **Art. 325** – Revelar fato de que tem ciência em razão do cargo e que deva permanecer em segredo, ou facilitar-lhe a revelação:

Adriano Andrade, Cleber Masson e Landolfo Andrade salientam:

> Nas situações em que a lei impõe a restrição à publicidade, seja para resguardar interesse público, seja para preservar a intimidade dos cidadãos, surge para o agente público que tem acesso a informações sigilosas o dever de segredo, cujo descumprimento doloso configura o ato de improbidade previsto nesse inciso. A norma protege, portanto, o segredo profissional[196].

- *Negar publicidade aos atos oficiais, exceto em razão de sua imprescindibilidade para a segurança da sociedade e do Estado ou de outras hipóteses instituídas em lei (**art. 11, inciso IV**).*

O agente público, valendo-se do cargo/emprego/função que ocupa, pratica conduta violadora dos princípios da Administração Pública, consistente em negar publicidade aos atos oficiais, exceto em razão de sua imprescindibilidade para a segurança da sociedade e do Estado ou de outras hipóteses instituídas em lei.

Destaca-se que a referida conduta resulta em violação direta ao princípio da publicidade, insculpido no art. 37, *caput*, da Constituição Federal, possui como finalidade de transparecer os atos da Administração Pública, com vistas a garantir que o Poder Público atue com maior cristalinidade possível, para que a sociedade tenha acesso e conhecimento. O princípio citado igualmente se faz presente no rol de direitos e garantias fundamentais da nossa CF.

> *Art. 5º Todos são iguais perante a lei, sem distinção de qualquer natureza, garantindo-se aos brasileiros e aos estrangeiros resi-*

Pena – detenção, de seis meses a dois anos, ou multa, se o fato não constitui crime mais grave.

§ 1º Nas mesmas penas deste artigo incorre quem:

I – permite ou facilita, mediante atribuição, fornecimento e empréstimo de senha ou qualquer outra forma, o acesso de pessoas não autorizadas a sistemas de informações ou banco de dados da Administração Pública;

II – se utiliza, indevidamente, do acesso restrito.

§ 2º Se da ação ou omissão resulta dano à Administração Pública ou a outrem:

Pena – reclusão, de 2 (dois) a 6 (seis) anos, e multa.

196 ANDRADE, Adriano; MASSON, Cleber; ANDRADE, Landolfo. *Interesses difusos e coletivos*. Rio de Janeiro: Forense; São Paulo: Método, 2020, p. 778.

dentes no País a inviolabilidade do direito à vida, à liberdade, à igualdade, à segurança e à propriedade, nos termos seguintes: XXXIII – todos têm direito a receber dos órgãos públicos informações de seu interesse particular, ou de interesse coletivo ou geral, que serão prestadas no prazo da lei, sob pena de responsabilidade, ressalvadas aquelas cujo sigilo seja imprescindível à segurança da sociedade e do Estado;

Maria Sylvia Zanella Di Pietro destaca importantes aspectos acerca desse princípio:

> O princípio da publicidade, (...) inserido no art. 37 da Constituição, exige a ampla divulgação dos atos praticados pela Administração Pública, ressalvadas as hipóteses de sigilo previstas em lei. Existem na própria Constituição (art. 5º) outros preceitos que ou confirmam ou restringem o princípio da publicidade: O inciso LX determina que a lei só poderá restringir a publicidade dos atos processuais quando a defesa da intimidade ou o interesse social o exigirem; como a Administração Pública tutela interesses públicos, não se justifica o sigilo de seus atos processuais, a não ser que o próprio interesse público assim determine, como, por exemplo, se estiver em jogo a segurança pública; ou que o assunto, se divulgado, possa ofender a intimidade de determinada pessoa, sem qualquer benefício para o interesse público. 1. O inciso LX deve ser combinado com o art. 5º, X, que inova ao estabelecer serem invioláveis a intimidade, a vida privada, a honra e a imagem das pessoas, assegurado o direito à indenização pelo dano material ou moral decorrente de sua violação; também os incisos XI e XII do art. 5º protegem o direito à intimidade; o primeiro garante a inviolabilidade do domicílio, "salvo em caso de flagrante delito ou desastre, ou para prestar socorro ou, durante o dia, por determinação judicial", e, o segundo, o sigilo da correspondência e das comunicações telegráficas, de dados e das comunicações telefônicas, "salvo, no último caso, por ordem judicial, nas hipóteses e na forma que a lei estabelecer para fins de investigação criminal ou instrução processual penal." Pode ocorrer conflito entre o direito individual ao sigilo, que protege a intimidade, e outro direito individual (como a liberdade de opinião e de imprensa) ou conflito entre o direito à intimidade e um interesse público (como o dever de fiscalização por parte do Estado. Para resolver esse conflito, invoca-se o princípio da proporcionalidade (em sentido amplo), que exige observância das regras da necessidade, adequação e proporcionalidade (em sentido estrito). Por outras palavras, a medida deve trazer o mínimo de restrição ao titular do direito, devendo preferir os meios menos onerosos (regra da necessidade); deve ser apropriada para a realização

do interesse público (regra da adequação); e deve ser proporcional em relação ao fim a atingir (regra da proporcionalidade em sentido estrito). Para proteger a intimidade, como direito individual, o direito positivo limita a atuação de determinados órgãos e instituições e de determinados profissionais que, por força das funções que lhes são próprias, têm conhecimento de informações relativas a terceiros, impondo-lhes o dever de sigilo. Nessas hipóteses, as informações obtidas não podem ser objeto de divulgação; não tem aplicação, nesses casos, a regra da publicidade. Vale dizer que existe o sigilo como direito fundamental, ao qual corresponde o dever de sigilo imposto a todos aqueles, sejam particulares, sejam agentes públicos, que tenham conhecimento de dados sigilosos que não lhes pertencem e em relação aos quais fica vedada a divulgação ou publicidade. O Código Penal tipifica como crime o fato de "revelar alguém, sem justa causa, segredo de que tem ciência em razão de função, ministério, ofício ou profissão, e cuja revelação possa produzir dano a outrem". A Lei n. 12.527, de 18-11-11, que regula o acesso a informações (e está regulamentada pelo Decreto n. 7.724, de 16-5-12, alterado pelos Decretos n.º 9.690, de 23-01-19 e 9.781, de 3-05-19), estabelece, no art. 31, § 1º, que as informações pessoais, relativas à intimidade, vida privada, honra e imagem terão seu acesso restrito, independentemente de classificação de sigilo e pelo prazo máximo de 100 (cem anos) a contar da sua data de produção, a agentes públicos legalmente autorizados e à pessoa a que elas se referirem; e poderão ter autorizada sua divulgação ou acesso por terceiros diante de previsão legal ou consentimento expresso da pessoa a que elas se referirem. No § 3º do mesmo dispositivo são indicadas as hipóteses em que o consentimento não será exigido. O § 4º proíbe que a restrição de acesso à informação seja invocada com o intuito de prejudicar processo de apuração de irregularidades em que o titular das informações estiver envolvido, bem como em ações voltadas para a recuperação de fatos históricos de maior relevância. 2.O inciso XIV assegura a todos o acesso à informação e resguardado o sigilo da fonte, quando necessário ao exercício profissional. 3.O inciso XXXIII estabelece que todos têm direito a receber dos órgãos públicos informações de seu interesse particular, ou de interesse coletivo ou geral, que serão prestadas no prazo da lei, sob pena de responsabilidade, ressalvadas aquelas cujo sigilo seja imprescindível à segurança da sociedade e do Estado; essa norma deve ser combinada com a do inciso LX, que garante o sigilo dos atos processuais quando necessário à defesa da intimidade e proteção do interesse social. Tais dispositivos estão disciplinados pela Lei n. 12.527, de 18-11-11. Essa Lei disciplina também os arts. 37, § 3º, II, e 216, § 2º, da Constituição; o primeiro prevê lei que assegure o acesso dos usuários a registros administrativos e a informações sobre atos do governo, observado o disposto no art. 5º, X e XXXIII; o segundo outorga à Administração Pública a gestão da documentação governamental e as providências para franquear sua consulta a quantos dela necessitarem[197].

- *Frustrar, em ofensa à imparcialidade, o caráter concorrencial de concurso público, de chamamento ou de procedimento licitatório, com vistas à obtenção de benefício próprio, direto ou indireto, ou de terceiros (art. 11, inciso V).*

A Constituição Federal traz disposições expressas acerca dos concursos públicos e das licitações:

> *Art. 37. A administração pública direta e indireta de qualquer dos Poderes da União, dos Estados, do Distrito Federal e dos Municípios obedecerá aos princípios de legalidade, impessoalidade, moralidade, publicidade e eficiência e, também, ao seguinte:*
>
> *II – a investidura em cargo ou emprego público depende de aprovação prévia em concurso público de provas ou de provas e títulos, de acordo com a natureza e a complexidade do cargo ou emprego, na forma prevista em lei, ressalvadas as nomeações para cargo em comissão declarado em lei de livre nomeação e exoneração;*
>
> *(...)*
>
> *XXI – ressalvados os casos especificados na legislação, as obras, serviços, compras e alienações serão contratados mediante processo de licitação pública que assegure igualdade de condições a todos os concorrentes, com cláusulas que estabeleçam obrigações de pagamento, mantidas as condições efetivas da proposta, nos termos da lei, o qual somente permitirá as exigências de qualificação técnica e econômica indispensáveis à garantia do cumprimento das obrigações.*

O agente público, valendo-se do cargo/emprego/função que ocupa, pratica conduta violadora dos princípios da Administração Pública, consistente em frustrar, em ofensa à imparcialidade, o caráter concorrencial de concurso público, de chamamento ou de procedimento licitatório, com a finalidade de obter benefício próprio, direto ou indireto, bem como de terceiros.

---

197 DI PIETRO, Maria Sylvia Zanella. *Direito administrativo*. 35. ed. São Paulo: Atlas, 2022, p. 118.

No que concerne às regras e características do concurso público Maria Silvia Zanella Di Pietro, ministra:

Nos termos do art. 37, II, com redação dada pela Emenda Constitucional n. 19, "a investidura em cargo ou emprego público depende de aprovação prévia em concurso público de provas ou de provas e títulos, de acordo com a natureza e a complexidade do cargo ou emprego, na forma prevista em lei, ressalvadas as nomeações para cargo em comissão declarado em lei de livre nomeação e exoneração". A exigência de concurso público é feita também para ingresso nas carreiras institucionalizadas pela Constituição: para ingresso na Magistratura, no cargo inicial de juiz substituto, o art. 93, I, exige concurso público de provas e títulos, com a participação da Ordem dos Advogados do Brasil em todas as fases; para ingresso na carreira do Ministério Público, o art. 129, § 3º, faz idêntica exigência; igualmente é exigido concurso público de provas e títulos para ingresso nas classes iniciais da Advocacia-Geral da União (art. 131, § 2º), na carreira de Procurador do Estado (art. 132) e na de Defensor Público (art. 134, § 1º). Quando a Constituição fala em concurso público, ela está exigindo procedimento aberto a todos os interessados, ficando vedados os chamados concursos internos, só abertos a quem já pertence ao quadro de pessoal da Administração Pública. Daí não terem mais fundamento algumas formas de provimento, sem concurso público, previstas na legislação ordinária anterior à Constituição de 1988, como a transposição (ou ascensão) e a readmissão. Para os cargos em comissão, o art. 37, II, dispensa o concurso público, o que não significa ser inteiramente livre a escolha dos seus ocupantes, consoante decorre do inciso V do mesmo dispositivo da Constituição. A lei é que definirá os "casos, condições e percentuais mínimos" a serem observados no provimento de cargos em comissão. Além disso, existe a restrição ao nepotismo, prevista na Súmula Vinculante n. 13, do Supremo Tribunal Federal: "A nomeação de cônjuge, companheiro ou parente em linha reta, colateral ou por afinidade, até o terceiro grau, inclusive, da autoridade nomeante ou de servidor da mesma pessoa jurídica investido em cargo de direção, chefia ou assessoramento, para o exercício de cargo em comissão ou de confiança ou, ainda, de função gratificada na Administração Pública direta e indireta em qualquer dos poderes da União, dos Estados, do Distrito Federal e dos Municípios, compreendido o ajuste mediante designações recíprocas, viola a Constituição Federal."6 Viola, com certeza, o princípio da moralidade administrativa previsto no art. 37, I, da Constituição. Além dos cargos em comissão, a própria Constituição estabelece outras exceções, como as referentes à nomeação dos membros dos Tribunais (arts.

73, § 2º, 94, 101, 104, parágrafo único, II, 107, 111-A, introduzido pela Emenda Constitucional n. 45/04, 119, II, 120, III, e 123)[198].

No que tange ao conceito, regime e às regras da licitação, a autora destaca:

> Aproveitando, parcialmente, conceito de José Roberto Dromi (1975:92), pode-se definir a licitação como o procedimento administrativo pelo qual um ente público, no exercício da função administrativa, abre a todos os interessados, que se sujeitem às condições fixadas no instrumento convocatório, a possibilidade de formularem propostas dentre as quais selecionará e aceitará a mais conveniente para a celebração de contrato. Ao falar-se em procedimento administrativo, está-se fazendo referência a uma série de atos preparatórios do ato final objetivado pela Administração. A licitação é um procedimento integrado por atos e fatos da Administração e atos e fatos do licitante, todos contribuindo para formar a vontade contratual. Por parte da Administração, o edital ou convite, o recebimento das propostas, a habilitação, a classificação, a adjudicação, além de outros atos intermediários ou posteriores, como o julgamento de recursos interpostos pelos interessados, a revogação, a anulação, os projetos, as publicações, anúncios, atas etc. Por parte do particular, a retirada do edital, a proposta, a desistência, a prestação de garantia, a apresentação de recursos, as impugnações. A expressão ente público no exercício da função administrativa justifica-se pelo fato de que mesmo as entidades privadas que estejam no exercício de função pública, ainda que tenham personalidade jurídica de direito privado, submetem-se à licitação. Note-se que as entidades da Administração Indireta, com personalidade de direito privado, como empresas públicas, sociedades de economia mista e fundações, costumam ser chamadas por alguns autores de entidades públicas de direito privado, por terem o regime de direito comum parcialmente derrogado por normas de direito público; é o caso dos dispositivos constitucionais que impõem licitação (arts. 22, XXVII, e 37, *caput*, combinado com inciso XXI, e com art. 173, § 1º, inciso III, da Constituição). Pela licitação, a Administração abre a todos os interessados que se sujeitem às condições fixadas no instrumento convocatório, a possibilidade de apresentação de proposta. Quando a Administração convida os interessados pela forma de convocação prevista na lei (edital ou carta-convite), nesse ato convocatório vêm contidas as condi-

---

198 DI PIETRO, Maria Sylvia Zanella. *Direito administrativo*. 35. ed. São Paulo: Atlas, 2022, p. 725.

ções básicas para participar da licitação, bem como as normas a serem observadas no contrato que se tem em vista celebrar; o atendimento à convocação implica a aceitação dessas condições por parte dos interessados. Daí a afirmação segundo a qual o edital é a lei da licitação e, em consequência, a lei do contrato. Nem a Administração pode alterar as condições, nem o particular pode apresentar propostas ou documentação em desacordo com o exigido no ato de convocação, sob pena de desclassificação ou inabilitação, respectivamente[199].

Com base na alteração legislativa operada em 2021, Rafael de Oliveira Costa e Renato Kim Barbosa acrescem:

> A Lei n. 14.230/2021 alterou completamente esse dispositivo, dispondo que configura improbidade administrativa a conduta de frustrar, em ofensa à imparcialidade, o caráter concorrencial de concurso público, de chamamento ou de procedimento licitatório, com vistas à obtenção de benefício próprio, direto ou indireto, ou de terceiros. Assim, o primeiro requisito traduz-se na conduta de dificultar ou impedir a ampla disputa em um concurso público, chamamento ou licitação, prejudicando a equidade Há, ademais, a imprescindibilidade de se visar, com essa conduta, a um benefício próprio – do agente público – ou de terceira pessoa. O concurso público é exigência constitucional para, em regra, se acessar cargos públicos, nos termos do art. 37, *caput*, inciso II, da Constituição Federal: Art. 37. [...] II – a investidura em cargo ou emprego público depende de aprovação prévia em concurso público de provas ou de provas e títulos, de acordo com a natureza e a complexidade do cargo ou emprego, na forma prevista em lei, ressalvadas as nomeações para cargo em comissão declarado em lei de livre nomeação e exoneração; [...].Em tal contexto, o desrespeito a essa norma sabota todo um sistema engendrado para se respeitar a isonomia e a impessoalidade, objetivando impedir favorecimentos e outras ilegalidades que prejudicam sobremaneira o interesse público. A imparcialidade e o caráter concorrencial são fundamentais para essas finalidades, pois evitam que a população em geral seja preterida em favor dos "amigos do Rei". Exemplo: prefeito que elabora edital de concurso público para direcioná-lo a um parente seu, exigindo, por exemplo, cursos e outras características que somente essa pessoa possui[200].

---

199 DI PIETRO, Maria Sylvia Zanella. *Direito administrativo*. 35. ed. São Paulo: Atlas, 2022, p. 410.

200 COSTA, Rafael de O.; BARBOSA, Renato K. *Nova Lei de Improbidade Administrativa*: de acordo com a Lei n. 14.230/2021. Grupo Almedina (Portugal), 2022, p. 125-126.

PARTE II | **189**

Insta salientar que, além de o ato de improbidade violar dos princípios da Administração Pública, a depender do caso concreto, o agente público poderá incorrer na prática do crime previsto no art. 337-F[201] do Código Penal.

No art. 337-F, o objeto jurídico tutelado são os interesses da Administração Pública, mormente o caráter competitivo das licitações com vistas a garantir a escolha da melhor proposta. Trata-se de *novatio legis in pejus*[202] logo, não retroagirá nesse ponto. O delito é classificado como de tipo misto alternativo ou de conteúdo variado, no qual mesmo que o agente pratique mais de um núcleo do tipo no mesmo contexto fático, responderá por apenas um, o outro será levado em conta pelo juiz na primeira fase da dosimetria da pena, quando da fixação da pena base (arts. 68 e 59, CP – respectivamente).

É crime comum, podendo ser praticado por qualquer pessoa sem a necessidade de participação ou interesse no processo licitatório, e será punido a título de dolo[203] havendo o elemento subjetivo específico de obter para si ou para outrem vantagem advinda da adjudicação do objeto da licitação[204].

- *Deixar de prestar contas quando esteja obrigado a fazê-lo, desde que disponha das condições para isso, com vistas a ocultar irregularidades (art. 11, inciso VI).*

Nessa hipótese, o agente público, valendo-se do cargo/emprego/função que ocupa, pratica conduta violadora dos princípios da Administração Pública, consistente em deixar de prestar contas quando esteja obrigado a fazê-lo, desde que disponha das condições para isso, com vistas a ocultar irregularidades.

---

201 "Art. 337-F. Frustrar ou fraudar, com o intuito de obter para si ou para outrem vantagem decorrente da adjudicação do objeto da licitação, o caráter competitivo do processo licitatório: Pena – reclusão, de 4 (quatro) anos a 8 (oito) anos, e multa".

202 A Lei n. 14133/2021 – nova Lei de Licitações e Contratos Públicos, inseriu o Capítulo II-B do Título XI da Parte Especial no Código Penal, os chamados Crimes em Licitações e Contratos Administrativos, dos arts. 337-E ao 337-P.

203 Súmula 645: "O crime de fraude à licitação é formal e sua consumação prescinde da comprovação do prejuízo ou da obtenção de vantagem."

204 CAPEZ, Fernado. *Curso de direito penal.* São Paulo: Saraiva, 2022, p. 222. v. 3.

Note-se que não basta tão somente o deixar de realizar o dever funcional, ou seja, deixar de prestar contas. A conduta deverá ter a finalidade específica de ocultar irregularidades. O dever de prestar contas tem amparo constitucional:

> *Art. 70. A fiscalização contábil, financeira, orçamentária, operacional e patrimonial da União e das entidades da administração direta e indireta, quanto à legalidade, legitimidade, economicidade, aplicação das subvenções e renúncia de receitas, será exercida pelo Congresso Nacional, mediante controle externo, e pelo sistema de controle interno de cada Poder.*
>
> *Parágrafo único. Prestará contas qualquer pessoa física ou jurídica, pública ou privada, que utilize, arrecade, guarde, gerencie ou administre dinheiros, bens e valores públicos ou pelos quais a União responda, ou que, em nome desta, assuma obrigações de natureza pecuniária.*

- *Revelar ou permitir que chegue ao conhecimento de terceiro, antes da respectiva divulgação oficial, teor de medida política ou econômica capaz de afetar o preço de mercadoria, bem ou serviço* (**art. 11, inciso VII**).

O agente público, em razão do cargo/emprego/função que ocupa, pratica conduta violadora dos princípios da Administração Pública, consistente em revelar ou permitir que chegue ao conhecimento de terceiro, antes da respectiva divulgação oficial, teor de medida política ou econômica capaz de afetar o preço de mercadoria, bem ou serviço.

A respeito do dispositivo ora estudado, importante colacionar os esclarecimentos de Rafael Oliveira Costa e Renato Kim Barbosa:

> O primeiro requisito consiste em revelar ou permitir que chegue ao conhecimento de terceiro. Na primeira conduta, o próprio agente público torna pública a medida em questão. Já na segunda, o agente público autoriza que tal medida seja divulgada a terceira pessoa. O dispositivo consigna o lapso temporal dessa conduta, o qual deve ser anterior à divulgação oficial da medida em apreço. E esse requisito possui uma evidente razão de ser, já que a difusão posterior não se trata de revelação e muito menos indevida. Ademais, a norma prote-

ge a atividade estatal referente a medidas políticas ou econômicas aptas a influenciarem no mercado, alterando o preço de produtos e serviços[205].

- *Descumprir as normas relativas à celebração, fiscalização e aprovação de contas de parcerias firmadas pela administração pública com entidades privadas (art. 11, inciso VIII).*

O agente público, valendo-se do cargo/emprego/função que ocupa, pratica conduta violadora dos princípios da Administração Pública, consistente em descumprir as normas relativas à celebração, fiscalização e aprovação de contas de parcerias firmadas pela administração pública com entidades privadas.

Tem-se nesse inciso disposição muito semelhante àquela do art. 10, XIX, da LIA. Diante da referida similaridade, destaca-se a diferenciação dos dispositivos, na lição de Luiz Manoel Gomes Junior e Rogerio Favreto:

> A regra do inciso XIX do art. 10 da Lei de Improbidade, introduzida pela Lei n. 13.019/2014, visa tornar possível punir o agente público que age de forma negligente na celebração, fiscalização e análise de contas de parcerias. Já a disciplina do inciso VII o art. 11 da Lei de Improbidade torna possível punir o agente que descumpre normas relativas à celebração, fiscalização e aprovação de contas de parcerias firmadas pela administração pública com entidades privadas. (...) Havendo dúvida, em se tratando de direito sancionador, deve haver interpretação em favor do acusado, ou seja, enquadrando a conduta no inciso VII do art. 11 da Lei de Improbidade. Aqui também temos que, em princípio somente o agente público pode ser enquadrado no referido dispositivo, já que como regra é sua, a responsabilidade pelo descumprimento das normas relativas à celebração, fiscalização e análise de contas decorrente de parcerias firmadas pela administração pública com entidades privadas[206].

---

205 COSTA, Rafael de O.; BARBOSA, Renato K. *Nova Lei de Improbidade Administrativa*: de acordo com a Lei n. 14.230/2021. Grupo Almedina (Portugal), 2022, p. 128.

206 GAJARDONI, Fernando da Fonseca et al. *Comentários à nova lei de improbidade administrativa*: Lei n. 8.429/92, com as alterações da Lei n. 14.230/2021. São Paulo: Revista dos Tribunais, 2021, p. 163.

192 | NOVA LEI DE IMPROBIDADE ADMINISTRATIVA | FERNANDO CAPEZ

2.10.3. Positivação legal do nepotismo (comum e cruzado)

Nomear cônjuge, companheiro ou parente em linha reta, colateral ou por afinidade, até o terceiro grau, inclusive, da autoridade nomeante ou de servidor da mesma pessoa jurídica investido em cargo de direção, chefia ou assessoramento, para o exercício de cargo em comissão ou de confiança ou, ainda, de função gratificada na administração pública direta e indireta em qualquer dos Poderes da União, dos Estados, do Distrito Federal e dos Municípios, compreendido o ajuste mediante designações recíprocas (art. 11, inciso XI).

Nepotismo é o favorecimento dos vínculos de parentesco nas relações de trabalho ou emprego. As práticas de nepotismo substituem a avaliação de mérito para o exercício da função pública pela valorização de laços de parentesco. Nepotismo é prática que viola as garantias constitucionais de impessoalidade administrativa, na medida em que estabelece privilégios em função de relações de parentesco e desconsidera a capacidade técnica para o exercício do cargo público. O fundamento das ações de combate ao nepotismo é o fortalecimento da República e a resistência a ações de concentração de poder que privatizam o espaço público[207].

Para evitar o nepotismo cruzado, o STF editou a Súmula Vinculante n. 13/2008:

> A nomeação de cônjuge, companheiro ou parente em linha reta, colateral ou por afinidade, até o terceiro grau, inclusive, da autoridade nomeante ou de servidor da mesma pessoa jurídica, investido em cargo de direção, chefia ou assessoramento, para o exercício de **cargo em comissão ou de confiança, ou, ainda, de função gratificada na Administração Pública direta e indireta, em qualquer dos Poderes da União, dos Estados, do Distrito Federal e dos municípios, compreendido o ajuste mediante designações recíprocas**, viola a Constituição Federal[208]. (grifos nossos)

---

207 Portal CNJ. "O que é nepotismo". Disponível em: https://www.cnj.jus.br/o-que-e-nepotismo/.

208 Portal CNMP. "Nepotismo e nepotismo cruzado: critérios de controle" Disponível em: https://www.cnmp. mp. br/portal/institucional/724-institucional/comissoes-institucional/comissao-de-controle-administrativo-e-financeiro/ordenador-de-despesas/recursos-humanos-e-gestao-de-pessoas/1229-nepotismo-e-nepotismo-cruzado-criterios--de-controle.

Em análise da Súmula Vinculante 13, e, por conseguinte do dispositivo ora verificado, no que concerne ao nepotismo cruzado, Matheus Carvalho elucida:

> Perceba que a súmula veda a realização de designações recíprocas, ou seja, não se admite que de forma indireta se garanta a nomeação de agente de agente público, por meio de troca de favores ou favorecimentos pessoais para parentes de outros agentes. Neste sentido, não é possível que o juiz "B" nomeie a esposa do juiz "A" para exercer a função de assessoria em seu gabinete e, em troca, o juiz "A" garanta a nomeação da esposa ou companheira do juiz" B" para exercer função gratificada em seu gabinete. Essa reciprocidade de nomeações, conhecida como "nepotismo cruzado" é vedada expressamente pelo texto da súmula, impedindo qualquer expediente que, ainda de forma indireta, atente contra a impessoalidade das nomeações[209].

- *Praticar, no âmbito da administração pública e com recursos do erário, ato de publicidade que contrarie o disposto no § 1º do art. 37 da Constituição Federal, de forma a promover inequívoco enaltecimento do agente público e personalização de atos, de programas, de obras, de serviços ou de campanhas dos órgãos públicos (art. 11, inciso XII).*

O agente público, em seu cargo/emprego/função, pratica conduta violadora dos princípios da Administração Pública, consistente em praticar, no âmbito da administração pública e com recursos do erário, ato de publicidade que contrarie o disposto no § 1º do art. 37 da Constituição Federal[210], de forma a promover inequívoco enaltecimento do agente público e personalização de atos, de programas, de obras, de serviços ou de campanhas dos órgãos públicos.

---

209 CARVALHO, Matheus. *Lei de improbidade comentada*. São Paulo: JusPodivm, 2022, p. 76.

210 CF/88: Art. 37. "A administração pública direta e indireta de qualquer dos Poderes da União, dos Estados, do Distrito Federal e dos Municípios obedecerá aos princípios de legalidade, impessoalidade, moralidade, publicidade e eficiência e, também, ao seguinte: (...) § 1º A publicidade dos atos, programas, obras, serviços e campanhas dos órgãos públicos deverá ter caráter educativo, informativo ou de orientação social, dela não podendo constar nomes, símbolos ou imagens que caracterizem promoção pessoal de autoridades ou servidores públicos".

Tem-se como finalidade precípua a repressão à violação da vedação prevista constitucionalmente, na promoção pessoal dolosa feita às custas do dinheiro público, que por consequência resulta na prática de ato de improbidade do art. 11.

Acerca do referido ilícito, Marçal Justen Filho ministra:

> O aspecto material da infração consiste em conduta que configure promoção pessoal de autoridade ou servidor público, por meio de publicidade. Isso compreende, de modo específico, a vinculação de qualquer iniciativa pública à pessoa de um agente determinado. Todas as iniciativas publicitárias adotadas pelo agente público devem ser dotadas de cunho educativo, informativo ou de orientação social. A improbidade se configura quando a promoção publicitária, que enaltece determinado agente público, é custeada por recursos públicos. Não se admite que verbas públicas (incluindo aquelas provenientes de entidades da Administração Indireta) sejam utilizadas para a veiculação de programas publicitários orientados a destacar a atuação de um agente público. Essa hipótese traduz a utilização da máquina pública para benefício exclusivo e egoístico de um agente público, inclusive permitindo a difusão de sua imagem para fins eleitorais. Trata-se de mecanismo incompatível com a democracia e com a dimensão republicana do exercício do poder estatal[211].

Nessa toada, Maria Sylvia Zanella Di Pietro ensina:

> Este princípio, que aparece, pela primeira vez, com essa denominação, no art. 37 da Constituição de 1988, está dando margem a diferentes interpretações, pois, ao contrário dos demais, não tem sido objeto de cogitação pelos doutrinadores brasileiros. Exigir impessoalidade da Administração tanto pode significar que esse atributo deve ser observado em relação aos administrados como à própria Administração. No primeiro sentido, o princípio estaria relacionado com a finalidade pública que deve nortear toda a atividade administrativa. Significa que a Administração não pode atuar com vistas a prejudicar ou beneficiar pessoas determinadas, uma vez que é sempre o interesse público que tem que nortear o seu comportamento. Aplicação desse princípio encontra-se, por exemplo, no art. 100 da Constituição, referente aos precatórios judiciais; o dispositivo proíbe a designação de pessoas ou de casos nas dotações orçamentárias e nos créditos adicionais abertos para esse fim. No segundo sentido, o princípio significa, segundo José Afonso da Silva

---

211 JUSTEN FILHO, Marçal. *Reforma da Lei de Improbidade Administrativa comentada e comparada:* Lei n. 14.230, de 25 de outubro de 2021. Rio de Janeiro: Forense, 2022, p. 127.

(2003:647), baseado na lição de Gordillo que "os atos e provimentos administrativos são imputáveis não ao funcionário que os pratica, mas ao órgão ou entidade administrativa da Administração Pública, de sorte que ele é o autor institucional do ato. Ele é apenas o órgão que formalmente manifesta a vontade estatal". Acrescenta o autor que, em consequência "as realizações governamentais não são do funcionário ou autoridade, mas da entidade pública em nome de quem as produzira. A própria Constituição dá uma consequência expressa a essa regra, quando, no § 1º do art. 37, proíbe que conste nome, símbolos ou imagens que caracterizem promoção pessoal de autoridades ou servidores públicos em publicidade de atos, programas, obras, serviços e campanhas dos órgãos públicos". Na Lei n. 9.784/99, o princípio não aparece expressamente mencionado, porém, está implicitamente contido no art. 2º, parágrafo único, inciso III, nos dois sentidos assinalados, pois se exige "objetividade no atendimento do interesse público, vedada a promoção pessoal de agentes ou autoridades". A nova Lei de Licitações e Contratos Administrativos – Lei n. 14.133/2021, no art. 5º, ao mencionar os princípios da licitação, inclui o da impessoalidade. Outra aplicação desse princípio encontra-se em matéria de exercício de fato, quando se reconhece validade aos atos praticados por funcionário irregularmente investido no cargo ou função, sob fundamento de que os atos são do órgão e não do agente público. É oportuno lembrar, ainda, que a Lei n. 9.784/99, nos arts. 18 a 21, contém normas sobre impedimento e suspeição, que se inserem também como aplicação do princípio da impessoalidade e do princípio da moralidade. Do mesmo modo que nas ações judiciais existem hipóteses de impedimento e suspeição do Juiz, também no processo administrativo essas hipóteses criam presunção de parcialidade da autoridade que decidir sem declarar a existência das causas de impedimento ou suspeição[212].

2.10.4. Necessidade de comprovação da finalidade de obtenção de proveito ou benefício indevido para si ou para outra pessoa ou entidade, por parte do agente público (art. 11, § 1º)

Nos termos da Convenção das Nações Unidas contra a Corrupção, promulgada pelo Decreto n. 5.687/ 2006, somente haverá improbidade ad-

---

212 DI PIETRO, Maria Sylvia Zanella. *Direito administrativo*. Rio de Janeiro: Forense, 2022, p. 1.027.

ministrativa, que configure violação aos princípios da Administração Pública, quando for comprovado na conduta funcional do agente público o fim de obter proveito ou benefício indevido para si ou para outra pessoa ou entidade.

Nesse sentido discorre Maria Sylvia Zanella Di Pietro:

> Os parágrafos do art. 11, acrescentados pela Lei n. 14.230, preveem algumas vedações com fundamento na Convenção das Nações Unidas contra a corrupção, promulgada pelo Decreto n. 5.687, de 31-1-06: (i) somente haverá improbidade administrativa, na aplicação do art. 11, quando for comprovado na conduta funcional do agente público o fim de obter proveito ou benefício indevido para si ou para outra pessoa ou entidade (§ 1º); (ii) o mesmo condicionamento é aplicado a quaisquer atos de improbidade administrativa tipificados na Lei n. 8.429 e em leis especiais e a quaisquer outros tipos especiais de improbidade administrativa instituídos por lei (§ 2º); (iii) o enquadramento de conduta funcional no art. 11 pressupõe a demonstração objetiva da prática de ilegalidade no exercício da função pública, com a indicação das normas constitucionais, legais ou infralegais violadas (§ 3º); (iv) o enquadramento no art. 11 da lei exige lesividade relevante ao bem jurídico tutelado para ser passível de sancionamento e independe do reconhecimento da produção de danos ao erário e de enriquecimento ilícito dos agentes públicos (§ 4º). Pelo § 5º do art. 11, não se configurará improbidade a mera nomeação ou indicação política por parte dos detentores de mandatos eletivos, sendo necessária a aferição de dolo com finalidade ilícita por parte do agente[213].

2.10.5. Aplicação da regra geral do art. 11, § 1º, a qualquer ato de improbidade previsto na LIA ou em outras leis (art. 11, § 2º)

Aplica-se o descrito supra a quaisquer atos de improbidade administrativa tipificados nesta Lei a quaisquer outros tipos especiais de improbidade administrativa instituídos por lei[214].

---

213 DI PIETRO, Maria Sylvia Zanella. *Direito administrativo*. Rio de Janeiro: Forense, 2022, p. 113.

214 *Vide* item: "Previsão normativa".

O dispositivo avulta a incidência da regra de que somente haverá improbidade administrativa, que configure violação aos princípios da Administração Pública, quando for comprovado na conduta funcional do agente público o fim de obter proveito ou benefício indevido para si ou para outra pessoa ou entidade, a todo e qualquer ato que importe a prática dolosa de improbidade administrativa independente do diploma em que estiver previsto.

2.10.6. Necessidade de indicação das normas constitucionais, legais ou infralegais violadas (art. 11, § 3º)

O enquadramento de conduta funcional na categoria de que trata o art. 11 da LIA, pressupõe a demonstração objetiva da prática de ilegalidade no exercício da função pública, com a indicação das normas constitucionais, legais ou infralegais violadas.

No que concerne às disposições dos parágrafos 1º, 2º e 3º do artigo em comento, Matheus Carvalho ressalta:

> Esses dispositivos, analisados em conjunto visam a impedir a punição do agente público por equívoco ou até mesmo em razão de negligência, imprudência e imperícia. Somente serão responsabilizados, caso o ato tenha sido praticado com o intuito de beneficiar alguém em clara conduta funcional[215].

2.10.7. Exigência de lesividade relevante ao bem jurídico tutelado pela LIA (art. 11, § 4º)

Os atos de improbidade previstos no dispositivo exigem lesividade relevante ao bem jurídico tutelado para serem passíveis de sancionamento e independem do reconhecimento da produção de danos ao erário e de enriquecimento ilícito dos agentes públicos.

O legislador foi claro ao dispor que os atos de improbidade que atentam contra os princípios da Administração Pública exigem uma lesividade relevante ao bem jurídico tutelado. Extrai-se do dispositivo, portanto, que os

---

215 CARVALHO, Matheus. *Lei de improbidade comentada*. São Paulo: JusPodivm, 2022, p. 81.

atos de improbidade que atentam contra os princípios da Administração Pública independem do reconhecimento de danos ao erário e de enriquecimento ilícito dos agentes públicos, mas, tornou-se indispensável a comprovação de lesividade relevante ao bem jurídico tutelado para serem passíveis de sancionamento.

2.10.8. Mera nomeação ou indicação política sem o dolo com finalidade ilícita (art. 11, § 5º)

Não se configurará improbidade a mera nomeação ou indicação política por parte dos detentores de mandatos eletivos, sendo necessária a aferição de dolo com finalidade ilícita por parte do agente.

Daniel Amorim Assumpção Neves e Rafael C. Rezende Oliveira destacam:

> O § 5º do art. 11 da LIA, incluído pela Lei n. 14.230/2021, por sua vez, dispõe que "a mera nomeação ou indicação política por parte dos detentores de mandatos eletivos" não configura improbidade administrativa, exigindo-se a necessária demonstração do dolo do agente público. Mencione-se, por exemplo, que o STF tem afastado a incidência da Súmula Vinculante 13 dos cargos políticos, que poderiam ser providos por parentes da autoridade administrativa. Nesse caso, a partir da própria jurisprudência da Suprema Corte, a nomeação não configuraria ato ilícito ou improbidade, o que, independentemente das críticas que poderiam ser apresentadas, é reforçado pelo art. 11, § 5.º, da LIA[216].

 JURISPRUDÊNCIA

"Conflita com a Carta da República a permanência de ocupante de cargo comissionado nomeado em momento anterior à publicação da norma que implicou vedação ao nepotismo, ausente direito adquirido (...). Surge constitucional a nomeação ou designação de parente ocupante de cargo de provimento efetivo para exercer função gratificada, vedada a atuação junto ao magistrado determinante da incompatibilidade". (ADI 3.680, rel. min. Marco Aurélio, j. 18-8-2020, publicação *DJE* de 6-10-2020).

---

216 NEVES, Daniel Amorim Assumpção; OLIVEIRA, Rafael Carvalho Rezende. *Comentários à reforma da Lei de Improbidade Administrativa*. Rio de Janeiro: Forense, 2022, p. 132.

"A vedação ao nepotismo na Administração Pública decorre diretamente da Constituição Federal e sua aplicação deve ser imediata e verticalizada. Viola os princípios da moralidade, impessoalidade e isonomia diploma legal que excepciona da vedação ao nepotismo os servidores que estivessem no exercício do cargo no momento de sua edição". (STF – ADI 3.094, rel. min. Edson Fachin, j. 27-9-2019, publicado no *DJE* de 15-10-2019).

"A contratação de servidores públicos temporários sem concurso público, mas baseada em legislação local, por si só, não configura a improbidade administrativa prevista no art. 11 da Lei n. 8.429/92, por estar ausente o elemento subjetivo (dolo) necessário para a configuração do ato de improbidade violador dos princípios da administração pública". (STJ – REsp 1.913.638-MA, Rel. Min. Gurgel de Faria, Primeira Seção, por unanimidade, julgado em 11/05/2022).

2.11. ARTIGO 12

2.11.1. Quadro Comparativo

REDAÇÃO ANTERIOR	LEI N. 14.230/2021
Art. 12. Independentemente das sanções penais, civis e administrativas, previstas na legislação específica, está o responsável pelo ato de improbidade sujeito às seguintes cominações: Art. 12. Independentemente das sanções penais, civis e administrativas previstas na legislação específica, está o responsável pelo ato de improbidade sujeito às seguintes cominações, que podem ser aplicadas isolada ou cumulativamente, de acordo com a gravidade do fato:	Art. 12. Independentemente do ressarcimento integral do dano patrimonial, se efetivo, e das sanções penais comuns e de responsabilidade, civis e administrativas previstas na legislação específica, está o responsável pelo ato de improbidade sujeito às seguintes cominações, que podem ser aplicadas isolada ou cumulativamente, de acordo com a gravidade do fato:
I – na hipótese do art. 9º, perda dos bens ou valores acrescidos ilicitamente ao patrimônio, ressarcimento integral do dano, quando houver, perda da função pública, suspensão dos direitos políticos de oito a dez anos, pagamento de multa civil de até três vezes o valor do acréscimo patrimonial e proibição de contratar com o Poder Público ou receber benefícios ou incentivos fiscais ou creditícios, direta ou indiretamente, ainda que por intermédio de pessoa jurídica da qual seja sócio majoritário, pelo prazo de dez anos;	I – na hipótese do art. 9º desta Lei, perda dos bens ou valores acrescidos ilicitamente ao patrimônio, perda da função pública, suspensão dos direitos políticos até 14 (catorze) anos, pagamento de multa civil equivalente ao valor do acréscimo patrimonial e proibição de contratar com o poder público ou de receber benefícios ou incentivos fiscais ou creditícios, direta ou indiretamente, ainda que por intermédio de pessoa jurídica da qual seja sócio majoritário, pelo prazo não superior a 14 (catorze) anos;

II – na hipótese do art. 10, ressarcimento integral do dano, perda dos bens ou valores acrescidos ilicitamente ao patrimônio, se concorrer esta circunstância, perda da função pública, suspensão dos direitos políticos de cinco a oito anos, pagamento de multa civil de até duas vezes o valor do dano e proibição de contratar com o Poder Público ou receber benefícios ou incentivos fiscais ou creditícios, direta ou indiretamente, ainda que por intermédio de pessoa jurídica da qual seja sócio majoritário, pelo prazo de cinco anos;	**II** – na hipótese do art. 10 desta Lei, perda dos bens ou valores acrescidos ilicitamente ao patrimônio, se concorrer esta circunstância, perda da função pública, suspensão dos direitos políticos até 12 (doze) anos, pagamento de multa civil equivalente ao valor do dano e proibição de contratar com o poder público ou de receber benefícios ou incentivos fiscais ou creditícios, direta ou indiretamente, ainda que por intermédio de pessoa jurídica da qual seja sócio majoritário, pelo prazo não superior a 12 (doze) anos;
III – na hipótese do art. 11, ressarcimento integral do dano, se houver, perda da função pública, suspensão dos direitos políticos de três a cinco anos, pagamento de multa civil de até cem vezes o valor da remuneração percebida pelo agente e proibição de contratar com o Poder Público ou receber benefícios ou incentivos fiscais ou creditícios, direta ou indiretamente, ainda que por intermédio de pessoa jurídica da qual seja sócio majoritário, pelo prazo de três anos.	**II** – na hipótese do art. 11 desta Lei, pagamento de multa civil de até 24 (vinte e quatro) vezes o valor da remuneração percebida pelo agente e proibição de contratar com o poder público ou de receber benefícios ou incentivos fiscais ou creditícios, direta ou indiretamente, ainda que por intermédio de pessoa jurídica da qual seja sócio majoritário, pelo prazo não superior a 4 (quatro) anos;
IV – na hipótese prevista no art. 10-A, perda da função pública, suspensão dos direitos políticos de 5 (cinco) a 8 (oito) anos e multa civil de até 3 (três) vezes o valor do benefício financeiro ou tributário concedido.	**IV** – *(Revogado).*
Parágrafo único. Na fixação das penas previstas nesta lei o juiz levará em conta a extensão do dano causado, assim como o proveito patrimonial obtido pelo agente.	**Parágrafo único.** *(Revogado).*
Sem correspondência.	**§ 1º** A sanção de perda da função pública, nas hipóteses dos incisos I e II do *caput* deste artigo, atinge apenas o vínculo de mesma qualidade e natureza que o agente público ou político detinha com o poder público na época do cometimento da infração, podendo o magistrado, na hipótese do inciso I do *caput* deste artigo, e em caráter excepcional, estendê-la aos demais vínculos, consideradas as circunstâncias do caso e a gravidade da infração.

Sem correspondência.	**§ 2º** A multa pode ser aumentada até o dobro, se o juiz considerar que, em virtude da situação econômica do réu, o valor calculado na forma dos incisos I, II e III do *caput* deste artigo é ineficaz para reprovação e prevenção do ato de improbidade.
Sem correspondência.	**§ 3º** Na responsabilização da pessoa jurídica, deverão ser considerados os efeitos econômicos e sociais das sanções, de modo a viabilizar a manutenção de suas atividades.
Sem correspondência.	**§ 4º** Em caráter excepcional e por motivos relevantes devidamente justificados, a sanção de proibição de contratação com o poder público pode extrapolar o ente público lesado pelo ato de improbidade, observados os impactos econômicos e sociais das sanções, de forma a preservar a função social da pessoa jurídica, conforme disposto no § 3º deste artigo.
Sem correspondência.	**§ 5º** No caso de atos de menor ofensa aos bens jurídicos tutelados por esta Lei, a sanção limitar-se-á à aplicação de multa, sem prejuízo do ressarcimento do dano e da perda dos valores obtidos, quando for o caso, nos termos do *caput* deste artigo.
Sem correspondência.	**§ 6º** Se ocorrer lesão ao patrimônio público, a reparação do dano a que se refere esta Lei deverá deduzir o ressarcimento ocorrido nas instâncias criminal, civil e administrativa que tiver por objeto os mesmos fatos.
Sem correspondência.	**§ 7º** As sanções aplicadas a pessoas jurídicas com base nesta Lei e na Lei n. 12.846, de 1º de agosto de 2013, deverão observar o princípio constitucional do *non bis in idem*.
Sem correspondência.	**§ 8º** A sanção de proibição de contratação com o poder público deverá constar do Cadastro Nacional de Empresas Inidôneas e Suspensas (CEIS) de que trata a Lei n. 12.846, de 1º de agosto de 2013, observadas as limitações territoriais contidas em decisão judicial, conforme disposto no § 4º deste artigo.

Sem correspondência.	**§ 9º** As sanções previstas neste artigo somente poderão ser executadas após o trânsito em julgado da sentença condenatória.
Sem correspondência.	**§ 10.** Para efeitos de contagem do prazo da sanção de suspensão dos direitos políticos, computar-se-á retroativamente o intervalo de tempo entre a decisão colegiada e o trânsito em julgado da sentença condenatória.

Nos exatos termos do art. 12 da LIA: *independentemente do ressarcimento integral do dano patrimonial, se efetivo, e das sanções penais comuns e de responsabilidade, civis e administrativas previstas na legislação específica, está o responsável pelo ato de improbidade sujeito às cominações, que podem ser aplicadas isolada ou cumulativamente, de acordo com a gravidade do fato.*

As sanções aplicáveis ao cometimento dos atos dolosos variam de acordo com a natureza do ato de improbidade praticado. Assim, a LIA estabeleceu a seguinte diferenciação.

Sanções previstas para os atos de improbidade que importem em enriquecimento ilícito, tipificados exemplificativamente no art. 9º:

- ressarcimento integral do dano, se houver;
- perda dos bens ou valores acrescidos ilicitamente ao patrimônio;
- perda da função pública;
- suspensão dos direitos políticos até 14 (catorze) anos;
- pagamento de multa civil equivalente ao valor do acréscimo patrimonial;
- proibição de contratar com o poder público ou de receber benefícios ou incentivos fiscais ou creditícios, direta ou indiretamente, ainda que por intermédio de pessoa jurídica da qual seja sócio majoritário, pelo prazo não superior a 14 (catorze) anos.

Sanções aplicáveis aos atos dolosos que causam lesão ao erário (previstos no rol exemplificativo do art. 10):

- ressarcimento integral do dano, se houver;
- perda dos bens ou valores acrescidos ilicitamente ao patrimônio (se concorrer esta circunstância);

PARTE II | **203**

- perda da função pública,
- suspensão dos direitos políticos até 12 (doze) anos;
- pagamento de multa civil equivalente ao valor do dano; e
- proibição de contratar com o poder público ou de receber benefícios ou incentivos fiscais ou creditícios, direta ou indiretamente, ainda que por intermédio de pessoa jurídica da qual seja sócio majoritário, pelo prazo não superior a 12 (doze) anos.

Sanções aplicáveis aos atos dolosos que resultem em violação aos princípios da Administração Pública (previstos no **rol taxativo** do art. 11):

- ressarcimento integral do dano, se houver;
- pagamento de multa civil de até 24 (vinte e quatro) vezes o valor da remuneração percebida pelo agente; e
- proibição de contratar com o poder público ou de receber benefícios ou incentivos fiscais ou creditícios, direta ou indiretamente, ainda que por intermédio de pessoa jurídica da qual seja sócio majoritário, pelo prazo
- não superior a 4 (quatro) anos.

2.11.2. Quadro ilustrativo das sanções

ART. 9º	ART. 10	ART. 11
Perda da função	Perda da função	
Perda dos bens e valores acrescidos	Perda dos bens e valores acrescidos	
Suspensão dos direitos políticos – até 14 anos	Suspensão dos direitos políticos – até 12 anos	
Multa até o valor do acréscimo	Multa até o valor do dano	Multa até 24 vezes da remuneração
Proibição – até 14 anos	Proibição – até 12 anos	Proibição – até 4 anos

2.11.3. Ressarcimento do dano ao erário

Além das sanções acima destacadas, a LIA equivocadamente também elencou o ressarcimento do dano ao erário como pena, quando na verdade se trata apenas da consequência civil do prejuízo provocado. É possível que ocorra prejuízo ao erário sem ato de improbidade, como no caso de ações culposas decorrentes da desídia do administrador. Aqui, não haverá propositura da ação de improbidade, mas tão somente ação civil pública com finalidade exclusivamente reparatória (LIA, art. 17, § 16). Além disso, enquanto as demais sanções prescrevem no prazo de oito anos a partir do seu cometimento (LIA, art. 23, *caput*), a ação civil pública reparatória por dano ao patrimônio público é imprescritível (CF, 37, § 5º).

2.11.4. Perda da função pública

A sanção de perda da função pública[217], nas hipóteses dos arts. 9º e 10, atinge apenas o vínculo de mesma qualidade e natureza que o agente público ou político detinha com o Poder Público na época do cometimento da infração, podendo o magistrado, na hipótese de enriquecimento ilícito, e em caráter excepcional, estendê-la aos demais vínculos, consideradas as circunstâncias do caso e a gravidade da infração (art. 12, § 1º).

CUIDADO!

O STF, ao deferir parcialmente a liminar ad *referendum* em sede de ADIn, decidiu pela suspensão da eficácia do art. 12, § 1º. De acordo com o relator, "a defesa da probidade administrativa impõe a perda da função pública independentemente do cargo ocupado no momento da condenação" (...) e que a medida pode eximir determinados agentes da sanção por meio da troca de função ou no caso de demora no julgamento da causa".

2.11.5. Suspensão dos direitos políticos

Quanto à sanção de suspensão dos direitos políticos, não se pode confundir esse instituto com o da perda, tampouco com o da cassação dos direitos políticos, este último vedado em nosso ordenamento jurídico.

---

217 Súmula 651 "Compete à autoridade administrativa aplicar a servidor público a pena de demissão em razão da prática de improbidade administrativa, independentemente de prévia condenação, por autoridade judiciária, à perda da função pública".

José Afonso da Silva notabiliza importante diferenciação:

> A *privação definitiva* denomina-se *perda* dos direitos políticos; a *temporária* é sua *suspensão*. A Constituição *veda a cassação de direitos políticos*, e só admite a *perda* e a *suspensão* nos casos indicados no art. 15, ou seja, em virtude de: (a) cancelamento da naturalização por sentença transitada em julgado; (b) incapacidade civil absoluta; (c) condenação criminal transitada em julgado, enquanto durarem seus efeitos; (d) recusa de cumprir obrigação a todos imposta ou prestação alternativa, nos termos do art. 5º, VIII; (e) improbidade administrativa, nos termos do art. 37, § 4º. Como se nota, a Constituição não indica quais os casos de perda e quais os de suspensão, mas a tradição e natureza do motivo de privação podem ajudar, de maneira que casos de suspensão configuram-se nos incs. II, III, e V do art. 15; os outros são de perda. Para alguns casos, resta a dúvida de que autoridade é competente para decidir sobre a perda ou suspensão[218].

2.11.6. Pena de multa

No que concerne à aplicação da sanção de multa, se o juiz considerar que, em virtude da situação econômica do réu, o valor calculado na forma dos incisos I, II e III do *caput do* art. 12, será ineficaz para reprovação e prevenção do ato de improbidade, poderá aumenta-la até o dobro (art. 12, § 2º). Nesse ponto, insta colacionar os ensinamentos de Márcio Andrade Torres:

> A multa civil tem por objetivo desestimular a prática do ato ilícito, mediante a cominação de forte repercussão patrimonial. No Direito Civil, é conhecida como cláusula penal, a qual estipula uma punição à parte que inadimplir o contrato. A multa civil não se confunde com a reparação de perdas e danos, pois esta visa apenas recompor o prejuízo da vítima, enquanto a multa representa um adicional em relação ao próprio objeto do contrato, para desencorajar o seu descumprimento. Os norte-americanos distinguem ambos os institutos, denominando a indenização por perdas e danos como *compensatory damages* (indenização compensatória) e a multa civil como *exemplary damages* ou *punitive damages*, ou seja, indenização exemplar ou punitiva. Esta é devida quando o ato for grave, atentatório a relevantes bens jurídicos ou o de-

---

218 SILVA, José Afonso da. *Curso de direito constitucional positivo*, cit., p. 382-383.

vedor tiver agido dolosamente, podendo alcançar montante muitas vezes superior ao das perdas e danos. O parâmetro para a fixação do seu montante não é dado apenas pela lide individual no bojo da qual é apreciada, mas também com a consideração do impacto da conduta no meio social, ou seja, se a prática lesiva atingiu outras pessoas ou interesses coletivos. (...) Caso a prática intencional de um ato ilegal acarretasse apenas a obrigação de reparação de danos, os autores poderiam ser estimulados a considerar que "o risco vale apena", pois, acaso flagrados, no máximo teriam o dever de repor os bens à situação anterior. Nesse sentido, a imposição de ônus adicional tem a finalidade de advertir os eventuais agentes inclinados à prática do delito de que a repercussão sobre o seu patrimônio poderá ser severa, a ponto de comprometê-lo até integralmente. No direito público, a imposição da multa civil é comum no âmbito dos contratos administrativos (art. 58, IV, da Lei n. 8.666/93). Por outro lado, o direito tributário também dela se utiliza, na forma de multas pecuniárias por infrações. A aplicação de multa civil em decorrência de lesão ao patrimônio público tem previsão constitucional no art. 71, VIII, da Carta de 1988. Esse preceito atribui ao Tribunal de Contas da União a imposição aos responsáveis de multa proporcional ao dano causado ao erário no caso de ilegalidade de despesa ou irregularidade de contas. Assim, a aplicação de penalidade pecuniária integra o sistema jurídico-constitucional de proteção ao erário, inexistindo óbices a que seja empregada para a responsabilização de atos de improbidade administrativa. Em realidade, a multa civil é medida profilática no combate à corrupção e à imoralidade, cabendo ao magistrado sua aplicação ponderada, diante dos elementos concretos de cada caso sob apreciação. É o campo propício para o exercício da proporcionalidade, tendo a Lei de Improbidade fixado limites máximos (teto), mas não imposto um valor mínimo. Evidentemente, as condutas dolosas e graves devem, especialmente quando praticadas em detrimento de direitos sociais, merecer a fixação da condenação em expressivo montante (...)[219].

2.11.7. Responsabilidade da pessoa jurídica por improbidade

Na responsabilização da pessoa jurídica, deverão ser considerados os efeitos econômicos e sociais das sanções, de modo a viabilizar a manutenção

---

219 TJPA – Julgados do STJ sobre Improbidade Administrativa. Disponível em: https://www.tjpa.jus.br/CMSPortal/VisualizarArquivo?idArquivo=35856.

de suas atividades (art. 12, § 3º). Importante lembrar que a nova Lei inclui no âmbito da LIA a possibilidade de responsabilização das pessoas jurídicas por ato de improbidade administrativa.

2.11.8. Proibição de contratar com o poder público

Em caráter excepcional e por motivos relevantes devidamente justificados, a sanção de proibição de contratação com o poder público pode extrapolar o ente público lesado pelo ato de improbidade, observados os impactos econômicos e sociais das sanções, de forma a preservar a função social da pessoa jurídica, conforme disposto no art. 12, § 3º (art. 12, § 4º).

2.11.9. Ato de improbidade de menor potencial ofensivo

A sanção poderá limitar-se-á à aplicação de multa, sem prejuízo do ressarcimento do dano e da perda dos valores obtidos, quando for o caso, nos termos do *caput* desse artigo, quando se tratar da prática de atos de menor ofensa aos bens jurídicos tutelados pela LIA (art. 12, § 5º). Trata-se, portanto, de um abrandamento da sanção aplicada.

2.11.10. Detração do valor do ressarcimento a ser pago

Em se tratando de prática de ato de improbidade que importe na ocorrência de lesão ao patrimônio público, a reparação do dano a que se refere esta Lei deverá deduzir o ressarcimento ocorrido nas instâncias criminal, civil e administrativa, desde **que tenha por objeto os mesmos fatos** (art. 12, § 6º). Importante ressaltar que a dedução somente será permitida quando se tratar dos mesmos fatos processados em instâncias distintas.

2.11.11. Lei Anticorrupção: não cumulatividade das sanções

As sanções aplicadas a pessoas jurídicas com base nesta Lei e na Lei Anticorrupção (LAC) Lei n. 12.846/2013, deverão observar o princípio constitucional do ***ne bis in idem*** (art. 12, § 7º).

Roberto Avena ensina:

> "*Ne bis in idem*, na atualidade, é considerado um princípio geral do direito, que consiste na proibição de que o réu seja julgado novamente por

208 | NOVA LEI DE IMPROBIDADE ADMINISTRATIVA | FERNANDO CAPEZ

fato que já foi apreciado pelo Poder Judiciário. Não está expressamente na Constituição Federal. Apesar disso, sua incorporação ao ordenamento jurídico pátrio vem "complementar o rol de garantias e direitos individuais já previstos pela Constituição Federal, cuja interpretação sistemática leva à conclusão de que a Lei Maior impõe a prevalência do direito à liberdade em detrimento do dever de acusar" (STF, HC 80.263/SP, *DJ* 27.06.2003). Perceba-se que esse princípio foi incorporado à Convenção Americana de Direitos Humanos de 1969 (Pacto de San José da Costa Rica, inserido no ordenamento jurídico brasileiro por meio do Decreto n. 678/92), que assim dispõe no art. 8, nº4: "O acusado absolvido por sentença transitada em julgado não poderá ser submetido a novo processo pelos mesmos fatos"[220].

2.11.12. Cadastro de empresas inidôneas

A sanção de proibição de contratação com o poder público deverá constar do Cadastro Nacional de Empresas Inidôneas e Suspensas (CEIS)[221] de que trata a Lei n. 12.846/2013[222], observadas as limitações territoriais contidas em decisão judicial (art. 12, § 8º).

---

220 AVENA, Norberto Cláudio Pâncaro. *Processo penal*. Rio de Janeiro: Forense; São Paulo: Método, 2016, p. 46.

221 "O Cadastro Nacional de Empresas Inidôneas e Suspensas (CEIS) apresenta a relação de empresas e pessoas físicas que sofreram sanções que implicaram a restrição de participar de licitações ou de celebrar contratos com a Administração Pública. Os impedimentos de contratação com a Administração Pública só têm efetividade se forem facilmente verificáveis por órgãos e entidades no momento da licitação. Assim, além de promover a transparência da gestão ao cidadão, o CEIS representa uma fonte de referência para todos os gestores públicos nos processos de compras governamentais, a fim de evitar contratação dos impedidos em qualquer nível da federação. A verificação de ausência de registros no CEIS tem sido utilizada regularmente pelos entes públicos na etapa de habilitação em processos licitatórios". Disponível em: https://portaldatransparencia.gov.br/pagina-interna/603245-ceis.

222 TJDFT – Tribunal de Justiça do Distrito Federal e Territórios: "A Lei n. 12.846, de 1º de agosto de 2013, chamada de Lei anticorrupção, trata da responsabilização administrativa e civil de pessoas jurídicas (empresas) pela prática de atos de corrupção contra a administração pública, nacional ou estrangeira, e atende ao pacto internacional firmado pelo Brasil. O objetivo é coibir a atuação de empresas em esquemas de corrupção e assim, evitar que grandes prejuízo sejam causados aos cofres públicos". Disponível em: https://www.tjdft.jus.br/institucional/imprensa/campanhas-e-produtos/direito-facil/edicao-semanal/lei-anticorrupcao#:~:text=A%20Lei%20n%C2%BA%2012.846%2C%20de,pacto%20internacional%20firmado%20pelo%20Brasil.

2.11.13. Sanção por improbidade e estado de inocência

As sanções previstas neste artigo somente poderão ser executadas após o trânsito em julgado da sentença condenatória (art. 12, § 9º). Vislumbra-se a aplicação do princípio da presunção ou estado de inocência no âmbito da LIA.

O princípio do estado de inocência está previsto no art. 5º, LVII, da CF, segundo o qual "ninguém será considerado culpado até o trânsito em julgado da sentença penal condenatória". Considerado cláusula pétrea pelo constituinte originário (art. 60, § 4º, IV, da CF), desdobra-se em três aspectos importantes: (i) instrução (o ônus da prova incumbe à acusação); (ii) valoração (em benefício do acusado – *in dubio pro reo*); (iii) excepcionalidade da prisão[223].

O referido princípio, malgrado seja afeto ao direito penal, se ajusta perfeitamente às hipóteses de sanções por ato de improbidade administrativa, como já explicitado, justamente por se tratar da incidência do Direito Administrativo Sancionador.

2.11.14. Termo inicial do prazo de suspensão dos direitos políticos

De acordo com a redação do art. 12, § 10º, "para efeitos de contagem do prazo da sanção de suspensão dos direitos políticos, computar-se-á retroativamente o intervalo de tempo entre a decisão colegiada e o trânsito em julgado da sentença condenatória". Contudo, o STF em sede de ADIn[224], decidiu pela suspensão da eficácia desse dispositivo, pois, os efeitos dessa alteração podem afetar a inelegibilidade prevista na Lei de Inelegibilidade (Lei Complementar n. 64/90)", (...) e "que a suspensão dos direitos políticos por improbidade administrativa (art. 37, parágrafo 4º, da Constituição) não se confunde com a inelegibilidade da Lei de Inelegibilidade (art. 1º, inciso I, alínea l, da LC 64/90). Apesar de complementares, são previsões diversas, com diferentes fundamentos e consequências, que, inclusive, admitem a cumulação".

---

223 CAPEZ, Fernando. *Curso de processo penal*. São Paulo: Saraiva, 2022, p. 71.

224 STF – ADI: 7236 DF, Rel. Alexandre de Moraes, Data de Julgamento: 27/12/2022, Data de Publicação: 10/01/2023.

210 | NOVA LEI DE IMPROBIDADE ADMINISTRATIVA | FERNANDO CAPEZ

2.11.15. Individualização das sanções de acordo com o grau de responsabilidade

A despeito da divergência doutrinária acerca da natureza jurídica dos atos de improbidade administrativa, não se pode compactuar com a imposição de graves penalidades, sem obediência aos mesmos requisitos de individualização, de responsabilidade e de proporcionalidade exigidos para a pena criminal.

Enquanto para a sanção criminal existe toda uma construção doutrinária e legal, cuja aplicação é imprescindível para a imposição de pena, na improbidade administrativa as sanções sempre foram impostas sem esse cuidado, sob o argumento de que possuem natureza cível. Essa falta de consenso acerca de sua natureza jurídica colocou os atos de improbidade administrativa em uma zona cinzenta, deixando ao intérprete a árdua tarefa de buscar limitações ao *jus puniendi* estatal, em consonância com os princípios baluartes do Estado Democrático de Direito[225].

Como é cediço, a tipicidade decorre do princípio da legalidade, pedra fundamental da estrutura democrática do nosso país, não constituindo, portanto, o processo de adequação típica um fenômeno privativo do direito penal, mas que perpassa por todo o campo punitivo além do seu domínio.

Nesse sentido são as palavras de Fábio Medina Osório:

> O processo de adequação típica não é fenômeno privativo do direito penal, conquista histórica da humanidade. Trata-se de exigência que se estende para além dos domínios penais, perpassando todo o campo punitivo, inclusive o direito administrativo sancionador, por força do devido processo legal e da legalidade que embasam o Estado Democrático de Direito. Em especial, os atos ímprobos demandam esse requisito estrutural, eis que se submetem ao regime jurídico do direito administrativo sancionador. Um ato ímprobo é, por definição, típico. O tipo expressa o modelo de conduta proibida[226].

Por essa razão, no momento em que forem aplicadas as sanções previstas no art. 12, deverá o juiz atentar às peculiaridades de cada caso concreto e mensurar a penalidade de acordo com a gravidade do fato e o grau de culpabilidade individual de cada agente, com a observação de que a aplicação des-

---

225 *Improbidade administrativa*, cit., p. 2.
226 *Teoria da improbidade administrativa*, cit., p. 290-291.

sas penas independe das sanções penais, civis e administrativas previstas em legislação específica.

Aliás, o próprio art. 12, *caput*, é claro ao estabelecer que, independentemente do ressarcimento integral do dano patrimonial e das sanções penais comuns e de responsabilidade, civis e administrativas previstas na legislação específica, o responsável pelo ato de improbidade estará sujeito às cominações, as quais poderão ser aplicadas isolada ou cumulativamente, de acordo com a gravidade do fato.

Desse modo, o juiz não está obrigado a impor todas as penalidades previstas, podendo, a depender do caso concreto, escolher uma ou mais sanções.

2.11.16. Sanções por ato de improbidade previstas na CF

A Constituição Federal, em seu art. 37, § 4º, estabeleceu um rol mínimo obrigatório de sanções aplicáveis aos agentes por ato de improbidade, ao dispor: "os atos de improbidade administrativa importarão a suspensão dos direitos políticos, a perda da função pública, a indisponibilidade dos bens e o ressarcimento ao erário, na forma e gradação previstas em lei, sem prejuízo da ação penal cabível".

O Texto Maior previu a aplicação de pelo menos quatro espécies de sanção: a) suspensão dos direitos políticos; b) perda da função pública; c) indisponibilidade dos bens; d) ressarcimento ao erário. O legislador ordinário não ficou, portanto, proibido de ampliar esse rol de penalidades, pois a Constituição apenas fixou o mínimo.

No que diz respeito à perda da função pública, importa lembrar que no âmbito criminal ela não constitui pena, mas incide como efeito secundário extrapenal específico decorrente da sentença condenatória[227].

Quanto à suspensão dos direitos políticos, ela também não é prevista como pena na esfera do direito penal, mas como efeito secundário genérico da condenação, enquanto durarem seus efeitos, nos termos do art. 15, III, da Constituição Federal. Para a Lei de Improbidade Administrativa, no entanto, é abordada como sanção político-administrativa e não efeito secundário da sentença, fundamentando-se nos arts. 37, § 4º, e 15, V, da Lei Maior.

---

227 Nos crimes funcionais cometidos com abuso de poder ou violação de dever para com a Administração Pública, desde que imposta pena privativa de liberdade igual ou superior a 1 ano (CP, art. 92, I, *a*, com a redação dada pela Lei n. 9.268/96).

Já no que toca à indisponibilidade dos bens, esta é tratada na Constituição Federal como penalidade. Mencione-se que dita medida constitui uma providência processual de caráter nitidamente cautelar, destinada a garantir a futura recomposição do patrimônio público ou execução da pena pecuniária que vier a ser imposta, do qual o arresto e o sequestro cautelares de bens são suas espécies.

Quanto ao ressarcimento ao erário, como já dito, possui mais finalidade indenizatória do que punitiva, visando a recompor as coisas ao *status quo*.

2.11.17. Responsabilidade do herdeiro por ato de improbidade

No tocante à responsabilidade do herdeiro do agente ímprobo, se este causou lesão ao patrimônio público ou se enriqueceu ilicitamente, seus sucessores estarão sujeitos ao ressarcimento do dano e à perda dos bens, até o limite do valor da herança. A Constituição Federal estabelece que a obrigação de reparar o dano e a perda dos bens podem estender-se aos sucessores, até o limite da herança. É o que se extrai do seu art. 5º, XLV.

2.11.18. Independência das instâncias administrativa, civil e penal

No que toca à responsabilização administrativa, é certo que a Administração Pública possui instrumentos internos aptos a punir o funcionário público que infrinja as normas de funcionamento do serviço público em geral. Tal poder punitivo decorre dos poderes hierárquico e disciplinar. Segundo Hely Lopes Meirelles, "poder disciplinar é a faculdade de punir internamente as infrações funcionais dos servidores e demais pessoas sujeitas à disciplina dos órgãos e serviços da Administração (...). Não se deve confundir o poder disciplinar da Administração com o poder punitivo do Estado, realizado através da Justiça Penal. O poder disciplinar é exercido como faculdade punitiva interna da Administração e, por isso mesmo, só abrange as infrações relacionadas com o serviço; a punição criminal é aplicada com finalidade social, visando à repressão de crimes e contravenções definidas nas leis penais, e por esse motivo é realizada fora da Administração ativa, pelo Poder Judiciário"[228].

---

228 MEIRELLES, Hely Lopes. *Direito administrativo brasileiro*, cit., p. 108.

PARTE II | **213**

O fato praticado pelo funcionário público que tipifique um ilícito administrativo por violação aos arts. 9º, 10 e 11 da Lei n. 8.429/92 nem sempre configurará um fato típico no âmbito penal. Assim, como bem assinala Fábio Medina Osório, nem todo bem jurídico da Administração será protegido simultaneamente pelos direitos administrativo e penal. Afirma o autor: "(...) é possível que o legislador utilize técnicas distintas para proteção de idênticos bens jurídicos, v. g., nos crimes contra a Administração Pública, são empregados o direito penal e o Direito Administrativo Sancionador, inclusive o direito disciplinar. Sem embargo, também é possível perceber que, na variação das técnicas, o legislador busca atender determinadas peculiaridades.

Nem todo bem jurídico será protegido pelas técnicas dos direitos administrativo e penal, simultaneamente. Veja-se, por exemplo, o caso de um homicídio, definido no art. 121, *caput*, do Código Penal pátrio. Tal delito é reprimido pela técnica do direito penal. Não o é, em regra, pelo Direito Administrativo Sancionador, pois não está em jogo um bem jurídico que comporte, por sua natureza, essa dupla proteção. A vida humana nada tem a ver, em geral, com o funcionamento, direto ou indireto, da Administração Pública. Já um ilícito de peculato, de outro lado, comporta, sem dúvida, o uso das técnicas penais e administrativas cumulativamente, tendo em vista suas peculiaridades, sua ligação com a necessidade de proteger e preservar valores e princípios que presidem a Administração Pública, tarefa que pode ser desempenhada, também, pelo Direito Administrativo Sancionador"[229].

Havendo condenação no âmbito criminal, embora sejam independentes as esferas, como a exigência para a imposição da sanção penal é bem maior do que para a punição administrativa, inviabiliza-se nessa instância o arquivamento ou absolvição por insuficiência de provas. Havendo absolvição, dependendo do fundamento, esta beneficiará o sujeito no âmbito da sindicância ou processo interno. Assim, se ficou provada na Justiça Criminal a inexistência material do fato (cf. CPP, art. 66) ou que o funcionário atuou no estrito cumprimento do dever legal (cf. CPP, art. 65), não há como subsistir a condenação administrativa. Por outro lado, se a absolvição criminal foi proferida em face da atipicidade do fato, nada impedirá a imposição da sanção administrativa, uma vez que pode suceder que um fato não criminoso seja residualmente falta disciplinar (CPP, art. 67, III). Cite-se o

---

229 OSÓRIO, Fábio Medina. *Direito administrativo sancionador*. São Paulo: Revista dos Tribunais, 2000, p. 136-137.

exemplo de Noronha: "Não provada a prevaricação (art. 319), pela ausência da satisfação de interesse ou sentimento pessoal, permaneça a falta administrativa consistente na desídia ou retardamento do ato de ofício, como preveem os arts. 241, III, e 253 da Lei n. 10.261/68 (Estatuto dos Funcionários Públicos Civis do Estado de São Paulo). Onde não houve o *mais*, pode haver o *menos*"[230].

"A ausência de prova do requisito subjetivo (dolo) interfere na caracterização da própria tipicidade do crime, especialmente se considerarmos a doutrina finalista, que insere o elemento subjetivo no tipo. Vale ressaltar que o delito imputado (corrupção ativa – art. 333 do CP) não admite figura culposa. Logo, se não houve dolo, deve-se reconhecer a atipicidade da conduta. Anote-se, por oportuno, que se trata de crime contra a Administração Pública, cuja especificidade recomenda atentar para o que decidido, a respeito dos fatos, na esfera cível. A despeito de o dispositivo estar com a eficácia suspensa por liminar deferida pelo STF, em 27/12/2022, na ADI 7.236/DF, é possível invocar o raciocínio acolhido pelo legislador ao inserir o § 4º no art. 21, da Lei n. 8.429/92: art. 21 (...) § 4º A absolvição criminal em ação que discuta os mesmos fatos, confirmada por decisão colegiada, impede o trâmite da ação da qual trata esta Lei, havendo comunicação com todos os fundamentos de absolvição previstos no art. 386 do Código de Processo Penal". (STJ – RHC 173448-DF, Rel. Min. Reynaldo Soares da Fonseca, julg. em 7/3/2023, 5ª Turma – *Info* 766).

"A norma constitucional prevista no § 4º do art. 37 exigiu tratamentos sancionatórios diferenciados entre os atos ilícitos em geral (civis, penais e político-administrativos) e os atos de improbidade administrativa, com determinação expressa ao Congresso Nacional para edição de lei específica (Lei n. 8.429/92), que não punisse a mera ilegalidade, mas sim a conduta ilegal ou imoral do agente público voltada para a corrupção, e a de todo aquele que o auxilie, no intuito de prevenir a corrosão da máquina burocrática do Estado e de evitar o perigo de uma administração corrupta caracterizada pelo descrédito e pela ineficiência. A Constituição Federal inovou no campo civil para punir mais severamente o agente público corrupto, que se utiliza do cargo ou de funções públicas para enriquecer ou causar prejuízo ao erário, desrespeitando a legalidade e moralidade administrati-

---

230 NORONHA, Edgard Magalhães. *Direito penal*, cit., v. 4, p. 200.

PARTE II | **215**

vas, independentemente das já existentes responsabilidades penal e político-administrativa de Prefeitos e Vereadores. Consagração da autonomia de instâncias. Independentemente de as condutas dos Prefeitos e Vereadores serem tipificadas como infração penal (art. 1º) ou infração político-administrativa (art. 4º), previstas no DL 201/67, a responsabilidade civil por ato de improbidade administrativa é autônoma e deve ser apurada em instância diversa. (...) Tese de Repercussão Geral: 'O processo e julgamento de prefeito municipal por crime de responsabilidade (Decreto-lei n. 201/67) não impede sua responsabilização por atos de improbidade administrativa previstos na Lei n. 8.429/92, em virtude da autonomia das instâncias'". (STF – RE 976.566, rel. min. Alexandre de Moraes, julgado em 13-9-2019, publicado no *DJE* de 26-9-2019).

2.11.19. Reflexos da condenação por improbidade administrativa

A condenação de agente público por improbidade administrativa pode gerar inelegibilidade, perda da função pública, suspensão dos direitos políticos, entre outras sanções.

Acerca da inelegibilidade, a LC 64/90[231] trouxe a seguinte previsão em seu art. 1º, I, "l": "os que forem condenados à suspensão dos direitos políticos, em decisão transitada em julgado ou proferida por órgão judicial colegiado, por ato doloso de improbidade administrativa que importe lesão ao patrimônio público e enriquecimento ilícito, desde a condenação ou o trânsito em julgado até o transcurso do prazo de 8 (oito) anos após o cumprimento da pena".

O Tribunal Superior Eleitoral – TSE possui entendimento[232] que a referida inelegibilidade somente incidirá se a condenação por ato de improbidade administrativa resultar, concomitantemente, em lesão ao patrimônio público e enriquecimento ilícito. Por outro lado, a inelegibilidade só incidirá se for aplicada a sanção de suspensão dos direitos políticos na ação que julgou a improbidade administrativa.

No que tange à perda da função pública, essa se dará após o trânsito em julgado sentença condenatória da ação por improbidade. O Superior Tribunal de Justiça emitiu a Súmula 651: "Compete à autoridade administrativa aplicar a servidor público a pena de demissão em razão da prática de impro-

---

231 Lei Complementar n. 64/90. "Estabelece, de acordo com o art. 14, § 9º da Constituição Federal, casos de inelegibilidade, prazos de cessação, e determina outras providências".

232 TSE. Agravo Regimental em Recurso Especial Eleitoral n. 7.154. Rel. Min. Henrique Neves da Silva. *DJe*, Tomo 68. Data 12.4.2013, página 59-60.

bidade administrativa, independentemente de prévia condenação, por autoridade judicial, à perda da função pública".

Vale lembrar que, de acordo com o STF, foi suspensa a eficácia do "art. 12, parágrafo 1º, da LIA, que prevê que 'a perda da função pública atinge apenas o vínculo de mesma qualidade e natureza do agente com o poder público no momento da prática do ato'. No entendimento do relator, a defesa da probidade administrativa impõe a perda da função pública independentemente do cargo ocupado no momento da condenação. Além disso, ele considerou que a medida pode eximir determinados agentes da sanção por meio da troca de função ou no caso de demora no julgamento da causa"[233].

Acerca da suspensão dos direitos políticos, o Pretório Excelso proferiu decisão no sentido de que "o parágrafo 10 do art. 12 estabelece que, na contagem do prazo de suspensão dos direitos políticos, o intervalo entre a decisão colegiada e o trânsito em julgado da sentença condenatória deve ser computado retroativamente. Para o ministro, os efeitos dessa alteração podem afetar a inelegibilidade prevista na Lei de Inelegibilidade (...)a suspensão dos direitos políticos por improbidade administrativa (art. 37, parágrafo 4º, da Constituição) não se confunde com a inelegibilidade da Lei de Inelegibilidade (art. 1º, inciso I, alínea l, da LC n. 64/90). Apesar de complementares, são previsões diversas, com diferentes fundamentos e consequências, que, inclusive, admitem a cumulação"[234].

2.12. ARTIGO 13

2.12.1. Quadro comparativo

REDAÇÃO ANTERIOR	LEI N. 14.230/2021
Art. 13. A posse e o exercício de agente público ficam condicionados à apresentação de declaração dos bens e valores que compõem o seu patrimônio privado, a fim de ser arquivada no serviço de pessoal competente.	**Art. 13.** A posse e o exercício de agente público ficam condicionados à apresentação de declaração de imposto de renda e proventos de qualquer natureza, que tenha sido apresentada à Secretaria Especial da Receita Federal do Brasil, a fim de ser arquivada no serviço de pessoal competente.

---

233 Ministro Alexandre de Moraes suspende parte de alterações da Lei de Improbidade Administrativa. Disponível em: https://portal.stf.jus.br/noticias/verNoticiaDetalhe.asp?idConteudo=499708&ori=1.

234 *Ibidem.*

§ 1º A declaração compreenderá imóveis, móveis, semoventes, dinheiro, títulos, ações, e qualquer outra espécie de bens e valores patrimoniais, localizado no País ou no exterior, e, quando for o caso, abrangerá os bens e valores patrimoniais do cônjuge ou companheiro, dos filhos e de outras pessoas que vivam sob a dependência econômica do declarante, excluídos apenas os objetos e utensílios de uso doméstico.	§ 1º *(Revogado).*
§ 2º A declaração de bens será anualmente atualizada e na data em que o agente público deixar o exercício do mandato, cargo, emprego ou função.	§ 2º A declaração de bens a que se refere o *caput* deste artigo será atualizada anualmente e na data em que o agente público deixar o exercício do mandato, do cargo, do emprego ou da função.
§ 3º Será punido com a pena de demissão, a bem do serviço público, sem prejuízo de outras sanções cabíveis, o agente público que se recusar a prestar declaração dos bens, dentro do prazo determinado, ou que a prestar falsa.	§ 3º Será apenado com a pena de demissão, sem prejuízo de outras sanções cabíveis, o agente público que se recusar a prestar a declaração dos bens a que se refere o *caput* deste artigo dentro do prazo determinado ou que prestar declaração falsa.
§ 4º O declarante, a seu critério, poderá entregar cópia da declaração anual de bens apresentada à Delegacia da Receita Federal na conformidade da legislação do Imposto sobre a Renda e proventos de qualquer natureza, com as necessárias atualizações, para suprir a exigência contida no *caput* e no § 2º deste artigo.	§ 4º *(Revogado).*

O Capítulo VII da Lei n. 8.429/92 versa sobre a "Declaração de Bens" inteiramente modificado pela Lei n. 14.230/2021. As normas estão previstas no art. 13, *caput* e parágrafos.

A esse respeito, Rafael de Oliveira Costa e Renato Kim Barbosa:

> Antes da mudança legislativa realizada em 2021, a Lei n. 8.429/92 condicionava a posse e o exercício de agente público à apresentação de declaração dos bens e valores que compunham o seu patrimônio privado, com a finalidade de ser arquivada no serviço de pessoal competente. A declaração compreendia imóveis, móveis, semoventes, dinheiro, títulos, ações, e qualquer outra espécie de bens e valores patrimoniais, localizados no país ou no exterior, e, quando era o caso, abrangia os

bens e valores patrimoniais do cônjuge ou companheiro, dos filhos e de outras pessoas que vivam sob a dependência econômica do declarante, excluídos apenas os objetos e utensílios de uso doméstico. Essa declaração devia ser atualizada anualmente e na data em que o agente público deixasse o exercício do mandato, cargo, emprego ou função. Também era prevista a pena de demissão, a bem do serviço público, sem prejuízo de outras sanções cabíveis, para o agente público que se recusasse a prestar declaração dos bens, dentro do prazo determinado, ou que a prestasse falsa. O declarante, a seu critério, podia entregar cópia da declaração anual de bens apresentada à Delegacia da Receita Federal na conformidade da legislação do imposto sobre a renda e proventos de qualquer natureza, com as necessárias atualizações, para suprir a exigência colacionada acima. Com as alterações empreendidas pela Lei n. 14.230/2021, permitiu--se a apresentação de declaração de imposto de renda e proventos de qualquer natureza, que tenha sido entregue à Secretaria Especial da Receita Federal do Brasil, visando a ser arquivada no serviço de pessoal competente. Tal declaração de bens deve ser atualizada anualmente e na data em que o agente público deixar o exercício do mandato, do cargo, do emprego ou da função. Manteve-se a pena de demissão, sem prejuízo de outras sanções cabíveis, para o agente público que se recusar a prestar a declaração dos bens em apreço dentro do prazo determinado ou que prestar declaração falsa. Registra-se, por fim, a exclusão da exigência de se declararem os bens pertencentes a cônjuge, companheiro, filhos ou outras pessoas que vivem sob dependência do agente público[235].

2.12.2. Da declaração de bens (art. 13, *caput*)

O novo texto preconiza que a "posse e o exercício de agente público ficam condicionados à apresentação de declaração de imposto de renda e proventos de qualquer natureza, que tenha sido apresentada à Secretaria Especial da Receita Federal do Brasil, a fim de ser arquivada no serviço de pessoal competente".

Conforme evidenciam Rafael Oliveira Costa e Renato Kim Barbosa:

> Trata-se de importante medida para a preservação do patrimônio público, pois são expressamente registrados, no momento da posse, todos

---

235 COSTA, Rafael de O.; BARBOSA, Renato K. *Nova Lei de Improbidade Administrativa:* de acordo com a Lei n. 14.230/2021. Grupo Almedina (Portugal), 2022, p. 245.

os bens pertencentes ao agente público. Assim, facilita-se a posterior verificação de eventual enriquecimento ilícito, demonstrável a partir de uma incompatibilidade do atual patrimônio do servidor com a remuneração e demais verbas lícitas recebidas no período[236].

2.12.3. Periodicidade de apresentação da declaração de bens atualizada (art. 13, § 2º)

A declaração de imposto de renda e proventos de qualquer natureza, será atualizada anualmente e na data em que o agente público deixar o exercício do mandato, do cargo, do emprego ou da função.

O imposto de renda – (IR), está previsto no art. 153, III, e § 2º, da Constituição Federal, e se trata de tributo da espécie imposto. Tem sua regulamentação prevista no Código Tributário Nacional – CTN:

> *"Art. 43. O imposto, de competência da União, sobre a renda e proventos de qualquer natureza tem como fato gerador a aquisição da disponibilidade econômica ou jurídica:*
>
> *I – de renda, assim entendido o produto do capital, do trabalho ou da combinação de ambos;*
>
> *II – de proventos de qualquer natureza, assim entendidos os acréscimos patrimoniais não compreendidos no inciso anterior.*
>
> *§ 1º A incidência do imposto independe da denominação da receita ou do rendimento, da localização, condição jurídica ou nacionalidade da fonte, da origem e da forma de percepção.*
>
> *§ 2º Na hipótese de receita ou de rendimento oriundos do exterior, a lei estabelecerá as condições e o momento em que se dará sua disponibilidade, para fins de incidência do imposto referido neste artigo.*
>
> *Art. 44. A base de cálculo do imposto é o montante, real, arbitrado ou presumido, da renda ou dos proventos tributáveis.*
>
> *Art. 45. Contribuinte do imposto é o titular da disponibilidade a que se refere o art. 43, sem prejuízo de atribuir a lei essa condição ao possuidor, a qualquer título, dos bens produtores de renda ou dos proventos tributáveis.*

---

236 COSTA, Rafael de O.; BARBOSA, Renato K. *Nova Lei de Improbidade Administrativa:* de acordo com a Lei n. 14.230/2021. Grupo Almedina (Portugal), 2022, p. 243.

> *Parágrafo único. A lei pode atribuir à fonte pagadora da renda ou dos proventos tributáveis a condição de responsável pelo imposto cuja retenção e recolhimento lhe caibam".*

No que concerne aos conceitos de renda e proventos, impõe-se alguns esclarecimentos. Para tanto, cumpre acrescentar as preleções de Caio Bartine:

> Entende-se por *renda* todo o acréscimo patrimonial decorrente do produto do trabalho, do capital ou da combinação de ambos. Já os *proventos* são os acréscimos patrimoniais que decorrem de ganhos obtidos de atividades que já cessaram com o tempo. Para o Prof. Roque Carrazza, a renda passa a ser entendida como disponibilidade de uma riqueza nova, sendo os proventos uma forma de obtenção de valores que não são o resultado imediato de um trabalho que está sendo desenvolvido, mas de um trabalho ou atividade que já cessou. Assim, o recebimento de valores a título de aposentadoria entrariam no conceito de proventos e o salário recebido em decorrência de uma atividade ingressaria no conceito jurídico de renda. Uma vez que o imposto de renda tem como fator de incidência o acréscimo patrimonial, não há incidência do imposto de renda nos valores obtidos a título de indenização[237].

2.12.4. Penalidade aplicada à recusa de apresentação (art. 13, § 3º)

O agente público que se recusar a prestar a declaração dos bens dentro do prazo determinado ou que prestar declaração falsa, será apenado com a pena de demissão, sem prejuízo de outras sanções cabíveis.

A pena de demissão está prevista de forma expressa na Lei n. 8.112/90, no art. 127, como uma das formas de penalidade disciplinar, estando suas hipóteses elencadas no art. 132:

> *"A demissão será aplicada nos seguintes casos:*
>
> *I – crime contra a administração pública;*
>
> *II – abandono de cargo;*
>
> *III – inassiduidade habitual;*
>
> ***IV – improbidade administrativa (grifo nosso);***

---

237 BARTINE, Caio. *Direito tributário*. São Paulo: Editora Revista dos Tribunais, 2016, p. 408.

V – incontinência pública e conduta escandalosa, na repartição;

VI – insubordinação grave em serviço;

VII – ofensa física, em serviço, a servidor ou a particular, salvo em legítima defesa própria ou de outrem;

VIII – aplicação irregular de dinheiros públicos;

IX – revelação de segredo do qual se apropriou em razão do cargo;

X – lesão aos cofres públicos e dilapidação do patrimônio nacional;

XI – corrupção;

XII – acumulação ilegal de cargos, empregos ou funções públicas;

XIII – transgressão dos incisos IX a XVI do art. 117".

No que concerne à penalidade, Matheus Carvalho sobreleva:

(...) cabível sempre que o servidor comete infração funcional, prevista em lei e punível com a perda do cargo público. A demissão não é somente forma de desinvestidura como se trata de penalidade disciplinar aplicada, mediante processo administrativo, em virtude do descumprimento de obrigações funcionais. (...) Em algumas situações definidas pelo legislador, a demissão enseja automaticamente a indisponibilidade dos bens do servidor até que seja feito o devido ressarcimento ao erário público e, em casos mais extremos, o legislador veda o retorno do agente ao serviço público. A aplicação da penalidade deve ser precedida de processo administrativo disciplinar em que sejam observados o contraditório e a ampla defesa (...)[238].

JURISPRUDÊNCIA

POSSIBILIDADE DE APLICAÇÃO DE PENA DE DEMISSÃO POR ATO DE IMPROBIDADE. "É firme o entendimento no âmbito do Supremo Tribunal Federal e do Superior Tribunal de Justiça acerca da competência da autoridade administrativa para impor pena de demissão a servidor público em razão da prática de ato de improbidade administrativa, independentemente de provimento jurisdicional, porquanto a penalidade administrativa não se confunde com a pena de perda da função pública prevista no art. 12 da Lei n. 8.429/92, esta sim aplicável exclusivamente pela autoridade judiciária.

---

238 CARVALHO, Matheus. *Manual de direito administrativo*, p. 858-859.

NOVA LEI DE IMPROBIDADE ADMINISTRATIVA | FERNANDO CAPEZ

Precedentes". (MS 19903/DF, Rel. Ministro Herman Benjamin, Primeira Seção, julgado em 08/02/2017, *DJe* 01/08/2017).

PROCESSO ADMINISTRATIVO DISCIPLINAR. PENA DE DEMISSÃO. (...) "No âmbito do Processo administrativo disciplinar, é possível a aplicação da pena de demissão por ato de improbidade administrativa praticado por servidor público, hipótese que não se confunde com a perda da função pública prevista no art. 12 da Lei n. 8.429/92, esta sim da competência exclusivamente da autoridade judiciária. (...)" (MS 17151DF, Rel. Ministra Regina Helena Costa, Primeira Seção, julgado em 13/02/2019, *DJe* 11/03/2019)

"A autoridade administrativa é competente para aplicar a pena disciplinar de demissão tendo em vista a prática de improbidade administrativa. Assim, não há exigência de manifestação prévia do Poder Judiciário sobre a sua caracterização. Precedentes da 1ª Seção". (MS 18761DF, Rel. Ministro Mauro Campbell Marques, Primeira Seção, julgado em 12/06/2019, *DJe* 01/07/2019).

2.13. ARTIGO 14

2.13.1. Quadro comparativo

REDAÇÃO ANTERIOR	LEI N. 14.230/2021
Art. 14. Qualquer pessoa poderá representar à autoridade administrativa competente para que seja instaurada investigação destinada a apurar a prática de ato de improbidade.	Sem alterações.
§ 1º A representação, que será escrita ou reduzida a termo e assinada, conterá a qualificação do representante, as informações sobre o fato e sua autoria e a indicação das provas de que tenha conhecimento.	Sem alterações.
§ 2º A autoridade administrativa rejeitará a representação, em despacho fundamentado, se esta não contiver as formalidades estabelecidas no § 1º deste artigo. A rejeição não impede a representação ao Ministério Público, nos termos do art. 22 desta lei.	Sem alterações.

§ 3º Atendidos os requisitos da representação, a autoridade determinará a imediata apuração dos fatos que, em se tratando de servidores federais, será processada na forma prevista nos arts. 148 a 182 da Lei n. 8.112, de 11 de dezembro de 1990 e, em se tratando de servidor militar, de acordo com os respectivos regulamentos disciplinares.	§ 3º Atendidos os requisitos da representação, a autoridade determinará a imediata apuração dos fatos, observada a legislação que regula o processo administrativo disciplinar aplicável ao agente.

2.13.2. Representação à autoridade administrativa competente (art. 14, *caput*)

Art. 14. Qualquer pessoa poderá representar à autoridade administrativa competente para que seja instaurada investigação destinada a apurar a prática de ato de improbidade.

O dispositivo é desdobramento lógico do direito de petição, insculpido no rol de direitos e garantias fundamentais da nossa Carta Magna:

> *Art. 5º Todos são iguais perante a lei, sem distinção de qualquer natureza, garantindo-se aos brasileiros e aos estrangeiros residentes no País a inviolabilidade do direito à vida, à liberdade, à igualdade, à segurança e à propriedade, nos termos seguintes:*
>
> *XXXIV – são a todos assegurados, independentemente do pagamento de taxas:*
>
> *a) o direito de petição aos Poderes Públicos em defesa de direitos ou contra ilegalidade ou abuso de poder;(...)*

Observa-se que "essa prerrogativa, em sua plenitude, deve ser analisada com o direito de provocar os órgãos da Administração Pública, bem como a garantia de obter uma resposta aos pedidos efetivados"[239].

Uma vez provocada, a Administração Pública tem o dever legal de se manifestar, tanto no caso de rejeição (devidamente justificada) quanto no caso de prosseguimento com a consequente instauração de processo investigatório.

Tem-se nesse dispositivo verdadeira manifestação do chamado "Controle da Administração". Acerca do referido instituto, Matheus Carvalho leciona:

---

239 CARVALHO, Matheus. *Manual de direito administrativo*, p. 91.

224 | NOVA LEI DE IMPROBIDADE ADMINISTRATIVA | FERNANDO CAPEZ

(...) A matéria tem origem na Constituição da República e é regulamentada por diversas leis infraconstitucionais que visam garantir que o Estado não atuará livremente, diante do ordenamento jurídico posto. Com efeito, a sujeição da atividade administrativa do Poder Público, se submetem às normas estipuladas mediante lei. Neste sentido, somente a lei deve pautar a atividade do ente estatal, atividade cujo fim imediato seve ser sempre a satisfação das necessidades públicas. (...) Pode-se conceituar controle administrativo como o conjunto de instrumentos definidos pelo ordenamento jurídico a fim de permitir a fiscalização da atuação estatal por órgãos e entidades da própria Administração Pública, dos Poderes Legislativo e Judiciário, assim como pelo povo diretamente, **compreendendo ainda a possibilidade de orientação e revisão da atuação administrativa de todas as entidades e agentes públicos, em todas as esferas de poder**[240] (grifos nossos).

Nesse sentido, Maria Sylvia Zanella Di Pietro avulta:

A finalidade do controle é a de assegurar que a Administração atue em consonância com os princípios que lhe são impostos pelo ordenamento jurídico, como os da legalidade, moralidade, finalidade pública, publicidade, motivação, impessoalidade; em determinadas circunstâncias, abrange também o controle chamado de mérito e que diz respeito aos aspectos discricionários da atuação administrativa. Embora o controle seja atribuição estatal, o administrado participa dele à medida que pode e deve provocar o procedimento de controle, não apenas na defesa dos interesses individuais, mas também na proteção do interesse coletivo. A Constituição outorga ao particular determinados instrumentos a serem utilizados com essa finalidade. É esse, provavelmente, o mais eficaz meio de controle da Administração Pública: o controle popular[241].

2.13.3. Formalidade da representação (art. 14, § 1º)

A representação, que será escrita ou reduzida a termo e assinada, conterá a qualificação do representante, as informações sobre o fato e sua autoria e a indicação das provas de que tenha conhecimento.

---

240 CARVALHO, Matheus. *Manual de direito administrativo.* Salvador: JusPodivm, 2019, p. 389-390.

241 DI PIETRO, Maria Sylvia Zanella. *Direito administrativo.* Rio de Janeiro: Forense, 2022, p. 931.

Acerca da referida formalidade, destaca Matheus Carvalho:

> Com efeito, o informalismo norteia os atos do processo administrativo praticados pelos particulares visando evitar prejuízos a este, em virtude da exigência de formalidades legais, nos termos da lei de processo administrativo – Lei n. 9.784/99. Portanto, como regra geral, os atos praticados pelos particulares em processos administrativos não dependem de forma prescrita em lei. Com efeito, a não exigência de formalismos desnecessários ou a forma simples do processo visa impedir prejuízos aos particulares, através da exigência de formalismos para a prática de atos indispensáveis ao andamento do processo, o que poderia impedir que esse cidadão tivesse acesso à justiça pelo simples fato de não respeitar exigências formais. Ressalte-se, no entanto, que devem ser garantidas as formalidades essenciais à garantia da segurança do particular e, por este motivo, o processo se torna formal para a Administração Pública. De fato, não obstante, para o particular, o procedimento não dependa de formalidades, sendo admitida, por exemplo, documentos por cópia, sem a necessidade de autenticação, assinaturas sem reconhecimento de firma, para o Poder Público, o processo deve respeitar determinadas formalidades, para se evitar prejuízos ao interessado[242].

Maria Sylvia Zanella Di Pietro sublinha:

> Na realidade, o formalismo somente deve existir quando seja necessário para atender ao interesse público e proteger os direitos dos particulares. É o que está expresso no art. 2º, incisos VIII e IX, da Lei n. 9.784/99, que exige nos processos administrativos, a *"observância das formalidades essenciais à garantia dos direitos dos administrados"* e a *"adoção de formas simples, suficientes para propiciar adequado grau de certeza, segurança e respeito aos direitos dos administrados"*. Trata-se de aplicar o princípio da razoabilidade ou da proporcionalidade em relação às formas[243].

Nessa mesma exegese, podemos identificar que a LIA "caminha de mãos-dadas" com o disposto no art. 22, da Lei n. 9.784/99, que determina s atos do processo administrativo não dependem de forma determinada senão quando a lei expressamente a exigir.

---

242 *Lei de improbidade comentada*, 2022, p. 92.
243 Ibidem, p. 794.

2.13.4. Hipótese de rejeição da representação pela autoridade administrativa (art. 14, § 2º)

A autoridade administrativa rejeitará a representação, em despacho fundamentado, se esta não contiver as formalidades estabelecidas na lei: representação deve ser escrita ou reduzida a termo e assinada, deve conter a qualificação do representante, bem como as informações sobre o fato, sua autoria e a indicação das provas de que tenha conhecimento.

O legislador, ao prever a fundamentação do despacho que rejeita a representação, na verdade, se refere à motivação desse ato. Vale lembrar que a motivação é a exteriorização dos motivos de determinado ato administrativo, ao passo que motivo pode ser conceituado como pressuposto de fato e de direito que fundamenta o ato administrativo.

No que tange à obrigatoriedade da motivação do ato administrativo, Maria Sylvia Zanella Di Pietro notabiliza:

> Discute-se se a motivação é ou não obrigatória. Para alguns, ela é obrigatória quando se trata de ato **vinculado,** pois, nesse caso, a Administração deve demonstrar que o ato está em conformidade com os motivos indicados na lei; para outros, ela somente é obrigatória no caso dos atos discricionários, porque nestes é que se faz mais necessária a motivação, pois, sem ela, não se teria meios de conhecer e controlar a legitimidade dos motivos que levaram a Administração a praticar o ato. Entendemos que a motivação é, em regra, necessária, seja para os atos vinculados, seja par os atos discricionários, pois constitui garantia de legalidade, que tanto diz respeito ao interessado como à própria Administração Pública; a motivação é que permite a verificação, a qualquer momento, da legalidade do ato, até mesmo pelos demais Poderes do Estado. (...) A Lei de Introdução às Normas do Direito Brasileiro (Decreto-lei n. 4.657, de 4-9-42), com a introdução de novos dispositivos pela Lei n. 13.665, de 25-4-18, trouxe novas exigências quanto à motivação (...) O maior rigor quanto à motivação dirige-se não somente à Administração Pública, mas também especificamente aos órgãos de controle[244].

A rejeição não impede a representação ao Ministério Público para a instauração de Inquérito Civil ou procedimento investigativo assemelhado, bem

---

244 DI PIETRO, Maria Sylvia Zanella. *Direito administrativo*. Rio de Janeiro: Forense, 2021, p. 221.

como para requisitar a instauração de inquérito policial[245]. Os instrumentos mencionados serão estudados posteriormente no tópico correspondente.

2.13.5. Prosseguimento da representação (art. 14, § 3º)

Atendidos os requisitos da representação, a autoridade determinará a imediata apuração dos fatos, observada a legislação que regula o processo administrativo disciplinar aplicável ao agente.

O texto de clareza solar deixa evidenciado que uma vez legítima e regular a representação, a autoridade deverá proceder à imediata apuração dos fatos. Trata-se, portanto, de ato administrativo vinculado.

2.14. ARTIGO 15

2.14.1. Quadro comparativo

REDAÇÃO ANTERIOR	LEI N. 14.230/2021
Art. 15. A comissão processante dará conhecimento ao Ministério Público e ao Tribunal ou Conselho de Contas da existência de procedimento administrativo para apurar a prática de ato de improbidade.	*Sem alterações.*
Parágrafo único. O Ministério Público ou Tribunal ou Conselho de Contas poderá, a requerimento, designar representante para acompanhar o procedimento administrativo.	*Sem alterações.*

Art. 15. A comissão processante[246] dará conhecimento ao Ministério Público e ao Tribunal ou Conselho de Contas da existência de procedimento administrativo para apurar a prática de ato de improbidade.

---

245 Lei n. 8.429/92, art. 22.

246 "No PAD sob o rito ordinário será a comissão composta com 3 servidores estáveis, cf. art. 149, *caput*, da Lei n. 8.112/90); no PAD com Rito Sumário será composta a comissão com 2 servidores estáveis, cf. art. 133, I; na Sindicância Acusatória (SINAC), a comissão deve ser composta por pelo menos dois servidores estáveis (cf. art. 31, § 1º, da Instrução Normativa CGU n. 14, de 14 de novembro de 2018"). Disponível em: https://www.gov.br/corregedorias/pt-br/assuntos/perguntas-frequentes/comissoes-processantes.

Insta salientar que o dispositivo em comento visa a regulamentar um possível processo administrativo disciplinar – PAD, que busque a apuração de um ato de improbidade administrativa.

No que pertine ao tema, Matheus Carvalho evidencia:

> Essa norma também regulamento o processo administrativo discipli-nar que poderá ocorrer em paralelo à ação de improbidade administra-tiva, sendo que aquele é instaurado com de dever de apuração de infra-ção administrativa regulamentada no estatuto do servidor. Nesse caso, o processo administrativo disciplinar deve ser composto por uma co-missão processante. (...) Essa comissão, além de conduzir o feito admi-nistrativo, terá o dever de informar ao Ministério Público e ao Tribunal de Contas a instauração do referido Processo Administrativo Discipli-nar para que, caso essas entidades considerem relevante, designem re-presentante para acompanhar o feito[247].

Nos termos do parágrafo único desse artigo, o Ministério Público ou Tribunal ou Conselho de Contas poderá, a requerimento, designar represen-tante para acompanhar o procedimento administrativo. Ressalte-se o verbo "poderá", que se traduz em verdadeira faculdade dos referidos órgãos.

2.15. ARTIGO 16

2.15.1. Quadro comparativo

REDAÇÃO ANTERIOR	LEI N. 14.230/2021
Art. 16. Havendo fundados indícios de responsabilidade, a comissão represen-tará ao Ministério Público ou à procura-doria do órgão para que requeira ao juí-zo competente a decretação do seques-tro dos bens do agente ou terceiro que tenha enriquecido ilicitamente ou causa-do dano ao patrimônio público.	**Art. 16.** Na ação por improbidade admi-nistrativa poderá ser formulado, em ca-ráter antecedente ou incidente, pedido de indisponibilidade de bens dos réus, a fim de garantir a integral recomposição do erário ou do acréscimo patrimonial resultante de enriquecimento ilícito.

---

247 CARVALHO, Matheus. *Lei de improbidade comentada*. São Paulo: JusPodivm, 2022, p. 93.

§ 1º O pedido de sequestro será processado de acordo com o disposto nos arts. 822 e 825 do Código de Processo Civil.	§ 1º *(Revogado)*. § 1º-A O pedido de indisponibilidade de bens a que se refere o *caput* deste artigo poderá ser formulado independentemente da representação de que trata o art. 7º desta Lei.
§ 2º Quando for o caso, o pedido incluirá a investigação, o exame e o bloqueio de bens, contas bancárias e aplicações financeiras mantidas pelo indiciado no exterior, nos termos da lei e dos tratados internacionais.	§ 2º Quando for o caso, o pedido de indisponibilidade de bens a que se refere o *caput* deste artigo incluirá a investigação, o exame e o bloqueio de bens, contas bancárias e aplicações financeiras mantidas pelo indiciado no exterior, nos termos da lei e dos tratados internacionais.
Sem correspondência.	§ 3º O pedido de indisponibilidade de bens a que se refere o *caput* deste artigo apenas será deferido mediante a demonstração no caso concreto de perigo de dano irreparável ou de risco ao resultado útil do processo, desde que o juiz se convença da probabilidade da ocorrência dos atos descritos na petição inicial com fundamento nos respectivos elementos de instrução, após a oitiva do réu em 5 (cinco) dias.
Sem correspondência.	§ 4º A indisponibilidade de bens poderá ser decretada sem a oitiva prévia do réu, sempre que o contraditório prévio puder comprovadamente frustrar a efetividade da medida ou houver outras circunstâncias que recomendem a proteção liminar, não podendo a urgência ser presumida.
Sem correspondência.	§ 5º Se houver mais de um réu na ação, a somatória dos valores declarados indisponíveis não poderá superar o montante indicado na petição inicial como dano ao erário ou como enriquecimento ilícito.
Sem correspondência.	§ 6º O valor da indisponibilidade considerará a estimativa de dano indicada na petição inicial, permitida a sua substituição por caução idônea, por fiança bancária ou por seguro-garantia judicial, a requerimento do réu, bem como a sua readequação durante a instrução do processo.

Sem correspondência.	**§ 7º** A indisponibilidade de bens de terceiro dependerá da demonstração da sua efetiva concorrência para os atos ilícitos apurados ou, quando se tratar de pessoa jurídica, da instauração de incidente de desconsideração da personalidade jurídica, a ser processado na forma da lei processual.
Sem correspondência.	**§ 8º** Aplica-se à indisponibilidade de bens regida por esta Lei, no que for cabível, o regime da tutela provisória de urgência da Lei n. 13.105, de 16 de março de 2015 (Código de Processo Civil).
Sem correspondência.	**§ 9º** Da decisão que deferir ou indeferir a medida relativa à indisponibilidade de bens caberá agravo de instrumento, nos termos da Lei n. 13.105, de 16 de março de 2015 (Código de Processo Civil).
Sem correspondência.	**§ 10.** A indisponibilidade recairá sobre bens que assegurem exclusivamente o integral ressarcimento do dano ao erário, sem incidir sobre os valores a serem eventualmente aplicados a título de multa civil ou sobre acréscimo patrimonial decorrente de atividade lícita.
Sem correspondência.	**§ 11.** A ordem de indisponibilidade de bens deverá priorizar veículos de via terrestre, bens imóveis, bens móveis em geral, semoventes, navios e aeronaves, ações e quotas de sociedades simples e empresárias, pedras e metais preciosos e, apenas na inexistência desses, o bloqueio de contas bancárias, de forma a garantir a subsistência do acusado e a manutenção da atividade empresária ao longo do processo.
Sem correspondência.	**§ 12.** O juiz, ao apreciar o pedido de indisponibilidade de bens do réu a que se refere o *caput* deste artigo, observará os efeitos práticos da decisão, vedada a adoção de medida capaz de acarretar prejuízo à prestação de serviços públicos.
Sem correspondência.	**§ 13.** É vedada a decretação de indisponibilidade da quantia de até 40 (quarenta) salários-mínimos depositados em caderneta de poupança, em outras aplicações financeiras ou em conta corrente.

Sem correspondência.	**§ 14.** É vedada a decretação de indisponibilidade do bem de família do réu, salvo se comprovado que o imóvel seja fruto de vantagem patrimonial indevida, conforme descrito no art. 9º desta Lei.

2.15.2. Da indisponibilidade de bens do réu

Art. 16. Na ação por improbidade administrativa poderá ser formulado, em caráter antecedente ou incidente, pedido de indisponibilidade de bens dos réus, a fim de garantir a integral recomposição do erário ou do acréscimo patrimonial resultante de enriquecimento ilícito.

Trata-se de medida de natureza cautelar, de caráter conservativo. Acerca do instituto, Elpídio Donizetti Nunes esclarece:

> A tutela cautelar se qualifica pelo fato de ser útil à proteção do processo e, por conseguinte, ao direito material a ser certificado ou realizado. Embora útil ao fim visado no processo, não há coincidência entre a tutela cautelar deferida e o direito substancial pretendido, o que há é referibilidade ao conteúdo do direito substancial pretendido. O arresto e o protesto contra alienação de bens, por exemplo, distinguem-se da quantia que se pretende receber por meio do processo cujo resultado útil pretende-se acautelar. Mas o arresto tem por fim assegurar o recebimento do crédito[248].

No que tange à medida que decreta a indisponibilidade de bens, Daniel Amorim Assumpção Neves e Rafael C. Rezende Oliveira preconizam:

> Parece-me clara a natureza cautelar da indisponibilidade de bens prevista no artigo ora analisado, já que a medida busca preservar bens no patrimônio do acusado de ato de improbidade administrativa visando garantir a eficácia da futura e eventual execução de pagar quantia certa. É correto, inclusive, apontar para uma semelhança de tal medida constritiva com o arresto cautelar previsto no art. 301 do CPC, até porque, a exemplo dessa cautelar, a indisponibilidade também recai em bens indeterminados do patrimônio do pretenso devedor. Apesar das semelhanças, há uma diferença fundamental entre o arresto cautelar e a indisponibilidade de bens da improbidade administrativa, suficiente

---

248 NUNES, Elpídio Donizetti. *Curso didático de direito processual civil.* 22. ed. São Paulo: Atlas, 2019, p. 483.

para distingui-las. A medida de indisponibilidade de bens é mais enérgica que o arresto, porque enquanto esse somente diminui a disponibilidade sobre o bem, dissuadindo terceiros de adquiri-lo em razão de eventual constituição de fraude, aquela cria uma proibição de alienação, evitando qualquer espécie de transferência dos bens. Naturalmente que essa vedação só será eficaz após a averbação da medida cautelar no registro do bem (por exemplo, na matrícula do imóvel), sendo que para bens não registráveis a eventual alienação será ineficaz perante o credor, exatamente como ocorre com o ato praticado em fraude à execução. Por conta de expressa previsão legal, a medida poderá ser requerida de forma antecedente ou incidental. Nesse sentido o dispositivo dialoga perfeitamente com o art. 294, parágrafo único, do CPC, que prevê as formas antecedente e incidental para a concessão da tutela de urgência. Ainda que exista certa divergência doutrinária a respeito da admissão da tutela de urgência antecedente, que ficaria restrita a uma espécie de urgência potencializada, não retiro do texto legal do art. 305, *caput* do CPC, nenhum indicativo nesse sentido. Trata-se, na verdade, de uma mera opção do autor, independentemente do grau de urgência e/ou da capacidade atual do autor formular sua pretensão principal. Caso o autor pretenda iniciar o processo por meio exclusivamente do pedido de indisponibilidade de bens, tal medida será requerida em sede antecedente; caso a pretensão principal já tenha sido formulada no processo, a tutela será incidental. Registre-se que na tutela cautelar incidental é possível sua cumulação com a pretensão principal, quando o pedido cautelar de indisponibilidade será fundamentado em tópico da petição inicial. Não há, entretanto, preclusão temporal para tal pedido, que poderá ser realizado a qualquer tempo do processo[249].

No que toca à indisponibilidade dos bens, esta é equivocadamente tratada na Constituição Federal como penalidade. Mencione-se que dita medida constitui uma providência processual de caráter nitidamente cautelar, destinada a garantir a futura recomposição do patrimônio público ou execução da pena pecuniária que vier a ser imposta, do qual o arresto e o sequestro cautelares de bens são suas espécies[250].

---

249 NEVES, Daniel Amorim Assumpção; OLIVEIRA, Rafael Carvalho Rezende. *Comentários à reforma da Lei de Improbidade Administrativa*. Rio de Janeiro: Forense, 2022, p. 57.

250 *Improbidade administrativa:* limites constitucionais, cit., p. 140.

PARTE II | **233**

Marcus Vinicius Rios Gonçalves acrescenta:

> A tutela provisória cautelar não satisfaz, no todo ou em parte, a pretensão do autor. O juiz não concede, já, o que só seria deferido ao final, mas determina providências de resguardo, proteção e preservação dos direitos em litígio. Imagine-se que o autor proponha em face do réu uma ação de reintegração de posse. Se o juiz a conceder liminarmente, a medida será de antecipação satisfativa, já que o autor obterá aquilo que constitui a sua pretensão. Há coincidência entre o que foi pedido e o que foi deferido de imediato. Já se, no curso do processo, verifica-se que o bem está correndo um risco de perecimento, porque o réu não toma os cuidados necessários, o autor pode postular o sequestro cautelar, com entrega a um depositário, que ficará responsável pela sua preservação e manutenção até o final do litígio. O sequestro não atende, ainda, à pretensão do autor, que não se verá reintegrado na posse da coisa, deferida ao depositário, mas é uma providência protetiva, acautelatória, cuja função é afastar um risco de que, até que o processo chegue ao final, a coisa pereça. (...) Em regra, para distinguir a tutela cautelar da satisfativa, basta comparar a medida deferida com a pretensão formulada pelo autor na inicial. Se há coincidência entre as duas, haverá tutela satisfativa; se não, se a medida apenas protege, preserva o direito, sem antecipar os efeitos da futura sentença, será cautelar. No entanto, nem sempre será fácil tal distinção, e ao juiz caberá decidir e definir qual a tutela provisória mais adequada para cada caso concreto, na forma do art. 297, *caput*, do CPC[251].

2.15.3. Desnecessidade de representação prévia ao Ministério Público (art. 16, § 1º-A)

O pedido de indisponibilidade de bens a que se refere o *caput* deste artigo poderá ser formulado independentemente da representação de que trata o art. 7º da LIA[252].

2.15.4. Possibilidade de inclusão de dados específicos no pedido de indisponibilidade (art. 16, § 2º)

Quando for o caso, o pedido de indisponibilidade de bens a que se refere o *caput* deste artigo incluirá a investigação, o exame e o bloqueio de

---

251 GONÇALVES, Marcus Vinicius Rios. *Direito processual civil esquematizado*. 13. ed. São Paulo: SaraivaJur, 2022, p. 386.

252 "Art. 7º Se houver indícios de ato de improbidade, a autoridade que conhecer dos fatos representará ao Ministério Público competente, para as providências necessárias".

bens, contas bancárias e aplicações financeiras mantidas pelo indiciado no exterior, nos termos da lei e dos tratados internacionais.

Como exemplo de tratado internacional nesse sentido, ressalte-se a Convenção das Nações Unidas contra a Corrupção, promulgada pelo Decreto n. 5.687, de 31 de janeiro de 2006[253], que dispõe acerca de instrumentos de cooperação jurídica internacional.

2.15.5. Requisitos para o deferimento do pedido de indisponibilidade de bens (art. 16, § 3º)

O pedido de indisponibilidade de bens a que se refere o *caput* do artigo de regência, apenas será deferido mediante a demonstração no caso concreto de perigo de dano irreparável ou de risco ao resultado útil do processo, desde que o juiz se convença da probabilidade da ocorrência dos atos descritos na petição inicial com fundamento nos respectivos elementos de instrução, após a oitiva do réu em 5 (cinco) dias. Temos aqui a necessidade da demonstração do chamado *periculum in mora* e *fumus bonis iuris*. Acerca desses dois requisitos Rodrigo da Cunha Lima Freire e Maurício Ferreira Cunha destacam:

> Os requisitos para a concessão da tutela de urgência estão previstos no art. 300 do CPC e são o *fumus bonis iuris* (segundo o código consiste na PROBABILIDADE DA EXISTÊNCIA DO DIREITO – faz-se, portanto, um juízo de probabilidade e não de certeza; por isso a cognição é sumária) e *periculum in mora* (segundo o código, consiste no PERIGO DE DANO ou no RESULTADO ÚTIL DO PROCESSO)[254].

O pedido de indisponibilidade de bens se configura em uma das formas da tutela de urgência. Marcelo Ribeiro leciona:

> A urgência é um fato que evoca a acticidade para o procedimento, mas não encerra as exigências legais, pois o requerente deve ainda observar a probabilidade do direito e o perigo de dano ou risco ao resultado útil

---

253 Decreto n. 5.687/2006. Disponível em: https://www.planalto.gov.br/ccivil_03/_ato2004-2006/2006/decreto/d5687.htm.

254 CUNHA, Maurício Ferreira; FREIRE, Rodrigo da Cunha Lima. *Novo Código de Processo Civil – CPC para concursos*. Salvador: JusPodivm, 2019, p. 34.

do processo. Em decorrência dessa disposição, podemos afirmar que, em qualquer das duas modalidades de tutela de urgência (cautelar ou antecipada), exige-se a demonstração de risco iminente, resultante do tempo. O perigo tanto pode tangenciar a utilidade do processo, caso em que a medida judicial assume natureza cautelar, ou mesmo, a própria existência do direito material, caso em que a decisão se identifica pela natureza antecipada. O periculum in mora, contudo, não é suficiente para o emprego da técnica processual. Deve-se ainda, em razão da natureza sumária da cognição, demonstrar a razoável chance de existência do direito afirmado em juízo, vazada nos termos do fumus boni iuris. No sentido do texto, dispõe o art. 300 que: "A tutela de urgência será concedida quando houver elementos que evidenciem a probabilidade do direito e o perigo de dano ou o risco ao resultado útil do processo". Exige-se, portanto, além do risco decorrente do tempo, a demonstração da probabilidade, pela já consagrada expressão fumus boni iuris. O emprego da técnica processual diferenciada pela cognição sumária, como se procurou demonstrar, atende, nos casos da tutela de urgência, a uma necessidade de adequação do procedimento à peculiaridade da causa. Por essa razão, é possível obter, em casos assim, um atuar concreto do Judiciário, liminarmente ou após justificação prévia. Significa isso dizer que a decisão judicial que concede a medida de urgência pode anteceder a oitiva da parte contrária, ainda quando essa venha a suportar, de imediato, os prejuízos decorrentes de sua execução[255].

2.15.6. Possibilidade da decretação de indisponibilidade de bens *inaudita altera pars* (art. 16, § 4º)

A indisponibilidade de bens poderá ser decretada sem a oitiva prévia do réu sempre que o contraditório prévio possa comprovadamente frustrar a efetividade da medida, ou que haja outras circunstâncias que recomendam a proteção liminar, não podendo a urgência ser presumida.

Importante recordar que a regra acerca do contraditório, prevista no art. 10 do CPC, dispõe que: "o juiz não pode decidir, em grau algum de ju-

---

255 RIBEIRO, Marcelo. *Processo civil.* 2. ed. Rio de Janeiro: Forense; São Paulo: Método, 2019, p. 332.

risdição, com base em fundamento a respeito do qual não se tenha dado às partes oportunidade de se manifestar, ainda que se trate de matéria sobre a qual deva decidir de ofício".

Contudo, o mesmo diploma legal traz hipóteses excepcionais no art. 9º, entre as quais, a prevista no inciso I, do parágrafo único: "O disposto no *caput* não se aplica: I – à tutela provisória de urgência; (...)", que se aplica à possibilidade da decretação de indisponibilidade de bens *inaudita altera pars*.

Na hipótese ora versada, vislumbra-se o que a doutrina denomina de contraditório postergado ou diferido. Marcelo Ribeiro ministra:

> De fato, o contraditório traduz o dever constitucional de diálogo e apresenta como objetivo a possibilidade real de influência no convencimento judicial. Em situações excepcionais, no entanto, a influência da isonomia se correlaciona com o princípio do contraditório, alterando o seu exercício em respeito à peculiaridade do direito material. Explique-se: o ordenamento brasileiro admite que decisões possam ser entregues em caráter emergencial, de sorte a proteger o direito deduzido em juízo. Essas decisões excepcionais são proferidas antes que se possa exercitar a ciência da parte contrária, e podem ser facilmente exemplificadas pela ação de busca e apreensão de menor. Nessa hipótese, o exercício do contraditório é postergado e passa a ser observado após a execução da medida, pois, ao se empregar as vias tradicionais, a ordem judicial requerida em função da resistência na entrega do menor dificilmente encontraria efetividade. Ressalvadas essas situações excepcionais, ao quanto aqui se quer afirmar, a decisão judicial só alcança a legitimidade pela via do contraditório[256].

2.15.7. Limitação da indisponibilidade na ocorrência de mais de um réu (art. 16, § 5º)

Se houver mais de um réu na ação, a somatória dos valores declarados indisponíveis não poderá superar o montante indicado na petição inicial como dano ao erário ou como enriquecimento ilícito.

---

256 RIBEIRO, Marcelo. *Processo civil.* 2. ed. Rio de Janeiro: Forense; São Paulo: Método, 2019, p. 45.

2.15.8. Forma de cálculo e hipótese de substituição do valor da indisponibilidade (art. 16, § 6º)

O valor da indisponibilidade considerará a estimativa de dano indicada na petição inicial, permitida a sua substituição por caução idônea, por fiança bancária ou por seguro-garantia judicial, a requerimento do réu, bem como a sua readequação durante a instrução do processo.

2.15.9. Requisitos para a decretação da indisponibilidade de bens de terceiro (art. 16, § 7º)

A indisponibilidade de bens de terceiro dependerá da demonstração da sua efetiva concorrência para os atos ilícitos apurados ou, quando se tratar de pessoa jurídica, da instauração de incidente de desconsideração da personalidade jurídica, a ser processado na forma da lei processual. O instituto da desconsideração da personalidade jurídica tem seus elementos materiais regulados pelo Código Civil (Teoria Maior), pelo Código de Defesa do Consumidor e Lei dos Crimes Ambientais (Teoria Menor). Acerca da regulação das questões procedimentais/processuais, estão previstas no CPC, nos arts. 133 a 137.

2.15.10. Aplicação do regime da tutela de urgência do CPC (art. 16, § 8º)

Aplica-se à indisponibilidade de bens regida por esta Lei, no que for cabível, o regime da tutela provisória de urgência do Código de Processo Civil. Vale lembrar que a tutela provisória de urgência, cautelar ou antecipada, pode ser concedida em caráter antecedente ou incidental[257].

2.15.11. Recurso cabível contra decisão relativa à medida de indisponibilidade de bens (art. 16, § 9º)

Da decisão que deferir ou indeferir a medida relativa à indisponibilidade de bens caberá agravo de instrumento, nos termos do art. 1015, inciso XIII, do Código de Processo Civil.

---

257 *Vide* tópico "Possibilidade do requerimento de tutela provisória de urgência pelo Ministério Público (§ 6º-A)".

2.15.12. Alcance da medida de indisponibilidade de bens (art. 16, § 10)

A indisponibilidade recairá sobre bens que assegurem exclusivamente o integral ressarcimento do dano ao erário, sem incidir sobre os valores a serem eventualmente aplicados a título de multa civil ou sobre acréscimo patrimonial decorrente de atividade lícita.

2.15.13. Prioridade dos bens que sofrerão a indisponibilidade (art. 16, § 11)

A ordem de indisponibilidade de bens deverá priorizar veículos de via terrestre, bens imóveis, bens móveis em geral, semoventes, navios e aeronaves, ações e quotas de sociedades simples e empresárias, pedras e metais preciosos e, apenas na inexistência desses, o bloqueio de contas bancárias, de forma a garantir a subsistência do acusado e a manutenção da atividade empresária ao longo do processo.

Depreende-se, portanto, verdadeira limitação do bloqueio direto das contas bancárias dos réus, com a referida concessão de primazia ao bloqueio de bens como imóveis e automóveis, ou seja, bens de menor liquidez.

2.15.14. Vedação ao juiz de adotar determinadas medidas (art. 16, §§ 12, 13 e 14)

O juiz, ao apreciar o pedido de indisponibilidade de bens dos réus, a fim de garantir a integral recomposição do erário ou do acréscimo patrimonial resultante de enriquecimento ilícito, deverá observar os efeitos práticos da decisão, vedada a adoção de medida capaz de acarretar prejuízo à prestação de serviços públicos.

Também é vedado ao juiz, decretar a indisponibilidade da quantia de até 40 (quarenta) salários-mínimos depositados em caderneta de poupança, em outras aplicações financeiras ou em conta corrente.

Tal vedação reflete os fundamentos da Teoria do Patrimônio Mínimo. Essa teoria, amparada na dignidade da pessoa humana – prevista no art.1º da Constituição Federal –, apregoa que as normas civis devem preservar ao indivíduo um patrimônio mínimo, de forma que toda pessoa tenha o mínimo para manter uma existência digna.

"PROCESSUAL CIVIL. OFENSA AO Art. 535 DO CPC. NÃO CARACTERIZAÇÃO. EXECUÇÃO FISCAL. REGRA DE IMPENHORABILIDADE. Art. 833 DO CPC. LIMITE DE QUARENTA SALÁRIOS-MÍNIMOS. CABIMENTO. 1. Não havendo no acórdão recorrido omissão, obscuridade ou contradição, não fica caracterizada ofensa ao art. 535 do CPC. 2. Segundo a jurisprudência pacificada deste STJ "é possível ao devedor, para viabilizar seu sustento digno e de sua família, poupar valores sob a regra da impenhorabilidade no patamar de até quarenta salários-mínimos, não apenas aqueles depositados em cadernetas de poupança, mas também em conta corrente ou em fundos de investimento, ou guardados em papel-moeda." (Resp 1.340.120/SP, Quarta Turma, Rel. Ministro Luis Felipe Salomão, julgado em 18/11/2014, *Dje* 19/12/2014). 3. Recurso Especial parcialmente conhecido e, nessa parte, não provido." (STJ, Segunda Turma, Resp 1666893/PR, Rel. Ministro Herman Benjamin, *Dje* 30/06/2017).

2.15.15. Vedação à decretação de indisponibilidade do bem de família (art. 16, § 14).

É vedada a decretação de indisponibilidade do bem de família do réu, salvo se comprovado que o imóvel seja fruto de vantagem patrimonial indevida, conforme descrito no art. 9º desta Lei.

> O bem de família pode ser conceituado como o imóvel utilizado como residência da entidade familiar, decorrente de casamento, união estável, entidade monoparental, ou entidade de outra origem, protegido por previsão legal específica. Na realidade jurídica nacional, conforme se expôs, faz-se interpretação extensiva de proteção da moradia para atingir o imóvel onde reside pessoa solteira, separada ou viúva (Súmula 364 do STJ) (...) O bem de família convencional ou voluntário pode ser instituído pelos cônjuges, pela entidade familiar ou por terceiro, mediante escritura pública ou testamento, não podendo ultrapassar essa reserva um terço do patrimônio líquido das pessoas que fazem a instituição (art. 1.711 do CC). O limite estabelecido pela legislação visa a proteger eventuais credores. Ainda pelo que consta da parte final desse dispositivo, o bem de família convencional não revogou o bem de família legal, coexistindo ambos em nosso ordenamento jurídico. No

caso de instituição por terceiro, devem os cônjuges aceitar expressamente o benefício. Para que haja a proteção prevista em lei, é necessário que o bem seja imóvel residencial, rural ou urbano, incluindo a proteção a todos os bens acessórios que o compõem, caso inclusive das pertenças (art. 1.712 do CC). A proteção poderá abranger valores mobiliários, cuja renda seja aplicada na conservação do imóvel e no sustento da família. (...) A Lei n. 8.009/90 traça as regras específicas quanto à proteção do bem de família legal, prevendo o seu art. 1.º que "O imóvel residencial próprio do casal, ou da entidade familiar, é impenhorável e não responderá por qualquer tipo de dívida civil, comercial, fiscal, previdenciária ou de outra natureza, contraída pelos cônjuges ou pelos pais ou filhos que sejam seus proprietários e nele residam, salvo nas hipóteses previstas nesta lei". Trata-se de importante norma de ordem pública que protege tanto a família quanto a pessoa humana. Isso justifica a Súmula 205 do STJ, segundo a qual a Lei n. 8.009/90 tem eficácia retroativa, atingindo as penhoras constituídas antes da sua entrada em vigor. Trata-se do que denominamos retroatividade motivada ou justificada, em prol das normas de ordem pública. Sendo norma de ordem pública no campo processual, a impenhorabilidade do bem de família legal pode ser conhecida de ofício pelo juiz (...)[258].

No que concerne ao bem de família, tem-se, igualmente a aplicabilidade da Teoria do Patrimônio Mínimo, analisada no item anterior.

 JURISPRUDÊNCIA

"A adoção de meios executivos atípicos é cabível desde que observados alguns os seguintes requisitos: existem indícios de que o devedor possui patrimônio expropriável (bens que podem ser penhorados); essas medidas atípicas sejam adotadas de modo subsidiário; a decisão judicial que a determinar contenha fundamentação adequada às especificidades da hipótese concreta; e sejam observados o contraditório substancial e o postulado da proporcionalidade". (STJ. 3ª Turma. Resp 1788950/MT, Rel. Min. Nancy Andrighi, julgado em 23/04/2019).

---

258 TARTUCE, Flávio. *Manual de direito civil*: volume único. Rio de Janeiro: Forense; São Paulo: Método, 2022, p. 227-229.

PARTE II | **241**

"1. A Jurisprudência do Superior Tribunal de Justiça tem entendimento solidificado quanto à desnecessidade de prova de dilapidação patrimonial para a declaração de indisponibilidade de bens, estando tal decisão atrelada à salvaguarda do Patrimônio Público. 2. Presentes fortes indícios acerca da prática de atos de improbidade administrativa, restam caracterizados os requisitos necessários à declaração de indisponibilidade dos bens da parte agravante, tendo em vista a gravidade dos atos descritos na Petição Inicial e a necessidade de garantir o ressarcimento dos prejuízos causados à Administração Pública." (Acórdão 1338798, 07482790920208070000, Rel. EUSTÁQUIO DE CASTRO, Oitava Turma Cível, data de julgamento: 6/5/2021, publicado no Pje: 16/5/2021).

2.15.16. Enunciados

VIII Fórum Permanente de Processualistas Civis – FPPC

Enunciado 143. A redação do art. 300, *caput,* superou a distinção entre os requisitos da concessão para a tutela cautelar e para a tutela satisfativa de urgência, erigindo a probabilidade e o perigo na demora a requisitos comuns para a prestação de ambas as tutelas de forma antecipada.

I Jornada de Direito Processual Civil do Conselho da Justiça Federal – 2017

Enunciado 45. Aplica-se às tutelas provisórias o princípio da fungibilidade, devendo o juiz esclarecer as partes sobre o regime processual a ser observado.

Enunciado 46. A cessação da eficácia da tutela cautelar, antecedente ou incidental, pela não efetivação no prazo de 30 dias, só ocorre se caracterizada omissão do requerente.

2.16. ARTIGO 17

2.16.1. Quadro comparativo

REDAÇÃO ANTERIOR	LEI N. 14.230/2021
Art. 17. A ação principal, que terá o rito ordinário, será proposta pelo Ministério Público ou pela pessoa jurídica interessada, dentro de trinta dias da efetivação da medida cautelar.	**Art. 17.** A ação para a aplicação das sanções de que trata esta Lei será proposta pelo Ministério Público e seguirá o procedimento comum previsto na Lei n. 13.105, de 16 de março de 2015 (Código de Processo Civil), salvo o disposto nesta Lei.

§ 1º As ações de que trata este artigo admitem a celebração de acordo de não persecução cível, nos termos desta Lei.	§ 1º *(Revogado).*
§ 2º A Fazenda Pública, quando for o caso, promoverá as ações necessárias à complementação do ressarcimento do patrimônio público.	§ 2º *(Revogado).*
§ 3º No caso de a ação principal ter sido proposta pelo Ministério Público, aplica-se, no que couber, o disposto no § 3º do art. 6º da Lei nº 4.717, de 29 de junho de 1965.	§ 3º *(Revogado).*
§ 4º O Ministério Público, se não intervir no processo como parte, atuará obrigatoriamente, como fiscal da lei, sob pena de nulidade.	§ 4º *(Revogado).* § 4º-A A ação a que se refere o *caput* deste artigo deverá ser proposta perante o foro do local onde ocorrer o dano ou da pessoa jurídica prejudicada.
§ 5º A propositura da ação prevenirá a jurisdição do juízo para todas as ações posteriormente intentadas que possuam a mesma causa de pedir ou o mesmo objeto.	§ 5º A propositura da ação a que se refere o *caput* deste artigo prevenirá a competência do juízo para todas as ações posteriormente intentadas que possuam a mesma causa de pedir ou o mesmo objeto.
§ 6º A ação será instruída com documentos ou justificação que contenham indícios suficientes da existência do ato de improbidade ou com razões fundamentadas da impossibilidade de apresentação de qualquer dessas provas, observada a legislação vigente, inclusive as disposições inscritas nos arts. 16 a 18 do Código de Processo Civil.	§ 6º A petição inicial observará o seguinte: I – deverá individualizar a conduta do réu e apontar os elementos probatórios mínimos que demonstrem a ocorrência das hipóteses dos arts. 9º, 10 e 11 desta Lei e de sua autoria, salvo impossibilidade devidamente fundamentada; II – será instruída com documentos ou justificação que contenham indícios suficientes da veracidade dos fatos e do dolo imputado ou com razões fundamentadas da impossibilidade de apresentação de qualquer dessas provas, observada a legislação vigente, inclusive as disposições constantes dos arts. 77 e 80 da Lei n. 13.105, de 16 de março de 2015 (Código de Processo Civil).
Sem correspondência.	§ 6º-A O Ministério Público poderá requerer as tutelas provisórias adequadas e necessárias, nos termos dos arts. 294 a 310 da Lei n. 13.105, de 16 de março de 2015 (Código de Processo Civil).

PARTE II | **243**

Sem correspondência.	**§ 6º-B** A petição inicial será rejeitada nos casos do art. 330 da Lei n. 13.105, de 16 de março de 2015 (Código de Processo Civil), bem como quando não preenchidos os requisitos a que se referem os incisos I e II do § 6º deste artigo, ou ainda quando manifestamente inexistente o ato de improbidade imputado.
§ 7º Estando a inicial em devida forma, o juiz mandará autuá-la e ordenará a notificação do requerido, para oferecer manifestação por escrito, que poderá ser instruída com documentos e justificações, dentro do prazo de quinze dias.	**§ 7º** Se a petição inicial estiver em devida forma, o juiz mandará autuá-la e ordenará a citação dos requeridos para que a contestem no prazo comum de 30 (trinta) dias, iniciado o prazo na forma do art. 231 da Lei n. 13.105, de 16 de março de 2015 (Código de Processo Civil).
§ 8º Recebida a manifestação, o juiz, no prazo de trinta dias, em decisão fundamentada, rejeitará a ação, se convencido da inexistência do ato de improbidade, da improcedência da ação ou da inadequação da via eleita.	**§ 8º** *(Revogado).*
§ 9º Recebida a petição inicial, será o réu citado para apresentar contestação.	**§ 9º** *(Revogado).* **§ 9º-A** Da decisão que rejeitar questões preliminares suscitadas pelo réu em sua contestação caberá agravo de instrumento.
§ 10. Da decisão que receber a petição inicial, caberá agravo de instrumento. **§ 10-A a § 10-F:** *sem correspondência.*	**§ 10.** *(Revogado).* **§ 10-A.** Havendo a possibilidade de solução consensual, poderão as partes requerer ao juiz a interrupção do prazo para a contestação, por prazo não superior a 90 (noventa) dias. **§ 10-B.** Oferecida a contestação e, se for o caso, ouvido o autor, o juiz: I – procederá ao julgamento conforme o estado do processo, observada a eventual inexistência manifesta do ato de improbidade; II – poderá desmembrar o litisconsórcio, com vistas a otimizar a instrução processual. **§ 10-C.** Após a réplica do Ministério Público, o juiz proferirá decisão na qual indicará com precisão a tipificação do ato de improbidade administrativa imputável ao réu, sendo-lhe vedado modificar o fato principal e a capitulação legal apresentada pelo autor.

§ 10. Da decisão que receber a petição inicial, caberá agravo de instrumento. **§ 10-A a § 10-F:** *sem correspondência.*	**§ 10-D.** Para cada ato de improbidade administrativa, deverá necessariamente ser indicado apenas um tipo dentre aqueles previstos nos arts. 9º, 10 e 11 desta Lei. **§ 10-E.** Proferida a decisão referida no § 10-C deste artigo, as partes serão intimadas a especificar as provas que pretendem produzir. **§ 10-F.** Será nula a decisão de mérito total ou parcial da ação de improbidade administrativa que: **I** – condenar o requerido por tipo diverso daquele definido na petição inicial; **II** – condenar o requerido sem a produção das provas por ele tempestivamente especificadas.
§ 11. Em qualquer fase do processo, reconhecida a inadequação da ação de improbidade, o juiz extinguirá o processo sem julgamento do mérito.	**§ 11.** Em qualquer momento do processo, verificada a inexistência do ato de improbidade, o juiz julgará a demanda improcedente.
§ 12. Aplica-se aos depoimentos ou inquirições realizadas nos processos regidos por esta Lei o disposto no art. 221, *caput* e § 1º, do Código de Processo Penal.	**§ 12.** *(Revogado).*
§ 13. Para os efeitos deste artigo, também se considera pessoa jurídica interessada o ente tributante que figurar no polo ativo da obrigação tributária de que tratam o § 4º do art. 3º e o art. 8º-A da Lei Complementar n. 116, de 31 de julho de 2003. (Incluído pela Lei Complementar n. 157, de 2016)	**§ 13.** *(Revogado).*
Sem correspondência.	**§ 14.** Sem prejuízo da citação dos réus, a pessoa jurídica interessada será intimada para, caso queira, intervir no processo.
Sem correspondência.	**§ 15.** Se a imputação envolver a desconsideração de pessoa jurídica, serão observadas as regras previstas nos arts. 133, 134, 135, 136 e 137 da Lei n. 13.105, de 16 de março de 2015 (Código de Processo Civil).

Sem correspondência.	**§ 16.** A qualquer momento, se o magistrado identificar a existência de ilegalidades ou de irregularidades administrativas a serem sanadas sem que estejam presentes todos os requisitos para a imposição das sanções aos agentes incluídos no polo passivo da demanda, poderá, em decisão motivada, converter a ação de improbidade administrativa em ação civil pública, regulada pela Lei n. 7.347, de 24 de julho de 1985.
Sem correspondência.	**§ 17.** Da decisão que converter a ação de improbidade em ação civil pública caberá agravo de instrumento.
Sem correspondência.	**§ 18.** Ao réu será assegurado o direito de ser interrogado sobre os fatos de que trata a ação, e a sua recusa ou o seu silêncio não implicarão confissão.
Sem correspondência.	**§ 19.** Não se aplicam na ação de improbidade administrativa: I – a presunção de veracidade dos fatos alegados pelo autor em caso de revelia; II – a imposição de ônus da prova ao réu, na forma dos §§ 1º e 2º do art. 373 da Lei n. 13.105, de 16 de março de 2015 (Código de Processo Civil); III – o ajuizamento de mais de uma ação de improbidade administrativa pelo mesmo fato, competindo ao Conselho Nacional do Ministério Público dirimir conflitos de atribuições entre membros de Ministérios Públicos distintos; IV – o reexame obrigatório da sentença de improcedência ou de extinção sem resolução de mérito.
Sem correspondência.	**§ 20.** A assessoria jurídica que emitiu o parecer atestando a legalidade prévia dos atos administrativos praticados pelo administrador público ficará obrigada a defendê-lo judicialmente, caso este venha a responder ação por improbidade administrativa, até que a decisão transite em julgado.

Sem correspondência.	**§ 21.** Das decisões interlocutórias caberá agravo de instrumento, inclusive da decisão que rejeitar questões preliminares suscitadas pelo réu em sua contestação.

2.16.2. Da ação por improbidade administrativa

Art. 17. A ação para a aplicação das sanções de que trata esta Lei será proposta pelo Ministério Público e seguirá o procedimento comum previsto na Lei n. 13.105, de 16 de março de 2015 (Código de Processo Civil), salvo o disposto nesta Lei.

A "ação de Improbidade Administrativa é aquela em que se pretende o reconhecimento judicial de condutas de improbidade na Administração, perpetradas por administradores públicos e terceiros, e a consequente a aplicação das sanções legais, com o escopo de preservar o princípio da moralidade administrativa"[259].

2.16.3. Legitimidade exclusiva do Ministério Público e procedimento aplicável (art. 17, *caput*)

Até o advento do Lei n. 14.230/2021, dois grupos distintos possuíam legitimidade ativa para a propositura da ação por improbidade administrativa: a pessoa jurídica interessada (Administração Direta e Indireta, entre outras; e o Ministério Público.

Com o novel diploma e a consequente alteração do texto anterior, a primeira parte do *caput* do art. 17, dispõe ser o Ministério Público o único legitimado para a propositura da ação por improbidade.

Contudo, tal exclusividade dada ao Ministério Público foi derrubada pelo STF no julgamento das Ações Diretas de Inconstitucionalidade 7042 e 7043, ao decidir "que entes públicos que tenham sofrido prejuízos em razão de atos de improbidade também estão autorizados a propor ação e celebrar acordos de não persecução civil em relação a esses atos. Por maioria de votos, o Plenário declarou inválidos dispositivos da Lei n. 14.230/2021, que

---

259 CARVALHO, Matheus. *Lei de improbidade comentada.* São Paulo: JusPodivm, 2022, p. 10.

conferiam ao Ministério Público (MP) legitimidade exclusiva para a propositura das ações por improbidade".

A Suprema Corte entendeu "que a Constituição Federal prevê a legitimidade ativa concorrente entre o Ministério Público e os entes públicos lesados para ajuizar esse tipo de ação. Para o ministro, a supressão dessa legitimidade fere a lógica constitucional de proteção ao patrimônio público".

Também foi decidido que "a legitimidade das pessoas jurídicas interessadas se restringe à propositura de ações de ressarcimento e à celebração de acordos com essa finalidade. Para Gilmar Mendes, o legislador considerou que o MP é o ente mais adequado e imparcial para conduzir ações de improbidade, enquanto os entes públicos prejudicados atuam, muitas vezes, condicionados às mudanças na estrutura de poder".

Ainda de acordo com a decisão, "a administração pública fica autorizada, e não obrigada, a representar judicialmente o agente que tenha cometido ato de improbidade, desde que norma local (estadual ou municipal) disponha sobre essa possibilidade"[260].

Sobre o tema, Rafael de Oliveira Costa e Renato Kim Barbosa, ensinam:

> A legitimidade passiva é de todo aquele apto a ser considerado sujeito ativo do ato de improbidade administrativa, ou seja, o "agente político, o servidor público e todo aquele que exerce, ainda que transitoriamente ou sem remuneração, por eleição, nomeação, designação, contratação ou qualquer outra forma de investidura ou vínculo, mandato, cargo, emprego ou função" (art. 2º, *caput,* da Lei de Improbidade Administrativa) ou ainda ao particular que concorra para o ato de improbidade (art. 3º da mesma lei). No que se refere a recursos de origem pública, abrange também o particular, pessoa física ou jurídica, que celebra com a Administração Pública convênio, contrato de repasse,

---

260 STF. ADI 7042 e 7043. Disponível em: https://portal.stf.jus.br/noticias/verNoticiaDetalhe.asp?idConteudo=493313&ori=1#:~:text=STF%20decide%20que%20entes%20p%-C3%BAblicos,exclui%20a%20legitimidade%20de%20terceiros.

contrato de gestão, termo de parceria, termo de cooperação ou ajuste administrativo equivalente[261].

Ainda no que tange ao estudo do *caput* do art. 17, a segunda parte do referido dispositivo esclarece que a ação por improbidade administrativa seguirá o procedimento comum previsto no Código de Processo Civil, salvo o disposto na LIA.

2.16.4. Competência (art. 17, § 4º-A)

A ação de improbidade administrativa deverá ser proposta perante o foro do local onde ocorrer o dano ou no foro da pessoa jurídica prejudicada.

A redação anterior da LIA foi omissa acerca da competência para o processamento das ações de improbidade. Dessa forma, os operadores do direito se socorriam ao previsto no art. 2º, da Lei n. 7.347/85[262] – Lei da Ação Civil Pública (LACP) para sanar tal lacuna.

O novel diploma (Lei n. 14.230/2021) consolidou a regra de que ação para a aplicação das sanções pela prática de ato que configure improbidade administrativa deverá ser proposta perante o foro do local onde ocorrer o dano ou da pessoa jurídica prejudicada.

"Nas ações de improbidade administrativa, a competência da Justiça Federal é definida em razão da presença das pessoas jurídicas de direito público previstas no art. 109, I, da Constituição Federal na relação processual, e não em razão da natureza da verba federal sujeita à fiscalização da Tribunal de Contas da União". (STJ. AgInt no CC 174.764/MA, Rel. Ministro Mauro Campbell Marques, Primeira Seção, julgado em 09/02/2022, *DJe* 17/02/2022).

---

261 COSTA, Rafael de O.; BARBOSA, Renato K. *Nova Lei de Improbidade Administrativa*: de acordo com a Lei n. 14.230/2021. São Paulo: Almedina, 2022, p. 16.

262 Art. 2º "As ações previstas nesta Lei serão propostas no foro do local onde ocorrer o dano, cujo juízo terá competência funcional para processar e julgar a causa. Parágrafo único. A propositura da ação prevenirá a jurisdição do juízo para todas as ações posteriormente intentadas que possuam a mesma causa de pedir ou o mesmo objeto".

PARTE II | **249**

"Competência para julgar ação de improbidade proposta por Município contra ex-prefeito que não prestou contas de convênio federal: Nas ações de ressarcimento ao erário e improbidade administrativa ajuizadas em face de eventuais irregularidades praticadas na utilização ou prestação de contas de valores decorrentes de convênio federal, o simples fato de as verbas estarem sujeitas à prestação de contas perante o Tribunal de Contas da União, por si só, não justifica a competência da Justiça Federal. Igualmente, a mera transferência e incorporação ao patrimônio municipal de verba desviada, no âmbito civil, não pode impor de maneira absoluta a competência da Justiça Estadual. Se houver manifestação de interesse jurídico por ente federal que justifique a presença no processo, (v.g. União ou Ministério Público Federal) regularmente reconhecido pelo Juízo Federal nos termos da Súmula 150/STJ, a competência para processar e julgar a ação civil de improbidade administrativa será da Justiça Federal. As Súmulas 208 e 209 do STJ provêm da 3ª Seção do STJ e versam hipóteses de fixação da competência em matéria penal, em que basta o interesse da União ou de suas autarquias para deslocar a competência para a Justiça Federal, nos termos do inciso IV do art. 109 da CF. Logo, não podem ser utilizadas como critério para as demandas cíveis. Diante disso, é possível afirmar que a competência cível da Justiça Federal deve ser definida em razão da presença das pessoas jurídicas de direito público previstas no art. 109, I, da CF/88 na relação processual, seja como autora, ré, assistente ou oponente e não em razão da natureza da verba federal sujeita à fiscalização do TCU. Assim, em regra, compete à Justiça Estadual processar e julgar agente público acusado de desvio de verba recebida em razão de convênio firmado com o ente federal, salvo se houver a presença das pessoas jurídicas de direito público previstas no art. 109, I, da CF/88 na relação processual" (STJ. 1ª Seção. CC 174764-MA, Rel. Min. Mauro Campbell Marques, julgado em 09/02/2022).

2.16.5. Prevenção do juízo para ações conexas (art. 17, § 5º)

A propositura da ação para a aplicação das sanções previstas na LIA prevenirá a competência do juízo para **todas** as ações posteriormente intentadas que possuam a mesma causa de pedir ou o mesmo objeto.

Quando o texto legal ressalta que as "ações posteriormente intentadas que possuam a mesma causa de pedir ou o mesmo objeto", ele está se referindo ao instituto da conexão.

Prevista no Código de Processo Civil, a conexão[263] é considerada causa modificativa de competência. Rodrigo da Cunha Lima Freire e Maurício Ferreira Cunha (2019, p. 185), entendem ser a conexão "uma relação de semelhança entre duas ou mais demandas diversas no que diz respeito ao pedido ou à causa de pedir".

Ensinam os referidos autores:

> A causa de pedir, consiste na razão, no motivo, no fundamento do pedido e será composta pela fundamentação de fato e pela fundamentação de direito. A fundamentação de fato é composta pelo fato constitutivo do direito do autor ou causa de pedi ativa (*v.g., casamento, posse, locação, etc.*) e pelo fato violador do direito do autor ou causa de pedir passiva (*v.g., adultério, esbulho, inadimplemento, etc.*). Já a fundamentação de direito ou jurídica significa a repercussão jurídica dos fatos narrados ou demonstração de que os fatos narrados possuem consequências jurídicas (*v.g., direito ao divórcio, direito à reintegração de posse, direito ao despejo, etc.*)[264].

Quanto ao pedido, o STJ, de forma muito elucidativa, esclarece:

> "O pedido é aquilo que se pretende com a instauração da demanda e se extrai a partir de uma interpretação lógico-sistemática do afirmado na petição inicial, recolhendo todos os requerimentos feitos em seu corpo, e não só aqueles constantes em capítulo especial ou sob a rubrica

---

263 Código de Processo Civil. "Art. 55. Reputam-se conexas 2 (duas) ou mais ações quando lhes for comum o pedido ou a causa de pedir.

§ 1º Os processos de ações conexas serão reunidos para decisão conjunta, salvo se um deles já houver sido sentenciado.

§ 2º Aplica-se o disposto no *caput*:

I – à execução de título extrajudicial e à ação de conhecimento relativa ao mesmo ato jurídico;

II – às execuções fundadas no mesmo título executivo.

§ 3º Serão reunidos para julgamento conjunto os processos que possam gerar risco de prolação de decisões conflitantes ou contraditórias caso decididos separadamente, mesmo sem conexão entre eles".

264 CUNHA, Maurício Ferreira; FREIRE, Rodrigo da Cunha Lima. *Novo Código de Processo Civil – CPC para concursos*. Salvador: JusPodivm, 2019, p. 603.

'dos pedidos'" (STJ, REsp 120.299/ES, Rel. Min. Sálvio de Figueiredo Teixeira, 4ª Turma, jul. 25.06.1998, *DJ* 21.09.1998, p. 173)[265].

2.16.6. Petição inicial e requisitos de observância obrigatória (art. 17, § 6º)

Nas ações de improbidade administrativa, além daqueles ínsitos a toda e qualquer peça inaugural[266], a petição inicial obrigatoriamente deverá observar o cumprimento de alguns requisitos obrigatórios.

De acordo com a inclusão operada pela Lei n. 14.230/2021, a peça vestibular deverá individualizar a conduta do réu e apontar os elementos probatórios mínimos que demonstrem a ocorrência das hipóteses dos arts. 9º, 10 e 11 da LIA, bem como de sua autoria, salvo impossibilidade devidamente fundamentada; e deverá ser instruída com documentos ou justificação que contenham indícios suficientes da veracidade dos fatos e do dolo imputado ou com razões fundamentadas da impossibilidade de apresentação de quais-

---

265 No mesmo sentido: STJ, AgRg no REsp 788.361/SC, Rel. Min. Paulo Furtado, 3ª Turma, jul. 27.10.2009, *DJe* 13.11.2009.

266 Código de Processo Civil. "Art. 319. A petição inicial indicará:

I – o juízo a que é dirigida;

II – os nomes, os prenomes, o estado civil, a existência de união estável, a profissão, o número de inscrição no Cadastro de Pessoas Físicas ou no Cadastro Nacional da Pessoa Jurídica, o endereço eletrônico, o domicílio e a residência do autor e do réu;

III – o fato e os fundamentos jurídicos do pedido;

IV – o pedido com as suas especificações;

V – o valor da causa;

VI – as provas com que o autor pretende demonstrar a verdade dos fatos alegados;

VII – a opção do autor pela realização ou não de audiência de conciliação ou de mediação.

§ 1º Caso não disponha das informações previstas no inciso II, poderá o autor, na petição inicial, requerer ao juiz diligências necessárias à sua obtenção.

§ 2º A petição inicial não será indeferida se, a despeito da falta de informações a que se refere o inciso II, for possível a citação do réu.

§ 3º A petição inicial não será indeferida pelo não atendimento ao disposto no inciso II deste artigo se a obtenção de tais informações tornar impossível ou excessivamente oneroso o acesso à justiça".

quer dessas provas, observada a legislação vigente, inclusive as disposições constantes dos arts. 77 e 80, ambos do Código de Processo Civil:

> *Art. 77. Além de outros previstos neste Código, são deveres das partes, de seus procuradores e de todos aqueles que de qualquer forma participem do processo:*
>
> *I – expor os fatos em juízo conforme a verdade;*
>
> *II – não formular pretensão ou de apresentar defesa quando cientes de que são destituídas de fundamento;*
>
> *III – não produzir provas e não praticar atos inúteis ou desnecessários à declaração ou à defesa do direito;*
>
> *IV – cumprir com exatidão as decisões jurisdicionais, de natureza provisória ou final, e não criar embaraços à sua efetivação;*
>
> *V – declinar, no primeiro momento que lhes couber falar nos autos, o endereço residencial ou profissional onde receberão intimações, atualizando essa informação sempre que ocorrer qualquer modificação temporária ou definitiva;*
>
> *VI – não praticar inovação ilegal no estado de fato de bem ou direito litigioso.*
>
> *VII – informar e manter atualizados seus dados cadastrais perante os órgãos do Poder Judiciário e, no caso do § 6º do art. 246 deste Código, da Administração Tributária, para recebimento de citações e intimações. (Incluído pela Lei n. 14.195, de 2021)*
>
> *§ 1º Nas hipóteses dos incisos IV e VI, o juiz advertirá qualquer das pessoas mencionadas no* caput *de que sua conduta poderá ser punida como ato atentatório à dignidade da justiça.*
>
> *§ 2º A violação ao disposto nos incisos IV e VI constitui ato atentatório à dignidade da justiça, devendo o juiz, sem prejuízo das sanções criminais, civis e processuais cabíveis, aplicar ao responsável multa de até vinte por cento do valor da causa, de acordo com a gravidade da conduta.*
>
> *§ 3º Não sendo paga no prazo a ser fixado pelo juiz, a multa prevista no § 2º será inscrita como dívida ativa da União ou do Estado após o trânsito em julgado da decisão que a fixou, e sua execução observará o procedimento da execução fiscal, revertendo-se aos fundos previstos no art. 97.*

§ 4º A multa estabelecida no § 2º poderá ser fixada independentemente da incidência das previstas nos arts. 523, § 1º, e 536, § 1º.

§ 5º Quando o valor da causa for irrisório ou inestimável, a multa prevista no § 2º poderá ser fixada em até 10 (dez) vezes o valor do salário-mínimo.

§ 6º Aos advogados públicos ou privados e aos membros da Defensoria Pública e do Ministério Público não se aplica o disposto nos §§ 2º a 5º, devendo eventual responsabilidade disciplinar ser apurada pelo respectivo órgão de classe ou corregedoria, ao qual o juiz oficiará.

§ 7º Reconhecida violação ao disposto no inciso VI, o juiz determinará o restabelecimento do estado anterior, podendo, ainda, proibir a parte de falar nos autos até a purgação do atentado, sem prejuízo da aplicação do § 2º.

Art. 80. Considera-se litigante de má-fé aquele que:

I – deduzir pretensão ou defesa contra texto expresso de lei ou fato incontroverso;

II – alterar a verdade dos fatos;

III – usar do processo para conseguir objetivo ilegal;

IV – opuser resistência injustificada ao andamento do processo;

V – proceder de modo temerário em qualquer incidente ou ato do processo;

VI – provocar incidente manifestamente infundado;

VII – interpuser recurso com intuito manifestamente protelatório.

Extrai-se, portanto, que o apontamento dos elementos probatórios mínimos que demonstrem a ocorrência das hipóteses dos arts. 9º, 10 e 11 da LIA, e de sua autoria, salvo impossibilidade devidamente fundamentada e instrução com documentos ou justificação que contenham indícios suficientes da veracidade dos fatos, revelam-se suficientes para o recebimento da petição inicial.

Dessa maneira, em conformidade com o Superior Tribunal de Justiça, existindo meros indícios de cometimento de atos enquadrados como improbidade administrativa, a petição inicial da ação de improbidade deve ser recebida pelo juiz, pois, na fase inicial prevista no art. 17, da LIA, vigora o princípio do *in dubio pro societate*, a fim de possibilitar o maior resguardo do interesse público.

PROCESSUAL CIVIL E ADMINISTRATIVO. IMPROBIDADE. RECEBIMENTO DA INICIAL. INDÍCIOS. AUSÊNCIA. REEXAME FÁTICO-PROBATÓRIO. IMPOSSIBILIDADE. 1. Conforme pacífico entendimento jurisprudencial desta Corte Superior, presentes indícios de cometimento de ato ímprobo, afigura-se devido o recebimento da ação de improbidade, em franca homenagem ao princípio do *in dubio pro societate*, vigente nesse momento processual, sendo certo que apenas as ações evidentemente temerárias devem ser rechaçadas. 2. Hipótese em que, em face das premissas fáticas assentadas no acórdão objurgado, que não reconheceu a existência de evidências capazes de autorizar o recebimento da inicial com relação aos procuradores do GDF, responsáveis pela elaboração de pareceres jurídicos, a modificação do entendimento firmado pelas instâncias ordinárias demandaria induvidosamente o reexame de todo o material cognitivo produzido nos autos, desiderato incompatível com a via especial, nos termos da Súmula 7 do STJ. 3. Agravo interno de Cybele Lara da Costa Queiroz, Dilma Monteiro, José Luciano Arantes e Márcia Carvalho Gazeta provido. (STJ – AgInt no AgInt no Recurso Especial N. 968.110 – DF, Rel. Ministro Sérgio Kukina, *DJe*: 23/11/2022).

(...) "existindo meros indícios de cometimento de atos enquadrados como improbidade administrativa, a petição inicial da ação de improbidade deve ser recebida pelo juiz, pois, na fase inicial prevista no art. 17, §§ 7º, 8º e 9º da Lei n. 8.429/92, vale o princípio do *in dubio pro societate*, a fim de possibilitar o maior resguardo do interesse público". (AgRg no REsp 1.317.127-ES). STJ. 1ª Turma. REsp 1192758-MG, Rel. originário Min. Napoleão Nunes Maia Filho, Rel. para acórdão Min. Sérgio Kukina, julgado em 4/9/2014 – Info 547).

2.16.7. Possibilidade de requerimento da tutela de urgência pelo Ministério Público (art. 17, § 6º-A)

O Ministério Público poderá requerer as tutelas provisórias adequadas e necessárias, nos termos do arts. 294 a 310, do Código de Processo Civil, conforme seguem:

> Art. 294. A tutela provisória pode fundamentar-se em urgência ou evidência.

Parágrafo único. A tutela provisória de urgência, cautelar ou antecipada, pode ser concedida em caráter antecedente ou incidental.

Art. 295. A tutela provisória requerida em caráter incidental independe do pagamento de custas.

Art. 296. A tutela provisória conserva sua eficácia na pendência do processo, mas pode, a qualquer tempo, ser revogada ou modificada.

Parágrafo único. Salvo decisão judicial em contrário, a tutela provisória conservará a eficácia durante o período de suspensão do processo.

Art. 297. O juiz poderá determinar as medidas que considerar adequadas para efetivação da tutela provisória.

Parágrafo único. A efetivação da tutela provisória observará as normas referentes ao cumprimento provisório da sentença, no que couber.

Art. 298. Na decisão que conceder, negar, modificar ou revogar a tutela provisória, o juiz motivará seu convencimento de modo claro e preciso.

Art. 299. A tutela provisória será requerida ao juízo da causa e, quando antecedente, ao juízo competente para conhecer do pedido principal.

Parágrafo único. Ressalvada disposição especial, na ação de competência originária de tribunal e nos recursos a tutela provisória será requerida ao órgão jurisdicional competente para apreciar o mérito.

Art. 300. A tutela de urgência será concedida quando houver elementos que evidenciem a probabilidade do direito e o perigo de dano ou o risco ao resultado útil do processo.

§ 1º Para a concessão da tutela de urgência, o juiz pode, conforme o caso, exigir caução real ou fidejussória idônea para ressarcir os danos que a outra parte possa vir a sofrer, podendo a caução ser dispensada se a parte economicamente hipossuficiente não puder oferecê-la.

§ 2º A tutela de urgência pode ser concedida liminarmente ou após justificação prévia.

§ 3º A tutela de urgência de natureza antecipada não será concedida quando houver perigo de irreversibilidade dos efeitos da decisão.

Art. 301. A tutela de urgência de natureza cautelar pode ser efetivada mediante arresto, sequestro, arrolamento de bens, registro de protesto contra alienação de bem e qualquer outra medida idônea para asseguração do direito.

Art. 302. Independentemente da reparação por dano processual, a parte responde pelo prejuízo que a efetivação da tutela de urgência causar à parte adversa, se:

I – a sentença lhe for desfavorável;

II – obtida liminarmente a tutela em caráter antecedente, não fornecer os meios necessários para a citação do requerido no prazo de 5 (cinco) dias;

III – ocorrer a cessação da eficácia da medida em qualquer hipótese legal;

IV – o juiz acolher a alegação de decadência ou prescrição da pretensão do autor.

Parágrafo único. A indenização será liquidada nos autos em que a medida tiver sido concedida, sempre que possível.

Art. 303. Nos casos em que a urgência for contemporânea à propositura da ação, a petição inicial pode limitar-se ao requerimento da tutela antecipada e à indicação do pedido de tutela final, com a exposição da lide, do direito que se busca realizar e do perigo de dano ou do risco ao resultado útil do processo.

§ 1º Concedida a tutela antecipada a que se refere o caput deste artigo:

I – o autor deverá aditar a petição inicial, com a complementação de sua argumentação, a juntada de novos documentos e a confirmação do pedido de tutela final, em 15 (quinze) dias ou em outro prazo maior que o juiz fixar;

II – o réu será citado e intimado para a audiência de conciliação ou de mediação na forma do art. 334 ;

III – não havendo autocomposição, o prazo para contestação será contado na forma do art. 335 .

§ 2º Não realizado o aditamento a que se refere o inciso I do § 1º deste artigo, o processo será extinto sem resolução do mérito.

§ 3º O aditamento a que se refere o inciso I do § 1º deste artigo dar-se-á nos mesmos autos, sem incidência de novas custas processuais.

§ 4º Na petição inicial a que se refere o caput deste artigo, o autor terá de indicar o valor da causa, que deve levar em consideração o pedido de tutela final.

PARTE II | **257**

§ 5º O autor indicará na petição inicial, ainda, que pretende valer-se do benefício previsto no caput *deste artigo.*

§ 6º Caso entenda que não há elementos para a concessão de tutela antecipada, o órgão jurisdicional determinará a emenda da petição inicial em até 5 (cinco) dias, sob pena de ser indeferida e de o processo ser extinto sem resolução de mérito.

Art. 304. A tutela antecipada, concedida nos termos do art. 303, torna-se estável se da decisão que a conceder não for interposto o respectivo recurso.

§ 1º No caso previsto no caput, *o processo será extinto.*

§ 2º Qualquer das partes poderá demandar a outra com o intuito de rever, reformar ou invalidar a tutela antecipada estabilizada nos termos do caput.

§ 3º A tutela antecipada conservará seus efeitos enquanto não revista, reformada ou invalidada por decisão de mérito proferida na ação de que trata o § 2º.

§ 4º Qualquer das partes poderá requerer o desarquivamento dos autos em que foi concedida a medida, para instruir a petição inicial da ação a que se refere o § 2º, prevento o juízo em que a tutela antecipada foi concedida.

§ 5º O direito de rever, reformar ou invalidar a tutela antecipada, previsto no § 2º deste artigo, extingue-se após 2 (dois) anos, contados da ciência da decisão que extinguiu o processo, nos termos do § 1º.

§ 6º A decisão que concede a tutela não fará coisa julgada, mas a estabilidade dos respectivos efeitos só será afastada por decisão que a revir, reformar ou invalidar, proferida em ação ajuizada por uma das partes, nos termos do § 2º deste artigo.

Art. 305. A petição inicial da ação que visa à prestação de tutela cautelar em caráter antecedente indicará a lide e seu fundamento, a exposição sumária do direito que se objetiva assegurar e o perigo de dano ou o risco ao resultado útil do processo.

Parágrafo único. Caso entenda que o pedido a que se refere o caput *tem natureza antecipada, o juiz observará o disposto no art. 303 .*

Art. 306. O réu será citado para, no prazo de 5 (cinco) dias, contestar o pedido e indicar as provas que pretende produzir.

Art. 307. Não sendo contestado o pedido, os fatos alegados pelo autor presumir-se-ão aceitos pelo réu como ocorridos, caso em que o juiz decidirá dentro de 5 (cinco) dias.

> *Parágrafo único. Contestado o pedido no prazo legal, observar-se-á o procedimento comum.*
>
> *Art. 308. Efetivada a tutela cautelar, o pedido principal terá de ser formulado pelo autor no prazo de 30 (trinta) dias, caso em que será apresentado nos mesmos autos em que deduzido o pedido de tutela cautelar, não dependendo do adiantamento de novas custas processuais.*
>
> *§ 1º O pedido principal pode ser formulado conjuntamente com o pedido de tutela cautelar.*
>
> *§ 2º A causa de pedir poderá ser aditada no momento de formulação do pedido principal.*
>
> *§ 3º Apresentado o pedido principal, as partes serão intimadas para a audiência de conciliação ou de mediação, na forma do art. 334 , por seus advogados ou pessoalmente, sem necessidade de nova citação do réu.*
>
> *§ 4º Não havendo autocomposição, o prazo para contestação será contado na forma do art. 335 .*
>
> *Art. 309. Cessa a eficácia da tutela concedida em caráter antecedente, se:*
>
> *I – o autor não deduzir o pedido principal no prazo legal;*
>
> *II – não for efetivada dentro de 30 (trinta) dias;*
>
> *III – o juiz julgar improcedente o pedido principal formulado pelo autor ou extinguir o processo sem resolução de mérito.*
>
> *Parágrafo único. Se por qualquer motivo cessar a eficácia da tutela cautelar, é vedado à parte renovar o pedido, salvo sob novo fundamento.*
>
> *Art. 310. O indeferimento da tutela cautelar não obsta a que a parte formule o pedido principal, nem influi no julgamento desse, salvo se o motivo do indeferimento for o reconhecimento de decadência ou de prescrição.*

O texto do art. 17, § 6º-A, da LIA refere-se ao instituto da tutela provisória. Não se pode olvidar, contudo, que tutela provisória é gênero, do qual são espécies: a tutela de urgência e a tutela de evidência. Isso posto, vale pontuar que o mencionado dispositivo trata apenas da **tutela de urgência**, ao fazer menção expressa aos arts. 294 a 310 do Código de Processo Civil,

PARTE II | **259**

sem citar, em nenhum momento, o art. 311, correspondente à tutela de evidência[267].

Estabelecidas as ponderações necessárias acerca da espécie de tutela provisória prevista na LIA, prosseguem demais considerações.

2.16.8. Hipóteses de rejeição da petição inicial (art. 17, § 6º-B)

O juiz deverá rejeitar a petição nos casos de indeferimento da inicial[268], bem como quando a peça vestibular não individualizar a conduta do réu e apontar os elementos probatórios mínimos que demonstrem a ocorrência das hipóteses dos arts. 9º, 10 e 11 da LIA, e de sua autoria, salvo impossibilidade devidamente fundamentada; quando não for instruída com documentos ou justificação que contenham indícios suficientes da veracidade dos fatos e do dolo imputado ou com razões fundamentadas da impossibilidade de apresentação de qualquer dessas provas, observada a legislação vigente, inclusive as disposições constantes dos arts. 77 e 80, ambos do Códi-

---

267 Art. 311. "A tutela da evidência será concedida, independentemente da demonstração de perigo de dano ou de risco ao resultado útil do processo, quando: I – ficar caracterizado o abuso do direito de defesa ou o manifesto propósito protelatório da parte; II – as alegações de fato puderem ser comprovadas apenas documentalmente e houver tese firmada em julgamento de casos repetitivos ou em súmula vinculante; III – se tratar de pedido reipersecutório fundado em prova documental adequada do contrato de depósito, caso em que será decretada a ordem de entrega do objeto custodiado, sob cominação de multa; IV – a petição inicial for instruída com prova documental suficiente dos fatos constitutivos do direito do autor, a que o réu não oponha prova capaz de gerar dúvida razoável. Parágrafo único. Nas hipóteses dos incisos II e III, o juiz poderá decidir liminarmente".

268 Código de Processo Civil:" Art. 330. A petição inicial será indeferida quando: I – for inepta; II – a parte for manifestamente ilegítima; III – o autor carecer de interesse processual; IV – não atendidas as prescrições dos arts. 106 e 321. § 1º Considera-se inepta a petição inicial quando: I – lhe faltar pedido ou causa de pedir; II – o pedido for indeterminado, ressalvadas as hipóteses legais em que se permite o pedido genérico; III – da narração dos fatos não decorrer logicamente a conclusão; IV – contiver pedidos incompatíveis entre si. § 2º Nas ações que tenham por objeto a revisão de obrigação decorrente de empréstimo, de financiamento ou de alienação de bens, o autor terá de, sob pena de inépcia, discriminar na petição inicial, dentre as obrigações contratuais, aquelas que pretende controverter, além de quantificar o valor incontroverso do débito. § 3º Na hipótese do § 2º, o valor incontroverso deverá continuar a ser pago no tempo e modo contratados".

go de Processo Civil, ou ainda quando manifestamente inexistente o ato de improbidade imputado.

O legislador foi claro ao tratar da rejeição da inicial nas hipóteses descritas, como um **dever** do julgador e não mera faculdade.

Acerca da obrigatoriedade de a parte autora individualizar a conduta do réu e apontar os elementos probatórios mínimos que demonstrem a ocorrência das hipóteses dos arts. 9º, 10 e 11 da LIA, e de sua autoria, Antonio A. F. Dal Pozzo pontua:

> (...) vale lembrar que o nexo de causalidade figura como um dos elementos imprescindíveis para a caracterização da responsabilidade penal, civil e administrativa. Por constituir um dos elementos do fato típico, isto é, como um dos elementos básicos do ato de improbidade, deverá ser descrito com clareza e precisão pelo autor da ação, a fim de possibilitar o exercício do direito de defesa pelo sujeito passivo[269].

Nesse contexto, exige-se a descrição pormenorizada dos elementos que integram o ato de improbidade administrativa, mais especificamente o nexo causal entre a conduta e o resultado, sob pena de atipicidade do fato.

Assim, sob pena de indeferimento da petição inicial, deverão ser descritas: a) a conduta que importe enriquecimento ilícito; b) a conduta que provoque dano ao erário; c) a conduta que viole os princípios da Administração Pública; d) o nexo de causalidade entre o ato e o enriquecimento ilícito; e) o nexo de causalidade entre o ato e o dano ao erário.

Nesse prisma, a demonstração da adequação típica na petição inicial da ação por ato de improbidade administrativa constitui, portanto, requisito essencial para a sua propositura.

Com efeito, de acordo com o art. 17, § 6º, da Lei, a petição inicial **deverá** individualizar a conduta do réu e apontar os elementos probatórios mínimos que demonstrem a ocorrência das hipóteses dos arts. 9º, 10 e 11 desta Lei e de sua autoria, salvo impossibilidade devidamente fundamentada, bem como **deverá** ser instruída com documentos ou justificação que contenham indícios suficientes da veracidade dos fatos e do dolo imputado ou com ra-

---

269 DAL POZZO, Antonio Araldo Ferraz. *Reflexões sobre a defesa antecipada na lei de improbidade administrativa*, cit., p. 94.

PARTE II | 261

zões fundamentadas da impossibilidade de apresentação de qualquer dessas provas, observada a legislação vigente, inclusive as disposições constantes dos arts. 77 e 80 do Código de Processo Civil.

De acordo com Antonio Araldo Ferraz Dal Pozzo:

> "por indícios suficientes da existência de ato de improbidade há que se entender: documentos e justificações que evidenciem todos os elementos constitutivos do ato de improbidade administrativa acima recordados"[270]. No sistema da Lei n. 8.429/92, o mencionado autor demonstra que a descrição dos elementos constitutivos do ato de improbidade administrativa já era uma exigência no sistema anterior. Sucede que nunca foi uma preocupação do operador do direito a demonstração com clareza e precisão de todos os elementos que informam o ato de improbidade administrativa, cuja ação é proposta com termos genéricos, vagos, abrangendo mil possibilidades, dificultando sobremaneira a defesa e, o que é pior, há uma condescendência do julgador, o qual aceita as iniciais sem exigir o rigor processual[271].

Quanto à petição inicial da ação por improbidade administrativa, depreende-se do § 6º do art. 17 que o legislador pretendeu prevenir as ações temerárias, exigindo demonstração da existência do ato de improbidade sob pena de responsabilização por dano processual.

Se convencido da existência de suficientes indícios do ato de improbidade administrativa ou da adequação da via eleita, o juiz determinará a citação do réu para apresentar contestação. Assim, em qualquer fase do processo, "reconhecida a inadequação da ação de improbidade, o juiz extinguirá o processo sem julgamento de mérito".

Ao interpretar o mencionado dispositivo legal, Marcelo Figueiredo afirma:

> É óbvio que a norma é de ser aplaudida, pois vai de encontro à racionalidade e economia processual. Apresentada pelo requerido sua manifestação documentada, poderá desde logo ficar evidenciado que a ação é totalmente improcedente, como, por hipótese, um grande engano – v.g., o requerido não seria parte ou não teria participação alguma nos

---

270 *Reflexões sobre a defesa antecipada na lei de improbidade administrativa*, cit., p. 98.

271 DAL POZZO, Antonio Araldo Ferraz. *Reflexões sobre a defesa antecipada na lei de improbidade administrativa*, cit., p. 99.

262 | NOVA LEI DE IMPROBIDADE ADMINISTRATIVA | FERNANDO CAPEZ

atos imputados como de improbidade. Desde logo, abre-se a possibilidade de o juiz, nos 30 dias seguintes à manifestação do requerido, rejeitar a ação, fundamentadamente (§ 8º). (...) Nenhuma novidade acerca das possibilidades abertas ao Estado-Juiz para, nessa fase, rejeitar a ação. A inexistência do ato de improbidade exige, normalmente, pesquisa mais densa, e certamente demandará documentação suficiente, justificação plausível e densa. (...) Dificilmente, acreditamos, poder-se--á chegar a essa conclusão, de inexistência do ato de improbidade já nessa fase. Mas não é impossível quando a manifestação do requerido consiga demonstrar de forma robusta a inexistência do ato de improbidade ao menos no que tange à sua conduta nos atos tidos como ímprobos, desonestos, desviados dos princípios e normas que devem nortear a Administração Pública Brasileira. (...) O que seria ato inexistente? O ato de improbidade não teria ocorrido no mundo fenomênico ou o requerido não teria participado do ato ímprobo? Parece que a lei refere--se à segunda hipótese, embora logo a seguir o dispositivo faça referência a "improcedência" da ação (mérito) ou "inadequação" da via eleita (matéria processual)[272].

Ao proclamar a exigência de uma adequação típica para os atos de improbidade administrativa, tal como ocorre na seara penal, o Superior Tribunal de Justiça tem considerado que a ausência de tipicidade implica impossibilidade jurídica do pedido e autoriza o indeferimento da inicial, à semelhança do que ocorre no processo penal, em que as hipóteses de atipicidade conduzem à rejeição da denúncia[273].

---

272 *Probidade administrativa*, cit., p. 296-297.
273 Processual civil. Violação do art. 535 do CPC. Inocorrência. Ação civil pública. Improbidade. Inocorrência. Venda de Letras Financeiras do Tesouro Estadual – LFTE's. Não aplicação. Súmula n. 207, do TCU. Descaracterização da ilegalidade. Atipicidade da conduta. 1. Inexiste ofensa ao art. 535 do CPC, quando o Tribunal de origem, embora sucintamente, pronuncia-se de forma clara e suficiente sobre a questão posta nos autos. Ademais, o magistrado não está obrigado a rebater, um a um, os argumentos trazidos pela parte, desde que os fundamentos utilizados tenham sido suficientes para embasar a decisão. 2. A apreciação da alegada inocorrência de dolo na conduta do recorrente para fins de caracterização do ato de improbidade versa matéria insindicável por esta Corte Superior, em sede de recurso especial, a teor do disposto no verbete sumular n. 07/STJ, haja vista a necessária incursão no conjunto fático-probatório carreado aos autos para fins de apuração da conduta do agente público e seu elemento subjetivo. 3. Não obstante, independente da averiguação do elemento subjetivo da conduta do agente público, verifica-se que, de acordo com a Súmula n. 207, do TCU, aplicável, por analogia, ao Estado, o Secretário de Fazenda, sequer poderia efetuar aplicações financeiras com o dinheiro

PARTE II | **263**

advindo da venda das LFTEs, consoante se colhe de seu teor: "Súmula n. 207: É vedada aos órgãos da Administração Federal Direta, às autarquias, às empresas, às sociedades de economia mista e às entidades sob seu controle acionário, bem como às Fundações supervisionadas pela União, a aplicação, em títulos de renda fixa ou em depósitos bancários a prazo, de disponibilidade financeira, salvo – quando resultante de receitas próprias – a aplicação em títulos do Tesouro Nacional, por intermédio do Banco Central do Brasil ou na forma que este estabelecer e sem prejuízo das respectivas atividades operacionais". 4. Consectariamente, não revestindo de qualquer ilegalidade o ato do agente público – consistente na não aplicação financeira dos valores advindos da venda de Letras do Tesouro Estadual – descaracterizado está o ato de improbidade uma vez que a contrariedade à lei revela-se como requisito do ato ímprobo, que, in casu, foi imputado ao recorrente ante a subsunção à norma descrita no art. 10, inciso VI, da Lei n. 8.429/92. 5. In casu, a atitude do recorrente revestiu-se de total legalidade não se caracterizando sua conduta como ilegal, mas, ao revés, plasmada na norma ditada pelo Tribunal de Contas da União aplicável, por analogia, aos Estados-membros. 6. A natureza mista da ação de improbidade reclama tipicidade da conduta, sendo certo que a sua ausência implica impossibilidade jurídica do pedido, à semelhança do que ocorre com as hipóteses de rejeição da denúncia, consoante discorreu Cássio Scarpinella Bueno: "De acordo com o art. 295, IV, do Código de Processo Civil o reconhecimento da decadência ou da prescrição também resulta no indeferimento da inicial. Também neste caso, de acordo com o art. 269, IV, do mesmo estatuto, o julgamento é de mérito. A distinção entre as hipóteses, contudo, reside em que, de acordo com os novos §§ 7º e 8º do art. 17 da Lei n. 8.429, de 1992, na ação de improbidade administrativa já nesta fase preliminar o próprio mérito da ação pode ser examinado (haver, ou não, ato de improbidade administrativa), e não se existe, concretamente, fato impeditivo do exercício de um direito, como ocorre na decadência ou prescrição. Embora a lei brasileira tenha catalogado a decadência e a prescrição como matéria de mérito, não é menos verdade que na ação de improbidade administrativa o que é passível de julgamento nesta nova fase preliminar do procedimento é o pedido do autor da ação, isto é, o bem da vida reclamado na ação de improbidade administrativa, vale dizer, o próprio ato atentatório à Lei n. 8.429, de 1992. Tanto assim que é comum a doutrina referir-se à decadência ou à prescrição como matérias preliminares de mérito, quando menos do ponto de vista lógico. Este juízo de admissibilidade amplíssimo e substancial da petição inicial em contraditório, destarte, estrema a ação de improbidade administrativa de qualquer outra ação que segue o rito comum, assemelhando-se ao que o Código de Processo Penal reserva, por exemplo, para o processo dos crimes de responsabilidade dos funcionários públicos (CPP, arts. 516-517). Admitida a petição, entretanto, ordinariza-se o procedimento, o que não é estranho à grande maioria dos demais procedimentos especiais regulados pelo Código de Processo Civil, como bem apontado por Antônio Carlos Marcato na lição destacada anteriormente. Os §§ 9º e 10 do art. 17 da Lei n. 8.429, de 1992, tratam do que se segue à admissão da petição inicial. O § 9º prescreve que o réu será citado, e o § 10 expressa que da decisão de admissão da petição inicial cabe agravo de instrumento. Não pode haver dúvidas, diante do conteúdo do § 7º, de que o contraditório já está completo quando o réu é notificado para se manifestar sobre a petição inicial. Neste instante processual a relação processual já se apresenta triangularizada – o que é, inequivocamente, a realização concreta do princípio do contraditório constitucionalmente assegurado. Assim sendo, mais técnico que, após a admissão da petição inicial, seja o réu apenas intimado para apresentar sua defesa, considerando que ele já faz parte da relação processual e pois, que dela ele já tem ciência. Quando menos, que se entenda o termo 'citação', empregado pelo dispositivo, evidenciando a parte final (o ato de se defender) de sua definição legal, tal qual dada pelo art. 213 do Código de Processo Civil' (in Improbidade Administrativa – Questões Polêmicas e Atuais, 2. ed., p. 174/175, Malheiros, 2003) 7. Voto para, divergindo do e. Relator, conhecer parcialmente do recurso, e, nesta parte, dar-lhe provimento para reconhecer a inexistência de ato de improbidade praticado pelo então Secretário de Fazenda do Mato Grosso (STJ, 1ª Turma, REsp 623550/MT, Rel. Min. Francisco Falcão, Rel. p/acórdão Min. Luiz Fux, j. 20-4-2006, *DJ* 15-5-2006, p. 163). STJ: "Recurso especial. Improbidade administrativa. Aplicação do § 8º, do art. 17, da Lei n. 8.429/92. Ação de cunho civil, penal e administrativo. Tipicidade estrita. Improbidade e ilegalidade. Diferença. Ausência de interesse processual superveniente, máxime porquanto os tipos de improbidade contra os princípios da Administração reclamam resultado. Inocorrência de improbidade prima facie. Indeferimento da petição inicial à semelhança do que ocorre com a rejeição da denúncia por ausência de tipicidade (art. 17, § 8º, da Lei n. 8.429/92) aferida pela instância local com ratificação pelo Ministério Público Federal. Súmula 7/STJ. 1. Ação de improbidade consistente em requisição de funcionários pelo juiz diretor do foro, com autorização do Tribunal hierarquicamente superior. 2. A questão positivista resta superada pela mais odiosa das exegeses, qual, a literal, por isso que se impõe observar se realmente toda ilegalidade encerra improbidade, sob pena de, em caso positivo, em qualquer esfera dos Poderes da República, ressoar inafastável a conclusão inaceitável de que o errores in judicando e in procedendo dos magistrados implicam sempre e sempre improbidade, o que sobressai irrazoável. 3. Destarte, a improbidade arrasta a noção de ato imoral com forte conteúdo de corrupção econômica, o que não se coaduna com a hipótese dos autos assim analisada, verticalmente, pela instância a quo. 4. É uníssona a doutrina no sentido de que, quanto aos aspectos sancionatórios da Lei de Improbidade, impõe-se exegese idêntica a que se empreende com relação às figuras típicas penais, quanto à necessidade de a improbidade colorir-se de atuar imoral com feição de corrupção de natureza econômica. 5. Ato ímprobo que não produziu nenhum resultado, porquanto a requisição foi revogada, mercê de legal à época originária da requisição sem prejuízo do atestado serviço prestado pelos servidores requisitados, consoante sentença, pareceres ministeriais e acórdãos acostados nos autos e sindicados na instância a quo (Súmula 7/STJ). 6. In casu, o Ministério Público Federal, subsidiando o Tribunal a quo, concluiu pela atipicidade da conduta. No âmbito da improbidade, a atipicidade da conduta que no processo penal conduz à rejeição da denúncia, autoriza o indeferimento da inicial por impossibilidade jurídica do pedido. 7. Revogado o ato, e considerada a improbidade ilícito de resultado, ressoa evidente a falta de interesse superveniente, sem prejuízo da atipicidade apontada. 8. Ademais, a aferição da improbidade nas hipóteses em que a conduta é inferida e não descrita, notadamente naquelas infrações contra os princípios da Administração Pública, impõe-se a análise do fato ao ângulo da razoabilidade, por isso que, não obstante a indeterminação do conceito, assentou-se, em notável sede clássica, que, se não se sabe o que é razoável, é certo o que não é razoável, o bizarro, o desproporcional. 9. Sob esse enfoque, a requisição de funcionários por necessidade de ser-

PARTE II | **265**

2.16.9. Prazo específico para contestação (art. 17, § 7º)

No caso de a petição inicial estiver em devida forma, o juiz mandará autuá-la e ordenará a citação dos requeridos para que a contestem no prazo comum de 30 (trinta) dias, iniciado o prazo na forma do art. 231 Código de Processo Civil[274] (§ 7º).

---

viço, confirmada pela instância a quo, sequer resvala no conceito de improbidade ou imoralidade. 10. Ausente a concretização do suposto atuar ímprobo, sobressai a falta de interesse processual superveniente. 11. Tratando-se de ação cível com cunho penal, a atipicidade da conduta assemelha-se à impossibilidade jurídica do pedido, mercê da falta notória do interesse de agir quer por repressão quer por inibição, impondo o indeferimento da inicial e a consequente extinção do processo sem análise do mérito, por isso que ausente a violação do art. 267 do CPC. 12. Deveras, o atual § 8º do art. 17 da Lei n. 8.429/92 permite ao magistrado indeferir a inicial julgando improcedente a ação se convencer da inexistência do ato de improbidade. Consequentemente, se assim o faz, não há violação da lei, senão seu cumprimento. 13. Outrossim, considerando que in casu o Tribunal local concluiu pela improcedência da ação com base na valoração dos fatos, na impossibilidade jurídica do pedido e na revogação do ato, esvaziando a suposta improbidade, tem-se que mercê de inexistir violação do art. 267 do CPC, não é lícito ao STJ empreender a análise que engendrou o Tribunal local, sob pena de infringir a Súmula 7/ STJ. 14. Recurso Especial parcialmente conhecido e desprovido" (STJ, 1ª Turma, REsp 721190/CE, Rel. Min. Luiz Fux, j. 13-11-2005, *DJ* 13-2-2006, p. 696).

274 Art. 231. "Salvo disposição em sentido diverso, considera-se dia do começo do prazo: I – a data de juntada aos autos do aviso de recebimento, quando a citação ou a intimação for pelo correio; II – a data de juntada aos autos do mandado cumprido, quando a citação ou a intimação for por oficial de justiça; III – a data de ocorrência da citação ou da intimação, quando ela se der por ato do escrivão ou do chefe de secretaria; IV – o dia útil seguinte ao fim da dilação assinada pelo juiz, quando a citação ou a intimação for por edital; V – o dia útil seguinte à consulta ao teor da citação ou da intimação ou ao término do prazo para que a consulta se dê, quando a citação ou a intimação for eletrônica; VI – a data de juntada do comunicado de que trata o art. 232 ou, não havendo esse, a data de juntada da carta aos autos de origem devidamente cumprida, quando a citação ou a intimação se realizar em cumprimento de carta; VII – a data de publicação, quando a intimação se der pelo Diário da Justiça impresso ou eletrônico; VIII – o dia da carga, quando a intimação se der por meio da retirada dos autos, em carga, do cartório ou da secretaria. IX – o quinto dia útil seguinte à confirmação, na forma prevista na mensagem de citação, do recebimento da citação realizada por meio eletrônico. § 1º Quando houver mais de um réu, o dia do começo do prazo para contestar corresponderá à última das datas a que se referem os incisos I a VI do *caput*. § 2º Havendo mais de um intimado, o prazo para cada um é contado individualmente. § 3º Quando o ato tiver de ser praticado diretamente pela parte ou por quem, de qualquer forma, participe do processo, sem a intermediação de representante judicial, o dia do começo do prazo para cumprimento da determinação judicial corresponderá à data em que se der a comunicação. § 4º Aplica-se o disposto no inciso II do *caput* à citação com hora certa".

Malgrado o CPC seja aplicável às ações de improbidade administrativa, sua aplicação será de forma subsidiária e naquilo que couber. Prevalece, portanto, as disposições específicas da LIA.

A LIA estabelece o prazo comum de 30 dias para a apresentação da contestação, prazo esse, diverso dos 15 dias previstos no CPC. Tem-se, portanto, evidenciada a Teoria do Diálogo das Fontes.

A esse respeito, Flávio Tartuce esclarece:

> A tese do diálogo das fontes foi desenvolvida na Alemanha por Erik Jayme, professor da Universidade de Heidelberg, trazida ao Brasil por Claudia Lima Marques, da Universidade Federal do Rio Grande do Sul. A essência da teoria é que as normas jurídicas não se excluem – supostamente porque pertencentes a ramos jurídicos distintos –, mas se complementam. Como se pode perceber há nesse marco teórico, do mesmo modo, a premissa de uma visão unitária do ordenamento jurídico. A primeira justificativa que pode surgir para a sua aplicação refere-se à sua funcionalidade. É cediço que vivemos um momento de explosão de leis, um "Big Bang legislativo", como simbolizou Ricardo Lorenzetti. O mundo pós-moderno e globalizado, complexo e abundante por natureza, convive com uma quantidade enorme de normas jurídicas, a deixar o aplicador do Direito até desnorteado. Convive-se com a era da desordem, conforme expõe o mesmo Lorenzetti. O diálogo das fontes serve como leme nessa tempestade de complexidade[275].

2.16.10. Do cabimento do agravo de instrumento (art. 17, § 9º-A)

Da decisão que rejeitar questões preliminares suscitadas pelo réu em sua contestação, caberá agravo de instrumento. Por se tratar de pronunciamento com natureza de decisão interlocutória, e adequação à previsão do art. 1015, inciso XII, do Código de Processo Civil, verifica-se o cabimento do agravo de instrumento para enfretamento recursal. Decisão interlocutória é todo pronunciamento judicial não terminativo, seja na fase cognitiva ou na executória.

---

275 TARTUCE, Flávio. *Manual de direito civil*: volume único. Rio de Janeiro: Forense; São Paulo: Método, 2022, p. 80.

2.16.11. Hipótese de solução consensual e a possibilidade de dilação do prazo para contestação (art. 17, § 10-A)

Havendo a possibilidade de solução consensual, poderão as partes requerer ao juiz a interrupção do prazo para a contestação, por prazo não superior a 90 (noventa) dias[276].

2.16.12. Hipóteses de atuação do juiz após a oferecimento da contestação (art. 17, § 10-B)

Oferecida a contestação e, se for o caso, ouvido o autor, o juiz:

I – procederá ao julgamento conforme o estado do processo, observada a eventual inexistência manifesta do ato de improbidade;

No que concerne ao instituto processual do julgamento conforme estado do processo, importante destacar a preleção de Marcus Vinicius Rios Gonçalves:

> Sanadas eventuais irregularidades, o juiz, depois de ler as manifestações das partes, terá de verificar se o processo ou ao menos um ou alguns dos pedidos estão ou não em condições de serem julgados desde logo. Há casos em que, concluída a fase postulatória e saneados eventuais vícios, todos os elementos necessários para o julgamento, seja de todos os pedidos, seja de alguns deles, estarão nos autos; e há outros em que há necessidade de produção de provas. Quando ele julga todos os pedidos logo após a conclusão da fase postulatória, sem abrir a fase instrutória, diz que há o julgamento antecipado do mérito. Quando, nessa fase, julga não todos, mas um ou alguns dos pedidos, ou parcela deles, haverá julgamento antecipado parcial de mérito. Há quatro possibilidades: de que o juiz extinga o processo, nas hipóteses dos arts. 485 e 487, II e III, a, b e c; de que promova o julgamento antecipado do mérito; de que promova o julgamento antecipado parcial do mérito; de que, verificando a necessidade de provas, determine a abertura da fase de instrução, depois de proferir a decisão de saneamento e organização do processo[277].

---

276 *Vide* comentários tópico "Art. 17-C".

277 GONÇALVES, Marcus Vinicius Rios. *Direito processual civil esquematizado.* São Paulo: SaraivaJur, 2022, p. 520.

268 | NOVA LEI DE IMPROBIDADE ADMINISTRATIVA | FERNANDO CAPEZ

II – poderá desmembrar o litisconsórcio, com vistas a otimizar a instrução processual.

Acerca da hipótese de desmembramento o litisconsórcio, com vistas a otimizar a instrução processual, vale ressaltar que está prevista no Código de Processo Civil. Marcus Vinicius Rios Gonçalves esclarece a sistemática dessa possibilidade:

> A lei não estabelece quantos litisconsortes podem, no máximo, ocupar os polos da ação. Caberá ao juiz, no caso concreto, decidir por um número tal que não comprometa a rapidez, nem prejudique a defesa. Ele mandará desmembrar o processo originário em tantos quantos bastem para que, em cada um dos processos resultantes, o número de litisconsortes não ultrapasse o razoável. Por exemplo: uma demanda proposta por quinhentos autores. O juiz entende que o número razoável não poderia ultrapassar cinquenta. Cumpre-lhe então determinar o desmembramento do processo originário em outros dez. O juiz concederá prazo ao autor para apresentar tantas vias da inicial quantos forem os processos resultantes do desmembramento, isolando em cada uma quais os litisconsortes que comporão os polos em cada um deles. Todos os processos resultantes permanecerão no mesmo juízo, não sendo aceitável que sejam redistribuídos para outras varas. O desmembramento pode ser requerido pelo réu ou determinado de ofício pelo juízo. Só não pode ser requerido pelo próprio autor, uma vez que foi ele quem propôs a ação e formou o litisconsórcio. Parece-nos que não se pode recusar ao juiz o poder de determiná-lo de ofício, porque cumpre-lhe valer pela rápida solução do litígio e pela observância do direito de defesa, matérias de ordem pública[278].

2.16.13. Decisão do juiz após a réplica do Ministério Público (art. 17, § 10-C)

Após a réplica do Ministério Público, o juiz proferirá decisão na qual indicará com precisão a tipificação do ato de improbidade administrativa

---

278 Ibidem, p. 233.

imputável ao réu, sendo-lhe vedado modificar o fato principal e a capitulação legal apresentada pelo autor.

Acerca do Princípio da congruência ou adstrição, Landolfo Andrade elucida:

> O princípio da congruência traduz a ideia de que o juiz, uma vez iniciada a prestação jurisdicional, não pode se afastar do pedido do autor, devendo a ele cingir-se, apreciando a lide nos limites em que foi proposta, sendo-lhe defeso conhecer de questões não suscitadas, a cujo respeito a lei exige iniciativa da parte (art. 141 do CPC). Por força desse mesmo princípio, é defeso ao juiz proferir sentença, a favor do autor, de natureza diversa da pedida, bem como condenar o réu em quantidade superior ou em objeto diverso do que lhe foi demandado (CPC, art. 492). É como se a parte ativa elaborasse na petição inicial uma figura geométrica e o juiz, para decidir, tivesse de colori-la. Na metáfora, o ato de postular equivale ao de desenhar a figura geométrica e o de colorir equivale ao de decidir. O juiz não pode se negar a colorir a figura apresentada pelo autor e, em substituição, escolher pintar outra criada por ele; nada dentro dos limites da figura apresentada pelo autor pode ficar sem cor; e a pintura não pode transcender os limites da figura elaborada pelo autor[279].

2.16.14. Indicação única do tipo de ato de improbidade (art. 17, § 10-D)

Para cada ato de improbidade administrativa, deverá necessariamente ser indicado apenas um tipo dentre aqueles previstos nos arts. 9º, 10 e 11 desta Lei.

2.16.15. Intimação das partes (art. 17, § 10-E)

Proferida a decisão referida após a réplica do Ministério Público, as partes serão intimadas a especificar as provas que pretendem produzir.

---

279 ANDRADE, Landolfo. *O princípio da congruência nas ações de improbidade administrativa.* Gen Jurídico. Disponível em: http://genjuridico.com.br/2022/08/01/principio-da--congruencia/.

2.16.16. Hipóteses de nulidade total ou parcial da decisão de mérito (art. 17, § 10-F)

Será nula a decisão de mérito total ou parcial da ação de improbidade administrativa que:

- condenar o requerido por tipo diverso daquele definido na petição inicial;

Há nulidade em decorrência da inobservância do princípio da congruência ou adstrição.

- condenar o requerido sem a produção das provas por ele tempestivamente especificadas.

Há nulidade resultante do cerceamento ao exercício da garantia constitucional da ampla defesa e do contraditório.

2.16.17. Consequência da verificação de inexistência de ato de improbidade (art. 17, § 11)

Em qualquer momento do processo, verificada a inexistência do ato de improbidade, o juiz julgará a demanda improcedente. Julgar improcedente, "significa que um juiz ou uma juíza não aceitou o pedido feito pelo autor do processo. Ou seja, a pessoa que entrou com o processo perdeu a causa"[280].

2.16.18. Intimação da pessoa jurídica interessada (art. 17, § 14)

Sem prejuízo da citação dos réus, a pessoa jurídica interessada será intimada para, caso queira, intervir no processo.

2.16.19. Hipótese de desconsideração da personalidade jurídica (art. 17, § 15)

Se a imputação envolver a desconsideração de pessoa jurídica, serão observadas as regras previstas no Código de Processo Civil.

---

280 TJDFT. Disponível em: https://www.tjdft.jus.br/informacoes/significado-dos-andamentos/andamentos/.

O instituto da desconsideração da pessoa jurídica, repleto de peculiaridades, vindica algumas considerações.

No tocante ao tema, Marcus Vinicius Rios Gonçalves observa:

> Há muito, a regra da autonomia patrimonial das pessoas jurídica vem admitindo restrições, sobretudo nos casos em que ela é utilizada como instrumento para a prática de fraudes e abusos de direito, em detrimento de credores, a teoria da desconsideração da personalidade jurídica (**disregard doctrine**), pelos débitos da empresa aos sócios, sem que haja dissolução ou desconstituição da personalidade jurídica, vem sendo acolhida em nossa doutrina desde o final dos anos 1960, sobretudo a partir dos estudos de Rubens Requião. Como não havia previsão legal para aplicá-la no âmbito privado, de início os tribunais se valeram do art. 135 do Código Tributário Nacional. Posteriormente, o Código de Defesa do Consumidor passou a autorizá-la expressamente no art. 28 e seus parágrafos quando "em detrimento do consumidor, houver abuso de direito, excesso de poder, infração da lei, fato ao ato ilícito ou violação dos estatutos ou do contrato social", bem como nos caso de "falência, estado de insolvência, encerramento ou inatividade da pessoa jurídica provocados por má administração" ou ainda "sempre que sua personalidade for, de alguma forma, obstáculo ao ressarcimento de prejuízos causados aos consumidores". O Código Civil no art. 50 dispôs que "Em caso de abuso da personalidade jurídica, caracterizado pelo desvio de finalidade, ou pela confusão patrimonial, pode o juiz decidir, a requerimento da parte, ou do Ministério Público quando lhe couber intervir no processo, que os efeitos de certas e determinadas relações seja estendidos aos bens particulares dos administradores ou sócios da pessoa jurídica". (...) Além da desconsideração **comum**, há ainda a **inversa**. Na comum, a responsabilidade patrimonial pelas dívidas da empresa é estendida ao sócios, na inversa, a responsabilidade pelas dívidas dos sócios é estendida à empresa. No primeiro caso, embora a dívida seja da pessoa jurídica, o sócio passa a responder judicialmente pelo débito com seu patrimônio pessoal; no segundo, conquanto o débito seja do sócio, será possível alcançar bens da empresa, a quem a responsabilidade é estendida[281].

---

281 GONÇALVES, Marcus Vinicius Rios. *Direito processual civil esquematizado*. São Paulo: SaraivaJur, 2022, p. 278.

2.16.20. Possibilidade da conversão da ação por improbidade em ação civil pública e recurso cabível (art. 17, §§ 16 e 17)

A qualquer momento, se o magistrado identificar a existência de ilegalidades ou de irregularidades administrativas a serem sanadas sem que estejam presentes todos os requisitos para a imposição das sanções aos agentes incluídos no polo passivo da demanda, poderá, em decisão motivada, converter a ação de improbidade administrativa em ação civil pública, regulada pela Lei n. 7.347, de 24 de julho de 1985.

Hugo Nigro Mazzilli assim conceitua a referida ação:

> Piero Calamandrei bem distinguiu ação privada e ação pública, não a partir da natureza privada ou pública do interesse protegido pela norma jurídica, mas sim considerando a titularidade do poder de invocar a tutela jurisdicional do interesse (ou seja, importa saber a quem cabe o poder de dispor da proteção jurisdicional atribuída ao interesse). Como a legitimação para agir consiste no poder disponível de invocar a garantia jurisdicional, temos a *ação privada* quando o poder de provocar o exercício da jurisdição está reservado de modo exclusivo ao titular do interesse individual que a norma protege, e a *ação pública* quando tal poder é confiado pelo Estado a um órgão público especial, que age, independentemente de qualquer estímulo privado, por dever de ofício. A rigor, sob o aspecto doutrinário, *ação civil pública é a ação de objeto não penal proposta pelo Ministério Público*. Sem melhor técnica, portanto, a Lei n. 7.347/85 usou a expressão *ação civil pública* para referir-se à ação para defesa de interesses transindividuais[282], proposta por di-

---

282 O Código de Defesa do Consumidor trouxe ao ordenamento jurídico algumas definições que balizam o conceito de interesse transindividual, extraídas da inteligência do art. 81, parágrafo único, I, II, III, que descrevem especificadamente a concepção de interesses difusos, coletivos e individuais homogêneos, respectivamente: "Art. 81. A defesa dos interesses e direitos dos consumidores e das vítimas poderá ser exercida em juízo individualmente, ou a título coletivo.

Parágrafo único. A defesa coletiva será exercida quando se tratar de:

I – interesses ou direitos difusos, assim entendidos, para efeitos deste código, os transindividuais, de natureza indivisível, de que sejam titulares pessoas indeterminadas e ligadas por circunstâncias de fato;

II – interesses ou direitos coletivos, assim entendidos, para efeitos deste código, os tran-

versos colegitimados ativos, entre os quais até mesmo associações privada, além do Ministério Público e outros órgãos públicos[283].

Acerca da possibilidade da conversão da ação por improbidade em ação civil pública, Rafael de Oliveira Costa e Renato Kim Barbosa ensinam:

> Com o intuito de promover o aproveitamento dos atos processuais e em atenção ao princípio da eficiência, se o juiz identificar a existência de ilegalidades ou de irregularidades administrativas a serem sanadas sem que estejam presentes todos os requisitos para a imposição das sanções aos agentes ímprobos, poderá, em decisão motivada, converter a ação de improbidade administrativa em ação civil pública (art. 17, § 16, da Lei de Improbidade Administrativa). Assim, a título de exemplo, finda a instrução e não demonstrado o dolo do agente – embora persista irregularidade administrativa que tenha gerado prejuízo ao erário –, é possível "converter" a ação de improbidade em ação civil pública, evitando-se o ajuizamento de nova demanda praticamente idêntica. Entendemos, contudo, que a medida é desnecessária. Com efeito, se o autor fez pedidos cumulativos – ou seja, que venham a abranger a tutela de direitos coletivos e a aplicação das sanções previstas na Lei n. 8.429/92 – e o juiz entende que não há ato de improbidade administrativa, poderia este último, de ofício, afastar a aplicação das sanções previstas na Lei de Improbidade Administrativa e acolher os pedidos que se referem à tutela dos direitos coletivos. Sobre o tema, inclusive, o Superior Tribunal de Justiça já firmou o entendimento, por meio do Tema Repetitivo n. 1.089, de que, na ação civil de improbidade administrativa é possível o prosseguimento da demanda para pleitear o ressarcimento do dano ao erário, ainda que sejam declaradas prescritas as demais sanções previstas no art. 12 da Lei n. 8.429/92[284].

---

sindividuais, de natureza indivisível de que seja titular grupo, categoria ou classe de pessoas ligadas entre si ou com a parte contrária por uma relação jurídica base;

III – interesses ou direitos individuais homogêneos, assim entendidos os decorrentes de origem comum".

283 MAZZILLI, Hugo Nigro. *A defesa dos interesses difusos em juízo*. São Paulo: Saraiva, 2017, p. 77.

284 COSTA, Rafael de O.; BARBOSA, Renato K. *Nova Lei de Improbidade Administrativa*: de acordo com a Lei n. 14.230/2021. Grupo Almedina (Portugal), 2022, p. 207.

2.16.21. Da decisão que converter a ação de improbidade em ação civil pública caberá agravo de instrumento (art. 17, § 17)

Vale lembrar que a decisão que converter a ação de improbidade em ação civil pública é interlocutória, sendo, portanto, hipótese de recorribilidade via agravo de instrumento.

2.16.22. Direito do réu de se manter em silêncio (art. 17, § 18)

Ao réu será assegurado o direito de ser interrogado sobre os fatos de que trata a ação, e a sua recusa ou o seu silêncio não implicarão confissão.

Nos mesmos moldes do interrogatório criminal, aplica-se o direito constitucional ao silêncio (CF, art. 5º, LXIII), estando o juiz obrigado a informar o interrogado acerca da sua prerrogativa de permanecer calado, bem como de não responder às perguntas que lhe forem formuladas. Insta esclarecer que também nos casos do interrogatório em sede da LIA, o silêncio não importará confissão, nem tampouco poderá ser interpretado em prejuízo da defesa, conforme se depreende do dispositivo em comento.

Tem-se, portanto, reforçada a sua natureza jurídico-constitucional de autodefesa, pela qual o acusado apresenta a sua versão, fica em silêncio ou faz o que lhe for mais conveniente. Paralelamente, tal ato constitui também um meio de prova, na medida em que, ao seu final, as partes poderão perguntar.

Em suma, o interrogatório constitui meio de autodefesa, pois o acusado fala o que quiser e se quiser, e meio de prova, posto que submetido ao contraditório[285].

Não se pode olvidar, contudo, que o silêncio do acusado, na ótica da Constituição da República, assume dimensão de verdadeiro direito, cujo exercício há de ser assegurado de maneira ampla, sem qualquer tipo de pressão. Conforme decidiu o STF, "o direito de permanecer em silêncio insere-se no alcance concreto da cláusula constitucional do devido processo legal. E nesse direito ao silêncio inclui-se, até mesmo por implicitude, a prerrogativa

---

285 CAPEZ, Fernando. *Curso de processo penal*. São Paulo: SaraivaJur, 2022, p. 164.

PARTE II | **275**

processual de o acusado negar, ainda que falsamente, perante a autoridade policial ou judiciária, a prática da infração penal" (1ª T., rel. Min. Celso de Mello, *DJU*, 28 ago. 1992, p. 13453), o que se aplica à seara investigativa da improbidade administrativa.

Destaca-se que, assim como na seara criminal, em sede de interrogatório da LIA, o juiz tem o dever de informar ao réu acerca de seu direito ao silêncio (obviamente sem aquela advertência já tratada). A falta de informação ao réu, do seu direito de permanecer calado, acarreta nulidade do ato.

2.16.23. Quatro institutos processuais NÃO APLICÁVEIS à ação por improbidade administrativa (art. 17, § 19)

2.16.23.1. Primeiro: presunção da verdade em caso de revelia

A ação de improbidade é informada pelo princípio da verdade real, uma vez que se trata de verdadeira acusação, tendo o acusado a presunção de sua inocência nos termos do art. 5º, LVII, da CF, não sendo possível que a imputação da prática do ato ímprobo seja tida como verdadeira em face da revelia. Esse é mais um dispositivo a demonstrar que o Direito Administrativo Sancionador, que rege a LIA, aproxima-se muito mais do Direito Penal do que do Processo Civil ou do Direito Administrativo tradicional.

Importante também destacar a diferença entre revelia e efeitos da revelia. "**Revelia** é ausência da contestação por parte do réu e, como consequência, gera presunção de veracidade dos fatos alegados pelo autor. A palavra revel, de origem latina *rebēllis*, nos traz a ideia de 'que se rebela, que se subleva, rebelde'"[286]. A revelia nada mais é do que a falta de contestação. Por outro lado, os efeitos da revelia, consubstanciam-se nas consequências da revelia. O Código de Processo Civil prevê como efeito da revelia: a presunção da veracidade dos fatos alegados pelo autor (art. 344).

Na seara das ações por improbidade administrativa, portanto, assim como nas infrações penais, a revelia do réu não implicará na presunção de veracidade dos fatos alegados pelo autor.

---

286 Portal Aurum. "Revelia no Novo CPC: o que é e seus efeitos no processo". Disponível em: https://www.aurum.com.br/blog/revelia/.

2.16.23.2. Segundo: proibição de inversão do ônus da prova em prejuízo do réu

O ônus da prova incumbe a quem alega, ou seja, em regra ao autor e excepcionalmente ao réu, somente quando este arguir a existência de fato impeditivo, modificativo ou extintivo do direito afirmado pelo autor. A LIA não admite exceções à presunção da inocência: quem acusa deve provar.

2.16.23.3. Terceiro: impossibilidade de ajuizamento de mais de uma ação de improbidade administrativa pelo mesmo fato, competindo ao Conselho Nacional do Ministério Público dirimir conflitos de atribuições entre membros de Ministérios Públicos distintos

Verifica-se no dispositivo o chamado conflito de atribuição, que "caracteriza-se pela divergência entre dois ou mais órgãos de execução do Ministério Público, que, fundamentadamente, entendem possuir atribuições para agir em determinado ato (conflito positivo) ou delas declinam (conflito negativo)"[287].

O tema comporta alguns esclarecimentos. A titularidade/competência para dirimir conflitos de atribuição entre membros do Ministério Público dependerá de quais estiverem envolvidos. Vejamos:

2.16.23.3.1. Conflito entre Promotores de Justiça do mesmo Estado

O conflito será dirimido pelo respectivo Procurador-Geral de Justiça, conforme dispõe a Lei n. 8.625/93"[288].

> *Art. 10. Compete ao Procurador-Geral de Justiça:*
> *X – dirimir conflitos de atribuições entre membros do Ministério Público, designando quem deva oficiar no feito;*

---

287 Portal MPMG. Ministério Público de Minas Gerais. Disponível em: https://www.mpmg.mp.br/portal/menu/areas-de-atuacao/orgaos-de-assessoramento/conflito-de-atribuicoes/.

288 Lei n. 8.625/93. "Institui a Lei Orgânica Nacional do Ministério Público, dispõe sobre normas gerais para a organização do Ministério Público dos Estados e dá outras providências".

2.16.23.3.2. Conflito entre Procuradores da República

O conflito será dirimido pela Câmara de Coordenação e Revisão (órgão colegiado do MPF), havendo possibilidade de recurso para o Procurador-Geral da República, de acordo com a LC 75/93:

> Art. 49. São atribuições do Procurador-Geral da República, como Chefe do Ministério Público Federal:
>
> VIII – decidir, em grau de recurso, os conflitos de atribuições entre órgãos do Ministério Público Federal;
>
> Art. 62. Compete às Câmaras de Coordenação e Revisão:
>
> VII – decidir os conflitos de atribuições entre os órgãos do Ministério Público Federal.

2.16.23.3.3. Conflito entre integrantes de ramos diferentes do Ministério Público da União

O conflito será dirimido pelo Procurador-Geral da República, nos moldes da LC 75/93:

> Art. 26. São atribuições do Procurador-Geral da República, como Chefe do Ministério Público da União:
>
> VII – dirimir conflitos de atribuição entre integrantes de ramos diferentes do Ministério Público da União;

2.16.23.3.4. Conflito entre Promotores de Justiça de Estados diferentes, ou conflito entre um Promotor de Justiça e um Procurador da República

De acordo com o Supremo Tribunal Federal, atualmente compete ao Conselho Nacional do Ministério Público dirimir conflitos de atribuições entre membros do MPF e de Ministérios Públicos estaduais.

"AÇÃO CÍVEL ORIGINÁRIA. CONSTITUCIONAL E ADMINISTRATIVO. COMPETÊNCIA DO CONSELHO NACIONAL DO MINISTÉRIO PÚBLICO PARA DIRIMIR CONFLITO DE ATRIBUIÇÃO ENTRE MINISTÉRIOS PÚBLICOS DIVERSOS. EXERCÍCIO DO CONTROLE DA LEGALIDADE DA ATUAÇÃO ADMINISTRATIVA. RESPEITO À INDEPENDÊNCIA FUNCIONAL. CF, ART. 130-A, § 2º, INCISOS I E

278 | NOVA LEI DE IMPROBIDADE ADMINISTRATIVA | FERNANDO CAPEZ

II. INCOMPETÊNCIA DO SUPREMO TRIBUNAL FEDERAL. 1. Incompetência originária do SUPREMO TRIBUNAL FEDERAL para conhecer e dirimir conflito de atribuições entre membros de ramos diversos do Ministério Público. Inaplicabilidade do art. 102, I, f, da CF, por ausência de risco ao equilíbrio federativo. 2. Impossibilidade de encaminhamento do conflito de atribuição para o Procurador-Geral da República, enquanto autoridade competente, pois é parte interessada na solução da demanda administrativa, uma vez que acumula a Chefia do Ministério Público da União com a chefia de um de seus ramos, o Ministério Público Federal, nos termos da LC 75/93. 3. Os membros do Ministério Público integram um só órgão sob a direção única de um só Procurador-Geral, ressalvando-se, porém, que só existem unidade e indivisibilidade dentro de cada Ministério Público, inexistindo qualquer relação de hierarquia entre o Ministério Público Federal e os dos Estados, entre o de um Estado e o de outro, ou entre os diversos ramos do Ministério Público da União. 4. EC 45/2004 e interpretação sistemática da Constituição Federal. A solução de conflitos de atribuições entre ramos diversos dos Ministérios Públicos pelo CNMP, nos termos do art. 130-A, § 2º, e incisos I e II, da Constituição Federal e no exercício do controle da atuação administrativa do Parquet, é a mais adequada, pois reforça o mandamento constitucional que lhe atribuiu o controle da legalidade das ações administrativas dos membros e órgãos dos diversos ramos ministeriais, sem ingressar ou ferir a independência funcional. 5. Não conhecimento da Ação Cível Originária e encaminhamento dos autos ao Conselho Nacional do Ministério Público para, nos termos do art. 130-A, incisos I e II, da Constituição Federal, dirimir o conflito de atribuições.". (STF. Plenário. ACO 843/SP, Rel. Marco Aurélio, julgado em 08/06/2020, Tribunal Pleno, Data de Publicação: 04/11/2020).

> *2.16.23.3.5. Quarto: o reexame obrigatório da sentença de improcedência ou de extinção sem resolução de mérito*

Não se aplica mais às ações de improbidade.

O sistema do reexame obrigatório da sentença de improcedência é previsto na Lei da Ação Popular – LAP (Lei n. 4.717/65):

> *Art. 19. A sentença que concluir pela carência ou pela improcedência da ação está sujeita ao duplo grau de jurisdição, não pro-*

duzindo efeito senão depois de confirmada pelo tribunal; da que julgar a ação procedente caberá apelação, com efeito suspensivo.

§ 2º Das sentenças e decisões proferidas contra o autor da ação e suscetíveis de recurso, poderá recorrer qualquer cidadão e também o Ministério Público.

O referido instituto, outrora, se aplicava às ações de improbidade administrativa, mas com as alterações operadas pela Lei n. 14.230/2021 afastou-se a sua aplicação de maneira expressa.

2.16.24. Obrigatoriedade de defesa pela assessoria jurídica parecerista (art. 17, § 20)

A assessoria jurídica que emitiu o parecer atestando a legalidade prévia dos atos administrativos praticados pelo administrador público ficará obrigada a defendê-lo judicialmente, caso este venha a responder ação por improbidade administrativa, até que a decisão transite em julgado.

CUIDADO!

O STF declarou a inconstitucionalidade parcial, com redução de texto, desse dispositivo para dizer que não existe "obrigatoriedade de defesa judicial". Dessa maneira, "não deve existir obrigatoriedade de defesa judicial do agente público que cometeu ato de improbidade por parte da Advocacia Pública, pois a sua predestinação constitucional, enquanto função essencial à Justiça, identifica-se com a representação judicial e extrajudicial dos entes públicos.

JURISPRUDÊNCIA

"Não deve existir obrigatoriedade de defesa judicial do agente público que cometeu ato de improbidade por parte da Advocacia Pública, pois a sua predestinação constitucional, enquanto função essencial à Justiça, identifica-se com a representação judicial e extrajudicial dos entes públicos. Contudo, permite-se essa atuação em caráter extraordinário e desde que norma local assim disponha". STF. Plenário. ADI 7042/DF e ADI 7043/DF, Rel. Min. Alexandre de Moraes, julgados em 31/8/2022 – Info 1066).

2.16.25. Recurso cabível das decisões interlocutórias em sede de ações da LIA (art. 17, § 21)

Das decisões interlocutórias caberá agravo de instrumento, inclusive da decisão que rejeitar questões preliminares suscitadas pelo réu em sua contestação.

Acerca das decisões interlocutórias, Marcus Vinicius Rios Gonçalves ensina:

> Além das sentenças, o juiz profere outro tipo de ato, que tem conteúdo decisório. Distingue-se das sentenças por seu caráter interlocutório, pelo fato de ser proferido no decurso de um processo, sem aptidão para finalizá-lo. E sem, ainda, pôr fim à fase de conhecimento em primeiro grau de jurisdição. São as decisões interlocutórias. Diferem dos despachos porque estes não têm conteúdo decisório e não podem trazer nenhum prejuízo ou gravame às partes. Se o ato judicial for capaz de provocar prejuízo e não puser fim ao processo ou à fase de conhecimento, será decisão interlocutória, e não despacho. O prazo para que o juiz profira decisões interlocutórias é de 10 dias[289].

Constata-se a mesma sistemática adotada como regra geral no Código de Processo Civil acerca do cabimento do agravo de instrumento. Para Marcus Vinicius Rios Gonçalves:

> O agravo de instrumento cabe, em primeira instância, contra as decisões interlocutórias que versarem sobre as matérias enumeradas no art. 1.015, I a XIII e parágrafo único, do CPC. São decisões aqueles pronunciamentos de cunho decisório que não põe fim ao processo ou à fase cognitiva do processo de conhecimento. Nem toda decisão interlocutória desafiará a interposição de agravo de instrumento. A maior parte delas não é recorrível em separado. Todas as que não integrarem o rol do art. 1.015 e de seu parágrafo único não admitirão recurso, mas também não estarão sujeitas a preclusão. O prejudicado poderá impugná-las se e quando houver recurso de apelação, devendo fazê-lo como preliminar em apelação ou nas contrarrazões. Só então, se não o fizer, é que tais decisões precluirão. Há, no entanto, algumas decisões interlocutórias proferidas no curso do processo contra as quais caberá o agravo de instrumento. São as interlocutórias recorríveis em separado, que precluirão caso o agravo de instrumento não

---

289 GONÇALVES, Marcus Vinicius Rios. *Direito processual civil esquematizado*. 13. ed. São Paulo: SaraivaJur, 2022, p. 339.

seja interposto no prazo. O legislador cuidou de especificá-las no art. 1.015. As decisões que versarem sobre matéria indicada nesse artigo não poderão ser impugnadas como preliminar de apelação ou nas contrarrazões, mas deverão ser atacadas, em caso de inconformismo, por agravo de instrumento, sob pena de preclusão. A regra do CPC é que as decisões interlocutórias de maneira geral sejam irrecorríveis em separado. Excepcionalmente, nos casos previstos em lei, admitir-se-á o recurso de agravo de instrumento. A lei o admite contra decisões que, se não reexaminadas desde logo, poderiam causar prejuízo irreparável ao litigante, à marcha do processo ou ao provimento jurisdicional. São agraváveis, em princípio, tão somente aquelas decisões que versarem sobre as matérias constantes dos incisos I a XIII do art. 1.015 do CPC, aos quais o parágrafo único acrescenta algumas outras, proferidas na fase de liquidação ou de cumprimento de sentença, no processo de execução e no processo de inventário. É requisito de admissibilidade do agravo de instrumento que a decisão interlocutória contra a qual ele foi interposto verse sobre matéria constante do rol legal, que indica, de forma objetiva, quais as decisões recorríveis, ressalvadas as hipóteses de taxatividade mitigada (...)[290].

  Destaca-se que o "rol do art. 1.015 do CPC é de taxatividade mitigada, por isso admite a interposição de agravo de instrumento quando verificada a urgência decorrente da inutilidade do julgamento da questão no recurso de apelação" (STJ – Tema 988).

JURISPRUDÊNCIA

"RECURSO ESPECIAL REPRESENTATIVO DE CONTROVÉRSIA. DIREITO PROCESSUAL CIVIL. NATUREZA JURÍDICA DO ROL DO ART. 1.015 DO CPC/2015. IMPUGNAÇÃO IMEDIATA DE DECISÕES INTERLOCUTÓRIAS NÃO PREVISTAS NOS INCISOS DO REFERIDO DISPOSITIVO LEGAL. POSSIBILIDADE. TAXATIVIDADE MITIGADA. EXCEPCIONALIDADE DA IMPUGNAÇÃO FORA DAS HIPÓTESES PREVISTAS EM LEI. REQUISITOS. 1 – O propósito do presente recurso especial, processado e julgado sob o rito dos recursos repetitivos, é definir a natureza jurídica do rol do art. 1.015 do CPC/15 e verificar a possibilidade de sua interpretação extensiva, analógica ou exemplificativa, a fim de admitir a interposição de agravo de instrumento contra decisão interlocu-

---

290 *Ibidem*, p. 1.013.

tória que verse sobre hipóteses não expressamente previstas nos incisos do referido dispositivo legal. 2 – Ao restringir a recorribilidade das decisões interlocutórias proferidas na fase de conhecimento do procedimento comum e dos procedimentos especiais, exceção feita ao inventário, pretendeu o legislador salvaguardar apenas as "situações que, realmente, não podem aguardar rediscussão futura em eventual recurso de apelação". 3 – A enunciação, em rol pretensamente exaustivo, das hipóteses em que o agravo de instrumento seria cabível revela-se, na esteira da majoritária doutrina e jurisprudência, insuficiente e em desconformidade com as normas fundamentais do processo civil, na medida em que sobrevivem questões urgentes fora da lista do art. 1.015 do CPC e que tornam inviável a interpretação de que o referido rol seria absolutamente taxativo e que deveria ser lido de modo restritivo. 4 – A tese de que o rol do art. 1.015 do CPC seria taxativo, mas admitiria interpretações extensivas ou analógicas, mostra-se igualmente ineficaz para a conferir ao referido dispositivo uma interpretação em sintonia com as normas fundamentais do processo civil, seja porque ainda remanescerão hipóteses em que não será possível extrair o cabimento do agravo das situações enunciadas no rol, seja porque o uso da interpretação extensiva ou da analogia pode desnaturar a essência de institutos jurídicos ontologicamente distintos. 5 – A tese de que o rol do art. 1.015 do CPC seria meramente exemplificativo, por sua vez, resultaria na repristinação do regime recursal das interlocutórias que vigorava no CPC/73 e que fora conscientemente modificado pelo legislador do novo CPC, de modo que estaria o Poder Judiciário, nessa hipótese, substituindo a atividade e a vontade expressamente externada pelo Poder Legislativo. 6 – Assim, nos termos do art. 1.036 e seguintes do CPC/2015, fixa-se a seguinte tese jurídica: O rol do art. 1.015 do CPC é de taxatividade mitigada, por isso admite a interposição de agravo de instrumento quando verificada a urgência decorrente da inutilidade do julgamento da questão no recurso de apelação. 7 – Embora não haja risco de as partes que confiaram na absoluta taxatividade serem surpreendidas pela tese jurídica firmada neste recurso especial repetitivo, pois somente haverá preclusão quando o recurso eventualmente interposto pela parte venha a ser admitido pelo Tribunal, modulam-se os efeitos da presente decisão, a fim de que a tese jurídica apenas seja aplicável às decisões interlocutórias proferidas após a publicação do presente acórdão. 8 – Na hipótese, dá-se provimento em parte ao recurso especial para determinar ao TJ/MT que, observados os demais pressupostos de admissibilidade, conheça e dê regular prosseguimento ao agravo de instrumento no que se refere a competência, reconhecendo-se, todavia, o acerto do acórdão recorrido em não examinar a questão do valor atribuído à causa que não se reveste, no particular, de urgência que justifique o seu reexame imediato. 9 – Recurso especial conhecido e parcialmente provido" (Recurso Especial n. 1.696.396, de 5 de dezembro de 2018, Rel. Min. Nancy Andrighi).

"A exigência da autorização do Procurador-Geral do Estado para o ajuizamento de ação de improbidade não ofende a Constituição Federal. Por outro lado, a exigência de autorização do Governador do Estado afronta o princípio da impessoalidade, previsto no art. 37, *caput*, da Constituição. Quando o interesse público demanda a atuação da Procuradoria, não pode a vontade do Governador impedir essa atuação" (ARE 1.165.456, rel. p/ o ac. min. Roberto Barroso, j. 1º-9-2020, 1ª T, *DJE* de 5-11-2020).

"Nas ações de improbidade administrativa, o CPC aplica-se apenas subsidiariamente, privilegiando-se as normas do Microssistema Processual Coletivo, para assegurar a efetividade da jurisdição no trato dos direitos coletivos". (STJ. 2ª Turma. REsp 1925492-RJ, Rel. Min. Herman Benjamin, julgado em 04/05/2021).

2.17. ARTIGO 17-B

2.17.1. Quadro comparativo

REDAÇÃO ANTERIOR	LEI N. 14.230/2021
Sem correspondência.	**Art. 17-B.** O Ministério Público poderá, conforme as circunstâncias do caso concreto, celebrar acordo de não persecução civil, desde que dele advenham, ao menos, os seguintes resultados: I – o integral ressarcimento do dano; II – a reversão à pessoa jurídica lesada da vantagem indevida obtida, ainda que oriunda de agentes privados.
Sem correspondência.	§ 1º A celebração do acordo a que se refere o *caput* deste artigo dependerá, cumulativamente: I – da oitiva do ente federativo lesado, em momento anterior ou posterior à propositura da ação; II – de aprovação, no prazo de até 60 (sessenta) dias, pelo órgão do Ministério Público competente para apreciar as promoções de arquivamento de inquéritos civis, se anterior ao ajuizamento da ação; III – de homologação judicial, independentemente de o acordo ocorrer antes ou depois do ajuizamento da ação de improbidade administrativa.

Sem correspondência.	**§ 2º** Em qualquer caso, a celebração do acordo a que se refere o *caput* deste artigo considerará a personalidade do agente, a natureza, as circunstâncias, a gravidade e a repercussão social do ato de improbidade, bem como as vantagens, para o interesse público, da rápida solução do caso.
Sem correspondência.	**§ 3º** Para fins de apuração do valor do dano a ser ressarcido, deverá ser realizada a oitiva do Tribunal de Contas competente, que se manifestará, com indicação dos parâmetros utilizados, no prazo de 90 (noventa) dias.
Sem correspondência.	**§ 4º** O acordo a que se refere o *caput* deste artigo poderá ser celebrado no curso da investigação de apuração do ilícito, no curso da ação de improbidade ou no momento da execução da sentença condenatória.
Sem correspondência.	**§ 5º** As negociações para a celebração do acordo a que se refere o *caput* deste artigo ocorrerão entre o Ministério Público, de um lado, e, de outro, o investigado ou demandado e o seu defensor.
Sem correspondência.	**§ 6º** O acordo a que se refere o *caput* deste artigo poderá contemplar a adoção de mecanismos e procedimentos internos de integridade, de auditoria e de incentivo à denúncia de irregularidades e a aplicação efetiva de códigos de ética e de conduta no âmbito da pessoa jurídica, se for o caso, bem como de outras medidas em favor do interesse público e de boas práticas administrativas.
Sem correspondência.	**§ 7º** Em caso de descumprimento do acordo a que se refere o *caput* deste artigo, o investigado ou o demandado ficará impedido de celebrar novo acordo pelo prazo de 5 (cinco) anos, contado do conhecimento pelo Ministério Público do efetivo descumprimento.

Art. 17-B. O Ministério Público poderá, conforme as circunstâncias do caso concreto, celebrar acordo de não persecução civil, desde que dele advenham, pelo menos o integral ressarcimento do dano e a reversão à pessoa jurídica lesada da vantagem indevida obtida, ainda que oriunda de agentes privados.

Na resolução 179/17 do Conselho Nacional do Ministério Público existe a previsão da possibilidade de celebração do compromisso de ajustamento de conduta, popularmente conhecido com TAC – Termo de Ajustamento de Conduta:

> *Art. 1º O compromisso de ajustamento de conduta é instrumento de garantia dos direitos e interesses difusos e coletivos, individuais homogêneos e outros direitos de cuja defesa está incumbido o Ministério Público, com natureza de negócio jurídico que tem por finalidade a adequação da conduta às exigências legais e constitucionais, com eficácia de título executivo extrajudicial a partir da celebração.*
>
> *§ 1º Não sendo o titular dos direitos concretizados no compromisso de ajustamento de conduta, não pode o órgão do Ministério Público fazer concessões que impliquem renúncia aos direitos ou interesses difusos, coletivos e individuais homogêneos, cingindo-se a negociação à interpretação do direito para o caso concreto, à especificação das obrigações adequadas e necessárias, em especial o modo, tempo e lugar de cumprimento, bem como à mitigação, à compensação e à indenização dos danos que não possam ser recuperados.*
>
> *§ 2º É cabível o compromisso de ajustamento de conduta nas hipóteses configuradoras de improbidade administrativa, sem prejuízo do ressarcimento ao erário e da aplicação de uma ou algumas das sanções previstas em lei, de acordo com a conduta ou o ato praticado. (grifo nosso)*
>
> *§ 3º A celebração do compromisso de ajustamento de conduta com o Ministério Público não afasta, necessariamente, a eventual responsabilidade administrativa ou penal pelo mesmo fato, nem importa, automaticamente, no reconhecimento de responsabilidade para outros fins que não os estabelecidos expressamente no compromisso.*
>
> *§ 4º Caberá ao órgão do Ministério Público com atribuição para a celebração do compromisso de ajustamento de conduta decidir quanto à necessidade, conveniência e oportunidade de reuniões ou audiências públicas com a participação dos titulares dos direitos, entidades que os representem ou demais interessados.*

O instituto do Acordo de não Persecução Civil – ANPC somente foi positivado pela Lei n. 13.964/2019 e posteriormente regulamentado pela 14.230/2021. Contudo, pode-se mencionar outros diplomas que já traziam o viés teleológico do referido instituto, como p. ex., os §§ 2º e 3º do art. 3º do Código de Processo Civil, os quais estimulam a resolução dos conflitos por métodos de solução consensuais e o supra mencionado § 2º do art. 1º da Resolução n. 179/2017 do Conselho Nacional do Ministério Público, que admitiu o compromisso de ajustamento de conduta para as hipóteses caracterizadoras de ato de improbidade administrativa, determinando a regulamentação da matéria.

O ANPC consolida uma nova perspectiva no Direito Público brasileiro, superando o entendimento de que a resolução de conflitos por meio de soluções negociais seria contrária ao interesse público, e estabelecendo a consensualidade como diretriz válida também no âmbito do Direito Sancionador.

Acerca da consensualidade, saliente-se que esse viés de atuação resolutiva dos entes envolvidos, mitigando a judicialização de alguns litígios, é fruto daquilo que a doutrina convenciona chamar de justiça consensual ou negociada. Esse modelo de justiça adveio da denominada "Terceira Onda Renovatória de Acesso à Justiça".

Mauro Cappelletti e Bryant Garth, na obra "Acesso à justiça", categorizaram os chamados movimentos renovatórios de acesso à justiça, em três ondas distintas.

A "**primeira onda**" remete-se à gratuidade da assistência judiciária aos necessitados (como exemplo a Defensoria Pública), ressaltando como a questão econômica pode constituir um obstáculo de acesso à justiça.

A "**segunda onda**" diz respeito à tutela dos interesses transindividuais em juízo, mormente os da categoria difusos, com vistas a transpor o obstáculo do acesso à justiça por aqueles que detém a titularidade do referido interesse.

A "**terceira onda**", por seu turno, denota o conceito mais ampla de acesso à justiça, denominada de "o enfoque do acesso à justiça", e sua grande finalidade é a de estabelecer mecanismos processuais adequados aos operadores do direito, com técnicas processuais efetivas e meios alternativos de solução de conflitos.

O ponto de destaque é que a finalidade da terceira onda não se limita à facilitação do exercício da jurisdição estatal, mas principalmente o incentivo

PARTE II | 287

à criação de métodos alternativos de resolução de conflitos e o fomento à autocomposição, bem como maior celeridade e facilitação na resolução de litígios. É a chamada Justiça Multiportas.

Mauro Cappelletti e Bryant Garth destacam:

> *"Essa 'terceira onda' de reforma inclui a advocacia judicial ou extrajudicial, seja por meio de advogados particulares ou públicos, mas vai além[291]. (...)o uso de pessoas leigas ou paraprofissionais, tanto como juízes quanto como defensores, modificações no direito substantivo destinadas a evitar litígios ou facilitar sua solução e a utilização de mecanismos privados ou informais de solução de litígios. (...) inovações radicais e compreensivas, que vão muito além da esfera de representação judicial. (...) Ademais, esse enfoque reconhece a necessidade de correlacionar e adaptar o processo civil ao tipo de litígio[292].*

Por intermédio do ANPC, em clara acepção de solução negociada, em troca do não ajuizamento da demanda (se celebrado extrajudicialmente), ou da resolução do mérito da demanda (se já ajuizada), as partes negociam a aplicação de uma ou de algumas das sanções da Lei n. 8.429/92 (LIA), conforme a gravidade das condutas.

São as partes, em obediência às normas constitucionais e legais, que definem quais as sanções cabíveis e a maneira de aplicação. É o que a doutrina denomina negociação regrada. Vale lembrar que entre os elementos do acordo, existe a obrigatoriedade da previsão do integral ressarcimento do dano e a reversão à pessoa jurídica lesada da vantagem indevida obtida, ainda que oriunda de agentes privados.

Dessa maneira, possui natureza de negócio jurídico bilateral, figurando de um lado o Ministério Público, único legitimado, e do outro, os investigados pelas práticas tidas como ímprobas, (pessoas, físicas ou jurídicas), devidamente assistidas por suas defesas técnicas (advogados ou defensores públicos), inaugurando um novo modelo de solução dessas controvérsias.

Conforme normatização recente do ANPC emitida pelo MPF:

---

291 CAPPELLETTI, Mauro; GARTH, Bryant. *Acesso à justiça*. Tradução de Ellen Gracie Nothfleet. Porto Alegre: Sérgio Antonio Fabris Editor, 1988, p. 67.

292 Ibidem, p. 71.

> *Art. 1º. Poderá ser celebrado acordo de não persecução cível (ANPC) no curso de ação judicial de improbidade administrativa, nos termos do art. 17, § 1º, da Lei n. 8.429/92, quando verificada a incidência de circunstâncias que demonstrem o pleno atendimento do interesse público, respeitando-se a independência funcional para análise do caso concreto.*
>
> *Parágrafo único. O **interesse público poderá ser aferido**, dentre outros fatores, pela possibilidade de duração razoável do processo, da efetividade de aplicação de sanções proporcionais à gravidade dos fatos, da adequada responsabilização de agentes públicos e terceiros envolvidos, bem como o ressarcimento célere e integral de valores aos cofres públicos[293]. (grifo nosso)*

Resta claro que, no âmbito do ANPC, além da celeridade processual, obediência ao princípio eficiência, e observância às finalidades dos instrumentos de justiça consensual ou negociada, a defesa do interesse público foi alçada a um patamar de importante destaque.

Importa notar que a celebração do ANPC não se constitui direito subjetivo do investigado/réu. Como nos demais instrumentos consensuais (como o ANPP – Acordo de Não Persecução Penal), o ANPC pode ser proposto pelo Ministério Público de acordo as peculiaridades do caso concreto, quando necessário e suficiente para reprovar e prevenir ilícitos de improbidade administrativa e tutelar o interesse público.

Ao Ministério Público cabe avaliar a utilidade do ANPC em matéria de improbidade administrativa como instrumento de redução da litigiosidade por meio da autocomposição.

"É constitucional a utilização da colaboração premiada no âmbito civil, em ação civil pública por ato de improbidade administrativa movida pelo Ministério Público". (STF ARE 1175650 – Repercussão Geral tema: 1043, Rel. Min. Alexandre de Moraes, julgado em 30/3/2023).

---

293 MPF – Ministério Público Federal. Normatização – Acordo de Não Persecução Cível (ANPC). Disponível em: https://www.mpf.mp.br/regiao1/atos-e-publicacoes/normatizacao-acordo-de-nao-persecucao-civel-anpc/view.

2.17.2. Requisitos cumulativos e obrigatórios para a celebração do ANPC (art. 17-B, § 1º)

A celebração do acordo a que se refere o 17-B, *caput*, dependerá, dos seguintes requisitos cumulativos:

1) da oitiva do ente federativo lesado, em momento anterior ou posterior à propositura da ação;

2) de aprovação, no prazo de até 60 (sessenta) dias, pelo órgão do Ministério Público competente para apreciar as promoções de arquivamento de inquéritos civis, se anterior ao ajuizamento da ação;

3) de homologação judicial, independentemente de o acordo ocorrer antes ou depois do ajuizamento da ação de improbidade administrativa.

2.17.3. Circunstâncias judiciais (art. 17-B, § 2º)

Em qualquer caso, a celebração do acordo a que se refere o *caput* deste artigo considerará a personalidade do agente, a natureza, as circunstâncias, a gravidade e a repercussão social do ato de improbidade, bem como as vantagens, para o interesse público, da rápida solução do caso.

2.17.4. Apuração do valor do dano a ser ressarcido (art. 17-B, § 3º)

Para fins de apuração do valor do dano a ser ressarcido, deverá ser realizada a oitiva do Tribunal de Contas competente, que se manifestará, com indicação dos parâmetros utilizados, no prazo de 90 (noventa) dias.

O STF ao deferir parcialmente a liminar *ad referendum* em sede de ADIn[294], decidiu pela suspensão da eficácia dispositivo em comento, destacando entre outros pontos, que tal "a medida condiciona o exercício da atividade-fim do Ministério Público à atuação da Corte de Contas, em possível interferência na autonomia funcional do MP". Portanto, inconstitucional.

---

294 STF – ADI: 7236 DF, Rel. Alexandre de Moraes, Data de Julgamento: 27/12/2022, Data de Publicação: 10/01/2023.

2.17.5. Momento de celebração do ANPC (art. 17-B, § 4º)

O acordo a que se refere o *caput* do art. 17-B poderá ser celebrado no curso da investigação de apuração do ilícito, no curso da ação de improbidade ou no momento da execução da sentença condenatória.

A inserção do parágrafo em comento resultou no apaziguamento da questão acerca do momento adequado para o ANPC, que até então era objeto de muita divergência doutrinária.

Do texto legal infere-se, portanto, 03 momentos distintos para a celebração do acordo:
- fase pré-processual;
- fase processual; e
- fase executória.

"É possível a homologação judicial de acordo de não persecução cível no âmbito da ação de improbidade administrativa em fase recursal" (STJ. 1ª Seção. EAREsp 102585-RS, Rel. Min. Gurgel de Faria, julgado em 09/03/2022).

2.17.6. Partes do ANPC (art. 17-B, § 5º)

As negociações para a celebração do acordo a que se refere o *caput* deste artigo ocorrerão entre o Ministério Público, de um lado, e, de outro, o investigado ou demandado e o seu defensor.

A presença do defensor visa a resguardar a garantia constitucional da ampla defesa (autodefesa e defesa técnica). Dessa maneira, se verifica imprescindível a presença do advogado na formalização do Acordo de Não Persecução Cível.

Vale destacar que, na "hipótese de o ANPC ser celebrado apenas com o particular, "deverá o membro descrever a conduta ilícita tanto do particular quanto do agente público"[295].

---

295 COSTA, Rafael de O.; BARBOSA, Renato K. *Nova Lei de Improbidade Administrativa*: de acordo com a Lei n. 14.230/2021. Grupo Almedina (Portugal), 2022, p. 199.

2.17.7. Possibilidade de adoção de outros mecanismos e medidas (art. 17-B, § 6º)

O acordo a que se refere o 17-B, *caput*, "poderá contemplar a adoção de mecanismos e procedimentos internos de integridade, de auditoria e de incentivo à denúncia de irregularidades e a aplicação efetiva de códigos de ética e de conduta no âmbito da pessoa jurídica[296], se for o caso, bem como de outras medidas em favor do interesse público e de boas práticas administrativas".

O dispositivo trata do instituto do chamado *compliance*. Numa tradução livre do termo, compliance significa concordância com o que é ordenado, imposto.

A respeito do compliance, Carla Veríssimo ressalta:

> O compliance tem objetivos tanto preventivos como reativos. Visa a prevenção de infrações legais em geral assim como a prevenção dos riscos legais e reputacionais aos quais a empresa está sujeita, na hipótese de que essas infrações se concretizem. Além disso, impõe à empresa o dever de apurar as condutas ilícitas em geral, assim como as que violam as normas da empresa, além de adotar medidas corretivas e entregar os resultados de investigações internas às autoridades, quando for o caso.[297] (...) "Uma das dificuldades ligadas ao tema do compliance é a abrangência do fenômeno, porque as normas que se aplicam à atividade empresarial vão desde o âmbito trabalhista, ambiental, tributário, penal etc., além de normas específicas do setor de atividade da empresa (por exemplo, indústria farmacêutica). Assim, os responsáveis pelo compliance – os *compliance officers* – devem avaliar, constantemente, os procedimentos da empresa de modo a garantir sua conformidade com todas as exigências legais, nacionais ou internacionais, que, de forma direta ou indireta, tenham influência ou sejam aplicáveis à sua atividade"[298].

---

296 Compliance: "Ato ou procedimento para assegurar o cumprimento das normas reguladoras de determinado setor. Vogel descreve o compliance como um "conceito que provem da economia e que foi introduzido no direito empresarial, significando a posição, observância e cumprimento das normas, não necessariamente de natureza jurídica." Buscador Dizer o Direito/ Disponível em: https://www.buscadordizerodireito.com.br/dodpedia/detalhes/801c14f07f9724229175b8ef8b4585a8?palavra-chave=compliance&criterio-pesquisa=e.

297 VERÍSSIMO, Carla. Compliance: incentivo à adoção de medidas anticorrupção. São Paulo: Saraiva, 2017, p. 91.

298 *Ibidem*, p. 94.

Rafael de Oliveira Costa e Renato Kim Barbosa acrescentam:

> Quando celebrado com pessoas jurídicas, o acordo pode contemplar, ainda, a adoção de mecanismos e procedimentos internos de integridade, auditoria e incentivo à denúncia de irregularidades, e a aplicação efetiva de códigos de ética e de conduta, se for o caso, bem como de outras medidas em favor do interesse público e de boas práticas administrativas, nos termos do art. 17-B, § 6o, da Lei de Improbidade Administrativa. Trata-se de busca pela prevenção da prática de atos de improbidade administrativa e harmonização entre as diferentes instâncias de consensualidade em matéria de ilícitos praticados contra a Administração Pública, sejam as de natureza penal – colaboração premiada e ANPP –, sejam as da Lei de Improbidade Administrativa e da Lei Anticorrupção – acordo de leniência. Perceba-se, ainda, que inexiste óbice para a celebração de acordos parciais em demandas de improbidade administrativa, ou seja, que envolvem apenas algumas condutas ou alguns dos agentes. Prossegue-se, assim, com o ajuizamento de ação civil de improbidade administrativa em relação aos demais fatos ou agentes[299].

2.17.8. Hipótese de descumprimento do acordo pelo investigado ou réu (art. 17-B, § 7º)

Em caso de descumprimento do acordo a que se refere o *caput* deste artigo, o investigado ou o demandado ficará impedido de celebrar novo acordo (ANPC) pelo prazo de 5 (cinco) anos, contado do conhecimento pelo Ministério Público do efetivo descumprimento.

Na hipótese de descumprimento do ANPC poderá ocorrer três situações: "a averbação cautelar, o protesto de dívida e a inscrição da dívida em cadastros de proteção ao crédito, tendo em vista a natureza do direito tutelado"[300].

2.18. ARTIGO 17-C

2.18.1. Quadro comparativo

REDAÇÃO ANTERIOR	LEI N. 14.230/2021
Sem correspondência.	**Art. 17-C.** A sentença proferida nos processos a que se refere esta Lei deverá, além de observar o disposto no art. 489 da Lei n. 13.105, de 16 de março de 2015 (Código de Processo Civil):

---

299 COSTA, Rafael de O.; BARBOSA, Renato K. *Nova Lei de Improbidade Administrativa*: de acordo com a Lei n. 14.230/2021. Grupo Almedina (Portugal), 2022, p. 200.

300 *Ibidem*, p. 199.

Sem correspondência.	**I** – indicar de modo preciso os fundamentos que demonstram os elementos a que se referem os arts. 9º, 10 e 11 desta Lei, que não podem ser presumidos; **II** – considerar as consequências práticas da decisão, sempre que decidir com base em valores jurídicos abstratos; **III** – considerar os obstáculos e as dificuldades reais do gestor e as exigências das políticas públicas a seu cargo, sem prejuízo dos direitos dos administrados e das circunstâncias práticas que houverem imposto, limitado ou condicionado a ação do agente; **IV** – considerar, para a aplicação das sanções, de forma isolada ou cumulativa: **a)** os princípios da proporcionalidade e da razoabilidade; **b)** a natureza, a gravidade e o impacto da infração cometida; **c)** a extensão do dano causado; **d)** o proveito patrimonial obtido pelo agente; **e)** as circunstâncias agravantes ou atenuantes; **f)** a atuação do agente em minorar os prejuízos e as consequências advindas de sua conduta omissiva ou comissiva; **g)** os antecedentes do agente; **V** – considerar na aplicação das sanções a dosimetria das sanções relativas ao mesmo fato já aplicadas ao agente; **VI** – considerar, na fixação das penas relativamente ao terceiro, quando for o caso, a sua atuação específica, não admitida a sua responsabilização por ações ou omissões para as quais não tiver concorrido ou das quais não tiver obtido vantagens patrimoniais indevidas; **VII** – indicar, na apuração da ofensa a princípios, critérios objetivos que justifiquem a imposição da sanção.
Sem correspondência.	**§ 1º** A ilegalidade sem a presença de dolo que a qualifique não configura ato de improbidade.

Sem correspondência.	**§ 2º** Na hipótese de litisconsórcio passivo, a condenação ocorrerá no limite da participação e dos benefícios diretos, vedada qualquer solidariedade.
Sem correspondência.	**§ 3º** Não haverá remessa necessária nas sentenças de que trata esta Lei.

2.18.2. Elementos obrigatórios da sentença em ação por improbidade (art. 17-C)

A sentença proferida nos processos a que se refere esta Lei deverá, além de observar o disposto no art. 489 da Lei n. 13.105, de 16 de março de 2015:

> *I – indicar de modo preciso os fundamentos que demonstram os elementos a que se referem os arts. 9º, 10 e 11 desta Lei, que não podem ser presumidos;*

A sentença proferida nos processos a que se refere a LIA deve obrigatoriamente observar o disposto no art. 489 do Código de Processo Civil:

> *Art. 489. São elementos essenciais da sentença:*
>
> *I – o relatório, que conterá os nomes das partes, a identificação do caso, com a suma do pedido e da contestação, e o registro das principais ocorrências havidas no andamento do processo;*
>
> *II – os fundamentos, em que o juiz analisará as questões de fato e de direito;*
>
> *III – o dispositivo, em que o juiz resolverá as questões principais que as partes lhe submeterem.*
>
> *§ 1º Não se considera fundamentada qualquer decisão judicial, seja ela interlocutória, sentença ou acórdão, que:*
>
> *I – se limitar à indicação, à reprodução ou à paráfrase de ato normativo, sem explicar sua relação com a causa ou a questão decidida;*
>
> *II – empregar conceitos jurídicos indeterminados, sem explicar o motivo concreto de sua incidência no caso;*
>
> *III – invocar motivos que se prestariam a justificar qualquer outra decisão;*
>
> *IV – não enfrentar todos os argumentos deduzidos no processo capazes de, em tese, infirmar a conclusão adotada pelo julgador;*

V – se limitar a invocar precedente ou enunciado de súmula, sem identificar seus fundamentos determinantes nem demonstrar que o caso sob julgamento se ajusta àqueles fundamentos;

VI – deixar de seguir enunciado de súmula, jurisprudência ou precedente invocado pela parte, sem demonstrar a existência de distinção no caso em julgamento ou a superação do entendimento.

§ 2º No caso de colisão entre normas, o juiz deve justificar o objeto e os critérios gerais da ponderação efetuada, enunciando as razões que autorizam a interferência na norma afastada e as premissas fáticas que fundamentam a conclusão.

§ 3º A decisão judicial deve ser interpretada a partir da conjugação de todos os seus elementos e em conformidade com o princípio da boa-fé.

Marcelo Ribeiro, acerca necessidade de fundamentação das decisões judiciais, ensina:

A fundamentação das decisões judiciais é princípio constitucional, estabelecido pelo art. 93, IX, da CF. Sua observância é essencial para a legitimidade da decisão, pois assegura, ao cidadão, acesso às razões do pronunciamento. Sobre o tema, assim dispõe o art. 11 do CPC/2015: "Todos os julgamentos dos órgãos do Poder Judiciário serão públicos, e fundamentadas todas as decisões, sob pena de nulidade". Entender a fundamentação da decisão judicial é entender, antes disso, em qual contexto histórico, sob a perspectiva de nossa tradição jurídica, são declinadas as razões do decidir e, ainda, sob quais métodos ou argumentos elas se sustentam, diante da exigência constitucional. Assim, podemos identificar que a ausência de faticidade nos textos jurídicos, proposta pelo regime anterior, legitimou fundamentações meramente formais, pela simples indicação de artigos e incisos, tais como: indeferimentos por ausência de requisitos legais, por desatenção aos requisitos da legislação, ou, ainda, pela livre convicção judicial. A partir da virada paradigmática ocorrida pela retomada da faticidade, da afirmação da isonomia material e da fundação do Estado Democrático de Direito, estabeleceu-se uma nova ordem constitucional. Isto, a toda evidência, implica releituras sobre o sentido da fundamentação das decisões e afeta, diretamente, o exercício da jurisdição. Ao tempo em que o estudo dessa ruptura institucional nos entrega um novo horizonte, a partir do qual passamos a compreender os textos jurídicos, ela também consagra uma nova leitura sobre a fundamentação das decisões judiciais, que, hoje, já não se adequa a qualquer explanação formal, vaga e/ou desconectada do caso, devendo, ao revés, traduzir a coerência e a integridade do sistema jurídico. Em síntese: na democracia, exige-se mais sobre o sentido da fundamentação, a fim de que as razões evocadas reflitam nossa tradição jurídica e, com ela, as percepções que o tempo nos permitiu aferir, pelo espaço público, acerca do sistema jurídico[301].

Nessa toada, importante ressaltar que as decisões judiciais precisam sempre ser motivadas (CF, art. 93, IX). Outrora destinado apenas às partes e aos tribunais superiores com competência recursal, com vistas a possibilitar àquelas a impugnação das decisões e a estes o respectivo reexame, esse princípio é visto hoje em seu aspecto político: garantia da sociedade, que pode aferir a imparcialidade do juiz e a legalidade e justiça das suas decisões. Por isso, sua consagração constitucional.

Seu conteúdo compreende: 1. O enunciado das escolhas do juiz, com relação: a) à individuação das normas aplicáveis; b) à análise dos fatos; c) à sua qualificação jurídica; d) às consequências jurídicas desta decorrentes. 2. Os nexos de implicação e coerência entre os referidos enunciados.

Especialmente naquelas decisões de caráter repressivo sancionador, que implicam em restrições a direitos fundamentais do indivíduo, como se verifica nas condenações por improbidade, o dever de motivação se torna ainda mais intenso. Trata-se de princípio aplicável **a todo processo e a qualquer decisão judicial.**

A sentença em sede de improbidade administrativa deverá:

II – considerar as consequências práticas da decisão, sempre que decidir com base em valores jurídicos abstratos;

A necessidade de considerar consequências práticas da decisão, sempre que decidir com base em valores jurídicos abstratos, foi positivada em nosso ordenamento jurídico em 2018, com o advento da alteração da Lei de Introdução às Normas de Direito Brasileiro[302], conforme pode-se inferir dos artigos abaixo descritos:

---

301 RIBEIRO, Marcelo. *Processo civil.* 2. ed. Rio de Janeiro: Forense; São Paulo: Método, 2019, p. 309.

302 Lei de Introdução às Normas do Direito Brasileiro – LINDB. Decreto-lei n. 4.657, de 4 de setembro de 1942.

PARTE II | **297**

Art. 20. Nas esferas administrativa, controladora e judicial, não se decidirá com base em valores jurídicos abstratos sem que sejam consideradas as consequências práticas da decisão.

Parágrafo único. A motivação demonstrará a necessidade e a adequação da medida imposta ou da invalidação de ato, contrato, ajuste, processo ou norma administrativa, inclusive em face das possíveis alternativas.

Art. 21. A decisão que, nas esferas administrativa, controladora ou judicial, decretar a invalidação de ato, contrato, ajuste, processo ou norma administrativa deverá indicar de modo expresso suas consequências jurídicas e administrativas.

Parágrafo único. A decisão a que se refere o caput deste artigo deverá, quando for o caso, indicar as condições para que a regularização ocorra de modo proporcional e equânime e sem prejuízo aos interesses gerais, não se podendo impor aos sujeitos atingidos ônus ou perdas que, em função das peculiaridades do caso, sejam anormais ou excessivos.

III – considerar os obstáculos e as dificuldades reais do gestor e as exigências das políticas públicas a seu cargo, sem prejuízo dos direitos dos administrados e das circunstâncias práticas que houverem imposto, limitado ou condicionado a ação do agente;

A LINDB também prevê disposição nesse sentido:

Art. 22. Na interpretação de normas sobre gestão pública, serão considerados os obstáculos e as dificuldades reais do gestor e as exigências das políticas públicas a seu cargo, sem prejuízo dos direitos dos administrados.

§ 1º Em decisão sobre regularidade de conduta ou validade de ato, contrato, ajuste, processo ou norma administrativa, serão consideradas as circunstâncias práticas que houverem imposto, limitado ou condicionado a ação do agente.

§ 2º Na aplicação de sanções, serão consideradas a natureza e a gravidade da infração cometida, os danos que dela provierem para a administração pública, as circunstâncias agravantes ou atenuantes e os antecedentes do agente.

§ 3º As sanções aplicadas ao agente serão levadas em conta na dosimetria das demais sanções de mesma natureza e relativas ao mesmo fato.

2.18.3. Circunstâncias a serem consideradas na aplicação das sanções de forma isolada ou cumulativa

De acordo com o art. 17-C, IV, na aplicação das sanções deverá o juiz atentar para a gravidade objetiva do fato, o grau de censurabilidade da conduta e a intensidade da participação do agente na produção do resultado. As sanções previstas no art. 12 não são necessariamente cumulativas, devendo ser impostas de acordo com as peculiaridades do caso concreto.

Nesse dispositivo, o legislador enumerou de forma exemplificativa os critérios mais importantes a nortear a dosimetria da sanção por ato de improbidade. São eles: *os princípios da proporcionalidade e da razoabilidade; a natureza, a gravidade e o impacto da infração cometida; a extensão do dano causado; o proveito patrimonial obtido pelo agente; as circunstâncias agravantes ou atenuantes; atuação do agente em minorar os prejuízos e as consequências advindas de sua conduta omissiva ou comissiva; e os antecedentes do agente.*

Ainda, em seus incisos V, VI e VII, o art. 17-C manda considerar: (a) na aplicação das sanções a dosimetria já aplicadas ao agente pelo mesmo fato, em outras esferas de responsabilização, como a penal e a administrativa; (b) na fixação das penas relativamente ao terceiro, quando for o caso, a sua atuação específica, não admitida a sua responsabilização por ações ou omissões para as quais não tiver concorrido ou das quais não tiver obtido vantagens patrimoniais indevidas; e também (c) indicar, na apuração da ofensa a princípios, critérios objetivos que justifiquem a imposição da sanção, respectivamente.

A esse respeito, Rafael de Oliveira Costa e Renato Kim Barbosa:

> Quando a subsunção da conduta for possível em mais de uma modalidade de ato de improbidade administrativa, deve ser eleita a modalidade que melhor se adeque ao tipo legal, prevalecendo, em regra, aquela com punição mais severa. Assim, caso o agente tenha praticado ato de improbidade que, simultaneamente, cause enriquecimento ilícito, dano ao erário e violação aos princípios da Administração Pública, sua conduta deve ser capitulada naquela mais grave, ou seja, no tipo previsto no art. 9º da Lei n. 8.429/92[303].

---

303 COSTA, Rafael de O.; BARBOSA, Renato K. *Nova Lei de Improbidade Administrativa*: de acordo com a Lei n. 14.230/2021. Grupo Almedina (Portugal), 2022, p. 155.

2.18.4. Ratificação da imprescindibilidade do dolo (art. 17-C, § 1º)

Ilegalidade sem dolo não configura ato de improbidade.

Matheus Carvalho corrobora:

> É importante mencionarmos que a Lei de Improbidade Administrativa não deve ser aplicada para meras irregularidades ou transgressões disciplinares – pois estas serão punidas na instância administrativa, mediante a instauração de processo disciplinar. De outro modo, visa a resguardar os princípios da Administração Pública[304].

2.18.5. Vedação à condenação solidária dos litisconsortes (art. 17-C, § 2º)

Na hipótese de litisconsórcio passivo, a condenação ocorrerá no limite da participação e dos benefícios diretos, vedada qualquer solidariedade.

Marcus Vinicius Rios Gonçalves observa que o litisconsórcio se trata da "pluralidade de partes no polo ativo, no passivo, ou em ambos, do mesmo processo. Daí falar-se, respectivamente, em litisconsórcio ativo, passivo e misto (ou bilateral). (...) Trata-se de fenômeno bastante comum no processo civil, que ocorre talvez na maior parte dos processos"[305].

2.18.6. Vedação à remessa necessária (art. 17-C, § 3º)

Não haverá remessa necessária nas sentenças de que trata esta Lei. No que pertine ao instituto da remessa necessária, Marcelo Ribeiro destaca:

> A remessa necessária é instituto de há muito previsto na legislação brasileira, sendo expressa no Código revogado e mantida no ordenamento atual, por força do art. 496 do CPC. Sua redação informa que algumas sentenças não produzem efeitos, até serem confirmadas pelo órgão jurisdicional superior. A revisão, imposta pelo dispositivo, se aplica aos casos em que nenhuma das partes interponha recurso, o que leva parte da doutrina a identificá-la como duplo grau obrigatório de jurisdição.

---

304 CARVALHO, Matheus. *Lei de Improbidade comentada.* São Paulo: JusPodivm, 2022, p. 11.

305 GONÇALVES, Marcus Vinicius Rios. *Direito processual civil esquematizado.* 13. ed. São Paulo: SaraivaJur, 2022, p. 232.

Essa medida processual, na prática, remete, para o órgão revisor, decisões proferidas contra a União, Estados, Distrito Federal, Municípios e suas respectivas autarquias e fundações de direito público. O mesmo se aplica para as decisões que julgam procedentes, total ou parcialmente, os embargos à execução. A disposição das partes sujeitas a essa prerrogativa nos permite concluir que a remessa necessária, em verdade, se apresenta como medida protetiva da Fazenda Pública. Por essa mesma linha de raciocínio, justifica-se a remessa parcial, quando o recurso não atacar todos os capítulos da decisão que de alguma forma imponham gravame para a Fazenda. A prerrogativa, entretanto, não se aplica em algumas circunstâncias, pois a legislação estabelece limites ao instituto, em função da expressão do proveito econômico, ou em decorrência da espécie de fundamentação da decisão. Assim, por exemplo, o reexame necessário não incide nos casos em que a condenação seja inferior a mil salários mínimos para a União, suas respectivas autarquias e fundações de direito público; de quinhentos salários mínimos, para os Estados, Distrito Federal, as respectivas autarquias e fundações de direito público, bem como para os Municípios que constituam capitais dos Estados; e ainda, quando a condenação não ultrapassar o valor de cem salários mínimos para os demais Municípios e respectivas autarquias e fundações de direito público. Em todos esses casos, o exercício do duplo grau de jurisdição não é automático, submetendo-se à interposição do recurso por parte da Fazenda Pública[306].

Acerca da sistemática recursal da Lei de Improbidade Administrativa, mister destacar as lições de Rafael de Oliveira Costa e Renato Kim Barbosa:

No que tange à sistemática recursal no âmbito de Lei de Improbidade Administrativa, sem pretender esgotar a matéria, é preciso observar três situações relevantes: a) decisão que rejeita a inicial – cabe recurso de apelação; b) decisão que recebe a petição inicial – cabe recurso de agravo de instrumento; c) decisões interlocutórias em geral – cabe o recurso de agravo de instrumento, inclusive em face da decisão que rejeitar questões preliminares suscitadas pelo réu em sua contestação (art. 17, § 21, da Lei de Improbidade Administrativa). Esta última hipótese reflete nítida ampliação do regime de cabimento do agravo de instrumento previsto no art. 1.015 do Código de Processo Civil, que

---

306 RIBEIRO, Marcelo. *Processo civil*. 2. ed. Rio de Janeiro: Forense; São Paulo: Método, 2019, p. 324.

restringiu a utilização dessa modalidade recursal, permitindo a sua utilização inclusive em face de preliminares[307].

2.19. ARTIGO 17-D

2.19.1. Quadro comparativo

REDAÇÃO ANTERIOR	LEI N. 14.230/2021
Sem correspondência.	**Art. 17-D.** A ação por improbidade administrativa é repressiva, de caráter sancionatório, destinada à aplicação de sanções de caráter pessoal previstas nesta Lei, e não constitui ação civil, vedado seu ajuizamento para o controle de legalidade de políticas públicas e para a proteção do patrimônio público e social, do meio ambiente e de outros interesses difusos, coletivos e individuais homogêneos.
	Parágrafo único. Ressalvado o disposto nesta Lei, o controle de legalidade de políticas públicas e a responsabilidade de agentes públicos, inclusive políticos, entes públicos e governamentais, por danos ao meio ambiente, ao consumidor, a bens e direitos de valor artístico, estético, histórico, turístico e paisagístico, a qualquer outro interesse difuso ou coletivo, à ordem econômica, à ordem urbanística, à honra e à dignidade de grupos raciais, étnicos ou religiosos e ao patrimônio público e social submetem-se aos termos da Lei n. 7.347, de 24 de julho de 1985.

2.19.2. Taxatividade da ação por improbidade administrativa (art. 17-D)

Art. 17-D. A ação por improbidade administrativa é repressiva, de caráter sancionatório, destinada à aplicação de sanções de caráter pessoal previstas nesta Lei, e não constitui ação civil, vedado seu ajuizamento para o controle de legali-

---

307 COSTA, Rafael de O.; BARBOSA, Renato K. *Nova Lei de Improbidade Administrativa*: de acordo com a Lei n. 14.230/2021. Grupo Almedina (Portugal), 2022, p. 205.

dade de políticas públicas e para a proteção do patrimônio público e social, do meio ambiente e de outros interesses difusos, coletivos e individuais homogêneos.

Parágrafo único. Ressalvado o disposto nesta Lei, o controle de legalidade de políticas públicas e a responsabilidade de agentes públicos, inclusive políticos, entes públicos e governamentais, por danos ao meio ambiente, ao consumidor, a bens e direitos de valor artístico, estético, histórico, turístico e paisagístico, a qualquer outro interesse difuso ou coletivo, à ordem econômica, à ordem urbanística, à honra e à dignidade de grupos raciais, étnicos ou religiosos e ao patrimônio público e social submetem-se aos termos da Lei n. 7.347, de 24 de julho de 1985.

O legislador trouxe de forma expressa a taxatividade da ação por improbidade administrativas ao cometimento dos atos ímprobos previstos na LIA e legislação esparsa, não sendo cabível, portanto, a propositura da referida ação para o controle de legalidade de políticas públicas e para a proteção do patrimônio público e social, do meio ambiente e de outros interesses difusos, coletivos e individuais homogêneos. Nos referidos casos, o legitimado terá que optar pela Ação Civil Pública (Lei n. 7.347/85).

A respeito da Ação Civil Pública, Marcus Vinicius Rios Gonçalves destaca:

> A ação civil pública deve ser examinada à luz dos institutos fundamentais do processo civil: jurisdição, ação, defesa e processo. E segundo suas peculiaridades. (...) A lei brasileira refere-se à ação civil pública, e esse foi o nome que se consagrou, embora não fosse tecnicamente o mais adequado. É que tal expressão surgiu, na doutrina, por oposição à "ação penal pública", isto é, aquela ajuizada pelo Ministério Público. Como nem sempre ela o é, teria sido mais apropriado denominá-la ação coletiva[308].

---

308 GONÇALVES, Marcus Vinicius Rios. *Tutela de interesses difusos e coletivos*. São Paulo: Saraiva Educação, 2019, p. 61.

JURISPRUDÊNCIA

"É de cinco anos o prazo prescricional para ajuizamento da execução individual de sentença proferida em ação civil pública. No âmbito do direito privado, é de cinco anos o prazo prescricional para ajuizamento da individual em pedido de cumprimento de sentença proferida em ação civil pública". (STJ. 4ª Turma. EDcl no REsp 1569684-SP, Rel. Min. Raul Araújo, julgado em 25/10/2022).

2.20. ARTIGOS 18 E 18-A

2.20.1. Quadro comparativo

REDAÇÃO ANTERIOR	LEI N. 14.230/2021
Art. 18. A sentença que julgar procedente ação civil de reparação de dano ou decretar a perda dos bens havidos ilicitamente determinará o pagamento ou a reversão dos bens, conforme o caso, em favor da pessoa jurídica prejudicada pelo ilícito.	Art. 18. A sentença que julgar procedente a ação fundada nos arts. 9º e 10 desta Lei condenará ao ressarcimento dos danos e à perda ou à reversão dos bens e valores ilicitamente adquiridos, conforme o caso, em favor da pessoa jurídica prejudicada pelo ilícito.
Sem correspondência.	§ 1º Se houver necessidade de liquidação do dano, a pessoa jurídica prejudicada procederá a essa determinação e ao ulterior procedimento para cumprimento da sentença referente ao ressarcimento do patrimônio público ou à perda ou à reversão dos bens.
Sem correspondência.	§ 2º Caso a pessoa jurídica prejudicada não adote as providências a que se refere o § 1º deste artigo no prazo de 6 (seis) meses, contado do trânsito em julgado da sentença de procedência da ação, caberá ao Ministério Público proceder à respectiva liquidação do dano e ao cumprimento da sentença referente ao ressarcimento do patrimônio público ou à perda ou à reversão dos bens, sem prejuízo de eventual responsabilização pela omissão verificada.
Sem correspondência.	§ 3º Para fins de apuração do valor do ressarcimento, deverão ser descontados os serviços efetivamente prestados.

Sem correspondência.	**§ 4º** O juiz poderá autorizar o parcelamento, em até 48 (quarenta e oito) parcelas mensais corrigidas monetariamente, do débito resultante de condenação pela prática de improbidade administrativa se o réu demonstrar incapacidade financeira de saldá-lo de imediato.
Sem correspondência.	**Art. 18-A.** A requerimento do réu, na fase de cumprimento da sentença, o juiz unificará eventuais sanções aplicadas com outras já impostas em outros processos, tendo em vista a eventual continuidade de ilícito ou a prática de diversas ilicitudes, observado o seguinte:
Sem correspondência.	**I** – no caso de continuidade de ilícito, o juiz promoverá a maior sanção aplicada, aumentada de 1/3 (um terço), ou a soma das penas, o que for mais benéfico ao réu;
Sem correspondência.	**II** – no caso de prática de novos atos ilícitos pelo mesmo sujeito, o juiz somará as sanções.
Sem correspondência.	**Parágrafo único.** As sanções de suspensão de direitos políticos e de proibição de contratar ou de receber incentivos fiscais ou creditícios do poder público observarão o limite máximo de 20 (vinte) anos.

Art. 18. A sentença que julgar procedente a ação fundada nos arts. 9º e 10 desta Lei condenará ao ressarcimento dos danos e à perda ou à reversão dos bens e valores ilicitamente adquiridos, conforme o caso, em favor da pessoa jurídica prejudicada pelo ilícito.

Matheus Carvalho destaca pontos importantes da inovação legislativa:

> Nesse caso, cabe ressaltar uma alteração importante implementada pela Lei n. 14.230/2021. Isso porque a Lei n. 8.429/92 previa originariamente o ressarcimento ao erário como espécie de sanção pela prática do ato de improbidade. Com a alteração efetivada em 2021, a lei passa a tratar do dever de reparação do dano nesse dispositivo, com finalidade ressarcitória e não sancionatória. Consequentemente, diversamente do que ocorre com as sanções, não cabe ao juiz analisar se irá ou não determinar o ressarcimento ao erário, que é obrigatório, em razão da indisponibilidade do interesse público. Ademais, a lei estabelece que os valores acrescidos ilicitamente ao patrimônio do agente em ra-

zão da prática do ato de improbidade devem ser revertidos à pessoa jurídica lesada pelo ato, ainda que sua origem seja de terceiros[309].

 JURISPRUDÊNCIA

"É cabível a apreensão de passaporte e a suspensão da CNH no bojo do cumprimento de sentença proferida em ação de improbidade administrativa. Em regra, a jurisprudência do STJ entende ser possível a aplicação de medidas executivas atípicas na execução e no cumprimento de sentença comum, desde que, verificando-se a existência de indícios de que o devedor possua patrimônio expropriável, tais medidas sejam adotadas de modo subsidiário, por meio de decisão que contenha fundamentação adequada às especificidades da hipótese concreta, com observância do contraditório substancial e do postulado da proporcionalidade.

Na ação de improbidade administrativa, com ainda mais razão, há a possibilidade de aplicação das medidas executivas atípicas, pois se tutela a moralidade e o patrimônio público. No que diz respeito à proporcionalidade, o fato de se tratar de uma ação de improbidade administrativa deve ser levado em consideração na análise do cabimento da medida aflitiva não pessoal no caso concreto, já que envolve maior interesse público".
(STJ. 2ª Turma, REsp 1929230-MT, Rel. Min. Herman Benjamin, julgado em 04/05/2021).

2.20.2. A pessoa jurídica como legitimada concorrente para o procedimento de liquidação da sentença (art. 18, § 1º)

Se houver necessidade de liquidação do dano, a pessoa jurídica prejudicada procederá a essa determinação e ao ulterior procedimento para cumprimento da sentença referente ao ressarcimento do patrimônio público ou à perda ou à reversão dos bens.

Após a decisão do Supremo Tribunal Federal, são legitimados à propositura da ação de improbidade administrativa tanto o Ministério Público quanto a entidade lesada. Não existe impedimento legal de que a pessoa ju-

---

309 CARVALHO, Matheus. *Lei de improbidade comentada*. São Paulo: JusPodivm, 2022, p. 149.

rídica prejudicada proceda à liquidação e execução da sentença, com vistas à obtenção do ressarcimento do dano.

2.20.3. Obrigatoriedade de atuação do MP na liquidação do dano e no cumprimento da sentença (art. 18, § 2º)

Caso a pessoa jurídica prejudicada não adote as providências a que se refere o § 1º deste artigo no prazo de 6 (seis) meses contado do trânsito em julgado da sentença de procedência da ação, caberá ao Ministério Público proceder à respectiva liquidação do dano e ao cumprimento da sentença referente ao ressarcimento do patrimônio público ou à perda ou à reversão dos bens, sem prejuízo de eventual responsabilização pela omissão verificada.

O dispositivo ressalta o dever da apuração de eventual responsabilização do agente público omisso/inerte por mais de 6 meses, bem como, de o Ministério Público liquidar o dano e prosseguir no cumprimento da sentença referente ao ressarcimento do patrimônio público ou à perda ou à reversão dos bens.

2.20.4. Possibilidade de desconto no valor a ser ressarcido (art. 18, § 3º)

Para fins de apuração do valor do ressarcimento, deverão ser descontados os serviços efetivamente prestados.

Costa e Barbosa pontuam que "a medida visa a evitar o enriquecimento sem causa do ente público, não sendo possível o ressarcimento de "dispêndios estatais que retribuíram força de trabalho efetivamente prestada"[310].

Matheus Carvalho acrescenta:

> A norma trata de situações em que há a execução por parte do agente público ou do particular beneficiário do ato de improbidade, devendo a apuração dos danos levar isso em consideração. Assim, imagine-se, a título de exemplo, que foi efetivada uma contratação sem o procedimento licitatório para a prestação de determinado serviço em benefício de uma empresa que superfaturou os valores praticados. Nesse

---

310 COSTA, Rafael de O.; BARBOSA, Renato K. *Nova Lei de Improbidade Administrativa*: de acordo com a Lei n. 14.230/2021. Grupo Almedina (Portugal), 2022, p. 212.

caso, diante da caracterização do ato de improbidade que causou danos ao erário, o dever de ressarcir o erário estará presente, independentemente da aplicação das penas previstas em lei. No entanto, na quantificação do dano, deve ser computado o serviço executado pela empresa, para fins de minorar o cálculo do prejuízo patrimonial decorrente da infração[311].

2.20.5. Possibilidade de parcelamento do valor da condenação (art. 18, § 4º)

O juiz poderá autorizar o parcelamento, em até 48 (quarenta e oito) parcelas mensais corrigidas monetariamente, do débito resultante de condenação pela prática de improbidade administrativa se o réu demonstrar incapacidade financeira de saldá-lo de imediato.

Frise-se não se tratar de um direito subjetivo do réu em sede de ação por improbidade administrativa. Trata-se de faculdade do julgador em virtude da demonstração da incapacidade financeira do condenado.

2.20.6. Possibilidade de unificação das sanções (art. 18-A)

Art. 18-A. A requerimento do réu, na fase de cumprimento da sentença, o juiz unificará eventuais sanções aplicadas com outras já impostas em outros processos, tendo em vista a eventual continuidade de ilícito ou a prática de diversas ilicitudes, observado o seguinte:

I – no caso de continuidade de ilícito, o juiz promoverá a maior sanção aplicada, aumentada de 1/3 (um terço), ou a soma das penas, o que for mais benéfico ao réu;

II – no caso de prática de novos atos ilícitos pelo mesmo sujeito, o juiz somará as sanções.

Importante notar que a unificação das sanções se dará na fase de cumprimento da sentença e a requerimento do réu. Dessa forma, o juiz não poderá fazê-lo de ofício, pela falta de previsão expressa nesse sentido. Temos, portanto, o que se convenciona "silêncio eloquente" do legislador.

---

311 Ibidem, 150.

2.20.7. Limite temporal das sanções de suspensão de direitos políticos e de proibição de contratar ou de receber incentivos fiscais ou creditícios do poder público (art. 18-A, parágrafo único)

As sanções de suspensão de direitos políticos e de proibição de contratar ou de receber incentivos fiscais ou creditícios do poder público observarão o limite máximo de 20 (vinte) anos.

Pode-se vislumbrar uma limitação ao poder estatal na restrição desses direitos. Dessa maneira, as sanções não poderão perdurar pela eternidade.

"Não há óbice para que a autoridade administrativa apure a falta disciplinar do servidor público independentemente da apuração do fato no bojo da ação por improbidade administrativa" (Súmula 651-STJ).

Súmula 651-STJ: "Compete à autoridade administrativa aplicar a servidor público a pena de demissão em razão da prática de improbidade administrativa, independentemente de prévia condenação, por autoridade judicial, à perda da função pública".

2.21. ARTIGO 19

2.21.1. Quadro comparativo

REDAÇÃO ANTERIOR	LEI N. 14.230/2021
Art. 19. Constitui crime a representação por ato de improbidade contra agente público ou terceiro beneficiário, quando o autor da denúncia o sabe inocente. **Pena: detenção** de seis a dez meses e multa.	*Sem alterações.*
Parágrafo único. Além da sanção penal, o denunciante está sujeito a indenizar o denunciado pelos danos materiais, morais ou à imagem que houver provocado.	*Sem alterações.*

Art. 19. Constitui crime a representação por ato de improbidade contra agente público ou terceiro beneficiário, quando o autor da denúncia o sabe inocente.

Pena: detenção de seis a dez meses e multa.

Parágrafo único. Além da sanção penal, o denunciante está sujeito a indenizar o denunciado pelos danos materiais, morais ou à imagem que houver provocado.

O art. 19 previsto no texto original da LIA foi mantido com a alteração trazida pela Lei n. 14.230/2021. Rafael de Oliveira Costa e Renato Kim Barbosa elucidam:

> O crime em apreço consiste na conduta do autor que, ciente da inocência do representado, oferece representação por ato de improbidade administrativa contra agente público ou terceiro beneficiário. As respectivas penas são de seis a dez meses de detenção e multa. A norma ainda ressalva expressamente que tal sanção penal não exclui a reparação dos danos materiais ou morais[312].

Importante atentar-se ao caso concreto, pois, se for instaurada investigação ou ajuizada ação, restará configurado o crime de denunciação caluniosa, previsto no art. 339 do Código Penal[313].

Vale lembrar que as penas do delito em comento são de dois a oito anos de reclusão e multa, e poderão sofrer a incidência da causa de aumento de sexta parte, se o agente se serve de anonimato ou de nome suposto.

Nesse diapasão, Matheus Carvalho ressalta:

> Trata-se de crime que depende da comprovação do dolo específico, ou seja, o sujeito que denunciou tem consciência da inocência do denunciado, no entanto, faz a denúncia com o intuito de prejudicá-lo. Além da pena privativa de liberdade prevista na lei e da sanção pecuniária, o dispositivo garante a possibilidade de condenação do denunciante ressarcir todos os prejuízos causado à imagem do agente denunciado indevidamente[314].

---

312 COSTA, Rafael de O.; BARBOSA, Renato K. *Nova Lei de Improbidade Administrativa:* de acordo com a Lei n. 14.230/2021. Grupo Almedina (Portugal), 2022, p. 247.

313 "Art. 339. Dar causa à instauração de inquérito policial, de procedimento investigatório criminal, de processo judicial, de processo administrativo disciplinar, de inquérito civil ou de ação de improbidade administrativa contra alguém, imputando-lhe crime, infração ético-disciplinar ou ato ímprobo de que o sabe inocente: Pena – reclusão, de dois a oito anos, e multa.

§ 1º – A pena é aumentada de sexta parte, se o agente se serve de anonimato ou de nome suposto.

§ 2º – A pena é diminuída de metade, se a imputação é de prática de contravenção".

314 CARVALHO, Matheus. *Lei de improbidade comentada*. São Paulo: JusPodivm, 2022, p. 152.

2.22. ARTIGO 20

2.22.1. Quadro comparativo

REDAÇÃO ANTERIOR	LEI N. 14.230/2021
Art. 20. A perda da função pública e a suspensão dos direitos políticos só se efetivam com o trânsito em julgado da sentença condenatória.	*Sem alterações.*
Parágrafo único. A autoridade judicial ou administrativa competente poderá determinar o afastamento do agente público do exercício do cargo, emprego ou função, sem prejuízo da remuneração, quando a medida se fizer necessária à instrução processual.	**Parágrafo único.** *(Revogado).*
Sem correspondência.	**§ 1º** A autoridade judicial competente poderá determinar o afastamento do agente público do exercício do cargo, do emprego ou da função, sem prejuízo da remuneração, quando a medida for necessária à instrução processual ou para evitar a iminente prática de novos ilícitos.
Sem correspondência.	**§ 2º** O afastamento previsto no § 1º deste artigo será de até 90 (noventa) dias, prorrogáveis uma única vez por igual prazo, mediante decisão motivada.

Art. 20. A perda da função pública e a suspensão dos direitos políticos só se efetivam com o trânsito em julgado da sentença condenatória.

Trata-se do princípio constitucional da presunção de inocência aplicado às ações de improbidade administrativa (*vide* "Princípios"). Ressalte-se que não se trata de um efeito automático da condenação, portanto, deverá constar de maneira fundamentada da sentença condenatória.

2.22.2. Hipótese de afastamento do agente público do exercício do cargo (art. 20, § 1º)

A autoridade judicial competente poderá determinar o afastamento do agente público do exercício do cargo, emprego ou função, sem prejuízo da remuneração, quando a medida for necessária à instrução processual ou para evitar a iminente prática de novos ilícitos.

Vale lembrar que o STJ já decidiu que a posição hierárquica da função pública ocupada e os poderes decorrentes de seu exercício não são razões suficientes ao afastamento cautelar a que alude o art. 20 da LIA.

Acerca do afastamento do agente público do exercício do cargo, importante consignar as lições de Adriano Andrade, Cleber Masson e Landolfo Andrade:

> Trata-se de medida de natureza cautelar, destinada a garantir o bom andamento da instrução processual e que somente se legitima em situações excepcionais. Quando requerido em juízo, a exemplo da indisponibilidade dos bens o afastamento poderá ser pleiteado tanto em caráter antecedente – hipótese em que o autor deverá observar o procedimento previsto nos arts. 305 a 310 do CPC, como em caráter incidental, mas sempre nos mesmos autos em que é deduzido o pedido principal. Como toda medida dessa natureza, só pode ser concedida diante da presença dos pressupostos do fumus boni iuris (fundados indícios da prática do ato de improbidade) e do periculum in mora (indícios concretos deque o agente público está criando dificuldades para a instrução processual). Quanto ao pressuposto do perigo da demora, frise-se que ele precisa ser real, isto é, não basta a mera cogitação teórica da possibilidade da sua ocorrência (temor subjetivo). Consoante entendimento pacífico do Superior Tribunal de Justiça, o afastamento da função pública é medida excepcional e somente se justifica quando demonstrada a prática de um comportamento do agente público que importe efetiva ameaça à instrução do processo (...) Ressalte-se, ainda, que o afastamento da função pública nos casos de mandatos eletivos, com prazos certos, exige prudência ainda maior, sob pena de configuração de uma "cassação branca"[315].

2.22.3. Prazo e possibilidade de prorrogação do afastamento do agente público (art. 20, § 2º)

O afastamento previsto no § 1º deste artigo será de até 90 (noventa) dias, prorrogáveis uma única vez por igual prazo, mediante decisão motivada.

---

315 ANDRADE, Adriano; MASSON, Cleber; ANDRADE, Landolfo. *Interesses difusos e coletivos.* Rio de Janeiro: Forense; São Paulo: Método, 2020, p. 905.

PROCESSUAL CIVIL. AGRAVO INTERNO NO AGRAVO EM RESP. ACP POR ALEGADA CONDUTA ÍMPROBA. DETERMINAÇÃO DE AFASTAMENTO DO CARGO. NECESSIDADE DE ATO QUE IMPORTE EFETIVA AMEAÇA À INSTRUÇÃO PROCESSUAL. A POSIÇÃO HIERÁRQUICA DO OCUPANTE DA FUNÇÃO NÃO É FUNDAMENTO APTO A ENSEJAR A MEDIDA A QUE ALUDE O ART. 20 DA LIA. NA DEMANDA VERTENTE, O ARESTO APRESENTA MERAS COGITAÇÕES TEÓRICAS ACERCA DA POSSIBILIDADE DE OCORRÊNCIA DE INTERFERÊNCIAS À NORMAL CONDUÇÃO DA LIDE. MEDIDA DE AFASTAMENTO QUE DEVE SER EXCLUÍDA, CONSOANTE APONTOU A DECISÃO AGRAVADA. AGRAVO INTERNO DO ÓRGÃO ACUSADOR DESPROVIDO. (...) É intolerável, do ponto de vista jurídico, que o ocupante de cargo público seja afastado de sua função sem que tenha incorrido em ato ameaçador da higidez instrutória ou, ao menos, sem que haja fundado temor de sua efetiva ocorrência. 6. A gravidade dos fatos imputados não deve ser tomada em consideração de forma isolada, sem que sejam respeitados os limites legais e o devido processo legal. 7. Menos ainda deve ser a posição hierárquica da função pública ocupada e os poderes decorrentes de seu exercício razões suficientes ao afastamento cautelar a que alude o art. 20 da LIA. Entender o contrário levaria à situação – que, logicamente, não foi a disposta legalmente – de que todo e qualquer agente público pudesse ser alvo dessa medida, pois é inerente ao *munus* público a existência de competências que, em maior ou menor grau, podem, em tese, gerar influências indevidas à instrução probatória da ação de improbidade. 8. Na origem, afirmou-se que a permanência do ora recorrente nas dependências privativas de funcionários, mormente diante do status que ocupava e o acesso ao sistema de dados informatizados evidentemente podendo obstar ou dificultar a coleta de provas a ser realizada no local de trabalho, bem como outras práticas ilícitas que podem ser encobertas e de qualquer modo a presença na repartição sempre podendo facilitar qualquer espúria interferência no processo, prejudicando a instrução processual (fls. 1.138/1.139). 9. Como se vê, o que se argumenta é que o implicado poderia interferir na instrução processual em decorrência das prerrogativas inerentes à função pública exercida – mas não há sequer a menção a indícios de que tenha ocorrido tal interferência – e que, portanto, o afastamento do titular é condição indispensável para que haja a cessação desse ato danoso à instrução do processo. Sem isso, o afastamento do cargo não se justifica. 10. Não lhe são imputados indícios de prática de destruição de provas, intimidação de testemunhas, deleção de dados informáticos, entre outros atos que possam, ao menos em tese, configurar fundado risco à instrução processual. 11. Por fim, os temores de risco à instrução – gize-se existentes, segundo os elementos do acórdão recorrido, apenas no plano abstrato – podem ser evitados por meio de outras medidas cautelares, como a produção antecipada de provas e a apreensão de documentos, de modo que o afastamento do cargo é de direito apenas se configurada a ineficácia de outras medidas assecuratórias. 12. Agravo Interno do Órgão Acusador desprovido. (STJ – AgInt no AREsp: 625262 MS 2014/0278768-0, Rel. Ministro Napoleão Nunes Maia Filho, Primeira Turma, publicação: *DJe* 18/11/2020).

(...) "o afastamento do agente público de sua função é medida excepcional, que somente se justifica quando o comportamento do agente, no exercício de suas funções, possa comprometer a instrução do processo". (STJ. AgInt no AREsp 1.241.403/RJ, Rel. Ministra Assusete Magalhães, Segunda Turma, *DJe* 27/8/2020).

"Para que haja o afastamento, exige-se prova incontroversa de que a permanência no cargo poderá ensejar dano efetivo à instrução processual". (REsp. 929.483/BA, Rel. Min. Luiz Fux, *DJe* 17.12.2008).

"Não basta mera cogitação teórica da possibilidade de ameaça à instrução do processo: é preciso que esta seja efetiva ou, ao menos, que haja fundado temor de sua efetiva ocorrência". (REsp. 993.065/ES, Rel. Min. Teori Albino Zavascki, *DJe* 12.3.2008).

"A penalidade de perda da função pública imposta em ação de improbidade administrativa atinge tanto o cargo que o infrator ocupava quando praticou a conduta ímproba quanto qualquer outro que esteja ocupando ao tempo do trânsito em julgado da sentença condenatória. A sanção de perda da função pública visa a extirpar da Administração Pública aquele que exibiu inidoneidade (ou inabilitação) moral e desvio ético para o exercício da função pública, abrangendo qualquer atividade que o agente esteja exercendo no momento do trânsito em julgado da condenação". (STJ. 1ª Seção. EREsp 1701967/RS, Rel. para acórdão Min. Francisco Falcão, julgado em 09/09/2020).

2.23. ARTIGO 21

2.23.1. Quadro comparativo

REDAÇÃO ANTERIOR	LEI N. 14.230/2021
Art. 21. A aplicação das sanções previstas nesta lei independe:	*Sem alterações.*

314 | NOVA LEI DE IMPROBIDADE ADMINISTRATIVA | FERNANDO CAPEZ

~~I – da efetiva ocorrência de dano ao patrimônio público;~~	I – da efetiva ocorrência de dano ao patrimônio público, salvo quanto à pena de ressarcimento e às condutas previstas no art. 10 desta Lei;
I – da efetiva ocorrência de dano ao patrimônio público, salvo quanto à pena de ressarcimento;	II – da aprovação ou rejeição das contas pelo órgão de controle interno ou pelo Tribunal ou Conselho de Contas.
Sem correspondência.	§ 1º Os atos do órgão de controle interno ou externo serão considerados pelo juiz quando tiverem servido de fundamento para a conduta do agente público.
Sem correspondência.	§ 2º As provas produzidas perante os órgãos de controle e as correspondentes decisões deverão ser consideradas na formação da convicção do juiz, sem prejuízo da análise acerca do dolo na conduta do agente.
Sem correspondência.	§ 3º As sentenças civis e penais produzirão efeitos em relação à ação de improbidade quando concluírem pela inexistência da conduta ou pela negativa da autoria.
Sem correspondência.	§ 4º A absolvição criminal em ação que discuta os mesmos fatos, confirmada por decisão colegiada, impede o trâmite da ação da qual trata esta Lei, havendo comunicação com todos os fundamentos de absolvição previstos no art. 386 do Decreto-lei n. 3.689, de 3 de outubro de 1941 (Código de Processo Penal).
Sem correspondência.	§ 5º Sanções eventualmente aplicadas em outras esferas deverão ser compensadas com as sanções aplicadas nos termos desta Lei.

Art. 21. A aplicação das sanções previstas nesta lei independe:

I – da efetiva ocorrência de dano ao patrimônio público, salvo quanto à pena de ressarcimento e às condutas previstas no art. 10 desta Lei;

II – da aprovação ou rejeição das contas pelo órgão de controle interno ou pelo Tribunal ou Conselho de Contas.

§ 1º Os atos do órgão de controle interno ou externo serão considerados pelo juiz quando tiverem servido de fundamento para a conduta do agente público.

§ 2º *As provas produzidas perante os órgãos de controle e as correspondentes decisões deverão ser consideradas na formação da convicção do juiz, sem prejuízo da análise acerca do dolo na conduta do agente.*

§ 3º *As sentenças civis e penais produzirão efeitos em relação à ação de improbidade quando concluírem pela inexistência da conduta ou pela negativa da autoria.*

No tocante à alteração operada no art. 21 da LIA, Fernando da Fonseca Gajardoni leciona:

> Tem sido exigido, com propriedade, elemento anímico para a configuração de ato de improbidade administrativa e respectivo sancionamento. De fato, "o objetivo da Lei de Improbidade é punir o administrador público desonesto, não o inábil. Ou, em outras palavras, para que se enquadre o agente público na Lei de Improbidade é necessário que haja o dolo ou culpa, e o prejuízo ao ente público, caracterizado pela ação ou omissão do administrador público", vez que a finalidade da lei de improbidade administrativa é punir o administrador desonesto. Tanto é assim que o Superior Tribunal de Justiça entende, por ampla maioria, que principalmente considerando a gravidade das sanções impostas na LIA, a configuração do ato de improbidade administrativa exige, necessariamente, a presença do elemento subjetivo, inexistindo a possibilidade da atribuição da responsabilidade objetiva na esfera da Lei n. 8.429/92. Não há, portanto em sede de direito administrativo sancionatório (como também não há em direito penal), culpa presumida ou responsabilidade por ato de terceiro[316].

2.23.2. Possibilidade de impedimento do trâmite da ação por improbidade (art. 21, § 4º) e decisão do Supremo Tribunal Federal

A absolvição criminal em ação que discuta os mesmos fatos, confirmada por decisão colegiada, impede o trâmite da ação da qual trata esta Lei, havendo comunicação com todos os fundamentos de absolvição previstos no art. 366, do Código de Processo Penal, quais sejam: estar provada a ine-

---

316 GAJARDONI, Fernando da Fonseca et al. *Comentários à nova Lei de Improbidade Administrativa*: Lei n. 8.429/92, com as alterações da Lei n. 14.230/2021. São Paulo: Revista dos Tribunais, 2021, p. 484-485.

xistência do fato; não haver prova da existência do fato; não constituir o fato infração penal; estar provado que o réu não concorreu para a infração penal; não existir prova de ter o réu concorrido para a infração penal; existirem circunstâncias que excluam o crime ou isentem o réu de pena (arts. 20, 21, 22, 23, 26 e § 1º do art. 28, todos do Código Penal), ou mesmo se houver fundada dúvida sobre sua existência; ou não existir prova suficiente para a condenação.

Acerca dessa disposição, o STF ao deferir parcialmente a liminar *ad referendum,* em sede de ADIn decidiu pela suspensão da eficácia desse dispositivo.

De acordo com a liminar, "a independência de instâncias exige tratamentos sancionatórios diferenciados entre os ilícitos em geral (civis, penais e político-administrativos) e os atos de improbidade administrativa":

> "Consagrada no § 4º do art. 37 da Constituição Federal, segundo o qual "os atos de improbidade administrativa importarão a suspensão dos direitos políticos, a perda da função pública, a indisponibilidade dos bens e o ressarcimento ao erário, na forma e gradação previstas em lei, sem prejuízo da ação penal cabível", a independência de instâncias exige tratamentos sancionatórios diferenciados entre os atos ilícitos em geral (civis, penais e político-administrativos) e os atos de improbidade administrativa"[317].

2.23.3. Compensação de sanções aplicadas eventualmente em outras esferas (art. 21, § 5º)

Sanções eventualmente aplicadas em outras esferas deverão ser compensadas com as sanções aplicadas nos termos desta Lei.

Acerca da referida inovação operada com o advento da Lei n. 14.230/2021, que trouxe a hipótese de compensação de sanções aplicadas eventualmente em outras esferas, mister destacar os ensinamentos de Fernando da Fonseca Gajardoni:

---

317 STF – ADI: 7236 DF, Rel. Alexandre de Moraes, Data de Julgamento: 27/12/2022, Data de Publicação: 10/01/2023.

Há toda uma preocupação da Lei n. 14.230/2021 em evitar que o agente público seja apenado duplamente pelo ilícito praticado. Preocupação, aliás, que é do próprio regime administrativo sancionador. (...) Evidentemente a compensação se dá em sanções da mesma natureza, evitando-se indevido bis is idem. Pode ser compensada a suspensão dos direito políticos derivada de condenação criminal (art. 15, III, da CF) com a sanção, de mesma natureza, aplicada no âmbito da ação civil de improbidade administrativa: o agente ficará com os direitos políticos suspensos pelo período aplicado pelo juiz da improbidade, descontando-se o período já cumprido enquanto pendente os efeitos da condenação sofrida pelo mesmo evento. Porém, não se compensam as sanções de multa civil do art. 12 da LIA com a multa penal derivada da própria previsão normativa dos tipos penais infringidos, eis que de natureza e destinatários distintos[318].

JURISPRUDÊNCIA

"Não configura *bis in idem* a coexistência de título executivo extrajudicial (acórdão do TCU) e sentença condenatória em ação civil pública de improbidade administrativa que determinam o ressarcimento ao erário e se referem ao mesmo fato, desde que seja observada a dedução do valor da obrigação que primeiramente foi executada no momento da execução do título remanescente." (STJ. 1ª Turma. REsp 1.413.674-SE, Rel. Min. Olindo Menezes (Desembargador Convocado do TRF 1ªRegião), Rel. para o acórdão Min. Benedito Gonçalves, julgado em 17/5/2016).

"Recurso extraordinário em que se discute, à luz do art. 37, § 5º, da Constituição Federal, a prescritibilidade dos atos de improbidade administrativa imputados à recorrente, por alegada conduta negligente na condução dos processos judiciais em que atuava como representante contratada do INSS, sem demonstração do elemento subjetivo dolo (Temas 666, 897 e 899 do STF). Delimita-se a temática de repercussão geral em definir se as novidades inseridas na Lei de Improbidade Administrativa (Lei n. 8.429/92, com as alterações dadas pela Lei n. 14.230/2021) devem retroagir para beneficiar aqueles que porventura tenham cometido atos de improbidade administrativa na modalidade culposa, inclusive quanto ao prazo de pres-

---

318 GAJARDONI, Fernando da Fonseca et al. *Comentários à nova Lei de Improbidade Administrativa:* Lei n. 8.429/92, com as alterações da Lei n. 14.230/2021. São Paulo: Revista dos Tribunais, 2021, p. 500-501.

318 | NOVA LEI DE IMPROBIDADE ADMINISTRATIVA | FERNANDO CAPEZ

crição para as ações de ressarcimento". (STF. Plenário. ARE 843989/PR, Rel. Min. Alexandre de Moraes, julgado em 18/8/2022 (Repercussão Geral – Tema 1.199)

2.24. ARTIGO 22

2.24.1. Quadro comparativo

REDAÇÃO ANTERIOR	LEI N. 14.230/2021
Art. 22. Para apurar qualquer ilícito previsto nesta lei, o Ministério Público, de ofício, a requerimento de autoridade administrativa ou mediante representação formulada de acordo com o disposto no art. 14, poderá requisitar a instauração de inquérito policial ou procedimento administrativo.	**Art. 22.** Para apurar qualquer ilícito previsto nesta Lei, o Ministério Público, de ofício, a requerimento de autoridade administrativa ou mediante representação formulada de acordo com o disposto no art. 14 desta Lei, poderá instaurar inquérito civil ou procedimento investigativo assemelhado e requisitar a instauração de inquérito policial. (Redação dada pela Lei n. 14.230, de 2021)
Sem correspondente.	**Parágrafo único.** Na apuração dos ilícitos previstos nesta Lei, será garantido ao investigado a oportunidade de manifestação por escrito e de juntada de documentos que comprovem suas alegações e auxiliem na elucidação dos fatos. (Incluído pela Lei n. 14.230, de 2021)

Art. 22. Para apurar qualquer ilícito previsto nesta Lei, o Ministério Público, de ofício, a requerimento de autoridade administrativa ou mediante representação formulada de acordo com o disposto no art. 14 desta Lei, poderá instaurar inquérito civil ou procedimento investigativo assemelhado e requisitar a instauração de inquérito policial.

Acerca do inquérito civil, sem a menor pretensão de esgotar o tema, mister se faz tecermos algumas considerações acerca do instituto.

No bojo do texto da Constituição Federal de 1988, o inquérito civil protagoniza papel importante entre as funções institucionais do Ministério Público:

Art. 129. São funções institucionais do Ministério Público:

PARTE II | **319**

I – promover, privativamente, a ação penal pública, na forma da lei;

II – zelar pelo efetivo respeito dos Poderes Públicos e dos serviços de relevância pública aos direitos assegurados nesta Constituição, promovendo as medidas necessárias à sua garantia;

*III – **promover o inquérito civil** e a ação civil pública, para a proteção do patrimônio público e social, do meio ambiente e de outros interesses difusos e coletivos (grifos nossos);*

IV – promover a ação de inconstitucionalidade ou representação para fins de intervenção da União e dos Estados, nos casos previstos nesta Constituição;

V – defender judicialmente os direitos e interesses das populações indígenas;

VI – expedir notificações nos procedimentos administrativos de sua competência, requisitando informações e documentos para instruí-los, na forma da lei complementar respectiva;

VII – exercer o controle externo da atividade policial, na forma da lei complementar mencionada no artigo anterior;

VIII – requisitar diligências investigatórias e a instauração de inquérito policial, indicados os fundamentos jurídicos de suas manifestações processuais;

IX – exercer outras funções que lhe forem conferidas, desde que compatíveis com sua finalidade, sendo-lhe vedada a representação judicial e a consultoria jurídica de entidades públicas.

§ 1º A legitimação do Ministério Público para as ações civis previstas neste artigo não impede a de terceiros, nas mesmas hipóteses, segundo o disposto nesta Constituição e na lei.

§ 2º As funções do Ministério Público só podem ser exercidas por integrantes da carreira, que deverão residir na comarca da respectiva lotação, salvo autorização do chefe da instituição.

§ 3º O ingresso na carreira do Ministério Público far-se-á mediante concurso público de provas e títulos, assegurada a participação da Ordem dos Advogados do Brasil em sua realização, exigindo-se do bacharel em direito, no mínimo, três anos de atividade jurídica e observando-se, nas nomeações, a ordem de classificação.

§ 4º Aplica-se ao Ministério Público, no que couber, o disposto no art. 93.

§ 5º A distribuição de processos no Ministério Público será imediata.

Hugo Nigro Mazzilli assim conceitua o referido instituto:

> O inquérito civil é investigação administrativa prévia, instaurada e presidida pelo Ministério público, destinada a colher elementos de convicção para identificar se ocorre circunstância que enseje eventual propositura de ação civil pública, a tomada de compromissos de ajustamento de conduta, a realização de audiências públicas e emissão de recomendações pelo Ministério Público, ou outra atuação a seu cargo. Em suma, é um procedimento administrativo investigatório a cargo do Ministério Público[319].

E acrescenta:

> Inicialmente, nos termos da Lei n. 7.347/85, seu objeto circunscrevia-se à coleta de elementos de convicção que servissem de base à propositura da ação civil pública pelo Ministério Público, em defesa dos interesses transindividuais nela taxativamente discriminado (meio ambiente, consumidor e patrimônio cultural); entretanto, com o alargamento do objeto da ação civil pública, trazido por força da própria Constituição e de leis subsequentes, hoje o inquérito civil, presta-se à investigação de lesão a quaisquer interesses que justifiquem a propositura de qualquer ação civil pública pelo Ministério Público, **ou de outras formas de atuação a seu cargo**[320] (grifos nossos).

Em conformidade com disposto no art. 1º da Resolução 23/07 do CNMP, "o inquérito civil, de natureza unilateral e facultativa, será instaurado para apurar fato que possa autorizar a tutela dos interesses ou direitos a cargo do Ministério Público nos termos da legislação aplicável, servindo como preparação para o exercício das atribuições inerentes às suas funções institucionais". E traz a ressalva de que "o inquérito civil não é condição de procedibilidade para o ajuizamento das ações a cargo do Ministério Público, nem para a realização das demais medidas"[321].

O Conselho Nacional do Ministério Público, no exercício das atribuições que lhe são conferidas pelo art. 130-A, § 2º, inciso I, da Constituição

---

319 MAZZILLI, Hugo Nigro. *Inquérito civil*: investigações do Ministério Público, compromissos de ajustamento e audiências públicas. São Paulo: Saraiva, 2015, p. 45.

320 Ibidem, p. 46.

321 Conselho Nacional do Ministério Público – CNMP. Resolução N. 23/2007." Regulamenta os arts. 6º, inciso VII, e 7º, inciso I, da Lei Complementar n. 75/93 e os arts. 25, inciso IV, e 26, inciso I, da Lei n. 8.625/93, disciplinando, no âmbito do Ministério Público, a instauração e tramitação do inquérito civil".

Federal e com fulcro no art. 64-A, de seu Regimento Interno; considerando o disposto no art. 129, inciso III e inciso VI, da Constituição Federal; os arts. 6º, inciso VII, e 7º, inciso I, da Lei Complementar n. 75/93; os arts. 25, inciso IV, e 26, inciso I, da Lei n. 8.625/93 e a Lei n. 7.347/85; bem como a necessidade de uniformizar o procedimento do inquérito civil, em vista dos princípios que regem a Administração Pública e dos direitos e garantias individuais, emitiu a Resolução 23/07 que trata do Inquérito Civil.

A resolução em comento dispõe, entre outras diretrizes, acerca das formas de instauração do inquérito civil: de ofício; em face de requerimento ou representação formulada por qualquer pessoa ou comunicação de outro órgão do Ministério Público, ou qualquer autoridade, desde que forneça, por qualquer meio legalmente permitido, informações sobre o fato e seu provável autor, bem como a qualificação mínima que permita sua identificação e localização; ou por designação do Procurador-Geral de Justiça, do Conselho Superior do Ministério Público, Câmaras de Coordenação e Revisão e demais órgãos superiores da Instituição, nos casos cabíveis.

Importa destacar que, nos termos dessa Resolução, o Ministério Público atuará, independentemente de provocação, em caso de conhecimento, por qualquer forma, de fatos que, em tese, constituam lesão aos interesses ou direitos sob sua tutela, devendo cientificar o membro do Ministério Público que possua atribuição para tomar as providências respectivas, no caso de não a possuir.

A esse respeito, Hugo Nigro Mazzilli bem pontua:

> A *decisão* do membro do Ministério Público de propor ou não a ação civil com base no inquérito civil não pode ser equiparada a uma *decisão do processo administrativo*, porque é antes mera deliberação *interna corporis*, que só tem consequências no âmbito do próprio Ministério Público e sequer condiciona a ação dos colegitimados; isso é muito diverso do que ocorre na decisão de um processo administrativo *stricto sensu*, como processo disciplinar, tributário ou fiscal, cuja decisão importa consequências jurídicas para os administrados porque gera direitos e obrigações. Por isso, não sendo a rigor processo administrativo, o inquérito civil tem natureza inquisitória e, portanto, não está sujeito ao contraditório[322].

---

322 MAZZILLI, Hugo Nigro. *Inquérito civil*: investigações do Ministério Público, compromissos de ajustamento e audiências públicas. São Paulo: Saraiva, 2015, p. 48.

Na apuração dos ilícitos previstos nesta Lei, será garantida ao investigado a oportunidade de manifestação por escrito e juntada de documentos que comprovem suas alegações e auxiliem na elucidação dos fatos (art. 19, parágrafo único), assegurando-se, assim, o necessário contraditório.

2.24.2. Hipótese de indeferimento do requerimento de instauração do inquérito civil

Rafael de Oliveira Costa e Renato Kim Barbosa destacam:

> Em caso de evidência de que os fatos narrados na representação não configuram ato de improbidade administrativa, se o fato já tiver sido objeto de investigação/ação ou se os fatos apresentados já se encontrarem solucionados, o membro do Ministério Público, no prazo máximo de trinta dias, deve indeferir o pedido de instauração de inquérito civil, em decisão fundamentada, da qual se dará ciência pessoal ao representante e ao representado. Do indeferimento cabe recurso administrativo, com as respectivas razões, no prazo de dez dias. As razões de recurso devem ser protocoladas junto ao órgão que indeferiu o pedido, as quais são remetidas, em não havendo reconsideração, no prazo de três dias, juntamente com a representação e com a decisão impugnada, ao Conselho Superior do Ministério Público ou à Câmara de Coordenação e Revisão respectiva para a devida apreciação. Os interessados devem ser notificados acerca do recurso para que, em assim desejando, ofereçam contrarrazões. Expirado o prazo mencionado acima, os autos serão arquivados na própria origem, registrando-se no sistema respectivo, mesmo sem manifestação do representante[323].

2.25. ARTIGO 23

2.25.1. Quadro comparativo

REDAÇÃO ANTERIOR	LEI N. 14.230/2021
Art. 23. As ações destinadas a levar a efeitos as sanções previstas nesta lei podem ser propostas:	**Art. 23.** A ação para a aplicação das sanções previstas nesta Lei prescreve em 8 (oito) anos, contados a partir da ocorrência do fato ou, no caso de infrações permanentes, do dia em que cessou a permanência.

---

323 COSTA, Rafael de O.; BARBOSA, Renato K. *Nova Lei de Improbidade Administrativa*: de acordo com a Lei n. 14.230/2021. Grupo Almedina (Portugal), 2022, p. 232.

I – até cinco anos após o término do exercício de mandato, de cargo em comissão ou de função de confiança;	I – *(Revogado)*;
II – dentro do prazo prescricional previsto em lei específica para faltas disciplinares puníveis com demissão a bem do serviço público, nos casos de exercício de cargo efetivo ou emprego.	II – *(Revogado)*;
III – até cinco anos da data da apresentação à administração pública da prestação de contas final pelas entidades referidas no parágrafo único do art. 1º desta Lei.	III – *(Revogado)*;
Sem correspondência.	§ 1º A instauração de inquérito civil ou de processo administrativo para apuração dos ilícitos referidos nesta Lei suspende o curso do prazo prescricional por, no máximo, 180 (cento e oitenta) dias corridos, recomeçando a correr após a sua conclusão ou, caso não concluído o processo, esgotado o prazo de suspensão.
Sem correspondência.	§ 2º O inquérito civil para apuração do ato de improbidade será concluído no prazo de 365 (trezentos e sessenta e cinco) dias corridos, prorrogável uma única vez por igual período, mediante ato fundamentado submetido à revisão da instância competente do órgão ministerial, conforme dispuser a respectiva lei orgânica.
Sem correspondência.	§ 3º Encerrado o prazo previsto no § 2º deste artigo, a ação deverá ser proposta no prazo de 30 (trinta) dias, se não for caso de arquivamento do inquérito civil.
Sem correspondência.	§ 4º O prazo da prescrição referido no *caput* deste artigo interrompe-se: I – pelo ajuizamento da ação de improbidade administrativa; II – pela publicação da sentença condenatória; III – pela publicação de decisão ou acórdão de Tribunal de Justiça ou Tribunal Regional Federal que confirma sentença condenatória ou que reforma sentença de improcedência; IV – pela publicação de decisão ou acórdão do Superior Tribunal de Justiça que confirma acórdão condenatório ou que reforma acórdão de improcedência;

Sem correspondência.	**V** – pela publicação de decisão ou acórdão do Supremo Tribunal Federal que confirma acórdão condenatório ou que reforma acórdão de improcedência.
Sem correspondência.	**§ 5º** Interrompida a prescrição, o prazo recomeça a correr do dia da interrupção, pela metade do prazo previsto no *caput* deste artigo.
Sem correspondência.	**§ 6º** A suspensão e a interrupção da prescrição produzem efeitos relativamente a todos os que concorreram para a prática do ato de improbidade.
Sem correspondência.	**§ 7º** Nos atos de improbidade conexos que sejam objeto do mesmo processo, a suspensão e a interrupção relativas a qualquer deles estendem-se aos demais.
Sem correspondência.	**§ 8º** O juiz ou o tribunal, depois de ouvido o Ministério Público, deverá, de ofício ou a requerimento da parte interessada, reconhecer a prescrição intercorrente da pretensão sancionadora e decretá-la de imediato, caso, entre os marcos interruptivos referidos no § 4º, transcorra o prazo previsto no § 5º deste artigo.

2.25.2. Prescrição: prazo e termo inicial (art. 23, *caput*)

A ação para aplicação das sanções previstas nesta Lei prescreve em 8 (oito) anos, contados da ocorrência do fato ou, no caso de infrações permanentes, do dia em que cessou a permanência.

Prescrição, do latim *praescriptione,* é o ato ou efeito de prescrever; perda da ação atribuída a um direito que fica assim juridicamente desprotegido, devido à inércia de seu titular e em consequência da passagem do tempo; segundo Clóvis Beviláqua, "é a perda da ação atribuída a um direito, de toda a sua capacidade defensiva, em consequência do não-uso dela, durante um determinado espaço de tempo, sem perder a sua eficácia. É o não-uso da ação que lhe atrofia a capacidade de reagir"[324].

---

324 SANTOS, Washington dos. *Dicionário jurídico brasileiro*. Belo Horizonte: Del Rey, 2001, p. 191.

Nessa toada, prescrição é a extinção da pretensão de punir, devido à inércia do Estado em satisfazê-la no prazo legal. Seus fundamentos estão nos princípios da eficiência, da duração razoável do processo e da segurança jurídica: combate a ineficiência do Estado, compelindo-o a agir dentro de prazos determinados.

Matheus Carvalho ensina que o instituto da prescrição é decorrência lógica do princípio da segurança jurídica, e acrescenta:

> Dessa forma, o decurso do tempo extingue o poder que a Administração Pública tem de sancionar os atos ímprobos praticados por seus agentes ou até mesmo particulares em concorrência com aqueles, a fim de punir a inércia estatal, bem como evitar a insegurança nas relações jurídicas com o ente público[325].

Anteriormente à alteração operada pela nova lei, o art. 23 da 8.429/92 previa prazos prescricionais e termos iniciais diferenciados, a depender de quem integrasse o polo passivo da ação: *"as ações destinadas a levar a efeitos as sanções previstas nesta lei podem ser propostas: I – até cinco anos após o término do exercício de mandato, de cargo em comissão ou de função de confiança; II – dentro do prazo prescricional previsto em lei específica para faltas disciplinares puníveis com demissão a bem do serviço público, nos casos de exercício de cargo efetivo ou emprego; III – até cinco anos da data da apresentação à administração pública da prestação de contas final pelas entidades referidas no parágrafo único do art. 1º desta Lei".*

O novel diploma unificou o sistema prescricional da pretensão da ação por improbidade administrativa, modificando por completo o art. 23: "a ação para a aplicação das sanções previstas nesta Lei prescreve em 8 (oito) anos, contados a partir da ocorrência do fato ou, no caso de infrações permanentes, do dia em que cessou a permanência".

As normas que tratam de prescrição são de Direito material, e não processual, pois não dizem respeito ao procedimento que deve ser seguido, mas afetam diretamente o próprio direito de punir do Estado. Toda norma que extingue, cria, aumenta ou reduz a pretensão punitiva tem natureza de Direito material e, dessa forma, retroage para beneficiar o sujeito, nos termos da CF, art. 5º, XL.

---

325 CARVALHO, Matheus. *Lei de improbidade comentada*. São Paulo: JusPodivm, 2022, p. 161.

A Lei n. 14.230/2021 introduziu um novo lapso prescricional a partir do ajuizamento da ação de improbidade. Alterou o *caput* do art. 23 da LIA e acrescentou-lhe os §§ 4º e 5º, segundo os quais o prazo prescricional de oito anos, contado a partir do ato de improbidade, interrompe-se com o ajuizamento da ação e volta a correr pela metade do tempo (quatro anos) até interromper-se novamente com a publicação da primeira decisão condenatória.

Ocorre que são inúmeras as ações de improbidade ajuizadas há muito mais do que quatro anos, sem decisão condenatória. Algumas sequer entraram na fase de instrução, outras já duram mais de 20 anos sem perspectiva de sentença de primeira instância. São ações feitas para não acabar.

A questão que se coloca é sobre a incidência imediata da nova prescrição intercorrente aos casos em andamento, ou seja, se ela retroagirá para alcançar fatos praticados antes de sua entrada em vigor, extinguindo as ações em curso há mais de quatro anos sem decisão condenatória.

Muito embora não sejam reportados formalmente como de natureza penal, os ilícitos trazidos na LIA impõem os mesmos gravames aos direitos e garantias individuais. Dessa maneira, ante a inexistência de critérios dogmáticos para estabelecer distinção ontológica entre ato de improbidade administrativa e infração penal, importa verificar qual a intensidade dos efeitos de suas penas sobre a esfera individual do cidadão, para, então, assegurar a incidência das mesmas garantias constitucionais.

Não se pode subtrair do cidadão as garantias de ampla defesa, contraditório, devido processo legal e princípios de retroatividade *in mellius*, apenas porque o legislador optou por definir uma infração com a roupagem jurídica de ato de improbidade, quando as penalidades previstas são de igual ou, em muitos casos, maior gravidade do que as consequências penais.

A relevância da discussão acerca dos princípios incidentes sobre a Lei n. 8.429/92 não está na natureza dos atos de improbidade (penal ou extrapenal), mas na intensidade de suas sanções, assegurando-se ao cidadão o mesmo círculo de proteção das garantias constitucionais, para sanções com a mesma carga repressiva de crimes.

Em face da gravidade das sanções impostas, o STJ já admitia a incidência dos princípios penais aos ilícitos da LIA, antes mesmo do advento da Lei n. 14.230/2021, dada sua natureza repressiva.

Ação de Improbidade. Tipicidade da Conduta. 1. Reconhecida a ocorrência de fato que tipifica improbidade administrativa, cumpre ao juiz aplicar a correspondente sanção. Para tal efeito, não será obrigado a aplicar cumulativamente todas as penas previstas no art. 12 da Lei n. 8.429/92, podendo, mediante adequada fundamentação, dosá-las segundo a natureza, gravidade e consequências da infração, individualizando-as sob os princípios do direito penal (...)[326].

Existem vários dispositivos da LIA que evidenciam seu caráter penal. É sabido que o processo se constitui de procedimento + relação jurídica processual. O primeiro retrata a mera sequência dos atos processuais até a sentença, ao passo que o segundo se refere à relação jurídica que se estabelece entre o Estado e as partes, pela qual se asseguram as garantias constitucionais do *due rocesso f law*.

No que diz respeito ao procedimento, a lei determina o rito do CPC (LIA, art. 17, *caput*). No entanto, quanto à relação jurídica processual, ressalta que a lei possui caráter sancionatório, impõe punição pessoal e segue as garantias próprias do processo criminal.

Assim é que, no art. 17 da LIA, há vários parágrafos a demonstrar a inequívoca incidência do Direito Penal e das garantias constitucionais do processo penal. O § 6º, I e II, exige individualização da conduta, descrição do fato com todas as circunstâncias, e do dolo (afastando a responsabilidade objetiva), demonstração de prova do fato e indícios de autoria no oferecimento da ação, em clara alusão ao art. 41 do CPP.

Em outras equiparações ao CPP, o art. 17, em seu § 6º-B, determina a rejeição da ação por falta de justa causa (CPP, art. 395, III); seu § 10-B, exige a qualificação jurídica do fato imputado, como requisito para a ação (CPP, art. 41); o § 18 prevê o interrogatório do acusado, nos moldes do art. 186 e seguintes do CPP e garante o direito ao silêncio; o § 19, I, afasta a verdade formal e a presunção de veracidade pela revelia, em clara adoção à verdade real; o § 19, II, adota a presunção de inocência e impõe o ônus da prova à acusação.

Na parte da responsabilidade subjetiva, o art. 1º, §§ 1º, 2º e 3º, exige dolo, muito além da mera voluntariedade, nos moldes das infrações penais,

---

326 STJ, 1ª Turma, REsp. 513576/MG, rel. min Francisco Falcão, rel. para acórdão min. Teori Zavascki, j. 03/11/2005, *DJ* 06/03/2006, p. 164.

e exige elemento subjetivo do tipo (finalidade especial do agente) para a tipicidade da infração. O art. 12, § 5º, disciplina os princípios da intervenção mínima, individualização da pena e proporcionalidade, ao impor punições menores para casos de menor ofensividade (CF, art. 5º, XLII, XLIII, XLIV e XLVI)[327]. O art. 12, § 9º, reproduz o princípio do estado de inocência (CF, art. 5º, LVII) e veda a execução provisória da sentença. Sem falar no art. 17, § 10-F, I, que estabelece o princípio da tipicidade e declara nula a decisão que condenar por tipo diverso daquele definido na petição inicial, reproduzindo o princípio da correlação. Prosseguindo na adoção de regras próprias do CP, a LIA, seguindo o art. 59 do CP, fala de individualização da pena (art. 17, c, IV) e, repetindo o art. 71 do CP, ao tratar da continuidade delitiva (art. 18, a, I) e CP, art. 69, quando regula o concurso material (art. 18, a, II).

O paralelismo entre a ação de improbidade e as ações criminais fica ainda mais evidente com o art. 21, § 4º, LIA, ao prever que a absolvição criminal pelos mesmos fatos por decisão colegiada, impede o trâmite da ação de improbidade.

Por todas essas razões, e a fim de espancar qualquer dúvida ou polêmica sobre a sua natureza essencialmente repressiva e sua equivalência penal, a Lei de Improbidade agora dispõe em seu o art. 17-D que *"a ação de improbidade administrativa é repressiva, de caráter sancionatório, destinada à aplicação de sanções de caráter pessoal previstas nesta Lei, e não constitui ação civil"*.

As sanções abstratamente cominadas aos atos de improbidade administrativa vão além da reparação patrimonial (que deixou de ser considerada pena pelo art. 12 da LIA) e da mera restituição do *status quo ante*, apresentando forte carga punitiva, razão pela qual deve assegurar aos acusados as mesmas garantias.

A identidade principiológica entre as garantias do processo penal e do processo por improbidade faz com que a prescrição dos atos de improbidade receba o mesmo tratamento da prescrição penal e, assim, retroagir para incidir sobre todos os processos em andamento, alcançando fatos praticados antes de sua entrada em vigor, em obediência ao princípio da retroatividade *in mellius* (CF, art. 5º, XL: *"A lei penal não retroagirá, salvo para beneficiar o*

---

327 BITENCOURT, Cezar Roberto. *Direito penal*: parte geral. 26. ed. São Paulo: Saraiva, 2021, p. 77. v. 1.

réu"). Nesse sentido, a lição de Gilmar Mendes no julgamento da Reclamação 41557-SP: *"Uma decisão de mérito definitiva na esfera penal, que fixa uma tese de inexistência do fato ou negativa de autoria, não pode provocar novo processo no âmbito do Direito Administrativo Sancionador"*.

No mesmo sentido: STJ, RMS 37.031-SP, 1ª Turma, relatora ministra Regina Helena Costa, j. 8/2/2018, pub. 20/2/2018: *"Tratando-se de diploma legal mais favorável ao acusado, de rigor a aplicação da Lei Municipal 13.530/2003, porquanto o princípio da retroatividade da lei penal mais benéfica, insculpido no art. 5, XL, da CF, alcança as leis que disciplinam o Direito Administrativo Sancionador"*.

Do mesmo modo, o lúcido parecer do subprocurador-geral da República Nicolao Dino, no Recurso Especial n. 1966002-SP: *"Em 26/10/2021, foi publicada a Lei n. 14.230, alterando inúmeros dispositivos da Lei n. 8.429/92 (...). A persecução por ato administrativo se insere no âmbito do Direito Sancionador e, por coerência sistêmica, a exemplo do que ocorre com os mecanismos de persecução penal, deve nortear-se pelo postulado da retroatividade da norma mais favorável ao réu, nos termos do art. 5º, XL, CF"*.

Por todo o exposto, dada a natureza material da prescrição e a identidade principiológica entre o Direito Penal e o Direito Administrativo Sancionador, adotamos o posicionamento de que as novas regras de prescrição dos atos de improbidade, quando benéficas, devem retroagir imediatamente para alcançar fatos praticados antes de sua entrada em vigor e extinguir a punibilidade em todos as ações de improbidade ajuizadas há mais de quatro anos, sem decisão condenatória, aplicando-se o princípio constitucional da retroatividade da lei mais benéfica, previsto na CF, o art. 5º, XL.

A invocação de argumentos político-ideológicos, desprovidos de caráter dogmático, anarquizam e rompem a lógica do sistema, e não prevalecem sobre princípios constitucionais explícitos, como o da retroatividade *in mellius*. A proteção deficiente não deriva da prescrição, mas da violação à duração razoável do processo (CF, art. 5º, LXXVIII). A nova lei, ao tratar da prescrição, pune a desídia do Estado em satisfazer sua pretensão punitiva, seja ela penal ou sancionatória, e o orienta a ser mais eficiente nas ações futuras.

Em sentido oposto ao nosso entendimento, o STF decidiu em sede de Repercussão Geral, no julgamento do ARE 843989, contudo, que o novo regime prescricional previsto na Lei n. 14.230/2021 é irretroativo, aplicando-se os novos marcos temporais a partir da publicação da lei. Somente os atos praticados após o advento da nova lei serão regidos pelo regime prescricional previsto na nova lei, não se aplicando, portanto, aos anteriores à alteração.

No que tange ao termo inicial do prazo prescricional, como regra geral, temos a incidência do princípio da *actio nata*.

> O prazo prescricional de pretensões subordina-se ao princípio da *actio nata*, consagrado genericamente no art. 189 do Código Civil. Ali se prevê que, "Violado o direito, nasce para o titular a pretensão...". Portanto, a partir do momento em que se aperfeiçoa a ação ou omissão geradora da pretensão, começa a correr o prazo prescricional. Dito de outro modo, o nascimento do direito de ação de improbidade impõe o início do prazo prescricional[328].

Saliente-se que, para aplicação das sanções por improbidade administrativa, em se tratando de infrações que se protraem no tempo, o termo inicial para a contagem da prescrição é a data em que cessou a permanência.

 **JURISPRUDÊNCIA**

AGRAVO DE INSTRUMENTO AÇÃO DE IMPROBIDADE ADMINISTRATIVA. INDISPONIBILIDADE DE BENS – NECESSIDADE DE DEMONSTRAÇÃO DE "PERICULUM IN MORA". RETROATIVIDADE DA LEI N. 14.230/21. PRECEDENTES. DECISÃO QUE INDEFERIU O PEDIDO DE LEVANTAMENTO DA INDISPONIBILIDADE DE BENS. NECESSIDADE DE REFORMA. RECURSO PROVIDO (...) o Ministério Público Estadual limitou-se a afirmar que "a fundamentação é adequada e suficiente para justificar o ato de constrição, ou seja, considerou a existência dos alegados indícios de irregularidade, com base em elementos de prova colhidos administrativamente", deixando, entretanto, de juntar documentos ou apontar fatos que evidenciassem a existência do periculum in mora, requisito este que, como ressaltado, à luz das disposi-

---

328 JUSTEN FILHO, Marçal. *Reforma da Lei de Improbidade Administrativa comentada e comparada*: Lei n. 14.230, de 25 de outubro de 2022. Rio de Janeiro: Forense, 2022, p. 251.

ções da Lei n. 14.230/2021, faz-se imprescindível à manutenção da decretação de indisponibilidade de bens, não encontrando mais o risco presumido amparo no ordenamento jurídico vigente. Noutro dizer, malgrado se vislumbre plausibilidade jurídica nas alegações suscitadas pelo douto Promotor de Justiça oficiante, não se revela possível a manutenção da medida constritiva, por não haver demonstração de indícios de dilapidação patrimonial pelos réus, de modo a prejudicar eventual ressarcimento ao erário. Assim, uma vez ausente o risco de alienação, oneração ou dilapidação patrimonial, forçoso é admitir que a manutenção da constrição se mostra descabida, autorizado, pois, o seu levantamento". (TJSP, AI 2066266-32.2023.8.26.0000, Rel. Osvaldo Magalhães, 4ª Câmara de Direito Público, julgado em 05/06/2023).

"Com exceção do ressarcimento de valores pleiteados pela via judicial decorrentes da ilegalidade de despesa ou da irregularidade de contas, as sanções administrativas aplicadas pelo Tribunal de Contas da União (TCU) são prescritíveis, aplicando-se os prazos da Lei n. 9.873/99". (STF – MS 36990 AgR/DF, Rel. Min. Ricardo Lewandowski, 2ª Turma, julgado em 28/03/2023, *Info* 1089).

"A prescrição é a regra no ordenamento jurídico. Assim, ainda que configurada a má-fé do beneficiário no recebimento dos valores, inexistindo prazo específico definido em lei, o prazo prescricional aplicável é o de 5 anos, nos termos do art. 1º do Decreto 20.910/1932, em respeito aos princípios da isonomia e simetria. Enquanto não reconhecida a natureza ímproba ou criminal do ato causador de dano ao erário, a pretensão de ressarcimento sujeita-se normalmente aos prazos prescricionais". (STJ – AgInt no REsp 1998744-RJ, Rel. Min. Mauro Campbell Marques, 2ª Turma, julg. em 06/03/2023 – *Info* 768).

(...) "Os prazos prescricionais previstos em lei garantem a segurança jurídica, a estabilidade e a previsibilidade do ordenamento jurídico; fixando termos exatos para que o Poder Público possa aplicar as sanções derivadas de condenação por ato de improbidade administrativa. 15. A prescrição é o perecimento da pretensão punitiva ou da pretensão executória pela INÉRCIA do próprio Estado. A prescrição prende-se à noção de perda do direito de punir do Estado por sua negligência, ineficiência ou incompetência em determinado lapso de tempo. 16. Sem INÉRCIA não há PRESCRIÇÃO. Sem INÉRCIA não há sancionamento ao titular da pretensão. Sem INÉRCIA não há possibilidade de se afastar a proteção à probidade e ao patrimônio público. 17. Na aplicação do novo regime prescricional – novos prazos e prescrição intercorrente –, há necessidade de observância dos princípios da segurança jurídica, do acesso à Justiça e da proteção da confiança, com a IRRETROATIVIDADE da Lei n. 14.230/2021, garantindo-se a plena eficácia dos atos praticados validamente antes da alteração legislativa. 18. Inaplicabilidade dos prazos prescricionais da nova lei às ações de ressarcimento ao erário fundadas na prática de ato doloso tipificado na Lei de Improbidade Administrativa, que permanecem imprescritíveis, conforme decidido pelo Plenário da CORTE, no Tema 897, Repercussão Geral no RE 852.475, Red. p/Acórdão: Min. Edson Fachin". (STF. Plenário. ARE 843989/PR, Rel. Min. Alexandre de Moraes, julgado em 18/8/2022 – Repercussão Geral – Tema 1.199).

(...) "A jurisprudência do Superior Tribunal de Justiça é firme no sentido de que, 'nos termos do art. 23, I e II, da Lei n. 8429/92, aos particulares, réus na ação de improbidade administrativa, aplica-se a mesma sistemática atribuída aos agentes públicos para fins de fixação do termo inicial da prescrição" (AgRg no AREsp 161126 SP, Rel. Ministra Assusete Magalhães, Segunda Turma, julgado em 02/06/2016, *Dje* 13/06/2016).

STJ: Súmula 634 – "Ao particular aplica-se o mesmo regime prescricional previsto na Lei de Improbidade Administrativa para o agente público".

2.25.3. Causas suspensivas da prescrição (art. 23, § 1º)

A instauração de inquérito civil ou de processo administrativo para apuração dos ilícitos referidos nesta Lei suspende o curso do prazo prescricional por, no máximo, 180 (cento e oitenta) dias corridos, recomeçando a correr após a sua conclusão ou, caso não concluído o processo, esgotado o prazo de suspensão.

2.25.4. Prazo de conclusão do inquérito civil (art. 23, § 2º)

O inquérito civil para apuração do ato de improbidade será concluído no prazo de 365 (trezentos e sessenta e cinco) dias corridos, prorrogável uma única vez por igual período, mediante ato fundamentado submetido à revisão da instância competente do órgão ministerial, conforme dispuser a respectiva lei orgânica.

O prazo do Inquérito Civil previsto no § 2º se aplica apenas quando se tratar da apuração de ato de improbidade.

> **CUIDADO!**
>
> A Resolução 23/07 do Conselho Nacional do Ministério Público prevê regramento diverso quanto ao prazo do IC: "Art. 9º O inquérito civil deverá ser concluído no prazo de um ano, prorrogável pelo mesmo prazo e quantas vezes forem necessárias, por decisão fundamentada de seu presidente, à vista da imprescindibilidade da realização ou conclusão de diligências, dando-se ciência ao Conselho Superior do Ministério Público, à Câmara de Coordenação e Revisão ou à Procuradoria Federal dos Direitos do Cidadão".

Dessa maneira, quando se tratar de IC em no âmbito da LIA, prevalece a regra do **prazo** de 365 (trezentos e sessenta e cinco) dias corridos, prorrogável uma única vez por igual período, em conformidade com a previsão **do art. 23, § 2º.**

A razão de existir de um prazo é a de ser observado. O legislador quis evitar a duração interminável de inquéritos civis ou procedimentos preparatórios (também sujeitos ao prazo de duração, o qual continua a correr pelo tempo restante após a sua conversão em inquérito civil). Os prazos portanto, são prazos fatais e somente poderão ser prorrogados em circunstâncias excepcionais, mediante expressa justificação.

Interpretar como prazo impróprio a duração das investigações inquisitivas implicaria fazer letra morta do prazo previsto, afrontando o intuito da lei.

Encerrado o prazo e sua prorrogação, o inquérito deverá ser arquivado ou convertido em ação, não podendo mais ser determinada nenhuma providência investigatória.

O MP precisa atuar dentro de prazos determinados, evitando mal uso do instituto do IC para fins outros que não o da persecução judicial do agente suspeito de praticar improbidade administrativa.

2.25.5. Inquérito Civil e o prazo para a propositura da ação por improbidade administrativa (art. 23, § 3º)

Encerrado o prazo de 365 (trezentos e sessenta e cinco) dias corridos, prorrogável uma única vez por igual período, mediante ato fundamentado submetido à revisão da instância competente do órgão ministerial, a ação deverá ser proposta no prazo de 30 (trinta) dias, se não for caso de arquivamento do inquérito civil.

Acerca do arquivamento do Inquérito Civil, mister colacionar o disposto na Resolução n. 23, de 17 de setembro de 2007, do Conselho Nacional do Ministério Público:

> *Art. 10. Esgotadas todas as possibilidades de diligências, o membro do Ministério Público, caso se convença da inexistência de fundamento para a propositura de ação civil pública, promoverá, fundamentadamente, o arquivamento do inquérito civil ou do procedimento preparatório.*
>
> *§ 1º Os autos do inquérito civil ou do procedimento preparatório, juntamente com a promoção de arquivamento, deverão ser remetidos ao órgão de revisão competente, no prazo de três dias, contado da comprovação da efetiva cientificação pessoal dos interessados, através de publicação na imprensa oficial ou da lavratura de termo de afixação de aviso no órgão do Ministério Público, quando não localizados os que devem ser cientificados.*
>
> *§ 2º A promoção de arquivamento será submetida a exame e deliberação do órgão de revisão competente, na forma do seu Regimento Interno.*
>
> *§ 3º Até a sessão do Conselho Superior do Ministério Público ou da Câmara de Coordenação e Revisão respectiva, para que seja homologada ou rejeitada a promoção de arquivamento, poderão as pessoas colegitimadas apresentar razões escritas ou documentos, que serão juntados aos autos do inquérito ou do procedimento preparatório.*
>
> *§ 4º Deixando o órgão de revisão competente de homologar a promoção de arquivamento, tomará uma das seguintes providências:*
>
> *I – converterá o julgamento em diligência para a realização de atos imprescindíveis à sua decisão, especificando-os e remetendo os autos ao membro do Ministério Público que determinou seu arquivamento, e, no caso de recusa fundamentada, ao órgão competente para designar o membro que irá atuar;*
>
> *II – deliberará pelo prosseguimento do inquérito civil ou do procedimento preparatório, indicando os fundamentos de fato e de direito de sua decisão, adotando as providências relativas à designação, em qualquer hipótese, de outro membro do Ministério Público para atuação.*

PARTE II | **335**

§ 5º Será pública a sessão do órgão revisor, salvo no caso de haver sido decretado o sigilo.

Art. 11. Não oficiará nos autos do inquérito civil, do procedimento preparatório ou da ação civil pública o órgão responsável pela promoção de arquivamento não homologada pelo Conselho Superior do Ministério Público ou pela Câmara de Coordenação e Revisão, ressalvada a hipótese do art. 10, § 4º, I, desta Resolução.

Art. 12. O desarquivamento do inquérito civil, diante de novas provas ou para investigar fato novo relevante, poderá ocorrer no prazo máximo de seis meses após o arquivamento. Transcorrido esse lapso, será instaurado novo inquérito civil, sem prejuízo das provas já colhidas.

Parágrafo único. O desarquivamento de inquérito civil para a investigação de fato novo, não sendo caso de ajuizamento de ação civil pública, implicará novo arquivamento e remessa ao órgão competente, na forma do art. 10, desta Resolução.

Art. 13. O disposto acerca de arquivamento de inquérito civil ou procedimento preparatório também se aplica à hipótese em que estiver sendo investigado mais de um fato lesivo e a ação civil pública proposta somente se relacionar a um ou a algum deles.

2.25.6. Causas interruptivas da prescrição (art. 23, § 4º)

O prazo da prescrição referido no caput deste artigo interrompe-se:

I – pelo ajuizamento da ação de improbidade administrativa[329];

II – pela publicação da sentença condenatória;

III – pela publicação de decisão ou acórdão de Tribunal de Justiça ou Tribunal Regional Federal que confirma sentença condenatória ou que reforma sentença de improcedência;

IV – pela publicação de decisão ou acórdão do Superior Tribunal de Justiça que confirma acórdão condenatório ou que reforma acórdão de improcedência;

V – pela publicação de decisão ou acórdão do Supremo Tribunal Federal que confirma acórdão condenatório ou que reforma acórdão de improcedência.

---

329 Considera-se ajuizada a ação na data do protocolo da petição inicial, conforme se depreende do art. 312 do CPC.

2.25.7. Contagem do prazo após a interrupção da prescrição (art. 23, § 5º)

Interrompida a prescrição, o prazo recomeça a correr do dia da interrupção, pela metade do prazo previsto no caput deste artigo. Dessa maneira, o prazo voltará correr "do zero" pelo interregno de 4 anos.

2.25.8. Alcance dos efeitos da suspensão e interrupção do prazo prescricional (art. 23, §§ 6º e 7º)

A suspensão e a interrupção da prescrição produzem efeitos relativamente a todos os que concorreram para a prática do ato de improbidade.

Nos atos de improbidade conexos que sejam objeto do mesmo processo, a suspensão e a interrupção relativas a qualquer deles estendem-se aos demais.

2.25.9. Prescrição intercorrente (art. 23, § 8º)

O juiz ou o tribunal, depois de ouvido o Ministério Público, deverá, de ofício ou a requerimento da parte interessada, reconhecer a prescrição intercorrente[330] da pretensão sancionadora e decretá-la de imediato, caso, entre os marcos interruptivos referidos no § 4º, transcorra o prazo previsto no § 5º deste artigo.

O instituto da prescrição intercorrente surge em nosso ordenamento jurídico com vistas a consumar o primado da razoável duração do processo judicial e administrativo, positivado na CF/88 no rol dos direitos e garantias fundamentais:

> *Art. 5º Todos são iguais perante a lei, sem distinção de qualquer natureza, garantindo-se aos brasileiros e aos estrangeiros residentes no País a inviolabilidade do direito à vida, à liberdade, à igualdade, à segurança e à propriedade, nos termos seguintes:*
>
> *(...)*

---

330 A prescrição intercorrente não era prevista na Lei n. 8.429/92 antes da alteração de 2021, bem como, vedada a sua incidência nas ações de improbidade pelo STJ: STJ, AgInt no REsp 1.872.310/PR, Rel. Min. Benedito Gonçalves, 1ª Turma, *DJe* 08.10.2021; AgInt no AREsp 1.592.282/PR, Rel. Min. Francisco Falcão, 2ª Turma, *DJe* 19.03.2021.

LXXVIII – a todos, no âmbito judicial e administrativo, são assegurados a razoável duração do processo e os meios que garantam a celeridade de sua tramitação.

A prescrição intercorrente "é fenômeno relacionado tanto com o cumprimento de sentença quanto com a execução de título extrajudicial"[331].

Por fim, destaca-se que, devido ao fato de que "a prescrição intercorrente possui natureza de norma de ordem pública, criou-se uma obrigação para o membro do Poder Judiciário decretar a prescrição intercorrente assim que tiver notícia de sua ocorrência"[332].

(...) A superveniência da Lei n. 14.230/2021, ao conferir nova redação ao art. 23 da Lei n. 8.429/92, tem o condão de agregar à análise da questão jurídica ora devolvida ao conhecimento desta Corte a necessária aferição do transcurso do prazo de prescrição da pretensão punitiva. (...) Aqui se mostra relevante anotar o conhecido princípio de interpretação segundo o qual a norma específica se sobrepõe à norma geral. No caso em análise, havendo uma norma específica (§ 5º do art. 23 da Lei n. 14.230/2021), prevendo o reinício, **pela metade**, da contagem do prazo prescricional interrompido, tal disposição há de prevalecer sobre a regra geral estatuída na novel disposição do Código Civil (art. 206-A). Tampouco o art. 921 da Lei Adjetiva Civil, aludido no supratranscrito dispositivo legal, tem o condão de impedir, suspender ou interromper a prescrição, porquanto aquele preceito se refere às causas de suspensão da execução – o que somente poderia ser invocado, na espécie, em favor do ora recorrente. Na hipótese dos autos, foi publicada em **8 de junho de 2018**, no Diário de Justiça, a decisão monocrática, proferida no âmbito do Superior Tribunal, que confirmou o acórdão condenatório proferido pelo TJDFT – havendo, ainda, majorado a condenação estabelecida no Tribunal Distrital. Inexistindo qualquer marco interruptivo, (art. 202 do Código Civil), reputo que se verificou, em 8.6.2022, a prescrição da pretensão punitiva do réu, quando já havia entrado em vigor a Lei n. 14.230, de 2021. Cabe observar, ademais, que, conforme esta-

---

331 GONÇALVES, Marcus Vinicius Rios. *Direito processual civil esquematizado*. 13. ed. São Paulo: SaraivaJur, 2022, p. 905.
332 COSTA, Rafael de O.; BARBOSA, Renato K. *Nova Lei de Improbidade Administrativa*: de acordo com a Lei n. 14.230/2021. Grupo Almedina (Portugal), 2022, p. 217.

tuído na Lei de Introdução às normas do Direito Brasileiro (*caput do art. 6º*), *a Lei em vigor terá efeito imediato e geral, respeitados o ato jurídico perfeito, os costumes e os princípios gerais do direito.* Para além disso, o risco de perecimento do direito invocado em razão do mero decurso do tempo se apresenta materializado, no caso dos autos, diante da iminência de ultimação dos prazos de escolha de candidatos em convenção partidária e subsequente apresentação do registro à Justiça Eleitoral. Reputo presentes, assim, os requisitos autorizadores de atribuição de efeito suspensivo, a teor do disposto no parágrafo único do art. 995 do Código de Processo Civil". (...) (STF – ARE 1325653 AgR/ DF, Rel. Nunes Marques, Data de Julgamento: 19/04/2022, Data de Publicação: 28/04/2022).

2.25.10. A imprescritibilidade das ações de ressarcimento ao erário

Um vez caracterizado o ato doloso de improbidade administrativa que tenha por resultado dano ao erário, torna-se indispensável o ressarcimento ao erário. Vale ressaltar que ressarcimento não constitui propriamente uma sanção, trata-se de inferência imediata do prejuízo causado.

A Constituição Federal prevê expressamente a imprescritibilidade da pretensão para ações dessa natureza:

> Art. 37. A administração pública direta e indireta de qualquer dos Poderes da União, dos Estados, do Distrito Federal e dos Municípios obedecerá aos princípios de legalidade, impessoalidade, moralidade, publicidade e eficiência e, também, ao seguinte: (Redação dada pela Emenda Constitucional n. 19, de 1998)
>
> (...)
>
> § 4º Os atos de improbidade administrativa importarão a suspensão dos direitos políticos, a perda da função pública, a indisponibilidade dos bens e o ressarcimento ao erário, na forma e gradação previstas em lei, sem prejuízo da ação penal cabível.
>
> § 5º A lei estabelecerá os prazos de prescrição para ilícitos praticados por qualquer agente, servidor ou não, que causem prejuízos ao erário, ressalvadas as respectivas ações de ressarcimento.

O texto expresso no art. 37, § 5º da Constitucional Federal foi por muito tempo, objeto de discussões acirradas no âmbito doutrinário e motivo de divergências no campo jurisprudencial.

No ano de 2018, o Supremo Tribunal Federal consolidou a tese, em sede de repercussão geral, de que "são imprescritíveis as ações de ressarcimento ao erário fundadas na prática de ato doloso tipificado na Lei de Improbidade Administrativa"[333].

Sobre a referida tese, Marçal Justen Filho orienta:

> Em síntese, houve o reconhecimento de que a imprescritibilidade prevista constitucionalmente refere-se exclusivamente às pretensões de reparação de danos decorrentes de atos de improbidade – praticados, portanto, com intuito doloso. Daí se segue que incide a prescrição relativamente a todas as demais pretensões punitivas relacionadas com condutas de improbidade. As demais sanções previstas no art. 12 da LIA, que não aquelas relativas à reparação do dano, sujeitam-se à prescrição. Isso envolve, inclusive, os valores indevidamente apropriados pelos agentes públicos e privados, que não configurem dano ao patrimônio público. É reiterado o entendimento da vedação ao exercício de ação de improbidade orientada exclusivamente à reparação de danos. Ainda que o fundamento seja a conduta ímproba, a ação de improbidade tem por finalidade a condenação do sujeito a sanções diferenciadas. A pretensão restrita à reparação de danos deve ser exercitada por meio de ação distinta[334].

Nessa toada, Adriano Andrade, Cleber Masson e Landolfo Andrade instruem:

> Por força do disposto no art. 37, § 5º, da CF, é imprescritível a ação a pretensão de ressarcimento por ilícitos praticados por qualquer agente, servidor ou não, que causem prejuízos ao erário. Em outras palavras, a prescrição não atinge a pretensão da Administração Pública de reivindicar o ressarcimento dos danos causados ao erário. (...) Assim, independentemente do instrumento processual utilizado para a reparação do dano ao erário – ação civil pública, ação civil de improbidade administrativa, ou mesmo a ação popular –, a pretensão de ressarcimento será sempre imprescritível, em consonância com o comando constitucional em exame (art. 37, § 5º). Nesse passo, a ação popular,

---

333 STF. Plenário. RE 852475/SP, Rel. orig. Min. Alexandre de Moraes, Rel. para acórdão Min. Edson Fachin, julgado em 08/08/2018 – Info 910.

334 JUSTEN FILHO, Marçal. *Reforma da Lei de Improbidade Administrativa comentada e comparada*: Lei n. 14.230, de 25 de outubro de 2021. 1. ed. Rio de Janeiro: Forense, 2022, p. 250.

de assento constitucional (art. 5º, LXXIII) e disciplinada pela Lei n. 4.717, de 29.06.1965, que tem entre seus objetos o ato lesivo ao patrimônio público e entre seus efeitos a condenação ao pagamento de perdas e danos (art. 11 da Lei n. 4.717), prevê o prazo prescricional de cinco anos (art. 21), que não se aplica mais – em face da Constituição de 1988 – ao ressarcimento dos danos provocados ao erário. A identidade parcial de objeto entre a ação de improbidade administrativa e a ação popular reforça a coerência de um tratamento jurídico uniforme. Assim, no que toca às ações civis de improbidade administrativa, somente as demais sanções elencada no 12 da LIA serão atingidas pela prescrição, não o ressarcimento do dano, o qual poderá ser perseguido a qualquer tempo[335].

JURISPRUDÊNCIA

"São imprescritíveis as ações de ressarcimento ao erário fundadas na prática de ato doloso tipificado na Lei de Improbidade Administrativa. (...) A imprescritibilidade da ação de ressarcimento se restringe às hipóteses de atos de improbidade dolosa, ou seja, que impliquem enriquecimento ilícito, favorecimento ilícito de terceiros ou dano intencional à administração pública. Para tanto, deve-se analisar, no caso concreto, se ficou comprovado o ato de improbidade, na modalidade dolosa, para, só então e apenas, decidir sobre o pedido de ressarcimento". (STF. RE 852.475, Rel. p/ o ac. Min. Edson Fachin, j. 8-8-2018).

(...) o ressarcimento ou restituição dos bens à Administração Pública por ato daquele que praticou a conduta ímproba ou por ato de terceiro, pode devolver o estado anterior das coisas para fins de aferição da responsabilidade pela reparação integral do prejuízo, todavia não faz desaparecer o ato de improbidade que gerou inicialmente o dano ao erário". (STJ. Resp 1.579.678/PE, Relator p/ Acórdão: Min. Benedito Gonçalves, Primeira Turma, *Dje* 4.6.2019).

(..) "o ressarcimento integral do dano (quando houver prejuízo ao erário) sempre será imposto juntamente com alguma ou algumas das demais sanções previstas para os atos ímprobos. Nesse sentido: "se mostra lícita a cumulação de pedidos de natureza condenatória, declaratória e constitu-

---

335 ANDRADE, Adriano; MASSON, Cleber; ANDRADE, Landolfo. *Interesses difusos e coletivos*. Rio de Janeiro: Forense; São Paulo: Método, 2020, p. 1.018-1.019.

PARTE II | **341**

tiva nesta ação, quando sustentada nas disposições da Lei n. 8.429/92"
(STJ, Resp 1.660.381/SP, Rel. Ministro Herman Benjamin, Segunda Turma,
Dje de 26/11/2018).

"Assim, por expressa determinação da Lei n. 8.429/92, é lícito ao autor da
ação cumular o pedido de ressarcimento integral dos danos causados ao
erário com o de aplicação das demais sanções previstas no seu art. 12,
pela prática de ato de improbidade administrativa. E, segundo o STJ, a
devolução dos valores é imperiosa e deve vir acompanhada de pelo menos
uma das sanções legais que visam a reprimir a conduta ímproba, pois o
ressarcimento não constitui penalidade propriamente dita, mas sim consequência imediata e necessária do prejuízo causado". (STJ. 1ª Seção.
Resp 1899455-AC, Rel. Min. Assusete Magalhães, julgado em 22/09/2021
– Recurso Repetitivo – Tema 1089).

(...) "é possível o prosseguimento da demanda para pleitear o ressarcimento do dano ao erário, ainda que sejam declaradas prescritas as demais
sanções previstas no art. 12 da Lei n. 8.429/92". (STJ. 1ª Seção. Resp
1.899.455-AC, Rel. Min. Assusete Magalhães, julgado em 22/09/2021 – Recurso Repetitivo – Tema 1089).

"É prescritível a pretensão de ressarcimento ao erário fundada em decisão
de Tribunal de Contas". (STF. Plenário. RE 636886/AL, Rel. Min. Alexandre
de Moraes, julgado em 20/04/2020 – Repercussão Geral – Tema 899).

2.26. ARTIGO 23-A

2.26.1. Quadro comparativo

REDAÇÃO ANTERIOR	LEI N. 14.230/2021
Sem correspondência.	**Art. 23-A.** É dever do poder público ofe-recer contínua capacitação aos agentes públicos e políticos que atuem com pre-venção ou repressão de atos de improbi-dade administrativa.

Art. 23-A. *É dever do poder público oferecer contínua capacitação aos*
agentes públicos e políticos que atuem com prevenção ou repressão de atos de im-
probidade administrativa.

Acerca do dever de capacitação, insta colacionar os apontamentos de
Marçal Justen Filho:

> O art. 23-A impõe regra que não apresenta relacionamento direto
> com a ação de improbidade. Trata-se de reforçar a relevância das ini-

ciativas de qualificação dos agentes públicos e políticos investidos de competência relacionada com as práticas de prevenção e de repressão à improbidade administrativa. O dispositivo deve ser interpretado inclusive na acepção de que devem ser implantada providências destinadas a implementar programas de integridade e de governança pública no âmbito de todas as instituições públicas. Lembre-se que o Decreto Federal n. 9.203/2017 dispôs sobre o tema na Administração Pública Federal. Ademais, o tema foi disciplinado de modo bastante minucioso na Lei n. 14.133/2021, em termos que ultrapassam os limites exclusivos das atividades de licitação e contratação administrativa[336].

2.27. ARTIGO 23-B

2.27.1. Quadro comparativo

REDAÇÃO ANTERIOR	LEI N. 14.230/2021
Sem correspondência.	**Art. 23-B.** Nas ações e nos acordos regidos por esta Lei, não haverá adiantamento de custas, de preparo, de emolumentos, de honorários periciais e de quaisquer outras despesas.
	§ 1º No caso de procedência da ação, as custas e as demais despesas processuais serão pagas ao final.
	§ 2º Haverá condenação em honorários sucumbenciais em caso de improcedência da ação de improbidade se comprovada má-fé.

Art. 23-B. Nas ações e nos acordos regidos por esta Lei, não haverá adiantamento de custas, de preparo, de emolumentos, de honorários periciais e de quaisquer outras despesas.

Nesse dispositivo, o legislador deixa claro o afastamento do adiantamento de custas, de preparo, de emolumentos, de honorários periciais e de quaisquer outras despesas.

---

336 JUSTEN FILHO, Marçal. *Reforma da Lei de Improbidade Administrativa comentada e comparada*: Lei n. 14.230, de 25 de outubro de 2021. Rio de Janeiro: Forense, 2022, p. 259.

Marçal Justen Filho explica:

> A natureza essencialmente pública da repressão à improbidade acarreta a ausência de cobrança de custas e outras despesas processuais. Ao menos, o seguimento do processo não se subordina à antecipação do pagamento dos respectivos valores. No entanto, caberá a imposição da condenação do agente em caso de procedência da ação. Isso significa que as despesas necessárias ao trâmite do processo devem ser arcadas pelo sujeito que tiver sido condenado por improbidade. Em princípio e havendo uma pluralidade de réus, caberá a condenação solidária[337].

2.27.2. Hipótese e momento de recolhimento das custas processuais (art. 23-B, § 1º)

No caso de procedência da ação, as custas e as demais despesas processuais serão pagas ao final (*vide* comentários item anterior).

2.27.3. Hipótese de condenação em honorários sucumbenciais (23-B, § 2º)

Haverá condenação em honorários sucumbenciais[338] em caso de improcedência da ação por improbidade, se comprovada má-fé.

A condenação em honorários sucumbenciais não demanda somente a improcedência da ação, mas sim a improcedência acompanhada de comprovada má-fé. Nessa toada, Marçal Justen Filho pontua:

> Julgada improcedente a ação de improbidade, a sucumbência é do Poder Público. Portanto e rigorosamente, trata-se de condenar o Estado ao pagamento dos honorários advocatícios. E a má-fé se configura no tocante à atuação do Ministério Público. A má-fé exige a presença do elemento doloso. (...) Ou seja, é indispensável a consciência do agente

---

337 JUSTEN FILHO, Marçal. *Reforma da Lei de Improbidade Administrativa comentada e comparada*: Lei n. 14.230, de 25 de outubro de 2021. Rio de Janeiro: Forense, 2022, p. 260.

338 "Sucumbência: é o princípio pelo qual a parte perdedora no processo é obrigada a arcar com os honorários do advogado da parte vencedora". Disponível em: https://www.normaslegais.com.br/juridico/honorarios-de-sucumbencia.html#:~:text=HONOR%C3%81RIOS%20DE%20SUCUMB%C3%8ANCIA&text=Sucumb%C3%AAncia%3A%20%C3%A9%20o%20princ%C3%ADpio%20pelo,do%20advogado%20da%20parte%20vencedora.

ministerial no tocante à improcedência do pedido ou da inadequação da conduta processual adotada, acompanhada da vontade de dar seguimento à atuação reprovável[339].

2.28. ARTIGO 23-C

2.28.1. Quadro comparativo

REDAÇÃO ANTERIOR	LEI N. 14.230/2021
Sem correspondência.	**Art. 23-C.** Atos que ensejem enriquecimento ilícito, perda patrimonial, desvio, apropriação, malbaratamento ou dilapidação de recursos públicos dos partidos políticos, ou de suas fundações, serão responsabilizados nos termos da Lei n. 9.096, de 19 de setembro de 1995.

Art. 23-C. Atos que ensejem enriquecimento ilícito, perda patrimonial, desvio, apropriação, malbaratamento ou dilapidação de recursos públicos dos partidos políticos, ou de suas fundações, serão responsabilizados nos termos da Lei n. 9.096/95[340].

O STF entendeu que a inclusão do referido dispositivo viola a Constituição Federal:

> "Ao prever a subtração de atos ímprobos que maculem recursos públicos dos partidos políticos, ou de suas fundações, do âmbito de incidência da Lei de Improbidade Administrativa, o art. 23-C da Lei n. 8.429/92, incluído pela Lei n. 14.230/2021, aparenta subverter a lógica constitucional que rege a matéria, pautada na prevalência da probidade e, consequentemente, no combate à improbidade. (...) Nada obstante gozarem da liberdade de criação, fusão, incorporação e extinção, desde que resguardados a soberania nacional, o regime democrático, o pluripartidarismo e os direitos fundamentais da pessoa humana, entre outros preceitos (Constituição Federal, art. 17, *caput*), e ostentarem personalidade jurídica de direito privado (Código Civil, art. 44, V), os partidos políticos recebem vultosos recursos de natureza preponderantemente pública, provenientes do Fundo Especial de Assistência Financeira aos Partidos Políticos – Fundo Partidário (Lei n. 9.096/95, art. 38), de modo que a descaracterização da eventual aplicação das

---

339 *Ibidem*, 260-261.

340 Lei n. 9.096/95: "Dispõe sobre partidos políticos, regulamenta os arts. 17 e 14, § 3º, inciso V, da Constituição Federal".

sanções por ato de improbidade tipificadas constitucionalmente mostra-se igualmente apta a contradizer o § 4º do art. 37 da Constituição Federal, segundo o qual "os atos de improbidade administrativa importarão a suspensão dos direitos políticos, a perda da função pública, a indisponibilidade dos bens e o ressarcimento ao erário". (...) Pela mesma razão, considerado o caráter majoritariamente pecuniário das sanções previstas na Lei dos Partidos Políticos, a descaracterização das sanções mais graves estabelecidas pela Lei de Improbidade Administrativa tem o condão de violar os princípios da vedação à proteção insuficiente e, portanto, da proporcionalidade, pois esta estará caracterizada, conforme destacado por JESUZ GONZALES SALINAS, quando ausente coerência do Poder Público no exercício de suas atividades legislativas, com patente extravasamento dos limites razoáveis da discricionariedade e consequente desrespeito ao princípio da arbitrariedade dos poderes públicos, que impede a criação ou desfazimento de obrigações desprovidas de justificação fática (Notas sobre algunos de los puntos de referencia entre ley, reglamento y acto administrativo. Revista de Administración Pública, número 120, 1989)"[341].

Dessa maneira, deferiu parcialmente a medida cautelar, com fundamento no art. 10, § 3º, da Lei n. 9.868/99, e no art. 21, V, do RISTF[342], para "CONFERIR INTERPRETAÇÃO CONFORME ao art. 23-C, da Lei n. 8.429/92, incluído pela Lei n. 14.230/2021, no sentido de que os atos que ensejem enriquecimento ilícito, perda patrimonial, desvio, apropriação, malbaratamento ou dilapidação de recursos públicos dos partidos políticos, ou de suas fundações, poderão ser responsabilizados nos termos da Lei n. 9.096/95, mas sem prejuízo da incidência da Lei de Improbidade Administrativa"[343].

---

341 STF – ADI 7236. Decisão na íntegra. Disponível em: https://www.stf.jus.br/arquivo/cms/noticiaNoticiaStf/anexo/ADI7236CautelarLeideImprobidade.pdf.

342 RISTF: Regimento Interno do Supremo Tribunal Federal. "Art. 21. São atribuições do Relator: (...) V – determinar, em caso de urgência, as medidas do inciso anterior, ad referendum do Plenário ou da Turma; Disponível em: https://www.stf.jus.br/arquivo/cms/legislacaoRegimentoInterno/anexo/RISTF.pdf.

343 STF – ADI: 7236 DF, Rel. Alexandre de Moraes, Data de Julgamento: 27/12/2022, Data de Publicação: 10/01/2023.

2.29. Artigo 24 – Disposições finais

2.29.1. Quadro comparativo

REDAÇÃO ANTERIOR	Lei n. 14.230/2021
Art. 24. Esta lei entra em vigor na data de sua publicação.	Sem alterações.

Esta lei entra em vigor na data de sua publicação.

Registre-se que a Lei entrou em vigor na data de sua publicação oficial. Nesse sentido, vale lembrar que de acordo com a Lei de Introdução às Normas do Direito Brasileiro, tem-se como regra geral um período de *vacatio legis* de 45 dias, sem vedação contudo, que o legislador preveja uma *vacatio* diversa.

> Art. 1º. Salvo disposição contrária, a lei começa a vigorar em todo o país quarenta e cinco dias depois de oficialmente publicada.

No que concerne à forma da contagem desse prazo, a Lei Complementar n. 95/98 dispõe:

> Art. 8º A vigência da lei será indicada de forma expressa e de modo a contemplar prazo razoável para que dela se tenha amplo conhecimento, reservada a cláusula "entra em vigor na data de sua publicação" para as leis de pequena repercussão.
>
> § 1º A contagem do prazo para entrada em vigor das leis que estabeleçam período de vacância far-se-á com a inclusão da data da publicação e do último dia do prazo, entrando em vigor no dia subsequente à sua consumação integral.
>
> § 2º As leis que estabeleçam período de vacância deverão utilizar a cláusula 'esta lei entra em vigor após decorridos (o número de) dias de sua publicação oficial.

Para a contagem do prazo para a entrada em vigor de uma lei, computa-se o dia do começo, sendo esse o da publicação, com o início da vigência ocorrendo a partir do primeiro dia após o encerramento desse prazo. No caso da nova LIA, porém, a lei entrou em vigor na data de sua publicação.

ADMINISTRATIVO. LEI DE IMPROBIDADE ADMINISTRATIVA. APLICAÇÃO RETROATIVA A FATOS POSTERIORES À EDIÇÃO DA CONSTITUIÇÃO FEDERAL

PARTE II | **347**

DE 1988. IMPOSSIBILIDADE. 1. A Lei de Improbidade Administrativa não pode ser aplicada retroativamente para alcançar fatos anteriores a sua vigência, ainda que ocorridos após a edição da Constituição Federal de 1988. 2. A observância da garantia constitucional da irretroatividade da lei mais gravosa, esteio da segurança jurídica e das garantias do cidadão, não impede a reparação do dano ao erário, tendo em vista que, de há muito, o princípio da responsabilidade subjetiva se acha incrustado em nosso sistema jurídico. 3. Consoante iterativa jurisprudência desta Corte, a condenação do Parquet ao pagamento de honorários advocatícios no âmbito de ação civil pública está condicionada à demonstração de inequívoca má-fé, o que não ocorreu no caso. 4. Recurso especial provido em parte, apenas para afastar a condenação do recorrente em honorários advocatícios. (STJ – REsp: 1129121 GO 2009/0085885-4, Rel. Ministra Eliana Calmon, Data de Julgamento: 03/05/2012, T2 – Segunda Turma, Data de Publicação: *DJe* 15/03/2013).

2.30. ARTIGO 25

2.30.1. Quadro comparativo

REDAÇÃO ANTERIOR	LEI N. 14.230/2021
Art. 25. Ficam revogadas as Leis ns. 3.164, de 1º de junho de 1957, e 3.502, de 21 de dezembro de 1958 e demais disposições em contrário.	*Sem alterações.*

Ficam revogadas as Leis n. 3.164, de 1º de junho de 1957, e 3.502, de 21 de dezembro de 1958 e demais disposições em contrário.

2.31. CONCLUSÃO

A probidade administrativa, consubstanciada no direito de toda a coletividade a uma Administração honesta, eficiente, impessoal, obediente aos princípios constitucionais insertos no art. 37, *caput*, da Constituição Federal, constitui um dos pilares de sustentação do Estado Democrático de Direito, o qual tem por objetivos fundamentais a erradicação da pobreza e a redução das desigualdades sociais (CF, art. 3º, II), e por deveres básicos o combate à improbidade na gestão da coisa pública, como meios de se assegurar a isonomia não apenas formal, mas efetiva, social, concreta, material.

A sua proteção assume uma especial dimensão quando se percebe que a má gestão pública, a corrupção, a imoralidade administrativa podem trazer consequências nefastas para o regular funcionamento do corpo social, atingindo direitos fundamentais do cidadão, como saúde, educação, habitação, segurança pública etc.

Por essa razão, nossa Carta Magna determinou, em seu art. 37, § 4º, que "os atos de improbidade administrativa importarão a suspensão dos direitos políticos, a perda da função pública, a indisponibilidade dos bens e o ressarcimento ao erário, na forma e gradação previstas em lei, sem prejuízo da ação penal cabível".

Em cumprimento à determinação constitucional, foi editada a Lei n. 8.429/92, modificada pela Lei n. 14.230/2021, consistente em um diploma legal destinado a punir os atos de improbidade com graves sanções de natureza política, administrativa e patrimonial, sem prejuízo da ação penal cabível.

Tal diploma não estabeleceu punição de natureza criminal, no entanto, atendendo ao mandamento constitucional, previu penalidades administrativas de severidade equivalente ou superior, capazes de invadir a esfera individual, com impacto equivalente, gerador de efeitos morais e patrimoniais potencialmente lesivos à saúde física e mental do imputado.

Embora de severidade equivalente, a natureza extrapenal da lei fazia com que, na aferição da responsabilidade e subsequente imposição da sanção, fosse desprezados os princípios constitucionais de caráter penal, bem como o conteúdo ontológico para a configuração do ato de improbidade administrativa.

Com a edição da Lei n. 14.230/2021, foi eliminado o campo de incerteza jurídica quanto à natureza do ato de improbidade, ficando clara sua natureza extrapenal, mas igualmente clara a incidência de todos os princípios constitucionais garantistas integrados no Direito Administrativo Sancionador.

A inovação legislativa acrescentou o § 4º ao art. 1º da Lei n. 8.429/92, definindo, de modo a não deixar margem para dúvidas, a natureza jurídica dos atos de improbidade como pertencentes ao ramo do direito administrativo sancionador.

O Direito Administrativo Sancionador pode ser tradicionalmente definido como "a expressão do efetivo poder de punir estatal, que se direciona a movimentar a prerrogativa punitiva do Estado, efetivada por meio da Administração Pública e em face do particular ou administrado"[344].

Nesse contexto, percebe-se que o ato de improbidade administrativa, mesmo integrando um diploma extrapenal, passou a ser, de forma clara e indiscutível, acobertado pelos princípios constitucionais do Direito Administrativo Sancionador, semelhantes aos princípios penais, com proibição da responsabilidade objetiva.

Dessa feita, definida a incidência do Direito Administrativo Sancionador, temos na primeira etapa da verificação do ato de improbidade a aferição de sua tipicidade.

Para tanto, é necessário que: o fato esteja previsto em lei (tipicidade formal) e tenha sido praticado com dolo específico, consistente na consciência de realizar o ato com a intenção de prejudicar o erário, enriquecer-se ilicitamente ou praticar uma das condutas previstas no art. 11 da Lei (tipicidade subjetiva). Ainda nessa primeira etapa, é necessário verificar se o fato é dotado de ofensividade, relevância mínima, inadequação social, se a punição guarda proporcionalidade com a intensidade da lesão, além de outros princípios constitucionais do Direito Penal, necessários para dar conteúdo material à conduta formalmente ímproba (tipicidade material).

Em seguida, verifica-se a ilicitude do ato de improbidade com a análise de eventuais causas excludentes (exercício regular de direito, estrito cumprimento do dever legal, estado de necessidade). Finalmente, apura-se a culpabilidade do agente, pois sua responsabilidade pode ter sido excluída por alguma causa (inexigibilidade de conduta diversa e ausência de potencial consciência da ilicitude em face do erro de proibição inevitável).

Não existe a possibilidade de se punir uma pessoa pela prática de improbidade sem que o fato tenha conteúdo material ímprobo, seja dotado de ofensividade, relevância mínima, inadequação social, proporcionalidade em relação à pena que será aplicada, além da verificação do dolo espe-

---

344 GONÇALVES, B.; GRILO, R. C. G. Os Princípios Constitucionais do Direito Administrativo Sancionador no Regime Democrático da Constituição de 1988. *REI – Revista Estudos Institucionais, [S. l.]*, v. 7, n. 2, p. 468, 2021. DOI: 10.21783/rei. v7i2.636. Disponível em: https://www.estudosinstitucionais.com/REI/article/view/636.

cífico. Além disso, devem estar configuradas a sua ilicitude e a culpabilidade do agente.

Conclui-se, portanto, que, acerca dos requisitos objetivos para a configuração do ato de improbidade, evidentemente, não está dispensado o dolo específico, tampouco os requisitos para a ilicitude do fato e a culpabilidade do agente, com enfoque principal na tipicidade, no nexo causal e nos ditames dos princípios constitucionais do Direito Penal, que são os mesmo do Direito Administrativo Sancionador.

REFERÊNCIAS BIBLIOGRÁFICAS

ALEXANDRINO, Marcelo; PAULO, Vicente. *Direito administrativo*. 10. ed. Rio de Janeiro: Impetus, 2006.

ANDRADE, Adriano; MASSON, Cleber; ANDRADE, Landolfo. *Interesses difusos e coletivos*. Rio de Janeiro: Forense; São Paulo: Método, 2020.

ARAÚJO, Edmir Netto de. *Curso de direito administrativo*. 3. ed. São Paulo: Saraiva, 2007.

ASÚA, Luis Jiménez de. *Tratado de derecho penal*. 4. ed. Buenos Aires: Losada, 1983. t. 3.

ASÚA, Luis Jiménez de. *Principios de derecho penal*: la ley y el delito. Buenos Aires: Abeledo-Perrot/Sudamerica, 1990.

AVENA, Norberto Cláudio Pâncaro. *Processo penal*. Rio de Janeiro: Forense; São Paulo: Método, 2016, p. 46.

AZEVEDO, Noé. Ilícito penal e ilícito civil. *Revista Forense*, Rio de Janeiro, v. 196, nov./dez. 1959.

BACIGALUPO, Enrique. *Direito penal:* parte geral. Trad. André Estefam. Rev. Edilson Mougenot Bonfim. São Paulo: Malheiros, 2005.

BANDEIRA DE MELLO, Celso Antonio. *Curso de direito administrativo*. 15. ed. São Paulo: Malheiros, 2003.

BANDEIRA DE MELLO, Oswaldo Aranha. *Princípios gerais de direito administrativo*. Rio de Janeiro: Forense, 1974.

BARRETO, Tobias. *Estudos de direito*. Salvador: Progresso, 1951.

BARROS, Francisco Dirceu *et al. Acordos de não persecução penal e cível*. Salvador: JusPodivm, 2021.

BARTINE, Caio. *Direito Tributário*. 4. ed. São Paulo: Editora Revista dos Tribunais, 2016.

BASTOS, Celso Ribeiro. *Curso de direito administrativo*. São Paulo: Saraiva, 1994.

BITENCOURT, Cezar Roberto. *Direito penal*: parte geral. 26. ed. São Paulo: Saraiva, 2021. v. 1.

BONFIM, Edilson Mougenot; CAPEZ, Fernando. *Direito penal*: parte geral. São Paulo: Saraiva, 2004.

BUENO, Vera Scarpinella. O art. 37, § 1º, da Constituição Federal e a lei de improbidade administrativa. In: BUENO, Cassio Scarpinella; PORTO FILHO, Pedro Paulo de Rezende (coord.). *Improbidade administrativa*: questões polêmicas e atuais. 2. ed. São Paulo: Malheiros, 2003.

BUSTOS RAMÍREZ, Juan. Política criminal y dogmática. In: *El poder penal del Estado*: homenaje a Hilde Kaufmann. Buenos Aires: Depalma, 1985.

BUSTOS RAMÍREZ, Juan. *Manual de derecho penal español:* parte general. Barcelona: Ed. Ariel, 1994.

BUTRAGUEÑO, Ignacio Serrano *et al. Código Penal de 1995*: comentarios y jurisprudencia. Granada: Editorial Comares, 1999.

CAMARGO, Antonio Luís Chaves. *Imputação objetiva e direito penal brasileiro.* São Paulo: Cultural Paulista, 2002.

CAMMAROSANO, Márcio. *O princípio constitucional da moralidade e o exercício da função administrativa.* Tese (Doutorado em Direito) – Faculdade de Direito, Pontifícia Universidade Católica de São Paulo, São Paulo, 1997.

CAPPELLETTI, Mauro; GARTH, Bryant. *Acesso à justiça.* Tradução de Ellen Gracie Nothfleet. Porto Alegre: Sérgio Antonio Fabris Editor, 1988.

CAPEZ, Fernando. *Consentimento do ofendido e violência desportiva*: reflexos à luz da teoria da imputação objetiva. São Paulo: Saraiva, 2003.

CAPEZ, Fernando. *Improbidade administrativa*: limites constitucionais. São Paulo: Saraiva, 2015.

CAPEZ, Fernando. *Curso de direito penal:* parte geral. 25. ed. São Paulo: SaraivaJur, 2021. v. 1.

CAPEZ, Fernando. *Curso de processo penal.* 29. ed. São Paulo: SaraivaJur, 2022.

CAPEZ, Fernando. *Curso de direito penal:* parte especial – art. 213 a 359-T. 20. ed. São Paulo: SaraivaJur, 2022. v. 3.

CARVALHO, Maria Cecília M. de. A construção do saber científico: algumas posições. In: CARVALHO, Maria Cecília M. de (org.). *Metodologia científica:* fundamentos e técnicas. 11. ed. Campinas: Papirus, 2001.

CARVALHO, Matheus. *Manual de direito administrativo.* 6. ed. Salvador: JusPodivm, 2019.

CARVALHO, Matheus. *Lei de improbidade comentada*: atualizada com a Lei n. 14.230/2021. São Paulo: JusPodivm, 2022..

CAVALIERI FILHO, Sérgio. *Programa de responsabilidade civil.* 5. ed. São Paulo: Malheiros, 2003.

CERNICCHIARO, Luiz Vicente. *Direito penal na Constituição*. 2. ed. São Paulo: Revista dos Tribunais, 1991.

CONSELHO NACIONAL DE JUSTIÇA. *Lei de improbidade administrativa*: obstáculos à plena efetividade do combate aos atos de improbidade. Coordenação Luiz Manoel Gomes Júnior, equipe Gregório Assagra de Almeida... [et al.]. Brasília, 2015.

CORREIA, Eduardo Henriques da Silva. *A teoria do concurso em direito criminal*. Coimbra: Almedina, 1996.

COSTA, Álvaro Mayrink da. Teoria do tipo. In: *Ciência e política criminal em honra de Heleno Fragoso*. Rio de Janeiro: Forense, 1922.

CRETELLA JÚNIOR, José. *Curso de direito administrativo*. 16. ed. Rio de Janeiro: Forense, 1999.

CUESTA AGUADO, Paz Mercedes de la. *Tipicidad e imputación objetiva*. Argentina: Ediciones Jurídicas Cuyo, 1995.

CUNHA, Maurício Ferreira; FREIRE, Rodrigo da Cunha Lima. *Novo Código de Processo Civil – CPC para concursos*. Salvador: JusPodivm, 2019.

DA SILVA, José Afonso. *Curso de direito constitucional positivo*. São Paulo: Revista dos Tribunais, 2006.

DALLARI, Dalmo de Abreu. *Elementos de teoria geral do Estado*. 24. ed. São Paulo: Saraiva, 2003.

DAL POZZO, Antonio Araldo Ferraz. Reflexões sobre a defesa antecipada na lei de improbidade administrativa. In: *Improbidade administrativa*: questões polêmicas e atuais. BUENO, Cassio Scarpinella; PORTO FILHO, Pedro Paulo de Rezende (coord.). 2. ed. São Paulo: Malheiros, 2003.

DE CICCO, Cláudio. Kant e o Estado de Direito: o problema do fundamento da cidadania. In: *Direito, Cidadania e Justiça*: ensaios sobre lógica, interpretação, teoria, sociologia e filosofia jurídicas. DI GIORGI, Beatriz; CAMPILONGO, Celso Fernandes; PIOVESAN, Flávia (coord.). São Paulo: Revista dos Tribunais, 1995.

DELGADO, José. Improbidade administrativa: algumas controvérsias doutrinárias e jurisprudenciais sobre a lei de improbidade administrativa. In: *Improbidade administrativa*: questões polêmicas e atuais. BUENO, Cassio Scarpinella; PORTO FILHO, Pedro Paulo de Rezende (coord.). 2. ed. São Paulo: Malheiros, 2003.

DELMANTO, Celso; DELMANTO, Roberto; DELMANTO JUNIOR, Roberto; DELMANTO, Fabio M. de Almeida. *Código Penal comentado*. 5. ed. Rio de Janeiro: Renovar, 2000.

DI PIETRO, Maria Sylvia Zanella. *Direito administrativo*. 35. ed. Rio de Janeiro: Forense, 2022.

DIAS, Jorge de Figueiredo. *Liberdade, culpa, direito penal*. 2. ed. Coimbra: Biblioteca Jurídica Coimbra, 1983.

DIAS NOLASCO, Rita Maria. *Efeitos da sentença de procedência na ação de improbidade administrativa*. Tese (Doutorado em Direito) – Faculdade de Direito, Pontifícia Universidade Católica de São Paulo, São Paulo, 2006.

DOS REIS JÚNIOR, Ari Timóteo. *Improbidade administrativa*. Viseu, 2021, p. 05. (E-book)

DOTTI, René Ariel. *Reforma penal brasileira*. Rio de Janeiro: Forense, 1988.

ECHANDÍA, Reyes. *Tipicidad*. 6. ed. Bogotá: Temis, 1997.

ELPÍDIO, Donizetti, *Curso didático de direito processual civil*. 22. ed. São Paulo: Atlas, 2019.

ESMPU – Escola Superior do Ministério Público da União. *Cem perguntas e respostas sobre improbidade administrativa: incidência e aplicação da Lei n. 8.429/92*. Brasília: ESMPU, 2013.

FERRAJOLI, Luigi. *Derechos y garantías*: la ley del más débil. Madrid: Trotta, 1999.

FERRAZ, Sérgio. Aspectos processuais na lei de improbidade administrativa. In: BUENO, Cassio Scarpinella; PORTO FILHO, Pedro Paulo de Rezende (coord.). *Improbidade administrativa*: questões polêmicas e atuais. 2. ed. São Paulo: Malheiros, 2003.

FERREIRA, Vivian Maria Pereira. *O dolo da improbidade administrativa: uma busca racional pelo elemento subjetivo na violação aos princípios da Administração Pública*. Revista Direito GV, v. 15, 2019.

FIGUEIREDO, Marcelo. *Probidade administrativa*. 5. ed. São Paulo: Malheiros, 2004.

FIGUEIREDO, Marcelo. *Teoria geral do Estado*. São Paulo: Atlas, 1993.

FIGUEIREDO, Suely. O determinismo e o problema do conhecimento provável. *Reflexão: Revista Quadrimestral do Instituto de Filosofia da PUCCAMP*, Campinas, n. 62, 1995.

FLORIAN, Eugenio. *Apud* AZEVEDO, Noé. Ilícito penal e ilícito civil. *Revista Forense*, Rio de Janeiro, v. 196, p. 29-37, nov./dez. 1959.

FRANCO, Alberto Silva. *Código Penal e sua interpretação jurisprudencial*. 5. ed. São Paulo: Revista dos Tribunais, 1995.

FRISCH, Wolfgang. *Tipo penal e imputación objetiva*. Trad. Manuel Cancio Meliá, Beatriz de la Gándara Vallejo, Manuel Jaén Vallejo e Yesid Reyes Alvarado. Madrid: Editorial Colex, 1995.

GAGLIANO, Pablo Stolze; PAMPLONA FILHO, Rodolfo. *Novo curso de direito civil*: responsabilidade civil. 4. ed. São Paulo: Saraiva, 2006. v. 3.

GAJARDONI, Fernando da Fonseca *et al*. *Comentários à nova Lei de Improbidade Administrativa*: Lei n. 8.429/92, com as alterações da Lei n. 14.230/2021. São Paulo: Revista dos Tribunais, 2021.

GARCEZ NETO, Martinho. *Responsabilidade civil no direito comparado*. Rio de Janeiro: Renovar, 2000.

GASPARINI, Diógenes. *Direito administrativo*. 10. ed. São Paulo: Saraiva, 2005.

GOMES, Luiz Flávio. *Norma e bem jurídico no direito penal*. São Paulo: Revista dos Tribunais, 2000.

GOMES FILHO, Antonio Magalhães. *Direito à prova no processo penal*. São Paulo: Revista dos Tribunais, 1997.

GONÇALVES, B.; GRILO, R. C. G. Os Princípios Constitucionais do Direito Administrativo Sancionador no Regime Democrático da Constituição de 1988. *REI – Revista Estudos Institucionais*, *[S. l.]*, v. 7, n. 2, p. 468, 2021. DOI: 10.21783/rei. v7i2.636. Disponível em: https://www.estudosinstitucionais.com/REI/article/view/636. Acesso em: 21 out. 2022.

GONÇALVES, Marcus Vinicius Rios. *Direito processual civil esquematizado*. 13. ed. São Paulo: Saraiva, 2022.

GONÇALVES, Marcus Vinicius Rios. *Tutela de interesses difusos e coletivos*. 13. ed. São Paulo: Saraiva, 2019.

GRECO, Luís. In: ROXIN, Claus. *Funcionalismo e imputação objetiva no direito penal*. Trad. Luís Greco. Rio de Janeiro: Renovar, 2002.

GRECO, Luís. Introdução à dogmática funcionalista do delito. *Revista Brasileira de Ciências Criminais*. São Paulo: Revista dos Tribunais, v. 32, p. 123-124, out./dez. 2000.

GRECO FILHO, Vicente. *Tutela constitucional das liberdades*. São Paulo: Saraiva, 1989.

HEGEL, G. W. F. *Princípios da filosofia do direito*. São Paulo: Martins Fontes, 2000.

HORMAZABAL MALARÉE, Hernán. *Bien jurídico y estado social y democrático de derecho*: el objeto protegido por la norma penal. Barcelona: Promociones y Publicaciones Universitarias, 1991.

HUNGRIA, Nélson. *Comentários ao Código Penal*. 4. ed. Rio de Janeiro: Forense, 1958. v. 1, t. II.

JAKOBS, Günther. *Derecho penal*: parte general. Fundamentos y teoría de la imputación. Trad. Joaquín Cuello Contreras e Jose Luiz Serrano Gonzalez de Murillo. 2. ed. Madrid: Marcial Pons, 1997.

JAKOBS, Günther. *A imputação objetiva no direito penal*. Trad. André Luís Callegari. 2. ed. São Paulo: Revista dos Tribunais, 2007.

JAKOBS, Günther. *La imputación objetiva*. Trad. Manuel Cancio Meliá. Buenos Aires: Ad-Hoc, 1997.

JESCHECK, H. H. *Tratado de derecho penal*: parte general. Trad. y adiciones de Derecho español por S. Mir Puig y F. Muñoz Conde. 3. ed. Barcelona: Bosch Casa Editorial, 1981. v. 1.

JESUS, Damásio E. de. *Direito penal*: parte geral. 27. ed. São Paulo: Saraiva, 2003. v. 1.

JESUS, Damásio E. *Imputação objetiva*. São Paulo: Saraiva, 2000.

JUSTEN FILHO, Marçal. *Curso de direito administrativo*. São Paulo: Saraiva, 2005.

JUSTEN FILHO, Marçal. *Reforma da lei de improbidade administrativa comentada e comparada: Lei n. 14.230, de 25 de outubro de 2021*. 1. ed. Rio de Janeiro: Forense, 2022.

KAUFFMANN, Armin. *Teoría de las normas*: fundamentos de la dogmática penal moderna. Trad. Enrique Bacigalupo Zapater e Ernesto Garzón Valdés. Buenos Aires: Depalma, 1977.

KELSEN, Hans. *Teoria pura do direito*. Trad. João Baptista Machado. São Paulo: Martins Fontes, 1987.

LARENZ, Karl. *Derecho de obligaciones*. Versión española y notas de Jaime Santos Briz. Madrid: Editorial Revista de Derecho Privado, 1958, t. I.

LARENZ, Karl. *Derecho de obligaciones*. Versión española y notas de Jaime Santos Briz. Madrid: Editorial Revista de Derecho Privado, 1959, t. II.

LEITE, Luciano Ferreira. *Discricionariedade administrativa e controle judicial*. São Paulo: Revista dos Tribunais, 1981.

LENZA, Pedro. *Direito constitucional esquematizado*. São Paulo: Saraiva, 2022.

LUCHI DEMO, Roberto Luís. *Revista do Instituto de Pesquisas e Estudos do Instituto Toledo de Ensino de Bauru*, v. 43, p. 79, maio/ago. 2005.

MALUF, Sahid. *Teoria geral do Estado*. 23. ed. Atual. Miguel Alfredo Maluf Neto. São Paulo: Saraiva, 1995.

MANCUSO, Rodolfo de Camargo. *Interesses difusos.* 6. ed. São Paulo: Revista dos Tribunais, 2004.

MARQUES PORTO, Hermínio Alberto. *Júri*: procedimento e aspectos do julgamento. Questionamentos. 11. ed. São Paulo: Saraiva, 2005.

MARQUES, José Frederico. *Curso de direito penal.* São Paulo: Saraiva, 1954. v. I.

MARQUES, Silvio Antonio. *Ação civil de improbidade administrativa e cooperação jurídica internacional.* São Paulo: Saraiva, 2010.

MARTINEZ, Soares. *Filosofia do direito.* Coimbra: Almedina, 1991.

MARTINS, Ives Gandra da Silva. *Conheça a Constituição*: comentários à Constituição brasileira. São Paulo: Manole, 2005. v. 1.

MARTINS JÚNIOR, Wallace Paiva. *Probidade administrativa.* São Paulo: Saraiva, 2001.

MATALLO JR., Heitor. Mito, metafísica, ciência e verdade. In: CARVALHO, Maria Cecília M. de (org.). *Metodologia científica*; fundamentos e técnicas. 11. ed. Campinas: Papirus, 2001.

MAZZILLI, Hugo Nigro. *A defesa dos interesses difusos em juízo.* 30. ed. São Paulo: Saraiva, 2017.

MAZZILLI, Hugo Nigro. *Inquérito civil Investigações do Ministério Público, compromissos de ajustamento e audiências públicas.* 4. ed. São Paulo: Saraiva, 2015.

MEDAUAR, Odete. *Direito administrativo moderno.* 3. ed. São Paulo: Revista dos Tribunais, 1999.

MEIRELLES, Hely Lopes. *Direito administrativo brasileiro.* 32. ed. atual. Eurico de Andrade Azevedo, Délcio Balestero Aleixo e José Emmanuel Burle Filho. São Paulo: Malheiros, 2006.

MELIÁ, Manuel Cancio. *Conducta de la víctima e imputación objetiva en derecho penal.* Barcelona: Bosch, 1998.

MEZZAROBA, Orides; MONTEIRO, Cláudia Servilha. *Manual de metodologia da pesquisa no direito.* 2. ed. São Paulo: Saraiva, 2004.

MIR PUIG, Santiago. *Derecho penal*: parte general. 6. ed. Barcelona: Reppertor, 2002.

MORAES, Alexandre. *Constituição do Brasil interpretada e legislação constitucional.* 6. ed. São Paulo: Atlas, 2006.

MORALES & SANCHO. *Manual práctico de responsabilidad civil.* 2. ed. Granada: Livraria dos Advogados, 1995.

MOREIRA, Egon Bockmann. *Processo administrativo*: princípios constitucionais e a Lei n. 9.784/99. 3. ed. São Paulo: Malheiros, 2007.

MOREIRA NETO, Diogo de Figueiredo. *Curso de direito administrativo*: parte introdutória, parte geral e parte especial. 14. ed. Rio de Janeiro: Forense, 2005.

MOROZIMATO YOSHIDA, Consuelo Yatsuda. Ação civil pública: judicialização e redução da litigiosidade. In: MILARÉ, Edis (coord.). *A ação civil pública após 20 anos*: efetividade e desafios. São Paulo: Revista dos Tribunais, 2005.

MPF – Ministério Público Federal. Normatização – Acordo de Não Persecução Cível (ANPC). Disponível em: https://www.mpf.mp. br/regiao1/atos-e--publicacoes/normatizacao-acordo-de-nao-persecucao-civel-anpc/view . Acesso em 12. jan. 2023.

NASCIMENTO, Milton Meira do. Ética. In: *Primeira filosofia*: lições introdutórias. 7. ed. São Paulo: Brasiliense, 1987.

NERY JÚNIOR, Nélson; NERY, Rosa Maria de Andrade. *Código Civil comentado e legislação extravagante*. 4. ed. São Paulo: Saraiva, 2006.

NEVES, Daniel Amorim Assumpção; OLIVEIRA, Rafael Carvalho Rezende. *Comentários à reforma da Lei de Improbidade Administrativa*. Rio de Janeiro: Forense, 2022.

NORONHA, Edgard Magalhães. *Direito penal*: parte geral. 30. ed. São Paulo: Saraiva, 1983. v. 1.

NUNES, Elpídio Donizetti. *Curso didático de direito processual civil*. 22. ed. São Paulo: Atlas, 2019.

NUNES, Rizzatto. *Manual da monografia jurídica*. 4. ed. São Paulo: Saraiva, 2002.

OLIVEIRA, José Roberto Pimenta; GROTTI, Dinorá Adelaide Musetti Grotti. Direito administrativo sancionador brasileiro: breve evolução, identidade, abrangência e funcionalidades. *Interesse Público – IP*, Belo Horizonte, ano 22, n. 120, p. 83-126, mar./abr. 2020.

OLIVEIRA, Regis Fernandes de. *Infrações e sanções administrativas*. 2. ed. São Paulo: Revista dos Tribunais, 2005.

OSÓRIO, Fábio Medina. *Direito administrativo sancionador*. 2. ed. São Paulo: Revista dos Tribunais, 2006.

OSÓRIO, Fábio Medina. *Teoria da improbidade administrativa*. São Paulo: Revista dos Tribunais, 2007.

PAZZAGLINI FILHO, Marino; ELIAS ROSA, Márcio Fernando; FAZZIO JÚNIOR, Waldo. *Improbidade administrativa*. 2. ed. São Paulo: Atlas, 1997.

PEDROSO, Fernando Almeida. *Direito penal*. 3. ed. São Paulo: LEUD, 2000.

PINTO, Francisco Bilac Moreira. *Enriquecimento ilícito no exercício de cargos públicos*. Rio de Janeiro: Forense, 1960.

POPPER, Sir Karl R. *Conhecimento objetivo*. Trad. Milton Amado. Belo Horizonte: Itatiaia, 1999.

PRADE, Péricles. *Conceito de interesses difusos*. 2. ed. São Paulo: Revista dos Tribunais, 1987.

PRADO, Luís Regis; CARVALHO, Érika Mendes. *Teorias da imputação objetiva do resultado*. 2. ed. São Paulo: Revista dos Tribunais, 2006.

PRADO, Luiz Regis. Norma, princípio e regra. Gen Jurídico, 2019. Disponível em: http://genjuridico.com.br/2019/11/22/norma-principio-regra. Acesso em 22. dez. 2022.

PRATS, Fermin Morales. *Comentarios al nuevo Código Penal*. Dir. Gonzalo Quintero Olivares. Pamplona: Aranzadi Editorial, 1996.

QUEIROZ, Paulo de Souza. *Direito penal:* introdução crítica. São Paulo: Saraiva, 2001.

REALE, Miguel. *Filosofia do direito*. 16. ed. São Paulo: Saraiva, 1994.

REALE, Miguel. *Lições preliminares de direito*. 22. ed. São Paulo: Saraiva, 1995.

REALE JÚNIOR, Miguel. *Parte geral do Código Penal:* nova interpretação. São Paulo: Revista dos Tribunais, 1988.

RIBEIRO, Marcelo. *Processo Civil*. 2 ed. Rio de Janeiro: Forense; São Paulo: Método, 2019.

ROXIN, Claus. *Derecho penal:* parte general. Trad. Diego-Manuel Luzón Peña, Miguel Días y García Conlledo e Javier de Vicente Remesel. Madrid: Civitas, 1997. t. I.

ROXIN, Claus. *Estudos de direito penal*. Trad. Luís Greco. Rio de Janeiro: Renovar, 2006.

ROXIN, Claus. *Funcionalismo e imputação objetiva no direito penal*. Trad. Luís Greco. Rio de Janeiro: Renovar, 2002.

SANTOS, Juarez Cirino dos. *A moderna teoria do fato punível*. Rio de Janeiro: Freitas Bastos, 2000.

SHIMURA, Sergio. *Tutela coletiva e sua efetividade*. São Paulo: Método, 2006.

SILVA, José Afonso da. *Curso de direito constitucional positivo*. 29. ed. São Paulo: Malheiros, 2006.

SOUZA, Renee do Ó; SOUZA, José Vicente Gonçalves de. Improbidade administrativa no Estatuto da Cidade. *Revista do Ministério Público do Estado do Rio de Janeiro*, n. 81, p. 219-237, jul./set. 2021.

SPITZCOVSKY, Celso. *Direito administrativo esquematizado*. São Paulo: Saraiva, 2022.

TÁCITO, Caio. *Temas de direito público*: estudos e pareceres. Rio de Janeiro: Renovar, 1997. v. 1.

TARTUCE, Flávio. *Manual de direito civil*: volume único. 12. ed. Rio de Janeiro: Forense; São Paulo: Método, 2022.

TAVARES, Juarez. Critérios de seleção de crimes e cominação de penas. *Revista Brasileira de Ciências Criminais*, p. 75-87, 1992.

TELLES JÚNIOR, Goffredo. *O direito quântico*: ensaio sobre o fundamento da ordem jurídica. São Paulo: Max Limonad, 1980.

TOLEDO, Francisco de Assis. *Princípios básicos de direito penal*. 5. ed. São Paulo: Saraiva, 1994.

TORRES, Ronny Charles Lopes de. A responsabilidade solidária do advogado parecerista na licitação e a posição do STF. *Jus Navigandi*, Teresina, ano 12, n. 1605, 23 nov. 2007. Disponível <http://jus2.uol.com.br/doutrina/texto.asp?id=10689>. Acesso em: 29 dez. 2022.

VENOSA, Sílvio de Salvo. *Direito civil*: responsabilidade civil. 7. ed. São Paulo: Atlas, 2007. v. 4.

VERÍSSIMO, Carla. Compliance: incentivo à adoção de medidas anticorrupção. São Paulo: Saraiva, 2017.

WELZEL, Hans. *Derecho penal alemán*. Trad. Juan Bustos Ramírez y Sergio Yañez Pérez. 11. ed., 4. ed. castellana. Chile: Ed. Jurídica de Chile, 1997.

WELZEL, Hans. *La teoría de la acción finalista*. Trad. Eduardo Friker. Buenos Aires: Depalma, 1951.

ZAFFARONI, Eugenio Raúl. *Tratado de derecho penal*: parte general. Buenos Aires: Ediar, 1981. v. 3.

ZAFFARONI, Eugenio Raúl. PIERANGELI, José Henrique. *Manual de direito penal brasileiro*: parte geral. São Paulo: Revista dos Tribunais, 1997.

ZIESEMER, Henrique da Rosa. *Nova Lei de Improbidade comentada*. Leme: Mizuno, 2022.